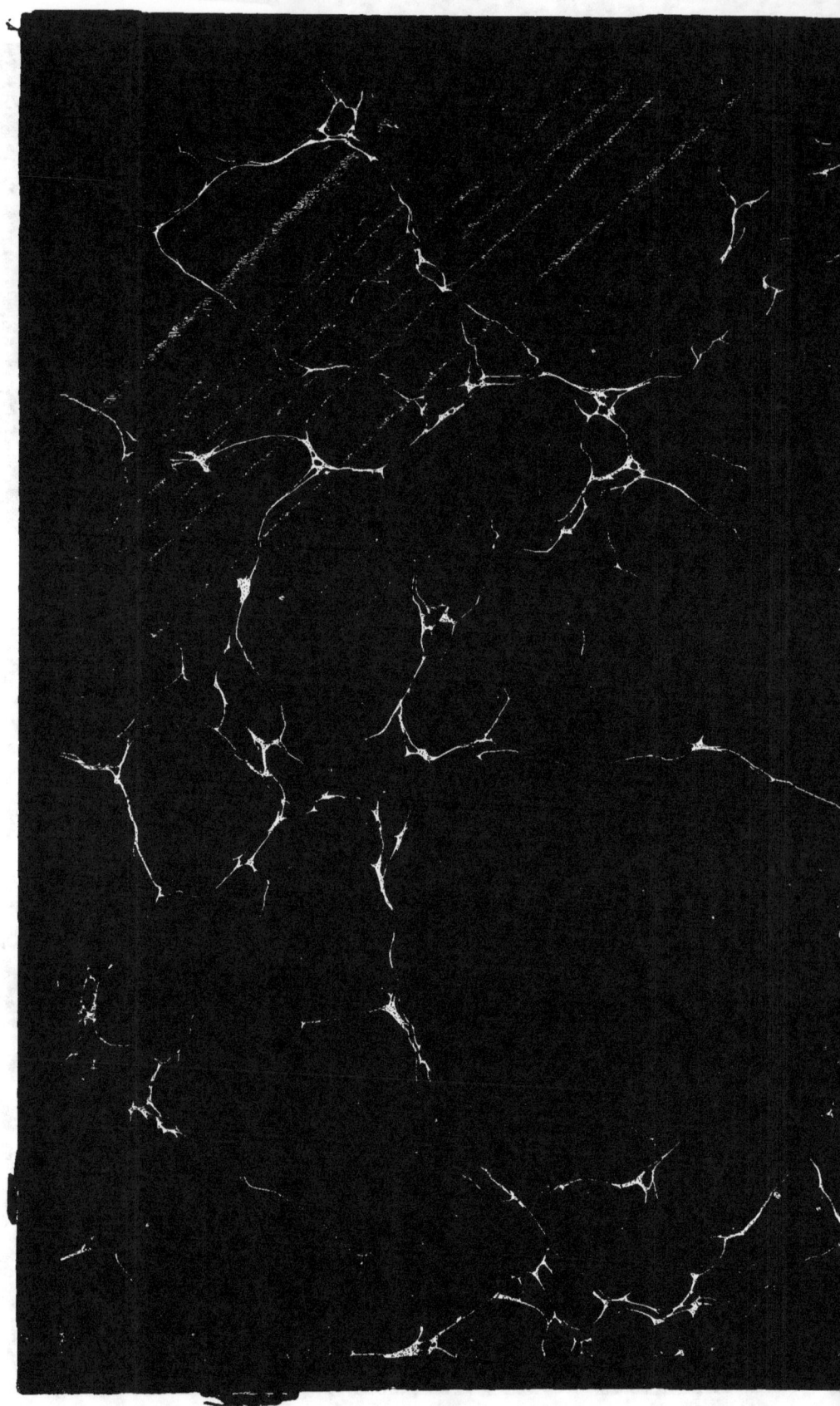

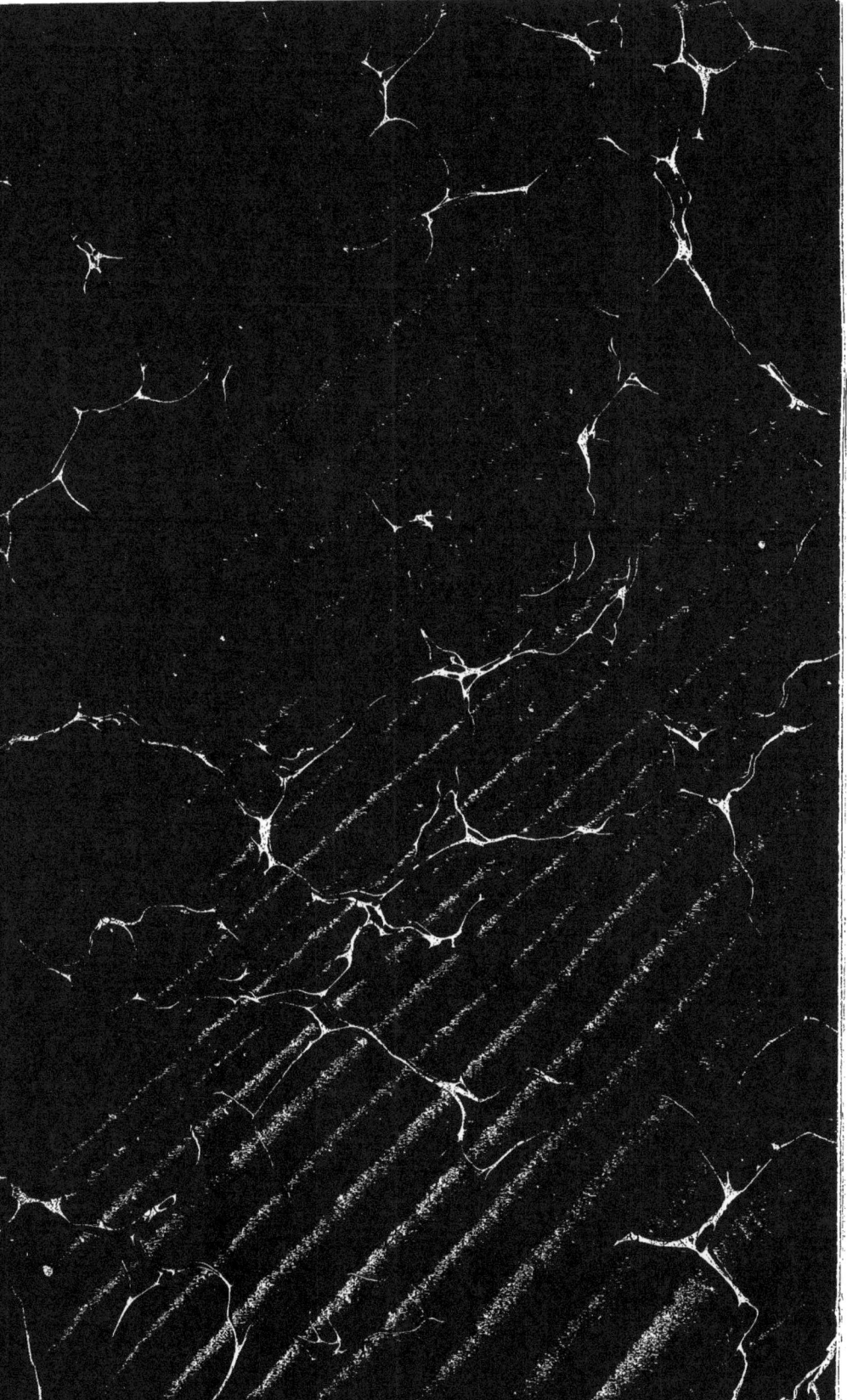

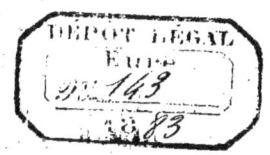

LA
PALESTINE

PAR

LE Bon LUDOVIC DE VAUX

OUVRAGE ILLUSTRÉ

Par M. P. CHARDIN

Et M. C. MAUSS, Architecte du Ministère des Affaires Étrangères

PARIS

ERNEST LEROUX, ÉDITEUR

28, RUE BONAPARTE, 28

—

1883

TOUS DROITS RÉSERVÉS

PALESTINE

LA PALESTINE

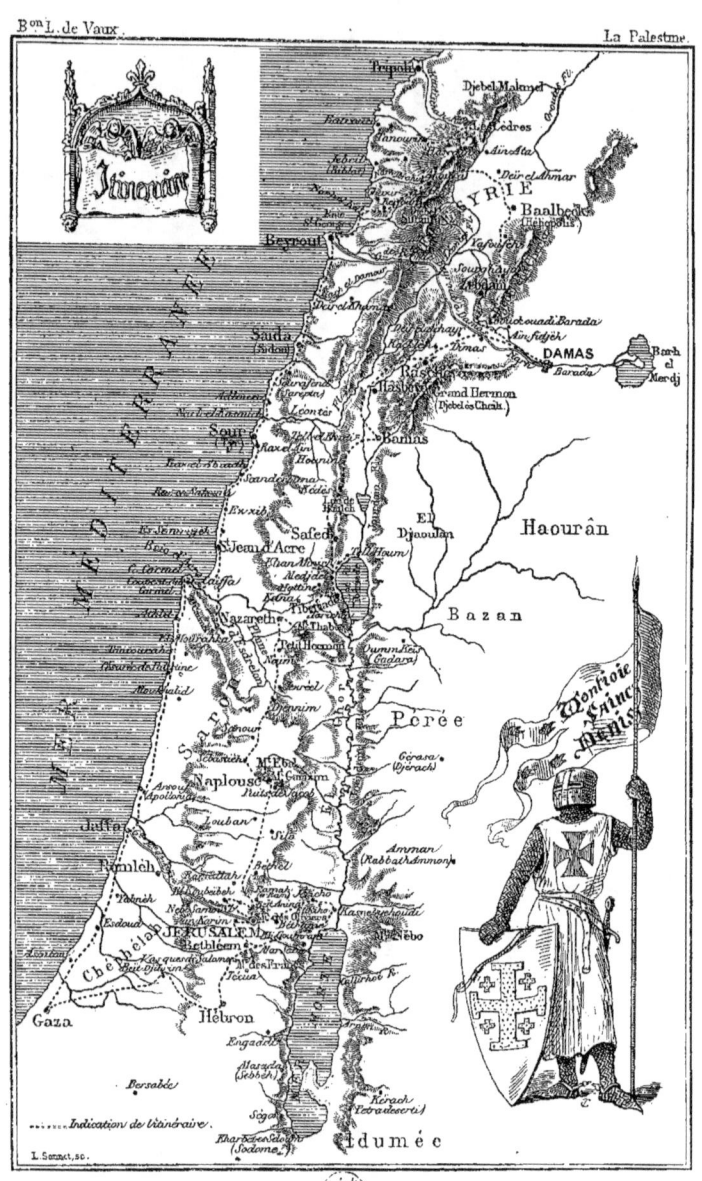

LA
PALESTINE

PAR

LE Bon LUDOVIC DE VAUX

OUVRAGE ILLUSTRÉ

Par M. P. CHARDIN

Et M. C. MAUSS, Architecte du Ministère des Affaires Étrangères

PARIS

ERNEST LEROUX, ÉDITEUR

28, RUE BONAPARTE, 28

1883

TOUS DROITS RÉSERVÉS

AVERTISSEMENT

En publiant ces notes prises pendant un récent voyage en Palestine, nous cédons aux instances pressantes des amis qui nous accompagnaient.

Quelque témérité qu'il y ait à traiter un pareil sujet après les hommes éminents qui ont consacré leur temps, parfois même leur vie, à ces études attachantes, nous avons cru que ce ne serait pas faire œuvre inutile que de joindre à nos propres impressions les plus curieux passages des travaux anciens ou récents sur la Terre Sainte; le lecteur trouvera ainsi réunis dans un même livre les fruits épars de tant de labeurs.

Ces pages, écrites en grande partie sous la tente, ne renferment aucune découverte nouvelle : nous n'avons fait que suivre la trace de nos devanciers.

Le récent ouvrage de M. Victor Guérin et ses précédentes publications sur la Terre Sainte; la vie de N.-S. Jésus-Christ par M. l'abbé C. Fouard; les études approfondies de M. le marquis de Vogüé sur le Temple de Jérusalem et les Églises de Terre Sainte;

les *Chroniques des premiers siècles et de l'époque des Croisades nous ont fourni de précieux renseignements qui nous ont permis, en guidant notre peu d'expérience, d'achever notre lourde tâche.*

Nous n'aurions garde d'oublier les encouragements qui nous ont été prodigués pendant le cours de notre travail, et le concours qu'ont bien voulu nous prêter plusieurs de nos compagnons de voyage; nous regrettons vivement que leur modestie ne nous permette pas de les nommer ici. L'un d'eux s'est chargé de l'illustration de ce volume; la finesse et la scrupuleuse exactitude de ses dessins donnent à notre œuvre commune un charme tout particulier. M. Mauss enfin, le savant architecte auquel nous devons la restauration de l'église Sainte-Anne à Jérusalem, nous a permis de puiser dans les documents inédits qu'il possède sur la Ville Sainte, en nous autorisant également à reproduire plusieurs dessins qui portent la marque de son talent.

Heureux serions-nous si nous pouvions convaincre nos lecteurs que les routes de Judée ne sont pas aussi dangereuses qu'on l'imagine communément. Cette année même, un millier de pèlerins bravait heureusement les fatigues d'un long voyage et s'agenouillait pieusement au tombeau du Christ. Pour une caravane peu nombreuse l'entreprise est plus facile encore, et laisse des impressions ineffaçables.

En songeant aux mois si vite écoulés sur cette terre bénie de Dieu, dans cet Orient dont le charme attire aujourd'hui plus que jamais, nous souhaitons vivement nous y retrouver un jour, et nous ne disons pas adieu à l'antique cité de David, mais au revoir!

1er Septembre 1882.

LA PALESTINE

LIVRE PREMIER

CHAPITRE PREMIER

Alexandrie. — Le Caire. — Derviches tourneurs. — Fête du Dosséh. — Les Bazars

La côte basse d'Égypte se présente de loin comme une ligne blanchâtre qu'on a quelque peine d'abord à distinguer de l'horizon.

Peu à peu cependant, sous les rayons d'un soleil radieux, la ville d'Alexandrie, notre première étape dans la patrie des Pharaons, apparaît lentement, tout enveloppée de cette lumière intense qu'on ne retrouve qu'en ces climats bénis du ciel.

Le paquebot n'a pas jeté l'ancre que déjà des barques l'assiègent de toutes parts, s'entre-choquant et se bousculant au milieu d'un tumulte effroyable.

Enlevés d'assaut par les bateliers égyptiens, ce n'est pas sans peine que nous parvenons à débarquer tranquillement.

A la sortie de la douane, nous voilà en plein Orient, dans des ruelles étroites remplies d'Arabes aux vêtements éclatants, de fellahines aux longues robes bleues, de musulmanes et de juives aux voiles sombres qui ne laissent paraître que leurs beaux yeux. De graves personnages turcs aux turbans verts ou blancs, des Grecs, portant le fez et vêtus à la dernière mode de Paris, galopent avec un sérieux imperturbable sur des ânes trop petits pour leurs longues jambes, tandis que le petit ânier court par derrière en excitant sa monture.

Quel air pur! Quel soleil! Comme tout ici est bien véritablement baigné dans la lumière : la colonne Pompée[1], l'aiguille de Cléopâtre, les jardins Pastré, le canal Mahmoudiêh!

Mais les heures s'écoulent et nous avons hâte d'arriver au Caire. La locomotive nous entraîne au travers du Delta dans le pays de Chéphrem, de Sésostris, des Ptolémées et de Cléopâtre. De loin, les Pyramides apparaissent dans une chaude vapeur comme les géants protecteurs de l'Égypte et la preuve immuable de son ancienne splendeur :

« Leur masse indestructible a fatigué le temps[2] ».

Que dire du Caire qui n'ait été dit mille fois? Comment

---

[1] On sait que la colonne Pompée porte ce nom sans raison ; c'est le seul reste du *Serapeum* qui contenait la fameuse bibliothèque d'Alexandrie et son origine remonte bien au delà de l'époque où a vécu le célèbre général romain.

[2] Delille.

le dépeindre à qui n'a point vu ses mosquées et ses tombeaux, spécimens uniques de l'art arabe en sa meilleure époque[1]; sa citadelle, ruche immense accrochée aux flancs du Djébel Mockattam ; ses rues, merveilleux dédales, où l'imprévu se rencontre à chaque pas; ses bazars où la foule est si compacte qu'à certains moments il est presque impossible de se frayer un passage ?

Les types de tous les pays s'y coudoient sans cesse: l'Arabe au costume bigarré; le nègre nubien aux traits grossiers; le bédouin à la taille svelte et à la figure intelligente; le marchand turc au seuil de sa boutique égrenant éternellement son chapelet d'ambre; le juif trottant tout occupé de quelque combinaison avantageuse; les saïs aux riches costumes courant jambes nues devant la voiture de leurs maîtres et faisant garer les passants aux cris répétés de : « Ya walat! ya bint! (Eh! le garçon! Eh! la fille!); Waah! Waah! (gare)! Reglack! (tes pieds); Yeminack (ta droite); Shemalack (ta gauche); Dahrak! (Prends garde!) »

Au milieu de cette multitude, de longues files de chameaux portent des branches d'arbres, des marchandises, des pierres ou de longues poutres qui menacent la tête des passants. Certes, l'excuse de la jeune femme des *Mille et une Nuits* que le marchand avait mordue eût été aussi bonne au Caire qu'elle l'était à Bagdad : « Un chameau chargé de bois à brûler, dit-elle à son mari, est venu sur moi dans la foule et m'a blessée à la joue. »

Là, des dames turques, montées à califourchon sur des ânes, disparaissent entièrement dans de vastes manteaux de

---

[1] Longtemps capitale d'un Khalifat indépendant, les maîtres du Caire ont tenu à y laisser par des monuments et des embellissements nouveaux des traces de leur passage. Son véritable caractère est d'être une ville presque complètement sarrazine.

soie noire qui leur donnent un faux air d'immenses chauves-souris. Plus loin, nous croisons une riche musulmane : sa voiture a les stores presque baissés ; un grand voile de tulle blanc enveloppe la promeneuse, tandis que des eunuques exercent autour d'elle une surveillance aussi active que sévère.

ANIERS AU CAIRE.

Ailleurs, de pauvres fellahines coudoient des Européens. « Grandes, élancées, aux membres délicats, à la peau brune, aux longs yeux noirs, aux lèvres ardentes, il en est de véritablement belles et leur démarche même a une noblesse innée. Rien d'étudié dans les poses qu'elles prennent en portant sur la tête leur cruche à la base arrondie ; rien de plus simple que ce vêtement bleu entr'ouvert sur la poitrine ; et cependant à leur aspect on croit voir revivre les sculptures des monuments anciens et l'on comprend l'étonnante hérédité des siècles. Beaucoup ne se cachent qu'à demi le visage dans un pli de leurs voiles bleus ; d'autres ont un long *yasmack* noir (sorte de voile) qui se termine en pointe, tombe à partir des yeux, et que retiennent trois cornets de cuivre enfilés les uns aux autres et placés devant le front de manière à se rattacher au voile. Tant que leurs enfants n'ont pas dépassé quatre ans, elles les portent à cheval sur leurs épaules et la chaleur du climat leur permet de ne pas les vêtir[1]. »

Pour reposer nos yeux éblouis, nous nous engageons dans des rues qui nous semblent calmes et tranquilles. Tout à coup nous tombons dans une noce arménienne et, comme les pétards aussi bien que la musique (Dieu sait quelle musique!) sont l'accompagnement obligé de la fête, on nous envoie de la poudre dans les jambes. Nous n'avons que le temps de nous esquiver, poursuivis par les lazzis des femmes.

Nous entrons alors dans le quartier des ghawazzis (almées). Leurs cheveux sont ornés d'une foule de pièces d'or dont le nombre plus ou moins grand fait la beauté de la parure. Les unes sont revêtues de jupes blanches avec corsages de couleur voyante, ouverts sur le devant, sur lesquels s'étalent force colliers résonnant aux moindres mouvements. D'autres ont des tuniques plus sombres relevées par quelques chiffons clairs. Elles se tiennent accroupies sur leurs portes, poursuivant l'étranger de leurs sourires et de leurs interpellations, et rappelant le tableau qu'en a fait Salomon. « Elle a orné sa chambre de tapis d'Égypte et l'a parfumée de myrrhe et d'aloès.......... Adroite à surprendre les âmes, elle tend ses pièges au dehors, dans les places publiques ou au coin des rues. Ses lèvres sont comme le rayon qui distille le miel, ses paroles sont plus douces que l'huile; mais à la fin elle est

---

[1] Fern, Schickler. *En Orient*, p. 243.

amère comme l'absinthe, et elle blesse comme une épée à deux tranchants...[1] » Dans chaque ville un quartier spécial, dont elles ne peuvent s'écarter, est assigné à ces malheu-

DANSE D'ALMÉES AU CAIRE.

reuses; leur passion pour le Mastic, le Racki[2] et les liqueurs fortes, les mène vite à une vieillesse précoce.

[1] *Proverbes*, ch. VII, 11-18; ch. V, 3 et 4.
[2] *Racki*, eau-de-vie de dattes aromatisée avec une certaine gomme. — *Mastic*, sorte d'anisette tenant en dissolution la résine de ce nom qui mélangée avec de l'eau, se précipite sous forme de nuage blanc un peu comme l'absinthe.

CHAPITRE PREMIER

La société, comme la religion musulmane, fait à la femme une bien triste condition. Il semble qu'on ait pris à tâche d'étouffer en elle les sentiments de dignité et d'honneur aussi bien que les vertus domestiques qui lui ont valu une si haute place dans notre civilisation européenne. Si la femme meurt, le musulman trouve au-dessous de lui de la pleurer. M. F. Schickler raconte que l'épouse favorite d'un pacha étant morte, un consul européen lui apporta ses condoléances et fut fort mal reçu. — « Venez-vous m'insulter? lui demanda le pacha. — Vous insulter? le ciel m'en garde! Qui peut vous inspirer cette pensée? — Mais enfin que signifient ces compliments dérisoires? Me croyez-vous assez méprisable pour m'affliger de la perte d'une femme[1]? »

Pénétrer dans un harem, pour l'Européen, reste toujours chose absolument impossible. Le maître, sans doute, par crainte de l'adage arabe : « Quand la femme a vu l'hôte, elle délaisse son mari », y a seul ses entrées, comme aussi droit de vie et de mort. On raconte au Caire que l'une des odalisques d'Abbas Pacha avait la passion de fumer. Abbas le lui avait formellement interdit, mais des eunuques dévoués lui procuraient en cachette des cigarettes de Latakié. L'ayant prise sur le fait, le terrible pacha se fit apporter du fil et une aiguille, et se mit tranquillement à lui coudre les lèvres. Toutefois, une aussi froide cruauté est rare et, en général, les femmes ne sont pas maltraitées dans les harems. Nées dans ces milieux délétères, elles y vivent sans en souffrir, et si on voulait leur donner la liberté bien peu consentiraient à en profiter. Leur claustration du reste n'est point rigoureuse; on les rencontre sous la garde des eunuques, non seulement dans les promenades publiques, mais dans

---

[1] *En Orient*, p. 101.

les fêtes et les cérémonies. Au pourtour de leurs Tekkiëhs les derviches leur réservent des loges grillées et les exercices de ces moines de l'Islam sont assurément un des spectacles les plus curieux que puisse offrir le monde musulman.

On distingue deux sortes de derviches : les tourneurs et les hurleurs.

La Mosquée ou Tekkiëh des premiers est extérieurement d'architecture persane. Leurs cérémonies, auxquelles sont admis les étrangers, ont lieu dans une salle octogonale entourée de balustres en bois soutenant la tribune réservée aux musiciens. La partie centrale est parquetée ; des nattes bordent les balustrades en dedans ; les spectateurs restent en dehors. En face de la porte, sur un tapis, est assis l'iman ; autour de sa coiffure conique s'enroule une écharpe verte, témoignage de son pèlerinage à la Mecque. Les derviches le saluent en entrant, puis s'accroupissent sur les nattes, drapés dans leurs longs manteaux. Le chantre, d'un ton nasillard, entonne une sorte d'antienne d'un rythme singulier et original ; puis la musique, composée d'un tambourin sourd et d'une flûte aiguë, donne le signal de la danse. L'iman se lève et tous les derviches, après avoir touché la terre du front, commencent à sa suite une marche lente autour de la salle. En face de la place où était leur chef, ils font un premier salut devant eux, puis un second dans le sens opposé en se retournant, de sorte qu'il y en a toujours deux s'inclinant l'un en face de l'autre. Les danseurs se dépouillent enfin de leurs manteaux et chacun, après avoir salué l'iman, se met à tourner. Ils ferment les yeux, étendent les bras, penchent leur tête sur leur épaule gauche ; leurs longues robes s'enflent ; ils tournent et tournent toujours pendant quelquefois une demi-heure et plus sans souffler. Un chef subalterne circule au milieu d'eux pour que tout se passe selon

CHAPITRE PREMIER

les règles. « C'est une valse lente, exécutée par dix ou douze hommes pieds nus, en petites vestes et amples jupes, valse grave et adroite où personne ne doit toucher son voisin, où de temps à autre on accorde une demi-minute de repos, et qui dure en tout l'espace d'une heure. Viennent ensuite quelques prières et tout est terminé[1]. » Les derviches disent qu'étant trop indigne d'approcher de Dieu dans son état habituel, l'homme a besoin d'entraîner son esprit hors de ses aspirations terrestres pour pouvoir atteindre aux sphères célestes. Il doit y avoir évidemment une idée symbolique cachée sous ces exercices qui, loin d'être ridicules, ne sont que gracieux.

DERVICHES TOURNEURS.

Comme les tourneurs, les derviches hurleurs ont leur couvent et leurs exercices hebdomadaires : mais c'est au retour de la caravane de la Mecque qu'ils se livrent aux plus fanatiques transports. Cette fête religieuse, la plus célèbre du Caire, est par excellence celle des Hurleurs[2]. Quelques jours auparavant, tout prend un air inaccoutumé et le grave musulman lui-même semble atteint d'une activité fiévreuse. Une vaste tribune est dressée pour le vice-roi, sa suite, les consuls et leurs nationaux au-dessous de la citadelle, non loin de la splendide mosquée du sultan Hassan. A l'heure dite le défilé commence.

Fern. Schickler, *En Orient*.
Le vice-roi a interdit depuis lors la célébration de cette fête.

Un santon vénérable ouvre la marche, assis sur un chameau ; les soldats de l'escorte viennent ensuite; puis des femmes perchées sur leurs dromadaires dans des boîtes tapissées d'étoffes. Enfin paraît le tapis, précieuse relique, qui, après avoir orné pendant un an la Kaaba, est rapporté pieusement de la Mecque dans la mosquée de Méhémet-Ali. Posé sur de merveilleuses broderies resplendissantes d'or, il recouvre presque entièrement le chameau qui le porte : un santon hideux et aussi peu vêtu que possible est assis dessus et gesticule affreusement. Tous s'inclinent sur le passage du cortège sacré; le canon tonne; les musiques exécutent leurs airs les plus discordants; puis, comme tout a une fin en ce monde, la foule, rassasiée d'une poussière aussi impalpable qu'abondante, s'en retourne suffisamment grillée par un soleil ardent qu'aucun nuage ne tempère.

Quelques jours après, des baraquements s'élèvent du côté de Boulacq dans une petite plaine qui chaque année voit se renouveler pareille fête. Pendant une dizaine de jours, c'est un tohu-bohu indescriptible. Dans la journée, la foule bariolée s'arrête devant les jongleurs, les charmeurs de serpents, descendants des anciens psylles, les saltimbanques égyptiens et leurs pantomimes grossières. Des centaines de marchands de bonbons et de sucreries bordent de leurs boutiques l'avenue de Boulacq, tandis que des chanteurs ambulants ou des poètes en plein vent, charment leur auditoire naïf.

A la nuit, le décor change. D'immenses tentes à intérieur bleu, blanc, jaune et rouge, s'illuminent *a giorno*; la foule devient compacte; les saïs ont peine à faire avancer les voitures qui renferment les dames des différents harems du Caire. De magnifiques feux d'artifice divertissent ces bons Orientaux qui adorent tout ce qui fait du bruit et jette de la poudre aux yeux.

CHAPITRE PREMIER

Cependant, tout le monde n'est pas aux amusements : les fervents disciples du Coran s'entraînent dans les tentes afin d'être admis, à la suite d'exercices violents appelés *zikr*, à la grande cérémonie du Dosséh. Ce sont les derviches hurleurs qui dirigent les fidèles et président à leur initiation.

DERVICHES HURLEURS.

Les exécutants se placent sur deux rangs face à face : tous ensemble, d'abord d'une voix demi-sourde, puis rauque, puis par des sons inarticulés en même temps que plus précipités, commencent à répéter les mots sacramentels : « La Allah ! Il Allah ! » (Dieu seul est Dieu). Bientôt ils ne disent plus que : « Ya hou ! » (ô lui), qui est alors poussé d'une voix tout à fait sourde et gutturale. Tous ceux qui prennent part à la cérémonie exécutent des mouvements en forme de saluts, soit directs en avant, soit obliques, et alternativement de chaque côté, mais toujours avec des balancements de tête très étendus.

Un ou plusieurs fervents choisis par le cheik sont placés devant les rangs; ils donnent la mesure et prononcent par instant des paroles sacrées destinées sans doute à entretenir l'ardeur des exécutants et à la porter à son comble. Ces exercices ont un aspect émouvant et farouche; ils jettent souvent les individus qui s'y livrent dans un état d'exaltation extraordinaire. On en voit, dans l'excès de l'enthousiasme, s'abandonner à de véritables convulsions, paraître frappés de congestions cérébrales et tomber étourdis. Dans cet état ils passent pour saisis d'une divine fureur et favorisés d'Allah. Le cheik seul, d'un mot, arrête les exercices : alors, ruisselants de sueur, la face bouffie et violacée, l'œil injecté, les uns s'affaissent dans une sorte de coma apoplectique, tandis que d'autres, sous l'empire de crises d'épilepsie, se roulent par terre, écumants, insensibles, ou tombent à plat ventre en proie à des frémissements nerveux indescriptibles.

Le jour du Dosséh, une foule compacte se presse de toutes parts. Une seule allée est réservée entre les tentes du vice-roi, des hauts fonctionnaires et les voitures du harem royal. Vers midi, le khédive fait son apparition. Peu après, les sectaires s'avancent précédés de fifres, de tambourins, de drapeaux, se bousculant à l'envi, et semblant redouter de ne pas trouver une bonne place pour se faire écraser. Tous se jettent la face contre terre, ayant la tête tournée du même côté : un cheik les tasse et les range selon la règle, faisant rentrer à coups de pied ou de poing l'épaule ou les proéminences postérieures de celui-ci, tirant la tête de celui-là, rangeant les pieds d'un troisième, tout en marchant le plus tranquillement du monde sur ce tapis humain d'un nouveau genre. Pendant ce temps, ceux qui ne sont pas de la fête éventent les privilégiés avec tout ce qu'ils ont sous la main. Enfin l'heure solennelle a sonné : l'iman des derviches hurleurs, affublé d'un immense turban vert dont l'attouchement procure aux fidèles un nombre incalculable d'indulgences, s'avance sur un cheval blanc, escorté de quatre soldats qui maintiennent la foule sur son passage. Il semble en extase et comme affaissé sous le poids de la fonction qu'il va rem-

LE DOSSÈH.

plir : si l'on ne connaissait l'extrême sobriété des grands prêtres de la loi de Mahomet, on le croirait ivre. Plusieurs de ses disciples le soutiennent, d'autres dirigent son cheval qui se cabre devant ce chemin mouvant, pendant que le saint homme paraît se tenir en selle avec la plus grande peine. Le cortège marche à petits pas, passant sur le dos de tous ces fanatiques dont sans doute on entendrait craquer les os, n'était le brouhaha qui couvre tout en cet instant. Pendant que l'iman descend de cheval et entre dans la tente du viceroi, on emporte à la dérobée mourants et blessés. Quelques-uns râlent, la bouche pleine d'écume ; d'autres crachent le sang; ceux-ci ne peuvent plus se tenir debout : ceux-là n'ont que quelques côtes enfoncées. Quel fanatisme aveugle pousse tous ces gens ! c'est à croire qu'ils sont en ce moment sous l'influence du *Hachich* ou de ce précieux breuvage que Hélène rapporta d'Égypte, au dire d'Homère, et qu'on appelait *népeuthès*, breuvage qui, « mêlé au vin de la coupe, endormait la colère ou la douleur, et ne permettait pas pour tout un jour de verser des larmes, même à ceux qui auraient perdu un père ou une mère, ou qui auraient vu un frère ou un fils chéri égorgé sous leurs yeux[1] ! » Le soir, la fête prend un nouvel éclat : l'affluence est prodigieuse : le « Ya hou ! » des fanatiques est plus rauque que jamais; un dernier feu d'artifice éclaire cette fantasmagorie : le lendemain tout est fini.

Il y a au Caire deux versions sur l'origine du Dosséh. L'an 622 après Jésus-Christ, Mahomet, prêchant sa doctrine à la Mecque, rencontra dans cette ville une telle opposition qu'il dût s'enfuir. De cette époque commence l'ère de l'hégire (fuite). En quittant la Mecque, Mahomet eut à traverser un village peuplé de ses partisans : ceux-ci se prosternèrent sur son passage, mais le prophète, dont les moments étaient comptés, ne put s'arrêter; il fit avancer son cheval et passa sur leurs corps sans leur faire de mal. Telle fut l'origine du Dosséh, vulgairement, « fête du cheval », qui de temps immémorial se célèbre au Caire chaque année, le

[1] *Odyssée*, liv. XIV, vers 246 et suivants.

douzième jour de la lune qui suit le retour du tapis de la Mecque.

Le cheik Din-Din, raconte la seconde version, était regardé comme un saint, et vénéré comme un ami de Dieu. Un jour qu'il venait de faire sa prière à la mosquée du sultan Hassan, il se trouva qu'il avait plu abondamment et que les rues n'étaient plus que des bourbiers. Décrocher les lampes sans nombre de la mosquée pour lui faire un chemin sec fut pour la foule l'affaire d'un instant. Din-Din passa à cheval sur cette chaussée d'un nouveau genre sans qu'une seule lampe fût brisée. A cette vue les assistants, s'étendant à la suite des lampes, lui firent avec leurs corps une route qui le mena jusqu'à sa demeure. Aucun ne fut blessé, et c'est en mémoire de ce miracle que depuis lors on célébra le Dossèh au Caire, et au Caire seulement, le fait s'étant passé dans cette ville.

S'il n'est pas donné à tout le monde d'assister au Dossèh, du moins peut-on se faire une idée exacte de l'Orient et de ses mœurs en visitant le Bazar du Caire, l'un des plus curieux du monde[1]. Il s'étend le long d'une interminable rue qui change plusieurs fois de nom, et où s'entassent toutes sortes de marchandises : babouches, étoffes, toiles, drogues, parfumerie, harnachements, sellerie, objets en fer ou en cuivre, broderies, etc.

A certaines heures, le matin principalement, c'est avec la plus grande peine qu'on y circule, tant la foule bigarrée y afflue de toutes parts, sans trouble pourtant ni désordre, car les Orientaux ne se départissent jamais de leur

---

[1] On appelle Bazar, en Orient, une rue, voûtée ou non, occupée uniquement par des marchands, et de chaque côté de laquelle s'ouvrent leurs boutiques.

gravité solennelle. Un grand passage couvert, tout auprès du Mouski, contient les magasins les mieux fournis en tapis, objets d'art, orfèvrerie, vieilles armes. Ces boutiques, si exiguës, renferment parfois de vrais trésors dont les propriétaires ne connaissent pas toujours la valeur réelle. Ils vantent peu leur marchandise et c'est à grand'-peine qu'ils répondent à une question directe et pressante. « Békem ? » (Combien ?) — « Qui sait ? » répond le commerçant en levant les yeux au ciel. Si on déprécie l'objet, le marchand réunit ses doigts en faisceau (*nec plus ultra* de l'admiration orientale) et se contente de prendre à témoin Allah de l'injustice de l'acheteur. Quand celui-ci s'éloigne, il n'en montre nul souci et paraît même soulagé. Il est de ces marchands qui ont des manières de grands seigneurs : dès les premiers mots, notre ami Ali nous offrait des cigarettes et le café, sans savoir si nous lui achèterions quelque chose.

Les habitants du Caire se composent en majorité d'Arabes, de Coptes pour un vingtième et de Juifs pour un cinquantième, sans compter les employés turcs de l'administration. Ibn-Abbas, écrivain arabe, juge ainsi ces différentes parties de la population : il attribue « les neuf dixièmes de l'intrigue et de l'artifice qui sont en ce monde aux Coptes, les neuf dixièmes de la perfidie aux Juifs, les neuf dixièmes de la dureté aux Turcs et les neuf dixièmes de la bravoure aux Arabes ». En général, les indigènes, comme du reste les anciennes familles de la capitale de l'Égypte, aiment peu les Européens, venus le plus souvent pour piller ou exploiter leur pays. Aussi perdent-ils rarement l'occasion de témoigner leur mépris aux *Ghiaours*. Un jour que nous étions en promenade près de la mosquée de Touloun, nous fûmes assaillis par une grêle de pierres que nous lançaient des

RUE PRÈS DU BAZAR, AU CAIRE.

enfants. Le gardien de la mosquée voulut les éloigner, mais il n'y put parvenir, et nous dûmes nous enfuir au plus vite pour ne pas servir plus longtemps de cible à ces jeunes énergumènes. Du reste, intelligent, susceptible parfois de grandes idées, l'Égyptien instruit est rarement intègre : l'égoïsme se retrouve toujours au fond de sa conduite et ne lui montre qu'un esclave dans le fellah qui traîne sa misérable vie sur les rives du Nil, fournissant à ses maîtres l'argent nécessaire à une vie de luxe et de plaisir. Pauvre fellah ! descendre des habitants de Thèbes et de Memphis et en être réduit à une aussi triste condition !

Combien de fois n'avons-nous pas éprouvé une commisération profonde en voyant les durs traitements qu'on lui inflige. « A Alexandrie, au Caire, les enfants du peuple, les filles surtout, travaillent du matin au soir à porter sur leur tête des corbeilles pleines de terre ou de sable destinées à la construction des maisons; les pauvrettes, elles travaillent en chantant; lorsqu'elles ont rempli leurs bannes vides, elles frappent l'une contre l'autre leurs petites mains en cadence, faisant ainsi un accompagnement bizarre à leur rythme monotone. L'aînée de la bande invoque tous les êtres puissants qui lui reviennent à l'esprit, et les autres les appellent en chœur à leur aide...

Dieu puissant, dit une enfant seule.

O aide-nous ! s'écrient toutes les autres.

Madame Marie! (Sitti Miriam.)

O aide-nous!

Soleil bienfaisant!

O aide-nous!

Les Bons Génies!

O aidez-nous!

Étoiles des nuits!
O aidez-nous!
Ma mère, mon père, mon frère, etc.
O aide-nous!

Quelquefois le nom d'un ami, d'un parent mort depuis longtemps est rappelé de la sorte; puis, lorsque la mémoire ne fournit plus de sujet à l'invocation, la chanteuse se lance dans des appels risibles; elle demande l'aide d'un être faible, d'une pierre, d'une plante, d'un animal, et la bande joyeuse de rire alors de tout son cœur en répétant son éternel : O aide-nous! Pauvres enfants, elles oublient leurs fatigues, leurs peines; elles semblent presque heureuses, et cependant l'entrepreneur est là avec sa courbache et les en frappe souvent : c'est un navrant spectacle[1]! »

FELLAHINE.

Que n'obtiendrait-on pas de ce peuple laborieux et si sobre, si l'on savait le mener, et quel riche pays serait l'Égypte si elle était autrement administrée! Déjà du temps d'Omar, son lieutenant Amrou lui décrivait ainsi les fellahs. « Un peuple protégé du ciel et qui, comme l'abeille, ne semble destiné qu'à travailler pour les autres

---

[1] Gentil. *Souvenirs d'Orient*, ch. XVIII.

sans profiter lui-même du fruit de ses sueurs, ouvre légèrement les entrailles de la terre et y dépose des semences dont il attend la fécondité du bienfait de celui qui fait croître et mûrir les moissons...[1] »

Pour le Caire, si déplorables que soient les larges boulevards et les rues nouvelles, hideuses trouées à l'aide desquelles on tente de *l'haussmaniser,* la vieille ville n'en reste pas moins la patrie des *moucharabiehs* et des légers minarets. « Qui n'a pas vu le Caire, n'a rien vu; son sol est d'or, son ciel est un prodige, ses femmes sont comme les vierges aux yeux noirs qui habitent le paradis. Et comment en serait-il autrement, puisque le Caire est la capitale du monde[2] ! »

Après un séjour de plusieurs semaines il nous faut, hélas! dire adieu à ce pays enchanteur. Nous saluons une dernière fois les Pyramides qui de loin gardent encore leur aspect imposant, et, nous rappelant la mélancolique épitaphe de cette Égyptienne des temps antiques, comme elle, nous souhaiterions volontiers de pouvoir un jour « dormir sous la brise, au bord du courant du Nil qui rafraîchit le chagrin[3]. »

---

[1] Lettre d'Amrou au khalife Omar, vers 642 ou 643 après Jésus-Christ.

[2] Les *Mille et une Nuits.*

[3] Consulter dans la *Gazette des Beaux-Arts* : *Coup d'œil sur l'état présent du Caire ancien et moderne,* par A. Rhôné. Nov. 1881, janvier et février 1882, avec dessins inédits et d'après nature par MM. P. Chardin, C. Mauss et J. Bourgoin. Sur l'organisation et la formation du comité de conservation des monuments arabes du Caire, voir le *Journal des Débats* des 2, 3 et 4 août 1881 : l'*Art arabe au Caire,* par G. Charmes ; et *la Chronique de la Gazette des Beaux-Arts* des 4 et 11 mars, 8 et 22 juillet 1882 : *Nouvelles d'Égypte,* par A. Rhôné.

CHAPITRE DEUXIÈME

*La Phénicie. — Beyrout. — Les Maronites. — Les Druses.
Les Métoualis.*

Nous quittons l'Égypte à bord de l'*Apollo*, steamer du Lloyd autrichien, par une nuit chaude et claire. Bientôt les lumières de Port-Saïd s'éteignent une à une dans les flots; le phare lui-même disparaît; nous sommes en pleine mer.

La majorité des passagers se compose de pèlerins russes, « la tête couverte d'un lourd bonnet, les cheveux crasseux et retombant sur les épaules, le corps enveloppé d'un manteau en peau de mouton d'une saleté repoussante, les jambes perdues dans d'immenses bottes ruisselantes d'huile, de graisse et d'eau de mer. Les femmes, également chaussées de grandes bottes, sont plus laides encore que les hommes. On ne saurait dire l'impression que ces types pâles, sans couleurs, que ces costumes ternes et gluants produisent sous le soleil oriental. Rien ne jure, rien ne détonne d'une manière plus criante, et, comme pour ajouter au contraste, un certain nombre de beaux Arabes, de Turcs majestueux, de jeunes Syriens efféminés la tête ornée d'un *kouffièh* multicolore, étalent leur élégance et leur beauté à côté de la gaucherie et de la lourdeur moscovites[1]. »

Nous mouillons devant Jaffa par une forte houle. De nombreuses barques se dirigent vers nous, montées par des hommes au type étrange, Grecs, Crétois, Chypriotes. Doués d'une agilité surprenante, ils ont bientôt escaladé notre paquebot, et nous veillons avec soin au contenu de nos poches.

La plus grande partie de nos passagers débarque à Jaffa, à destination directe de Jérusalem. La descente dans les embarcations n'est pas sans danger; les cordes ne suffisent pas pour maintenir à l'*Apollo* ces coquilles de noix que les flots secouent violemment, et il faut pour entrer dedans, choisir le moment précis où elles arrivent à la hauteur de l'échelle. Cependant les allées et venues cessent peu à peu et le vide se fait à bord sans que nous ayons d'accidents à déplorer.

Jaffa, vue du large, s'étale gracieusement, et couvre de ses maisons étagées les unes au-dessus des autres une colline contre laquelle les vagues viennent se briser avec fracas. Vers le soir, la houle tombe et nous levons l'ancre pour reprendre notre marche sur Beyrout. Nous longeons

---

[1] G. Charmes. *Revue des Deux-Mondes*, 15 mai 1881.

toute la côte de Phénicie, cette province syrienne qui s'étendait sur une longueur de trente milles à peine. Ce n'était guère qu'un littoral, montant doucement vers les sommités du Liban, bordé au nord par la Syrie, et longeant le territoire proprement dit de la Palestine. On a émis bien des conjectures sur le sens du mot *Phénicien* qui nous est venu des Grecs. La plus vraisemblable est qu'il tire son origine des forêts de palmiers

A BORD DE L'*Apollo*.

qui descendaient jusqu'à la mer et frappaient tout d'abord les regards des navigateurs : c'est sans doute aussi à cause de cela que les monnaies phéniciennes portent le plus souvent l'image de cet arbre. « A l'époque des Séleucides, le caractère phénicien gardait des traces profondes de l'altération hellénique que leur domination avait communiquée à tous les Syriens. L'histoire nationale n'était plus alors qu'un lointain souvenir; la langue, éteinte dans la mère patrie dès le milieu du IIe siècle après

Jésus-Christ, fut cependant jusqu'au vi^e siècle en vigueur dans les colonies africaines. Les Phéniciens n'avaient toutefois rien perdu de leur ancienne renommée. Ils continuaient à être les plus habiles trafiquants du monde et à exceller dans l'architecture et les arts plastiques. L'antique Sidon, la cité-mère Tyr bâtie dans une île, étaient encore des villes très commerçantes, et Béryte, saccagée naguère par le conquérant syrien Tryphon, puis relevée sous Auguste et érigée en colonie militaire, devint plus tard le siège d'une école de droit florissante[1]. »

Quant à la religion phénicienne, elle avait soif de sang et s'environnait des plus noires images. Comme l'a si bien dit Creuzer, « à voir les abstinences, les tortures volontaires et surtout les horribles sacrifices dont elle faisait un devoir aux vivants, on s'étonne peu que les morts aient pu sembler dignes d'envie. Elle imposait silence aux sentiments les plus sacrés de la nature, elle dégradait les âmes par des superstitions, tour à tour atroces et dissolues, et l'on est réduit à se demander quelle influence morale elle pouvait exercer sur les mœurs du peuple. » Le rite le plus affreux était les sacrifices à *Moloch (le roi)*, dont nous aurons l'occasion de parler dans la suite. En songeant à toutes ces abominations, le dégoût ne le cède en rien à l'horreur, et l'on murmure malgré soi la malédiction du poète latin :

« *Tantum relligio potuit suadere malorum!* »

Beyrout, l'ancienne Béryte des Giblites, fut surnommée « l'heureuse, » (*Felix Julia*), sous Auguste, à cause de la beauté de sa situation, de la douceur de son climat et

---

[1] Dollinger. *Paganisme et Judaïsme*, t. I, p. 35.

de la fertilité de son sol. Contrairement à l'étymologie longtemps admise de son nom, Beyrout ne viendrait pas du phénicien *Beeroth*, (puits), mais, selon Renan, du chaldéen *Bérout* qui signifie : *cyprès, pins*. L'eau y étant rare et mauvaise, on ne comprendrait pas qu'on ait appelé cette ville *le puits*; et, d'un autre côté, la forêt de sapins qui l'entoure à l'est est fort ancienne. Guillaume de Tyr en parle ainsi qu'Édrisi au xiie siècle[1]. Au loin, devant la

BEYROUT.

ville, s'étend à l'infini la haute mer, tandis que sur la droite le Liban se dresse majestueusement. C'est le mélange de la sublimité imposante des lignes avec la grâce des détails, d'une variété infinie d'aspects avec un assemblage merveilleux de teintes. La Méditerranée baigne de ses eaux bleues ces masses énormes de rochers qui détachent leurs sommets couverts de neige sur l'azur foncé d'un ciel sans nuage. « Ainsi mollement adossée à ces montagnes et à ces

---

Guill. de Tyr, liv. XI, ch. xiii. *Édrisi*, (trad. Jaubert), t. I, p. 355.

collines, au milieu des fleurs et d'une riche végétation qui descend jusqu'à la plage, les pieds baignés par les vagues, Beyrout, selon l'expression des Arabes, ressemble à une jolie sultane accoudée sur un coussin vert et contemplant les flots dans sa rêveuse indolence[1]. » La ville renferme une population d'environ 80,000 habitants dont : 20,000 Maronites; 10,000 Grecs unis; 16,000 Grecs schismatiques; 7,000 Européens; 23,000 Musulmans; 3,000 Juifs; 800 Arméniens et quelques centaines de Druses. C'est la cité la plus commerçante de la côte et son aspect est tout autre que celui des villes égyptiennes; on y retrouve les coutumes européennes à côté des usages orientaux. Les maisons, assez semblables à celles d'Italie, sont grandes et bien aérées; des fresques d'un goût douteux décorent celles des commerçants les plus riches; les toits sont plats, comme presque partout en Orient.

Quelques langues de terre et des bancs de rochers forment une anse abritée des vents d'est, mais malheureusement trop étroite et trop peu profonde pour permettre aux grands vaisseaux de s'y réfugier; ces derniers mouillent à trois kilomètres au nord de la ville dans une rade foraine peu sûre en hiver.

Le mouvement des quais est aussi actif que dans nos ports. Suivant la saison, on y embarque de la soie, du sésame, du coton, de l'huile, des éponges, du tabac, des céréales que les caravanes apportent de l'intérieur à dos de chameaux.

Bagdad, Palmyre, Damas, le Haouran, envoient leurs produits dans cette ville où l'on est frappé en général de

---

[1] V. Guérin. *Descript. géogr., hist. et archéol. de la Palestine* (Galilée), t. I, p. 30.

la richesse de la population, de la diversité des races et de la beauté des costumes. Le Musulman, le Juif, le Maronite, le Druse, y vivent côte à côte, groupés par quartier, ayant leurs industries spéciales, gardant leur sang pur de tout mélange et conservant chacun sa physionomie et ses mœurs caractéristiques.

A l'époque de saint Athanase, les Juifs, beaucoup plus nombreux à Beyrout qu'aujourd'hui, se convertirent en grand nombre à la foi catholique à la suite d'un miracle que nous trouvons ainsi raconté dans la *Citez de Jhérusalem* : — « A la cité de Baruth fu une ymage de Jhucrist qui fu faite un peu après que il fu montez au ciel. Cele ymages crucifièrent li Juif en despit de Nostre-Seigneur, et le ferirent li Juis ou costé d'une lance et cele costé issi yaue et sans, et par tel miracle crurent maintes gens en Nostre-Seigneur. De cel sanc et de cel yaue oignait-on les malades et garissoient de leurs maladies. »

Il reste peu d'antiquités dans Beyrout. L'ancienne cathédrale de Saint-Jean, datant des croisades, est presque intacte avec ses trois nefs et ses trois absides, son porche, ses arcades ogivales s'appuyant sur des chapiteaux romans. La nef entière est voûtée en berceau, ce qui semble prouver qu'elle fut édifiée vers 1108, époque où la ville fut prise par Beaudoin II. Ce serait en ce cas la plus ancienne église élevée par les Croisés en Terre Sainte. Les Turcs l'ont badigeonnée en blanc et ornée d'arabesques grossières. On y voit encore « un vieux reliquaire renfermant des reliques de saint Jean, patron de l'église[1]. » Une inscription grecque marque l'emplacement de l'ancien baptistère. Près de la place des Canons, se trouvent quelques colonnes encore

---

[1] De Vogüé. *Les Églises de Terre Sainte*, p. 374.

CHAPITRE DEUXIÈME

debout, dont l'origine doit remonter à l'occupation romaine, tandis qu'au dehors de la ville s'élèvent les ruines d'une ancienne basilique renfermant des sarcophages en pierre. Enfin, une vieille tour au bord de la mer est le dernier vestige des remparts construits jadis par les Croisés[1].

Avant d'aller plus loin, il est bon, croyons-nous, de jeter un rapide coup d'œil sur les Maronites, les Druses et les Métoualis, ces races si originales et si vivaces qui peuplent le Liban.

Un moine nommé Jean Maron, qui vécut à la fin du VIIe siècle, donna son nom à ses disciples, ancêtres des Maronites actuels. La plus grande partie de ses prosélytes furent des Syriens qui n'avaient pas encore embrassé l'hérésie des Monothélites. Ils se groupèrent autour de lui, mais, obligés de se défendre constamment contre les Musulmans, ils durent abandonner la plaine qui ne leur offrait plus de sûreté et se retirer dans les montagnes où ils se fortifièrent. Leur nombre est actuellement évalué à 180,000; on en rencontre plus ou moins dans toutes les villes depuis Alep jusqu'à Nazareth, mais leur principal centre est toujours le Liban, de Beyrout à Tripoli de Syrie, en suivant la côte.

Race honnête et intelligente, ils ont une grande affection pour les Européens et surtout pour les Français. Du temps des Croisades, les troupes chrétiennes n'eurent pas de plus fidèles alliés; plus tard, après Saladin et la chute du royaume latin de Jérusalem, des Francs restèrent parmi eux et y firent souche; de là sans doute l'appellation actuelle de certaines familles, celle des *Princes* et celle des *Seconds* par exemple.

---

[1] M. Peretié, aujourd'hui retiré à Beyrout, possède une collection des plus remarquables de vieux bijoux, meubles et objets antiques, qu'il a bien voulu nous montrer avec la bienveillance et l'affabilité qui le caractérisent.

Les Maronites ont un gouvernement qui leur est propre et sont soumis nominativement à la Porte ottomane. Le *cheik*, espèce de seigneur féodal, a dans chaque village le droit d'administrer et de rendre la justice, mais sa juridiction n'est pas absolue et sans appel : avec l'Église il doit partager influence et autorité.

Dans le Liban, plus que dans tout autre pays chrétien, le pouvoir du clergé est considérable. Les prêtres maronites, quoique relevant du Saint-Siège, ne sont pas astreints à toutes les règles communes au clergé européen; ils ont conservé une grande indépendance et leur vie est autant celle du paysan que celle de l'homme d'église. Ils défrichent et cultivent la terre, s'occupent des malheureux, secourent les indigents, et savent par leur sobriété et leur travail se rendre dignes de la vénération et du respect de la population. Les évêques sont nombreux; réunis en assemblée, ils nomment leur patriarche, lequel est ensuite confirmé et investi par la cour de Rome. Ainsi établie, la puissance du clergé maronite est immense et incontestée. Jusqu'à ces dernières années, il a joui de la part des autorités civiles relevant de Constantinople de toutes les déférences qu'il sait imposer et mériter.

« En somme, la condition du peuple maronite est essentiellement heureuse. L'exercice de sa religion est libre et respecté; ses églises et ses couvents couronnent les montagnes; les cloches qui résonnent aux oreilles comme un chant de liberté et d'indépendance, invitent jour et nuit à la prière. Cette nation est gouvernée par ses propres chefs héréditaires et par le clergé qu'elle aime. Une police rigoureuse, mais équitable, maintient l'ordre et la sécurité dans les villages; la propriété est respectée et transmise de père en fils; le commerce est actif, les mœurs du peuple parfaitement simples et pures. Il est rare de rencontrer une population dont l'apparence annonce plus la santé, avec la noblesse dans les manières, et la civilisation que celle de ces hommes du Liban[1]. »

L'origine des Druses est peu ou point connue, quoiqu'on veuille la faire remonter à *Darazi*, disciple du khalife fatimite Hakem, vers l'an 1000 de notre ère. Il est probable qu'ayant refusé d'adopter la religion du prophète ils furent persécutés et se réfugièrent dans les solitudes inaccessibles du haut Liban pour y défendre leur indépendance. Les triomphes passagers d'un de leurs cheiks, Fakr-ed-din, au XVIIe siècle, lequel vint jusqu'à Florence quêter des secours à la cour des Médicis, les mirent en lumière et les firent connaître. Plus tard ils furent les alliés de Méhémet-Ali, vice-roi d'Égypte; puis, soumis par Ibrahim-Pacha, ils rentrèrent finalement sous le joug de la Porte en 1841. Cet état de vasselage est plutôt nominatif qu'effectif, et ne se manifeste en temps de paix que par un léger tribut annuel.

Les Druses occupent le versant occidental du Liban, ainsi que presque tout l'Anti-Liban, depuis Beyrout jusqu'à Sidon, et depuis la Méditerranée jusqu'à Damas. Quelques-uns ont même poussé jusque dans le Haouran où ils habitent plusieurs villages.

Leurs chefs, pris dans certaines familles nobles, ne s'allient jamais hors de leur caste; seuls ils sont chargés du gouvernement et fixent chaque année, avec les principaux propriétaires fonciers réunis à cet effet, le montant de l'impôt qui sera envoyé au Sultan. En cas de guerre de la Turquie, ils se sont engagés par traité à équiper tous les hommes

---

[1] Walter Keating Kelly. *Syria and Holy Land*, ch. VIII, p. 97.

en état de combattre et à apporter le secours de leurs armes à leur suzerain.

Leur religion est difficile à pénétrer; tout y est mystère et ténèbres. Avant l'expédition de 1860, on n'avait aucun document pouvant jeter un jour quelconque sur leurs institutions. Depuis, quelques points ont été éclaircis, association étrange, du reste, de doctrines païennes, judaïques, chrétiennes et musulmanes. D'après Adler, ils adorent un Dieu symbolisé par le veau; abstraction faite de cet acte d'idolâtrie, leurs principes, autant qu'ils sont compréhensibles dans leurs livres saints écrits avec des lettres cabalistiques, ne sont dépourvus ni de grandeur, ni de beauté.

Les Druses croient à l'unité de Dieu et à sa manifestation aux hommes sous des formes successives, telles que : Moïse, Aaron, Jésus-Christ, Mahomet, et enfin Hakem. Ils croient à la métempsychose, non pas immédiate, mais devant s'accomplir dans un certain laps de temps. L'homme, après la mort, sera jugé d'après ses actes : durant le temps intermédiaire de son ancienne vie sur la terre jusqu'au moment de sa nouvelle incarnation, son âme errera de côté et d'autre, souffrant ou jouissant selon le mal ou le bien qu'elle aura fait. Il reviendra sur terre favorisé de la fortune et aimé de ses compatriotes, ou prendra la forme soit du chameau, soit du chien! « Les corps, dit un manuscrit druse, ne reviennent pas après la mort, les âmes passent dans d'autres corps dont elles font leur proie. L'âme qui passe dans différents corps est toujours la même ; elle ne diffère que dans ses formes. »

L'hospitalité est pour les Druses un devoir sacré. Ils n'ont qu'une seule femme, mais le divorce leur est permis et l'adultère peut se racheter. Enfin, ils sont divisés en deux classes bien distinctes : les *Ockals* ou initiés, et les *Zahels* ou non initiés.

Les premiers, qui sont de beaucoup les moins nombreux, accomplissent seuls les actes de la religion. A certain jour de la semaine ils se réunissent, se groupant dans les lieux consacrés suivant le degré d'instruction auquel ils sont parvenus. Que se passe-t-il alors? Nous l'ignorons, car,

HABITANT DU LIBAN

pendant leurs cérémonies, des vedettes veillent pour éloigner les profanes, et la mort immédiate serait le châtiment du téméraire qui oserait les braver. On est fondé à croire que ces réunions ont un caractère tout au moins aussi politique que religieux, et qu'une large part y est faite à l'expédition des affaires de ce bas monde. Leurs institutions d'ailleurs en font foi. Les *ockals* sont les chefs des Druses, aussi bien en matière temporelle qu'en matière spirituelle : chaque district a son conseil d'*ockals*, et dans chaque conseil un *ockal* est choisi pour assister à celui du district voisin, entendre ce qui s'y dit, et y faire des communications s'il y a lieu. C'est là une puissante organisation, et il est facile de comprendre comment, en très peu de temps, les mesures d'ensemble peuvent être arrêtées sans transpirer au dehors.

Les *zahels* ou non initiés comprennent les jeunes gens, les femmes et les basses castes. Il faut croire qu'il leur est laissé une grande latitude dans leur manière d'être et de penser, puisque, se pliant à toutes les nécessités du moment, ils peuvent embrasser les religions des peuples avec lesquels ils sont en rapport : chrétiens, musulmans, ou juifs. Les enfants, généralement instruits par les *ockals*, apprennent à lire l'arabe dans le Coran : quelques-uns même fréquentent les écoles chrétiennes; mais, au fond de son cœur, jamais un Druse ne reniera sa race, ni sa religion.

« Défie-toi de ton âme », c'est-à-dire ne réfléchis pas, ne regarde pas au delà du but immédiat, tel est le principal précepte donné par les *ockals* aux *zahels*, et il a pour commentaire ces deux autres maximes : « Tout est permis dans le secret. » — « Tout ce qui est utile est bien. » — Cette indifférence pour les moyens, cet aveugle élan vers le but donnent aux Druses un immense avantage sur les chrétiens que leurs rivalités de rite, les pièges incessants de la Porte, et aussi une incontestable supériorité intellectuelle ont dressés à outrer la qualité contraire, c'est-à-dire à se lancer, au moment d'agir, dans le dédale des raffinements de la circonspection arabe.

Les Métoualis, bien moins nombreux que les Maronites

et les Druses, se sont fixés dans les vallées encaissées qui s'étendent entre le Liban et Damas. Leur intolérance les pousse à mépriser aussi bien les chrétiens que les musulmans ; ils appartiennent à la secte des *Chiites* qui assigne à Ali un rang égal ou même supérieur à celui du Prophète et ils vont faire leurs prières dans les mosquées de l'Islam. Jamais les Métoualis ne boivent dans un verre, ne mangent dans un plat qui a servi à quelqu'un ne professant pas leur religion. Ils refusent de s'asseoir à la même table que des étrangers, se considérant comme souillés par leur contact. On comprend dès lors qu'on ait peu de relations avec une peuplade aussi inhospitalière et d'une religion aussi farouche.

De mœurs pures, généralement doux, ces peuples originaires du désert deviennent féroces et implacables en temps de guerre. Vers 1516, les Maronites rappelèrent les Druses dans leurs montagnes pour s'en faire des auxiliaires contre les Métoualis et les Arabes. Tant que dura leur union, la prospérité régna dans le Liban ; mais, après diverses alternatives, les Turcs, craignant le développement et la puissance indépendante que prenaient les Druses et les Maronites, mirent à profit le principe qu'il faut « *diviser pour régner* ». Ils semèrent entre eux la discorde et suscitèrent des querelles interminables qui aboutirent à des levées de boucliers et à des combats sanglants. C'est là l'origine des affreux massacres de 1841, 1844 et 1860. Lors de cette dernière insurrection, le Liban fut pendant plus de deux ans à feu et à sang : combats d'homme à homme, de village à village, de tribu à tribu, œil pour œil, dent pour dent, la haine était farouche, implacable, et les massacres incessants. A Deïr el Kamar, à Hasbeya, les Druses tuèrent des femmes, des jeunes filles, ce que n'a jamais admis le point d'honneur, d'ailleurs si tolérant, des guerres locales ; ils disaient aux survivantes : « Si nous épargnons vos vies, c'est pour que vos cœurs soient brûlés ». L'intervention européenne, ou plutôt celle de la France, en faveur des chrétiens arrêta l'effusion du sang et termina ces luttes tragiques, qui n'auraient sans doute pris fin que par l'extermination d'un des partis. Contrainte par les puissances étrangères à sortir de sa torpeur calculée, la Porte Ottomane se fit livrer quelques-uns des meneurs du massacre qui furent jugés et fusillés.

Puis vint pour le Liban une ère de prospérité relative, grâce à l'intelligence du nouveau gouverneur Daoud-Pacha. Cet Arménien souple et adroit raviva cependant bien des haines anciennes par ses luttes contre Joseph Karam et par l'intervention des milices turques dans les affaires du Liban (1865-1866).

Aujourd'hui, le calme semble rétabli. Pendant la durée de notre séjour au milieu des populations druses et maronites, nous n'avons pas une seule fois été témoins de ces vexations ou de ces rancunes qui, pendant de longues années, sont ordinairement la suite inévitable des débordements populaires.

CHAPITRE TROISIÈME

Départ de Beyrout. — Saïda (Sidon). *— Sour* (Tyr). —
Raz el Aïn (Palœtyr).

Nous quittons par un soleil radieux Beyrout et ses hospitaliers habitants, emmenant avec nous notre drogman, Milhem Elias Ouardy, le chef de nos moukres[1], Moustapha abou Derwich, et Bacri qui porte sur son cheval toutes nos provisions; le reste de notre monde et nos bagages nous précèdent de quelques heures.

Ouardy, avec ses bottes rouges en cuir de Russie, son pantalon bleu bouffant retenu aux genoux par d'élégantes jarretières, son gilet de soie rayé sur lequel est jeté négligemment une veste noire soutachée d'or, a l'air d'un riche chef de partisans partant en campagne; c'est l'un des meilleurs drogmans de Palestine, soigneux, attentif et d'une bravoure comme d'un dévouement à toute épreuve.

Moustapha est un robuste et beau garçon, aussi intelligent que sûr, au visage doux, un peu mélancolique; il monte à cheval avec une grâce parfaite et fait marcher sans tapage,

---

[1] Moukre, domestique, homme de peine qui dresse les tentes, soigne les bêtes de somme, charge et décharge les bagages qu'il accompagne toujours.

mais avec fermeté, ses quinze moukres et ses vingt-deux bêtes de somme.

Malgré l'heure matinale, nous défilons bruyamment dans les rues de Beyrout, caracolant sur nos chevaux, tandis que nos hommes, avec force paroles et gesticulations, disent adieu à leurs parents ou à leurs amis qui ne manquent pas de nous faire mille souhaits heureux.

En sortant de la ville, nous tournons définitivement le dos aux sommets neigeux du Liban. Un chemin sablonneux, bordé de haies d'aloès et de cactus, nous conduit à travers un magnifique bois de pins au bord de la Méditerranée. A notre gauche s'élèvent de hautes collines, derniers contreforts du Liban, qui viennent mourir à la mer aux environs de Saint-Jean-d'Acre. Parsemées çà et là d'arbustes rabougris, elles présentent de loin un aspect grisâtre des plus sauvages.

A quelque distance de Beyrout, nous remarquons dans le flanc des coteaux un certain nombre de points noirs qui se détachent nettement : ce sont, paraît-il, d'anciens tombeaux d'origine phénicienne. A midi, nous sommes sur les bords du Narh el Damour (le *Tamyras* des anciens), belle et large rivière, aussi paisible par moments qu'elle devient furieuse lorsqu'elle est gonflée par les pluies. Nous la traversons à gué, ainsi que plusieurs ruisseaux grossis par la fonte des neiges ; l'eau atteint par place le poitrail de nos chevaux et nous oblige à relever nos jambes sur leur encolure, sous peine de nous tremper.

Nous dépassons Nébi-Younas où, suivant la tradition arabe, Jonas fut rejeté par la baleine, et, au détour d'un dernier cap, nous découvrons Saïda ; la plaine est en partie couverte d'arbres, mais les montagnes environnantes restent toujours dénudées. Pour atteindre « Sidon la fleurie, nous franchissons les ondes du gracieux Bostrenus [1] ».

Sidon (en arabe : Saïda)[2], est l'une des plus anciennes villes du monde; son nom hébreu « Tsidôn » signifie « la *Pêcherie* ». Certains auteurs croient qu'elle tire son origine de Sidon, le premier-né de Chanaan : Justin la dit antérieure à Tyr[3].

Sidon était déjà célèbre au temps de la guerre de Troie; nous lisons en effet dans Homère[4] : « Aussitôt, le fils de Pélée plaça d'autres prix destinés à la rapidité de la course, et d'abord un cratère d'argent, bien ciselé, qui contenait six mesures et dépassait de beaucoup en beauté tous les autres vases de la terre, car c'était l'œuvre d'habiles Sidoniens qui l'avaient travaillé avec soin, et des Phéniciens l'avaient apporté sur la vaste mer ». Après avoir subi le protectorat des Pharaons des XVIIIe et XXe dynasties, Sidon devint en même temps que Tyr la vassale de l'Assyrie.

Vers le VIIe siècle avant Jésus-Christ, Abdimilkouth, un de ses rois, à la faveur des troubles qui régnèrent à la mort de Sennachérib, crut pouvoir secouer le joug; mais Assarhaddon, son fils et son successeur, accourut aussitôt, mit le siège devant la ville et la prit d'assaut. « J'ai mis à mort tous ses grands, dit le vainqueur dans une inscription; j'ai anéanti ses murailles et ses maisons; je les ai jetées dans la mer. J'ai anéanti l'emplacement de ses temples... »

Au IVe siècle avant Jésus-Christ, Tennés, roi de Sidon,

---

[1] Denis le Périégète, vers 913-914.

[2] L'inscription de Assurnasirhabal donne à Sidon le nom assyrien de : Si-du-nu.

[3] *Genèse*, ch. x, vers. 15. — Josèphe, *Antiq.*, I, 6-7.

[4] *Iliade*, liv. XXIII, v. 740-744.

se révolta contre les Perses et les chassa de Phénicie. Artaxercès Ochus marcha contre les révoltés qui avaient incendié leurs vaisseaux, afin de n'avoir pas l'idée de fuir, et qui se croyaient invincibles. Effrayé cependant, Tennès s'entendit secrètement avec Ochus, lui livra six cents principaux Sidoniens qui furent mis à mort, et ouvrit les portes de la ville. Les habitants, se voyant perdus, s'enfermèrent dans leurs maisons avec leurs femmes et leurs enfants et, y ayant mis le feu, périrent ainsi dans les flammes au nombre de quarante mille. Tennès expia sa trahison par la mort[1].

A l'époque des Croisades, Sidon se rendit au bout de deux mois de siège (19 octobre — 19 décembre 1110) à Baudouin, aidé de Sigurd Ier et de sa flotte scandinave qui bloqua le port, après avoir mis en déroute les Égyptiens sortis de Tyr pour lui barrer le chemin. Plus tard, nous voyons les musulmans raser les murailles de cette ville et saint Louis les rebâtir. Pendant que le bon roi faisait exécuter ces travaux, les infidèles vinrent attaquer brusquement les travailleurs, dont une partie seulement put se réfugier avec la garnison dans le « *château de la mer* ». Les habitants furent égorgés sans pitié. En arrivant peu après, saint Louis trouva partout des cadavres tombant déjà en putréfaction et personne pour leur donner la sépulture. Le roi descendit de cheval, prit un mort dans ses bras et se mit à l'enterrer en s'écriant : « Allons, mes amis, donnons un peu de terre aux martyrs de Jésus-Christ! » Tous l'imitèrent, et la funèbre besogne fut bientôt terminée[2].

La fière Sidon, cette reine de la Méditerranée que Jérémie, Isaïe et Ezéchiel poursuivirent de leurs plus sinistres prédic-

---

[1] Diodore de Sicile, liv. XVI, ch. xlii et xliv.
[2] Mémoires du sire de Joinville.

CHAPITRE TROISIÈME

tions, a subi le joug et vu l'étranger violer son sol. Son port, autrefois défendu par une forteresse (Kalaat el Bahar, *château de la mer*), œuvre remarquable des Templiers[1], a été comblé par Fakr-ed-din. Ce dernier, (étranglé à Constantinople en 1634), s'était fait construire un palais dans cette ville et lui avait rendu momentanément un peu de son importance commerciale.

Des récifs arrêtent la mer au nord et à l'ouest. Sur l'îlot nord-est s'élevait un monument antique, sans doute le temple de Melkarth, l'Hercule phénicien, tandis qu'une des principales déesses des Sidoniens, Astarté (*la cornue*) avait dans la ville un temple célèbre[2].

De loin, Sidon, construite sur un petit promontoire, présente un charmant coup d'œil avec ses maisons s'étageant les unes au-dessus des autres, dominées par les ruines importantes de l'ancien château fort de saint Louis, et entourées de vieilles murailles en partie écroulées. Aux alentours, de vastes et magnifiques jardins, où les Druses massacrèrent en 1860 un grand nombre de chrétiens, produisent des fruits réputés les meilleurs de la Syrie; les mûriers y sont superbes; les bananiers et la canne à sucre s'y plaisent aussi bien que les tamarix, les mélias, les acacias, les sycomores et quelques palmiers.

Saïda compte aujourd'hui 9,000 habitants, la plupart musulmans. Elle est pour ainsi dire telle que l'ont laissée les croisés : des arcs, en ogive ou en fer à cheval, soutiennent

---

[1] Un pont de neuf arches ogivales construit sur la mer relie la ville au *Kalaat el Bahar*.

[2] Des fouilles exécutées à Sidon dans ces derniers temps ont fait découvrir des statuettes de bronze représentant, dans diverses attitudes et avec des ornements variés, un type de femme coiffée d'un diadème en forme de croissant renversé qu'on croit être l'Astarté sidonienne.

des voûtes sur lesquelles reposent les maisons, formant ainsi les rues qui ne sont en réalité que de longs corridors tortueux et obscurs. La grande mosquée actuelle (Djama el Kébir) n'est autre que l'ancienne église chrétienne de Saint-Jean. Plusieurs places donnent un peu d'air dans la ville : près de la principale s'élève le *Khan el franjis*, œuvre de Fakr-ed-din, au milieu duquel est une ancienne fontaine entourée d'arbres. C'est là qu'habitent les pères de Terre-Sainte, les sœurs et le consul de France. En nous promenant,

GROUPE D'ARABES, HABITANTS DE SIDON

nous voyons défiler une cinquantaine de petites filles indigènes habillées à l'européenne et dirigées par une jeune femme à cheval. Son amazone et ses manières élégantes contrastent singulièrement avec l'aspect de ses élèves : c'est, paraît-il, une Américaine, appartenant à une excellente famille de New-York, qui est venue s'établir ici depuis plusieurs années avec sa sœur, et qui a fondé une école protestante gratuite pour les filles.

Au pied du rocher sur lequel s'élève la citadelle, se trouvent vers le sud des tas énormes de *murex trunculus*; on peut facilement constater que le test de toutes les coquilles est entamé d'un coup de meule pour permettre d'extraire la poche génératrice du mollusque et recueillir la base de la teinture pourpre. Il y a dans les environs une quantité d'antiquités phéniciennes, parmi lesquelles les lacrymatoires sont communs. On renfermait jadis dans ces petites fioles les larmes des amis ou des parents du défunt, et on les ensevelissait avec lui. Ce sont là des spécimens curieux de la manière dont on travaillait le verre à ces époques reculées [1].

« Les Phéniciens excellaient surtout dans l'exécution des vases d'un émail opaque, présentant des zones ou des rubans de couleurs éclatantes et toujours harmonieusement entremêlées, vases produits par les mêmes procédés que les *vetri tarsiati* des Vénitiens du xvie siècle, au moyen de baguettes d'émail juxtaposées et soudées entre elles par une nouvelle cuisson au feu du moufle, procédé éminemment sidonien. Du reste, s'ils étaient habiles verriers, les Phéniciens travaillaient également bien le bronze, avaient la renommée d'être de très adroits joailliers, passaient pour aussi remarquables cultivateurs qu'habiles teinturiers, et récoltaient enfin autour de Tyr, de Béryte et de Gibal des vins très estimés dans l'antiquité [2] ».

Au sortir de Sidon, la route traverse des vergers entrecoupés de prairies; des collines à la mer, la terre est couverte d'immenses champs de blé. Le sol est pourtant encombré de pierres, et il faut l'incurie des gens du pays pour se laisser ainsi envahir : il est vrai que la fertilité est telle qu'à peine

---

[1] Au sud de Sidon s'étendent les anciennes nécropoles de la cité phénicienne : c'est là que fut trouvé le fameux sarcophage du roi sidonien Echmounazar en 1855. (Renan, *Mission de Phénicie*, p. 401-402.)

[2] F. Lenormand, *Manuel d'histoire ancienne de l'Orient*, t III, p. 119; On sait qu'aux Sidoniens revient l'honneur d'avoir découvert non seulement la navigation, mais encore l'écriture alphabétique.

est-il besoin de labourer pour voir fructifier le grain. On comprend peu l'apathie de ce peuple, lorsqu'on l'entend dire sans cesse que, « si la perle n'était pas retirée de sa coquille, on ne l'attacherait pas aux couronnes, » et que, « si la lune ne marchait pas, elle ne s'arrondirait jamais![1] »

Cependant le chemin devient meilleur. Nous passons près d'une fontaine abondante (Aïn el Kantarah) avant d'atteindre Sarfend ou Sourafed, village que nous laissons à gauche sur la hauteur. Anciennement appelée Sarepta, c'était vers le xiie siècle avant Jésus-Christ, époque à laquelle elle tomba sous la dépendance de Tyr, une cité riche et importante.

L'étymologie du nom phénicien *Tsarephath* (d'où Sarepta par corruption) est « usine destinée à fondre et à purifier des métaux » (liquavit metalla, igne purgavit a scoriis). D'où il est aisé de conclure que les Phéniciens avaient là des fonderies de métaux depuis longtemps détruites[2].

C'est à Sarepta que le prophète Elie ressuscita le fils de la veuve[3]; c'est également le point le plus occidental visité par Jésus-Christ, et l'endroit où eut lieu la guérison de la fille d'une Syro-Phénicienne racontée par l'Évangéliste saint Marc[4].

Au-dessous du village d'Adloun se trouvent de nombreux hypogées creusés dans la colline et remontant sans doute aux Phéniciens. Les vieilles ruines environnantes sont identifiées

---

[1] Proverbes arabes.

[2] C'est de Sarepta, selon la mythologie, que Jupiter, sous la forme d'un taureau, ravit Europe (la lune aux grands yeux), fable qui rentre bien dans le cycle des idées phéniciennes. Pendant l'antiquité, et jusqu'au xiiie siècle, Sarepta fut située le long du rivage : plus tard seulement, le littoral fut abandonné pour l'emplacement actuel du village de Sarfend : cette ville était un fief de la seigneurie de Sagette (Sidon) et son château se dressait au bord de la mer. (Phocas, xiie siècle.)

[3] *Rois*, liv. III, ch. xvii, v. 17-24.

[4] Saint Marc. Ch. vii, v. 25-30.

avec celles de l'antique Ornithonpolis (la ville des oiseaux). On y a découvert un petit monument en pierre représentant un oiseau dans sa cage.

A partir d'Adloun, le paysage change d'aspect; le sable a envahi le littoral et, si la mer n'était près de nous, nous nous croirions volontiers dans les déserts de l'Égypte. Bientôt Tyr nous apparaît au loin dans la brume comme un îlot se rattachant au rivage par un isthme de sable aux courbes gracieuses. Cet isthme a remplacé le bras de mer, large de sept cents pas, qui séparait jadis l'île d'Erycore de la

HALTE PRÈS D'ADLOUN

terre ferme. Nous traversons sur un vieux pont le Léonthèse, appelé par les arabes Narh el Kasmièh (fleuve de la séparation), parce qu'il sépare les territoires de Tyr et de Sidon près de son embouchure, et le Liban de l'Anti-Liban dans son cours supérieur : dans cette dernière région, il porte le nom de Narh el Litany. Le premier débarquement des croisés en 1099, et la défaite du frère de Saladin, Meleck-el-Adel, en 1203 pendant la quatrième Croisade, eurent lieu non loin de l'endroit où le Léonthèse se jette dans la mer.

Soûr, l'ancienne Tyr [1] (en hébreu Tsôr, rocher; en ara-

---

[1] Tyr est appelée : Ir-sur-ri dans l'inscription de Sargon ; ailleurs les Assyriens la mentionnent sous le nom de : Sur-ru.

méen Tyra, d'où Tyrus), fut fondée par une colonie égyptienne, conduite par Agénor, 1600 ans avant Jésus-Christ. Le poète Nonnus, dans un des rares fragments qui nous restent de ses *Dyonisiaques*, relate d'anciennes et bien curieuses traditions à ce sujet[1] : « Bacchus veut visiter la terre des Tyriens, patrie de Cadmus; il y dirige ses pas..... Il admire les sources primitives où une eau profonde, après avoir coulé dans les flancs de la terre, revient à chaque heure à la lumière et fait jaillir les flots tournoyants nés d'elle-même.... Surpris de tant de beautés, et souhaitant d'en connaître l'origine, Bacchus s'adresse à Hercule Astrochiton et lui dit : « Quel Dieu construisit cette cité? Quelle main divine l'a dessinée? Qui nivela ses écueils et l'enracina dans les flots? » Il dit, et Hercule le satisfait en ces termes : « Les hommes qui habitent ici sont la race sacrée de cette terre immaculée, et moi qui nourrissais un tendre intérêt pour leur ville,.... j'empruntai l'image vaporeuse d'un visage humain et leur fis entendre l'oracle de ma voix prophétique. » Après leur avoir enseigné à construire un navire, il ajoute : « Fendez alors la surface des mers dans ces flancs de bois, jusqu'à ce que vous ayez atteint le lieu que les destins vous indiquent, là où deux roches vivantes nagent incertaines sur les flots..... Là fleurit, au centre de la roche voyageuse, la souche enracinée d'un olivier. Vous verrez à son plus haut sommet un aigle arrêté et une coupe élégante... Emparez-vous du sublime oiseau... et sacrifiez l'aigle au dieu Neptune. Faites de son sang des libations à ces collines voyageuses de la mer, à Jupiter et aux Dieux. La roche mobile cessera d'errer sur les ondes et, s'arrêtant d'elle-même, s'unira par d'inébranlables fondements à la roche qu'elle a quittée. Construisez alors sur ces deux

---

[1] Nonnus. *Dyonisiaques*, liv. XL, p. 300 et suivantes; traduction du comte de Marcellus.

collines une ville qui des deux côtés verra le rivage des deux mers ».

A la colonie égyptienne s'adjoignit plus tard une colonie sidonienne; c'est pourquoi Isaïe appelle Tyr « la fille de Sidon[1] ».

L'histoire de cette antique cité est féconde en luttes et en péripéties de toutes sortes.

C'est d'abord Elissar (Didon), sœur de Pygmalion, fuyant sa patrie au ixe siècle avant Jésus-Christ et allant fonder Carthage, sur la côte de la Zeugitane[2].

Plus tard, au viiie siècle, sous le règne du roi Elouli, Salmanasar et Saryoukin assiègent Tyr sans succès. Ce dernier, après avoir ruiné totalement Palætyr ou la Tyr continentale, bloque inutilement pendant cinq ans la Tyr insulaire : c'est en vain qu'il coupe toutes ses communications avec la terre ferme, se figurant qu'à défaut de la famine il prendra la ville par la soif; en vain qu'il appuie la révolte des Cypriotes insurgés contre l'autorité tyrienne. Ses vaisseaux sont détruits par la flotte des assiégés, et il se voit forcé d'abandonner la partie. Son fils Sennachérib revient à la charge et, plus heureux que son père, s'empare enfin de cette place forte (700 ans avant Jésus-Christ).

Tyr soutient ensuite un siège de 13 ans contre Nabuchodonosor, (587-574 avant Jésus-Christ). « Voyant qu'il ne pouvait assiéger la ville dans les formes, ni en faire approcher ses machines de guerre pour ruiner les fortifications, le roi de Babylone employa ses nombreuses troupes à combler le canal étroit qui séparait l'île de la terre ferme. Il dressa sur

---

[1] Isaïe, ch. XXIII, v. 22.

[2] Cette émigration valut à *Elissar* le surnom de *Dido*, qui signifie « la fugitive ».

cette jetée ses batteries, ruina toutes les défenses de la place, et l'emporta comme l'avait prédit Ezéchiel[1]. »

Alexandre le Grand combla une seconde fois le détroit par une digue de soixante mètres de large construite avec les matériaux de la malheureuse Palætyr qu'il rasa complètement. Après sept mois de siège, il prit la ville d'assaut et la mit au pillage.

Au temps des Romains, Pline nous signale la décadence de Tyr qui n'était plus renommée que pour ses teintureries de pourpre. Suivant cet auteur, on procédait de deux manières pour obtenir cette nuance : tantôt « les Tyriens enlevaient le réservoir de chaque buccin en lui ôtant la tête, et c'était sans doute le moyen d'avoir la plus belle couleur; tantôt ils écrasaient les coquillages dans les mortiers ; par cette dernière manière, la couleur se trouvait mêlée avec toute la chair et toutes les humeurs de l'animal. Pour la débarrasser de ces parties hétérogènes, on laissait bouillir pendant dix jours dans des chaudières d'étain le mélange étendu d'eau, en y ajoutant beaucoup de sel[2] ».

D'après la mythologie, ce serait la nymphe Tyros qui aurait découvert cette précieuse teinture. Un jour qu'elle se promenait avec Hercule le long de la mer, son chien brisa entre ses dents un *murex* qui lui teignit le museau d'une couleur rouge vif. La nymphe la trouva si jolie qu'elle s'écria : « Si vous voulez ne pas être abandonné de moi, il faut que vous me procuriez une tunique de cette nuance ». Hercule ramassa une grande quantité de ces coquillages,

---

[1] Saint Jérôme: *Comment. Sur Ezéchiel*, ch. XXIX. Josèphe: *Ant. Jud.*, liv. X, ch. XI, § 1.

[2] Pline. *Hist. nat.*, liv. IX, ch. LXII. — V. Guérin, *Descript. géogr. hist. et arch. de la Palestine. Galilée*, t. II, p. 226.

en teignit une étoffe et la donna à Tyros, qui porta ainsi le premier vêtement de pourpre[1].

Nous pénétrons dans Soûr par une vieille porte, jadis la seule de la ville, avant les brèches sans nombre faites par le temps dans les remparts de cette antique cité. Du côté de la terre, il y avait une triple enceinte dont il ne reste que peu ou point de traces. Les bazars n'offrent aucun intérêt, pas plus que le petit port sidonien actuellement ensablé. Le port égyptien, lui aussi comblé, est facilement reconnaissable aux substructions et débris anciens que l'on voit dans la mer. Les colonnes, les gros blocs, les énormes tronçons de murs qu'on distingue sous les flots doivent avoir appartenu à la première des deux enceintes qui protégeaient la ville du côté de la Méditerranée.

Benjamin de Tudèle, lorsqu'il visita Tyr en 1173, s'est étrangement trompé quand il a écrit, « que si l'on monte sur les murailles de la nouvelle Tyr, on voit l'ancienne Tyr ensevelie sous les eaux de la mer qui la couvre, à un jet de pierre de la nouvelle, et que, pour en découvrir les tours, les places publiques et les palais qui sont au fond, on n'a qu'à se transporter au dessus dans une chaloupe[2] ». M. Guérin a pu explorer en barque l'emplacement des ports sidonien et égyptien; il croit s'être assuré que les digues qui les protégeaient existent en partie sous les eaux, délimitant encore l'espace qu'occupaient les anciens bassins (1876).

L'antique basilique de Tyr, bâtie par l'évêque Paulin, fut terminée sous le règne de Constantin. Eusèbe, évêque de Césarée, prononça le discours de consécration. C'était la plus belle et la plus grande église de Phénicie : au xie siècle,

---

[1] Fr. Liévin de Hamme. *Guide de Terre Sainte*, iiie part., p. 209.
[2] Voyages de Benjamin de Tudèle, in-8°, p. 32.

on y montrait encore le tombeau d'Origène. En 1124, les croisés la reconstruisirent, après avoir pris la ville à la suite de cinq mois et demi de siège. En 1190, Frédéric Barberousse, qui s'était noyé dans le Salef, en Cilicie, fut, dit-on, exhumé de la cathédrale d'Antioche et enterré dans celle de Tyr. M. le docteur Sepp, lors des fouilles que le gouvernement allemand a fait faire en ce lieu, a trouvé toutes les tombes violées[1].

RUINES DE LA CATHÉDRALE DE TYR

Quoi qu'il en soit, les ruines de la cathédrale de Tyr peuvent encore donner une idée des vastes dimensions de l'édifice qui n'avait pas moins de soixante-dix mètres de long sur vingt-deux mètres de large. Les immenses colonnes monolithes de granit rose qui gisent à terre prouvent que rien n'avait été négligé pour son ornementation

---

[1] D'après des documents inédits, récemment découverts, et depuis l'ouverture du tombeau de la femme de Frédéric Barberousse enterrée à Spire, tombeau ou il y avait deux corps, l'un de femme, l'autre d'homme, il paraît hors de doute que Frédéric fut rapporté de Tyr et inhumé à Spire près de l'impératrice sa femme.

intérieure ; il est même probable qu'elles ont appartenu à l'ancien temple de Melkarth, divinité nationale des Phéniciens, ou au temple de Jupiter Olympien dont on vante également la splendeur. Les assises inférieures de ce monument sont fort anciennes, tandis que les assises supérieures accusent un remaniement qui ne remonte pas au delà de l'époque des Croisades. Le chœur subsiste en partie, ainsi que les deux tours qui le flanquaient ; aux trois nefs correspondaient trois absides contiguës, et, particularité curieuse, les transepts faisaient saillie de plusieurs mètres sur chaque bas-côté.

Aujourd'hui, le commerce de Soûr est à peu près nul ; on n'y trouve plus que quelques pauvres barques, misérables débris de ces flottes qui portaient le pavillon tyrien jusqu'aux extrémités du monde. Il ne reste rien de la puissance phénicienne, de ce génie maritime que les Pharaons aussi bien que les rois d'Israël étaient heureux d'utiliser ! Les anciens sanctuaires d'Astarté sont solitaires et silencieux, et pourtant, « quelle admirable position que celle de cette vieille cité avec ses deux ports, ses deux rades et la belle plaine qui, sur la terre ferme, se prêtait si bien à l'établissement de ses chantiers, de ses entrepôts et des nombreuses villas de ses riches marchands !... Tout cet éclat s'est éclipsé depuis des siècles, et peut-être pour toujours ; mais... on comprend... les grandes destinées qui furent... accordées à cette ville, sur laquelle la malédiction du ciel semble être passée,... et dont l'état actuel ne justifie que trop les terribles prédictions des prophètes.[1] »

En allant de Tyr au Raz-el-Aïn, nous traversons une belle plaine plantée de mûriers, laissant à notre gauche un ouéli, appelé Cheik-Mâachouk, situé sur un rocher de deux

---

[1] V. Guérin. Ouvr. cit. *Galilée*, t. II, p. 460.

cents mètres de circonférence, et d'une quinzaine de mètres de hauteur; sur ce rocher, qui devait faire partie de l'ancienne Tyr ou Palœtyr, s'élevait probablement le temple de Melkarth, l'Hercule phénicien bien-aimé d'Astarté, d'où son nom moderne de Tell-el-Mâachouk « colline du bien-aimé [1] ».

On sait que dans ce temple fameux le dieu était adoré sous la forme « d'une émeraude conique d'une grosseur prodigieuse [2] »; on regardait cette pierre précieuse comme l'étoile tombée du ciel et ramassée par Astarté. Devant le temple, Hiram avait érigé deux colonnes en émeraude, appelées « les Colonnes d'Hercule », qui frappèrent pendant longtemps l'imagination des marins grecs. Quand Hérodote visita la Phénicie, au ve siècle avant Jésus-Christ, les prêtres de Melkarth, consultés par lui, donnaient à Tyr et à leur temple une durée de 2,300 ans.

Dépassant une belle source, nous longeons un vieil aqueduc qui nous amène au Raz-el-Aïn, vulgairement appelé « les Puits de Salomon ». C'est l'emplacement présumé de Palætyr, cet ancien faubourg de la Tyr insulaire qui, exposé sans cesse aux ravages des armées ennemies, fut si souvent détruit qu'il n'en reste plus trace aujourd'hui. Trois grands réservoirs d'où s'échappent des masses d'eau considérables, jaillissant comme par enchantement du sol de la plaine, s'élèvent presqu'à côté les uns des autres. D'après la tradition arabe, ces réservoirs furent construits aux frais et par les ingénieurs de Salomon, pour remercier la ville de Tyr des services qu'avaient rendus ses ouvriers

---

[1] A l'est de Tel-el-Maâchouk se trouve *El Aouâtin*, l'ancienne nécropole de Tyr; un grand nombre de grottes sépulcrales s'enfoncent dans les flancs de petites collines calcaires.

[2] Hérodote, II, 44.

lors de l'édification du temple de Jérusalem. On croit également que l'auteur du *Cantique des Cantiques* avait en vue le Raz-el-Aïn lorsqu'il s'écriait : « Ma bien-aimée est la fontaine des jardins, le puits d'eaux vives qui se précipite du Liban¹. »

Toutefois, il est probable que les puits du Raz-el-Aïn ne sont pas l'œuvre de Salomon, mais bien des premiers habitants de Palætyr qui ont dû utiliser, dès le principe, ces sources précieuses, en les élevant ainsi pour les répandre au loin. Ils existaient du temps de Salmanasar qui, assiégeant Tyr et ne pouvant s'en emparer, mit des gardes en se retirant auprès des canaux où les insulaires venaient s'approvisionner, ce qui força ceux-ci, pendant cinq ans, à se contenter des citernes et des puits qu'ils avaient creusés². Scylax parle d'un fleuve qui coule au milieu de Palætyr³; enfin Strabon indique la position de cette dernière à trente stades au sud de Tyr⁴.

Une végétation luxuriante, frappant contraste avec l'aridité des environs, entoure les réservoirs et les aqueducs qui laissent échapper par leurs arches éboulées une eau limpide et fraîche, formant çà et là, au milieu du feuillage, de ravissantes cascades.

---

¹ *Cantique des Cantiques*, IV, v. 15.
² Ménandre, rapporté par Josèphe, *Ant. Jud.*, liv. IX, ch. xiv, § 2.
³ Scylax, § 104.
⁴ Strabon, p. 758.

CHAPITRE QUATRIÈME

*Alerte au cap Blanc. — Ez-zib. — Saint-Jean-d'Acre. —
Siège de Saint-Jean-d'Acre (1189-1191).*

Pendant notre visite aux puits de Salomon, nos bagages avaient pris les devants ; nous arrivons à leur suite au pied d'une montagne élevée qui se termine à pic dans la mer. C'est le cap Blanc (Promontorium album de Pline, Raz-el-Abiadh des Arabes), qui marque la limite de la Phénicie et de la Judée[1].

Nous gravissons un sentier étroit et difficile, taillé en corniche dans le roc, et agrémenté de pierres qui roulent à chaque pas sous les pieds de nos chevaux. La vue est superbe, et plus nous nous élevons, plus le paysage devient grandiose. A cent cinquante mètres au-dessous de nous, la Méditerranée brise contre les rochers ses vagues bleues comme le saphir. Tout à coup, notre admiration est interrompue par des clameurs et des vociférations étranges. Nous poussons nos montures en avant, et, au premier détour du sentier,

---

[1] Pline. *Hist. nat.*, liv. V, ch. xvii, § 19.

nous apercevons une lutte homérique entre Ouardy, Moustapha, deux de nos moukres et quatre individus à mines patibulaires portant l'uniforme turc. Nos hommes tapent dur, et, à notre vue, deux des soldats prennent la fuite. Le troisième reçoit de Moustapha une râclée en règle. Doué d'une force herculéenne et d'un calme inaltérable, notre ami maintient tranquillement le misérable et ne perd pas son temps en paroles inutiles. Du haut de son cheval, son bras se déploie avec une régularité mathématique et s'appesantit inexorablement sur les épaules du patient qui hurle sans discontinuer.

Las de frapper, Moustapha finit par lâcher son adversaire qui s'enfuit à toutes jambes, non sans regarder si son terrible ennemi ne se met pas en devoir de le poursuivre.

Quant au quatrième larron, affreux nègre aussi vilain que noir, il n'est pas à meilleure fête: ayant fait mine de mettre en joue Milhem, celui-ci bondit sur lui, lui arrache violemment des mains une carabine à répétition toute chargée et se met à lui administrer une correction épouvantable. Son costume de toile blanche ne peut amortir la pluie de coups qui s'abat sur son dos en rendant un son mat et sourd. Sa situation est critique : ou il sera condamné à mort par les autorités turques s'il perd son fusil, ou il risque d'être assommé s'il tente de nous le reprendre de vive force. A la fin, la douleur l'emporte : il se sauve en nous abandonnant son arme et en désertant la lutte, qui prend fin faute de combattants. Tout cela avait duré moins de temps qu'il n'en faut pour le narrer ; alors seulement nous apprenons que, voyant deux de nos hommes en arrière, les voleurs avaient voulu les dévaliser, et y seraient parvenus sans notre intervention subite.

Au delà du cap Blanc, se trouvait jadis Scandérouna, l'ancienne Alexandroschêne[1], lieu célèbre par un château fort qu'y fit construire Alexandre le Grand pendant le siège de Tyr. L'antique forteresse ayant disparu, Baudouin Ier en réédifia une autre dont il reste encore quelques ruines, non loin de la mer. Nous nous étions arrêtés pour déjeuner à l'ombre d'un pan de mur, lorsque nous voyons venir à nous piteusement le nègre de la bagarre : il nous adresse de pressantes supplications pour nous convaincre de son profond repentir et tâcher de rentrer en possession de son arme. Ouardy

VUE PRISE A SCANDÉROUNA

commence par lui faire faire le feu et le café ; comme dans l'ancien temps, le vaincu est devenu esclave. Puis, après qu'il a terminé tout notre service, nous lui rendons sa carabine, trouvant suffisante, comme leçon, l'affreuse volée que le pauvre diable a reçue et dont il porte les marques.

La route gravit lentement le Raz-en-Nakoura, l'échelle des Tyriens (Scala Tyriorum) des anciens auteurs ; nous franchissons par place de véritables escaliers. « Ptolemaïs est entourée vers l'est, à la distance de soixante stades, par les

[1] Alexandroschêne — *la tente d'Alexandre*.

monts de Galilée ; au midi par le Carmel, éloigné de cent vingt stades ; au nord par une montagne très élevée que les naturels appellent l'*échelle des Tyriens*, et que sépare de la ville un intervalle de cent stades[1]. » Du haut du Raz-en-Nakoura la vue est magnifique ; une large plaine s'étend à nos pieds, jusqu'à Saint-Jean-d'Acre. Les contreforts du Carmel terminent l'horizon, supportant le couvent qu'on voit se détacher dans le lointain. A droite, la haute mer ; à gauche, une série de montagnes s'éloignant un peu du rivage et dessinant sur le ciel leurs silhouettes gracieuses. Bientôt nous atteignons Ez-zib, l'ancienne Achzib de la tribu d'Aser, où le grand prêtre Hyrcan eut les oreilles coupées. Campés près du village, nous voyons les femmes aller le matin à la fontaine et s'occuper des soins du ménage, tandis que les hommes viennent s'accroupir autour de nous, fumant leurs longues pipes et jouissant de ce *far niente* qu'ils adorent.

« Lecteur, si tu t'en vas jamais en Terre Sainte,
Regarde sous tes pieds, tu verras des heureux !
Ce sont de vieux fumeurs qui dorment dans l'enceinte
Où s'élevait jadis la cité des Hébreux.
Ces gens-là savent seuls vivre et mourir sans plainte ;
Ce sont des mendiants qu'on prendrait pour des dieux.
Ils parlent rarement ; ils sont assis par terre,
Nus ou déguenillés, le front sur une pierre,
N'ayant ni sou, ni poche, et ne pensant à rien.
Ne les réveille pas ; ils t'appelleraient chien ;
Ne les écrase pas ; ils te laisseraient faire ;
Ne les méprise pas, car ils te valent bien[2]. »

Ce doit être dans les environs d'Ez-zib qu'arriva à saint Zozime l'aventure que rapporte Nicéphore dans son *Histoire*

---

[1] Fl. Josèphe. *Guerre des Juifs*, liv. XI, ch. x, § 2.
[2] A. de Musset. *Namouna*.

ecclésiastique : « Zozime, qui était d'un bourg maritime de la Phénicie, cheminait le long de la mer pour se rendre de Tyr à Césarée, et un âne portait ce dont il avait besoin. Tout à coup un lion sort du bois, se précipite sur l'âne et l'enlève. Le vieillard le suit lentement, selon que lui permettaient ses forces, et le trouve dans la forêt, déjà rassasié de la chair du pauvre animal et prêt à s'éloigner. Le saint le regarde en souriant et lui dit : « Je n'ai plus la force, mon ami, de porter les bâts de mon âne ; l'âge et la pauvreté m'ont affaibli. Ainsi, il faut que, mettant de côté les prérogatives que t'a données la nature, tu te charges de mon fardeau, si tu veux être libre et continuer à être lion. » Le lion, s'approchant doucement de Zozime, le caresse de sa queue et se montre disposé à lui obéir. Le vieillard le charge de ses effets et le conduit jusqu'à Césarée, « faisant assez voir, ajoute Nicéphore, que tout obéit à l'homme qui observe la loi de Dieu, ainsi qu'il arrivait au commencement à notre premier père Adam.[1] »

Cependant nous approchons de l'ancienne Ptolémaïs. Un long aqueduc, construit par Djezzar Pacha et destiné à l'alimentation de la ville, nous invite à faire à son ombre notre halte du déjeuner. Auprès de nous s'élève Ès Sémiriyèh, grande villa qui servait de résidence à l'ancien pacha Abdallah ; tout autour s'étendent de vastes jardins embaumés de fleurs et de fruits odorants. A peine installés, nouvelle aventure ! Deux mauvais drôles, revêtus de l'uniforme turc, prétendent emmener de vive force un de nos chevaux qui s'est détaché et a brouté quelque peu d'un champ de blé.

« Manger le blé d'autrui, quel crime abominable ! » En vain Ouardy et Moustapha veulent faire entendre raison

---

[1] Nicéphore. *Hist. ecclésiast.*, liv. XVII, ch. IV, cité par le frère Liévin de Hamme dans son *Guide de Terre Sainte*.

à ces maudits quêteurs de *bacchichs*, il faut que l'un de nous se jette dans la mêlée, le revolver au poing, pour faire rentrer dans le calme les deux Bachi-bouzouks et cinq de leurs camarades accourus à leurs cris.

Une fois l'ordre rétabli, nous demandons l'autorisation de visiter Ès Sémiriyèh. On nous prie d'entrer avec force politesses ; une longue allée bordée de rosiers en fleurs conduit à travers un bois de limoniers et d'orangers jusqu'à l'habitation. Nous trouvons le propriétaire fumant son narghilèh, étendu sur un divan ; la grande salle délabrée, aux murs

HALTE DE DÉJEUNER A ES-SÉMIRIYÈH

badigeonnés de chaux, n'a pour tout ornement que des versets du Coran encadrés et pendus autour de la pièce. Il nous reçoit avec l'affabilité de l'Oriental qui a un étranger sous son toit, s'excusant même de n'être pas venu jusqu'au seuil de sa maison nous souhaiter la bienvenue : nous nous quittons les meilleurs amis du monde.

Nous atteignons Saint-Jean-d'Acre en longeant ses remparts dont le développement est considérable. L'enceinte actuelle est toute moderne ; celle qui entourait la ville au moyen âge est détruite de fond en comble ; il faut la reculer par la pensée à 800 mètres au moins au nord et à l'est de celle que l'on voit aujourd'hui : seuls, le minaret et la coupole de la mosquée de Djezzar s'aperçoivent du dehors, par-dessus les fortifications qui masquent toute la ville.

Acca, l'ancienne Acco des Phéniciens et de la tribu d'Aser, compte à peine 10,000 habitants. « Les Grecs disaient que le nom d'Acca venait de ce que Hercule, ayant été mordu par un serpent, n'avait trouvé sa guérison qu'en cet endroit, appelé à cause de cela Acca, du verbe grec : ακεισθαι, qui veut dire « guérir[1] ». Plus tard, la ville fut nommée Ptolémaïs par un Ptolémée qui s'en rendit maître et lui imposa son nom ; Cléopâtre s'en empara à son tour et Hérode l'embellit plus tard. Au moyen âge, successivement occupée par les chrétiens et par les musulmans, elle reçut des chevaliers de Saint-Jean, le nom de Saint-Jean-d'Acre (1229). Le siège de 1189, qui dura trente-cinq mois, est resté si fameux dans l'histoire des Croisades qu'il mérite une relation un peu étendue.

A peine sorti de sa captivité, Guy de Lusignan voulut reprendre Acre que Saladin venait de fortifier de son mieux avec l'aide de l'émir Boha-ed-dîn Caracoush. En août 1189 il vint donc mettre le siège devant la ville, dont le port fut bloqué par la flotte des Pisans. Saladin, à cette nouvelle, accourut au plus vite et coupa les communications de l'armée chrétienne. Il y avait à peu près quinze jours que les ennemis étaient en présence ; Saladin, sûr de la victoire, attendait son frère pour l'y associer, lorsqu'à l'horizon apparut une flotte nombreuse qui couvrait la mer de ses voiles. Le continuateur français de Guillaume de Tyr raconte que ce fut le sultan qui l'aperçut le premier, du haut de la montagne où il se promenait avec Caracoush. « Saladin chevauchoit, dit-il, et

---

[1] Étienne le Géographe.

o lui un suen amirau que l'en apeloit Caracois; si come il vit les coques : « Diva, dit Saladin, il me semble que li Francs sont fol, que il font lor torz dedenz la mer? » — « Sire, dit Caracois, ce est le secors qui vient as Francs ! [1] » — A cette réponse, le cœur plein d'amertume, Saladin se retire dans son camp, perdant l'espoir d'écraser la petite armée latine.

De leur côté, les latins, campés sur la colline opposée, ne savent s'ils doivent bien ou mal augurer de l'arrivée de cette multitude de vaisseaux, et les gens de la flotte ne voient pas non plus sans inquiétude les tentes nombreuses dressées sur le rivage. Enfin, de part et d'autre, on reconnaît le signe du salut : des cris de joie retentissent, et les chrétiens vont presque jusque dans les flots au-devant des nouveaux croisés (10 septembre 1189). Ces alliés inattendus étaient les pèlerins Dano-Frisons, « gens auxquels, dit l'auteur anonyme de l'*Itinerarium Ricardi*, la rigueur du climat natal donnait une force particulière, et que rendait propres à la guerre la triple qualité d'une taille gigantesque, d'un courage indomptable et d'une foi ardente [2] ».

Les assiégeants, renforcés par ces secours inespérés, se mirent à resserrer leurs lignes qui s'étendirent bientôt plus fortes que jamais d'un rivage à l'autre, sans laisser aucune communication entre la ville et Saladin. Le sultan, campé avec ses troupes sur la colline de Kisan, essaya de dégager Acre en se jetant brusquement sur les travaux d'approche des croisés; Caracoush profita du premier moment de surprise pour faire entrer dans la place des vivres et l'élite de ses troupes : l'effort des musulmans n'eut que ce résultat.

Estoire de Eracles, liv. XXII, ch. xvi. — *Histor. des Croisades,* t. II, p. 127.
Itinerarium Ricardi, ch. xxvii, édit. Stubbs, p. 64-65.

Cependant les chrétiens, ayant rendu leurs positions presque inexpugnables, résolurent d'offrir la bataille aux infidèles. Le 4 octobre, laissant leur camp à la garde des croisés du nord et de Jacques d'Avesnes, ils s'ébranlèrent et se formèrent dans la plaine en ordre de bataille. Le combat fut un des plus mémorables de l'histoire des Croisades et aussi l'un des plus sanglants : les chroniqueurs latins et arabes en ont laissé des descriptions émouvantes. Pendant

CAMPEMENT ARABE DANS LA PLAINE D'ACRE

douze heures, deux cent mille guerriers, sur une ligne de trois lieues, se livrèrent à une lutte acharnée. Deux fois les chrétiens eurent l'avantage, et les émirs effrayés s'enfuirent jusqu'à Tibériade ; mais l'appât du butin mit le désordre parmi les croisés qui avaient déjà pénétré dans le camp ennemi. « Les Francs vinrent à notre colline avec l'ardeur du cheval qui court au pâturage. En un moment, ils se répandirent comme un déluge ou comme une mer en furie. Leur choc fut tel que la terre trembla et que l'air fut obscurci.... Quand nous vîmes les chrétiens approcher et sur le point de nous envelopper, nous qui étions sur nos mules, sans défense, nous dûmes songer à notre salut....

Nous courûmes sans nous arrêter jusqu'à Tibériade où nous passâmes le Jourdain.. et nous continuâmes à courir toujours à l'orient, le cœur brisé de la défaite de l'armée musulmane.[1] »

Saladin, voyant les croisés se débander pour piller, reprit l'avantage, rassembla ses troupes, repoussa les latins et parvint à enfoncer les retranchements du roi de Jérusalem. Le contingent danois supporta à lui seul tout le choc ; Jacques d'Avesnes n'échappa à la mort que par le dévouement d'un chevalier inconnu qui lui céda son cheval pour se faire tuer lui-même ; un nombre immense de chrétiens resta sur le champ de bataille, et c'en était fait de l'armée assiégeante si Saladin eût profité de sa victoire. Mais, effrayé de la résistance qu'il avait rencontrée, il quitta le lendemain ses cantonnements du Thoron (aujourd'hui Tell-el-Fokhar) et ramena son armée épuisée sur les hauteurs de Karouba.

La saison des pluies se passa pour les croisés à fortifier leur camp par des palissades et à resserrer la place chaque jour davantage. Au printemps 1190, Saladin revint avec ses troupes, et les combats recommencèrent aussi acharnés que meurtriers. Les chrétiens furent encore une fois vaincus dans une grande bataille, mais, peu après, l'arrivée de nombreux renforts d'Europe vint à propos combler les vides et ranimer les courages. Cependant, la disette et les maladies contagieuses ne tardèrent pas à décimer les croisés ; la femme de Guy de Lusignan, Sybille, et ses deux enfants furent emportés par le fléau[1]. Un témoin oculaire de ces calamités a pu dire : « qu'il aimerait mieux être rasé sans eau que de souffrir encore d'aussi épouvantables tortures, alors que les hommes

---

[1] *Bibliothèque des Croisades*, IVᵉ part., p. 252. Emad-ed-dîn.

et les chevaux se nourrissaient des mêmes aliments recueillis au péril de la vie¹ ».

Enfin, au printemps 1191, Philippe-Auguste et Richard Cœur de Lion débarquèrent au camp des croisés à la tête de nombreuses troupes. Plusieurs grandes batailles furent livrées coup sur coup entre les latins et les musulmans sous les murs de la ville, qui finit par ouvrir ses portes aux chrétiens le 12 juillet 1191, après trente-cinq mois de siège². En 1291, les musulmans reprirent définitivement Saint-Jean-d'Acre; c'est alors qu'eut lieu le sublime dévouement des Clarisses, qui se coupèrent le nez pour échapper aux brutalités des vainqueurs.

En 1799, Bonaparte vint mettre le siège devant Saint-Jean-d'Acre qui, seule des villes de Syrie, lui résista victorieusement, défendue par Djezzar-Pacha et l'anglais Sydney Smith. C'est sur le Tell-el-Fokhar (colline de l'argile), à l'est des remparts, que Bonaparte avait installé ses batteries. L'armée française manquait de tout, même de boulets pour les quelques pièces qui composaient son artillerie. Afin de s'en procurer, des cavaliers venaient défier les assiégés; pris aussitôt pour point de mire, on les couvrait de projectiles qui s'enfonçaient dans le sable, et les soldats allaient gaîment

---

¹ Esse mallet quilibet sine aquâ rasus
   Quam pati, quot passus sum, tot adversos casus..... v. xxxix.
. . . .
   Idem cibus dominum et equum alebat.
   Nam cum equo dominus panem dividebat;
   Herbas, quas periculo mortis colligebat,
   Equus crudas, dominus coctas comedebat..... v. CLXXII.
   De expugnatâ Accone Haymari monachi liber tetrastichus, p. 81 et 107.

² Ouvrages à consulter sur le siège de Saint-Jean-d'Acre : *Expéditions et pélerinages des Scandinaves en Terre-Sainte au temps des Croisades*, par le comte Paul Riant, p. 280 et suiv. — V. Guérin. Ouvr. cit., *Galilée*, t. I. — *Bibliothèque des Croisades* : Emad-ed-din : Boha-ed-din : Ibn-el-Alhir, t. IV, p. 245, 253. — Abulféda, *Histoire arabe des Croisades*, t. I, p. 66.

les ramasser sous la canonnade. Sur ces entrefaites, Bonaparte dut faire face aux troupes qui arrivaient au secours des assiégés; il les dispersa au Mont Thabor, mais désespérant, après deux assauts infructueux, de s'emparer de Saint-Jean-d'Acre, et la peste décimant son armée, il leva le siège le 1er prairial pour reprendre le chemin de l'Égypte, abandonnant du même coup ses vastes projets et la conquête de l'Orient. Bien longtemps après, il se rappelait encore avec amertume cette petite ville syrienne devant laquelle son étoile avait pâli, et on l'entendit répéter en parlant de Sydney Smith : « Cet homme m'a fait manquer ma fortune! » A Moscou, pendant la campagne de Russie, ce lointain souvenir hantait encore l'esprit de cet étrange génie. « Après tout, mon cher, disait-il à M. de Narbonne, nous sommes sur la route de l'Inde; Alexandre était parti d'aussi loin que Moscou pour atteindre le Gange. Je me le suis dit depuis Saint-Jean-d'Acre : sans le corsaire anglais et l'émigré français qui dirigèrent le feu des Turcs et qui, joints à la peste, me firent abandonner le siège, j'aurais achevé de conquérir une moitié de l'Asie, et j'aurais pris l'Europe à revers pour revenir chercher les trônes de France et d'Italie...[1] »

En 1833, Acre fut encore une fois bombardée par les Anglais qui l'enlevèrent à Méhémet-Ali pour la placer définitivement sous le joug ottoman.

Nous pénétrons en ville par une porte voûtée qui s'ouvre sur la baie du Carmel : en face, s'aligne une rangée de canons de fort calibre. Laissant nos chevaux sur la place que bordent les bâtiments du bagne, nous parcourons une série de ruelles étroites et sordides qui nous conduisent au

---

[1] Villemain. *Souvenirs contemporains*, t. I. p. 175.

bazar et à la mosquée de Djezzar. La cour intérieure de cette dernière, pavée de marbres blanc et gris, est entourée d'arcades ogivales soutenues par de vieilles colonnes. Au centre s'élève la fontaine des ablutions; Djezzar et Soliman Pacha sont enterrés dans la cour. L'intérieur du monument est remarquable par sa propreté et son bon état de conservation.

Le port de Saint-Jean-d'Acre, actuellement ensablé, était défendu jadis par la *Tour des Mouches*, « ainsi nommée, dit Gauthier Winisauf, parce que c'était là que les anciens faisaient leurs sacrifices et que les mouches y étaient attirées par la chair des victimes ». L'hôpital militaire qui se trouve près de la citadelle passe pour avoir été l'hôpital des chevaliers de Saint-Jean; les soubassements de l'édifice datent sûrement des Croisades.

LA PALESTINE

LIVRE DEUXIÈME

CHAPITRE PREMIER

Caïffa. — Le Carmel. — Athlit. — Césarée.

La route de Saint-Jean-d'Acre à Caïffa longe la ravissante baie du Carmel que domine la montagne de ce nom. Nous franchissons le Narh el Naman, l'antique Bélus, qui rappelle la découverte de la fabrication du verre. Nous lisons en effet dans Pline : « Un vaisseau chargé par des marchands qui trafiquaient en nitre, ayant abordé à l'embouchure du Bélus, l'équipage mit pied à terre pour faire la cuisine. Ne trouvant pas de pierres pour élever les chaudières, on tira du bateau quelques blocs de nitre; le feu les ayant échauffés et mêlés avec le sable du rivage, on vit couler des ruisseaux transparents d'une liqueur toute nouvelle. Telle est l'origine du verre, et, depuis lors, le sable du Bélus eut dans l'antiquité la renommée d'être le meilleur pour cette fabrication[1] ».

Caïffa, jolie petite ville de 2,000 habitants, « est assise au pied du cap Carmel qui s'avance dans la mer en formant une rade où peuvent mouiller en sûreté de gros navires; c'est le port de Tibériade, qui en est éloignée de trois petites journées[2]. » C'est aussi l'ancienne Helba de la tribu d'Aser et la Sycamenos des anciens géographes, ainsi appelée sans doute des nombreux sycomores qui peuplaient son territoire. Embellie par saint Louis, elle fut détruite par Daher el Amr en 1760, puis rebâtie où elle est aujourd'hui : il ne reste des anciens remparts qu'une vieille tour[3].

Depuis une quinzaine d'années, les Allemands ont essayé de mettre en rapport les terres fertiles qui entourent cette ville; ils les ont achetées à un prix modique et obtiennent, dit-on, des récoltes superbes. Cependant, la colonie ne paraît pas en voie de prospérité. Il y aurait certes de fécondes entreprises à tenter dans cette partie de la Palestine. On raconte qu'un Européen, s'étant associé avec deux Arabes, avait loué au gouvernement turc un village tout entier avec les terres qui en dépendaient : en moins de deux ans les intérêts avaient amorti le capital; ce que voyant, les deux indigènes suscitèrent une querelle pour amener la rupture de l'association et encaisser seuls à l'avenir tous les bénéfices. La société fut dissoute effectivement, après que l'Européen eut reçu de ses co-associés sa première mise de fonds montant à 35,000 francs.

[1] Pline, liv. XXXVI, ch. xxvi.
[2] Edrisi. *Géographie*, traduction Jaubert, p. 348.
[3] Les dames de Nazareth ont à Caïffa un établissement considérable, fréquenté par les petites filles catholiques, schismatiques, et même musulmanes.

CHAPITRE PREMIER

La route qui conduit de Caïffa au couvent du Carmel s'élève en lacets le long de la montagne. Après une heure et demie de marche, nous atteignons le monastère, vaste édifice carré construit sur la pointe extrême d'une colline qui domine la mer de deux à trois cents mètres. Les Pères nous reçoivent à merveille et nous font visiter tout l'établissement : un grand nombre de pièces fort propres sont réservées aux voyageurs, tandis que de longs corridors conduisent à la bibliothèque, aux cellules et à l'oratoire particulier des religieux. L'église, dont le dôme dépasse les toits en terrasse des bâtiments, occupe tout le centre du couvent et a la forme d'une rotonde : outre le maître-autel, deux autels latéraux sont placés chacun sous un enfoncement carré qui répond à ceux du vestibule et du chœur, et ces quatre enfoncements, disposés autour de la nef circulaire du centre, déterminent le plan cruciforme de l'édifice. Au-dessus du maître-autel se trouve la statue richement habillée de Notre Dame du Mont Carmel, et au-dessous du chœur s'ouvre la grotte d'Élie. C'est là, dit la tradition, que ce prophète et son disciple Élisée se retirèrent pour échapper aux persécutions d'Achab et de Jézabel. Ce lieu est vénéré aussi bien par les schismatiques et les musulmans que par les catholiques.

Du haut des terrasses le panorama est splendide. A nos pieds, la vague vient mollement expirer contre les rochers, tandis que la mer s'étale indéfiniment dans le lointain : à droite, Saint-Jean-d'Acre se détache sous un soleil radieux à l'autre extrémité de la baie : puis, ce sont les montagnes de la Galilée, dominées par le Liban et le grand Hermon recouverts de neiges éblouissantes; à gauche enfin, la côte de Syrie fuit à perte de vue vers Athlit, (l'ancien Castellum Peregrinorum), Tantourah, (l'antique Dora) et

Césarée de Palestine, à peine visible au travers de la brume. Au milieu d'un parterre, devant la porte du couvent, sont enterrés les soldats français que Bonaparte dut abandonner lorsque la peste lui fit lever le siège d'Acre, et que les Turcs impitoyables massacrèrent jusqu'au dernier.

En hébreu *Karmel* veut dire : « jardin, lieu planté d'arbres »; cette célèbre montagne, que les Arabes appellent de nos jours Djébel Mar Elias, (mont Saint Élie), est citée dès les temps les plus reculés. Certains auteurs veulent que le

VUE PRISE PRÈS MOURAHKA

Carmel ait été primitivement consacré à Jupiter ou même à un dieu appelé *Carmel*. Josué s'en empara, puis Élie, après avoir confondu les prêtres de Baal, y fonda l'école des prophètes, dont les adeptes embrassèrent plus tard le christianisme et furent les ancêtres des Carmes actuels[1]. Pythagore, Vespasien, saint Louis visitèrent successivement le Carmel, dont les religieux furent presque tous massacrés par les Sarrazins en 1291. Ce ne fut qu'au XVIIe siècle que les chrétiens revinrent y habiter : l'édifice actuel date de 1827.

[1] La grotte dite : « École des Prophètes » qu'on visite de nos jours appartient aux musulmans et est dédiée par eux à El Khader, c'est-à-dire « au verdoyant, au vivant ». C'est ainsi qu'ils appellent Élie qui, d'après leurs traditions, n'est point mort, mais a été enlevé au ciel sans passer par le tombeau.

CHAPITRE PREMIER

Pour aller de Caïffa à Mourahka (le sacrifice), lieu où Élie confondit les disciples de Baal, nous longeons la vallée du Cison, toute verdoyante et couverte de fleurs. Des cailles se lèvent jusque sous les pieds de nos chevaux ; celles que nous tuons remplacent tant bien que mal notre déjeuner que notre chien *Baroud* (poudre) a trouvé bon de manger sans notre permission.

El-Mourahka, situé près du village druse d'El Esfiéh, est une sorte de terrasse naturelle d'où l'on domine au loin toute la plaine d'Esdrelon et le cours du Cison, qui rase de près les flancs inférieurs de la montagne. Un amas de pierres disposées en carré serait l'autel sur lequel Élie plaça un bœuf qu'il arrosa d'eau pure, en priant le Seigneur de consumer la victime par le feu du ciel. Jéhovah exauça la prière de son serviteur, à la grande consternation des prêtres de Baal qui invoquèrent en vain leurs dieux. Achab assistait avec le peuple à cette lutte mémorable, et laissa massacrer trois cent cinquante de ces imposteurs : leurs corps furent jetés séance tenante dans le Cison que les Arabes appellent encore aujourd'hui la rivière du carnage, Narh el Mekattha. On montre même sur ses bords un monticule qui porte le nom de colline du massacre (Tell el Katt), ou colline des prêtres (Tell el Kasis). De Mourahka, la vue s'étend sur la plaine d'Esdrelon, le Thabor, l'Hermon et les montagnes de Nazareth. Pour retourner à Caïffa, nous traversons des bois considérables : oliviers, chênes verts, bouleaux, pins, caroubiers, arbousiers, ballouths, genêts épineux et lentisques couvrent toute la montagne. On y rencontre l'hyène, le chacal, le sanglier, l'aigle, la panthère et une grande quantité de serpents.

Chemin faisant, nous croisons des bédouins qui regagnent leur campement ; leur chef nous invite à venir prendre le café sous sa tente, offre que nous déclinons, étant pressés par le temps. Plus loin, ce sont des soldats poussant devant eux deux hardis coquins, terreur du pays, qu'on a eu toutes les peines du monde à surprendre.

La route de Césarée, en quittant Caïffa, contourne le Carmel, après avoir traversé les cultures de la colonie allemande.

CHEIK BÉDOUIN

A l'horizon se détachent nettement les ruines importantes d'Athlit auxquelles nous conduit un chemin creusé de main d'hommes dans le roc; aux deux extrémités de ce défilé on voit, dans les parois de rochers, plusieurs trous qui se répondent et semblent prouver que chacun de ces points était jadis fermé par une porte : cet endroit s'appelait : « *Petra incisa* », ou « *Rochetaillée* ». Certains écrivains ont voulu faire remonter l'origine d'Athlit bien au delà des Croisades[1]. Toutefois, cette forteresse ne devint importante qu'au xiiie siècle, lorsqu'elle fut édifiée telle que nous la voyons par les Templiers sur une petite presqu'île, anciennement peut-être séparée de la terre ferme[2].

Nous savons, par Jacques de Vitry, qu'en déblayant ce promontoire les Templiers découvrirent, sous le sable qui les ensevelissait, les assises inférieures de deux murs antiques, l'un épais et long, l'autre moins étendu, et entre ces

---

[1] On l'identifie alors avec la *Certha* de l'Itinéraire de Bordeaux à Jérusalem. (Ritter).

[2] *Gesta Dei per Francos*, p. 1131. Édit. Bongars.

deux murs plusieurs sources d'eau douce. Ils mirent au jour, pendant ce travail, une grande quantité de médailles ou de monnaies en caractères inconnus qui devaient être soit phéniciennes, soit hébraïques, et un nombre considérable de pierres, restes sans doute de constructions détruites[1]. Athlit était destiné à défendre la route suivie généralement par les pèlerins se rendant à Jérusalem; de là son nom de « *Castellum Peregrinorum* ». Ce fut une des dernières places fortes occupées par les croisés en Palestine : elle ne tomba aux mains des infidèles qu'après la prise de Saint-Jean-d'Acre, en 1291.

Les misérables bédouins qui ont élu domicile en ce lieu nous regardent passer avec des yeux qui ne témoignent d'aucune bonté; heureusement notre nombre fait notre force. D'épaisses murailles défendaient la forteresse du côté de la terre; un peu au delà, sur la droite (N.-E.), s'élevait une tour, construite en énorme appareil, ornée de fenêtres et d'arceaux en ogive reposant, en guise de consoles, sur des têtes humaines malheureusement très mutilées. A l'opposé, sur le bord de la mer, s'étend une immense et magnifique salle voûtée dont les dimensions sont colossales. Quelques colonnes de granit et des fragments de marbre sculptés marquent seuls l'emplacement de l'église hexagonale citée par plusieurs auteurs, entr'autres par Pococke. Partout, aux alentours, les ruines recouvrent les ruines et forment des amoncellements gigantesques de pierres et de débris de toutes sortes.

Sur les pentes du Carmel, que nous laissons vers le nord-est, se trouvait la ville d'Ecbatane, aussi appelée *Carmel*, où mourut Cambyse, roi des Perses. Ce lieu se nomme aujourd'hui

---

[1] V. Guérin. Ouvr. cit. *Samarie*, t. II, p. 292.

74   LA PALESTINE

Kharbet Doubel. Nous lisons dans Hérodote, « que Cambyse, roi des Perses, mourut à Ecbatane de Syrie. Ce roi avait consulté en Égypte le célèbre oracle de Butos et il lui avait été répondu qu'il finirait sa vie à Ecbatane. Persuadé que la ville qui lui avait été indiquée était la capitale de la Médie, il s'imaginait qu'il terminerait son existence et son règne après une longue vieillesse. Mais le destin voulut qu'il trouvât en Syrie le sort qu'il pensait lui être réservé un jour en Médie. Car, ayant quitté l'Égypte pour s'en retourner en Perse, et traversant la Syrie, il s'arrêta quelque temps à Ecbatane. A la nouvelle de la révolte du faux Smerdis, il

RUINES PHÉNICIENNES A TANTOURAH

résolut de se rendre immédiatement à Suse avec son armée. Au moment où il montait à cheval pour se mettre en route, son épée étant sortie du fourreau, il fut grièvement blessé à la cuisse et contraint de demeurer dans cette ville. Ayant demandé comment elle s'appelait, on lui répondit qu'elle se nommait Ecbatane. Alors il comprit le sens de l'oracle et, désespérant de son salut, il régla tout ce qui concernait sa succession et mourut peu de temps après[1] ».

Nous atteignons par un soleil superbe les beaux palmiers

---

[1] Hérodote. *Histoire*, t. III, ch. LXIV.

qui ombragent Tantourah, l'ancienne Dora de l'Écriture. Les habitants de cette localité prennent grand soin de ces arbres qui leur sont si utiles. D'après la légende musulmane, « comme il restait un peu du limon dont Dieu avait pétri le corps de l'homme, il s'en servit pour former le palmier, le frère de l'homme ». Le fait est que le palmier subvient à presque tous les besoins de la vie arabe : son fruit sert de pain, et le musulman le tient en aussi haute estime que le cheval et le chameau.

« Dora, dit Étienne de Byzance, est une petite ville habitée par des Phéniciens. Ceux qui la fondèrent s'étaient réunis en cet endroit, parce que le rivage est bordé de rochers qui abondent en coquilles de pourpre. Ils y construisirent d'abord d'humbles cabanes qu'ils environnèrent de palissades et de fossés. Puis, comme leur entreprise marchait au gré de leurs désirs, ils taillèrent les rochers et, avec les pierres extraites de ces carrières, ils se bâtirent des murs et se firent un port commode qu'ils appelèrent dans leur langue Dora, comme leur ville, du mot *Dor* qui signifie habitation, demeure. » L'Ancien Testament raconte que Josué vainquit le roi de Dora et donna le territoire de cette ville à la tribu de Manassé.

De l'antique cité phénicienne, il ne subsiste que des ruines, s'élevant sur le bord de la mer, au nord du village moderne, et près d'une tour qui ne paraît pas remonter au delà du moyen âge[1]. On rencontre d'abord les restes d'une puissante construction ressemblant à un magasin maritime, puis une sorte d'enceinte, encore en partie debout, et bâtie avec des blocs parfaitement équarris. A peu de distance, toujours au long du rivage, se trouve une seconde muraille

---

[1] Cette tour devait faire partie d'un château élevé en ce lieu par les croisés et appelé par eux *Le Merle*.

identique, mais moindre ; tout auprès, des pierres énormes, disposées en escalier, conduisent à un quai pavé de dalles immenses[1]. Au milieu des masures du village, quelques débris épars rappellent l'époque de l'occupation du pays par les croisés.

Au delà de Dora, la route circule au milieu de dunes de sable et franchit à gué plusieurs petits cours d'eau, entre autres la rivière des Crocodiles. Ouardy nous affirme que tout dernièrement encore on y a tué un de ces amphibies.

La légende rapporte qu'en ce lieu régnaient jadis deux frères ; le plus jeune avait la lèpre et n'éprouvait de soulagement à son mal qu'en se plongeant dans les eaux de la rivière. Son frère aîné, qui cherchait depuis longtemps à accaparer tout le pouvoir, envoya en Égypte chercher des crocodiles, les cacha dans les roseaux, et un jour que le jeune prince se baignait pour soulager ses souffrances il fut dévoré.

La même légende ajoute que sur les bords de la rivière des Crocodiles, on rencontre un serpent nommé *Hydre* qui aime l'homme par-dessus tout, et rend au crocodile la haine que ce dernier a pour nos semblables. Ce serpent, pour n'être pas reconnu, se roule dans la boue, en sorte que le crocodile, après l'avoir tourné et retourné en tous sens, finit par l'avaler. L'hydre n'est pas plutôt dans le corps de son ennemi qu'il se met à ronger sa prison, attaquant les entrailles, faisant disparaître le foie, déchirant le cœur, enfin transperçant les flancs, et ne quittant sa proie qu'après lui avoir vu rendre le dernier soupir[2].

---

[1] V. Guérin. Ouvr. cit. *Samarie*, t. II, p. 307.

[2] *Manuscrit de la Bibliothèque Nationale,* fonds latin... N° 5129 à la suite d'une copie de la chronique de Robert le Moine (1151-1157). D'après le docteur Lortet, le crocodile du *Crocodilon flumen* n'est pas le même que celui d'Égypte.

Les ruines d'un ancien aqueduc, construit par Hérode le Grand pour alimenter Césarée de Palestine, précèdent les restes imposants de cette grande cité que nous voyons depuis longtemps se dessiner devant nous.

C'est l'an 25 avant Jésus-Christ qu'Hérode commença la construction de la ville qu'il appela Césarée, en l'honneur de César Auguste. Josèphe nous décrit ses monuments merveilleux; il nous parle d'une jetée dont les pierres de cinquante pieds de long abritaient les vaisseaux contre les vents

CHATEAU FORT DE CÉSARÉE DE PALESTINE

du sud-ouest, en ne leur laissant qu'une étroite entrée du côté du nord : il cite ses rues régulières et ses édifices publics qui, comme les maisons particulières, « étaient bâtis avec des pierres blanches et polies »; il mentionne enfin son cirque, son théâtre, ses égouts, ses aqueducs et son temple célèbre. « Vis-à-vis de l'entrée du port, nous dit-il, se trouvait sur une éminence le temple de l'Empereur, aussi remarquable par sa beauté que par sa grandeur. On y voyait une statue colossale d'Auguste, nullement inférieure au Jupiter d'Olympie, sur le modèle duquel elle avait été faite, et un autre colosse dédié à Rome, comparé à la Junon d'Argos [1]. »

Moins d'un siècle après sa fondation, vingt mille Juifs y furent massacrés par les Grecs ; ce fut le signal de la grande guerre qui se termina par la ruine de la nation juive. Titus, après la prise de Jérusalem, rentra à Césarée en triomphateur et à cette occasion donna des jeux au peuple ; trois mille captifs trouvèrent la mort dans les arènes aux applaudissements de la foule. C'est de Césarée que saint Paul, prisonnier, s'embarqua pour Rome, et c'est également dans cette ville que naquirent Procope et Eusèbe.

En 1102, Baudouin Ier, assisté des Génois et des Pisans, enleva d'assaut cette place forte, après un siège des plus meurtriers. Les assiégés, chassés des remparts, s'étaient réfugiés dans l'ancien temple ; ils ne tardèrent pas à être forcés dans leur dernier retranchement. Parmi les dépouilles que se partagèrent les vainqueurs, les Génois eurent un vase merveilleux, fait d'une seule émeraude, dont Notre-Seigneur, disait-on, s'était servi pour la Cène. C'est à ce siège mémorable que les Francs et les autres croisés s'étant aperçus que les infidèles avaient avalé leur or, brûlèrent tous les corps pour chercher dans les cendres ce qu'ils ne trouvaient pas dans les coffres. Alternativement prise et reprise par les musulmans et les chrétiens, cette antique cité fut ravagée par Bibars, puis définitivement détruite par le khalife el Aschraf en 1291.

La partie entourée de murailles par saint Louis est un grand carré régulier d'environ 500 mètres du nord au sud et 300 mètres de l'est à l'ouest. Malgré les brèches, l'enceinte continue est partout visible, et de larges fossés entourent

---

[1] Fl. Josèphe. *Guerre des Juifs*, liv. I, ch. xxi, § 7.

encore les remparts. Les contreforts du portail de la cathédrale se dressent isolés à une grande hauteur; les trois nefs se terminent par des absides rondes dont les assises inférieures sont toujours en place; au dessous règne une longue crypte : les substructions en paraissent anciennes. Les restes de la digue artificielle d'Hérode relient la terre à un îlot où les ruines d'une forteresse chrétienne s'élèvent sur des fondations antiques. C'est en cet endroit que se trouvait jadis la tour de Straton citée par Strabon : à droite était le port; à gauche les faubourgs, s'échelonnant le long de la mer. Dans la maçonnerie du château un grand nombre de fûts monolithes de colonnes sont engagés horizontalement dans l'épaisseur de la construction. Près de la mer sont les restes de deux bassins pavés de belles mosaïques.

Il est surprenant que des murs aussi épais et aussi solides soient complètement en ruines : c'est que malheureusement Acre, Jaffa et même Beyrout viennent chercher dans les cités détruites du littoral leurs matériaux de construction. Aujourd'hui Césarée n'est même plus habitée, comme Athlit, par de pauvres bédouins : c'est la solitude la plus désolée, où l'on ne rencontre que des oiseaux de proie et quelques perdrix rouges.

CHAPITRE DEUXIÈME

*Alerte à Moukhalid. — Champ de bataille d'Arsouf. — Jaffa. —
La Chéphélah. — Yebna. — Esdûd.*

Au delà de Césarée, la route ne tarde pas à franchir le Narh Kaïsarieh, l'ancien *Fluvius Mortuus* des croisés, ainsi nommé par Gauthier Winisauf de ses eaux stagnantes qui ne paraissent pas couler. Lors de la première Croisade, une partie de l'armée chrétienne était campée sur ses bords, raconte Raymond d'Agyles, lorsqu'une colombe mortellement blessée par un épervier vint tomber au milieu des tentes. L'évêque d'Apt l'ayant ramassée s'aperçut qu'elle portait la lettre suivante : « L'Émir d'Acre à celui de Césarée. — Une race de chiens vient de traverser mon territoire. C'est une nation sotte, turbulente, et sans règle, à laquelle tu dois t'efforcer de nuire, et par toi, et par les autres, autant que tu aimes la loi. Si tu le veux, tu le pourras. Mande ceci aux autres villes et châteaux forts ». « Ce qui prouva à tous, ajoute l'historien, combien Dieu protégeait les croisés, puisqu'il permettait aux oiseaux du ciel de leur révéler les secrets de leurs ennemis [1]. »

[1] *Gesta Dei per Francos* : R. d'Agyles, p. 173.

Le rivage de la mer, jusqu'alors triste et monotone, se relève peu après en falaises hautes d'une vingtaine de mètres. Nos chevaux enfoncent dans le sable; aussi le quittons-nous pour chevaucher sur un plateau verdoyant et couvert de fleurs qui se continue à notre gauche sur une vaste étendue : c'est le *Saron*[1], immense plaine dont il est fait souvent mention dans les Écritures, et qui s'étend depuis Césarée de Palestine jusqu'au Narh Roubin, au sud de Jaffa. Chaque année, au printemps, la terre s'émaille d'une foule innombrable d'anémones, de tulipes, de lis et de roses auxquelles se comparait l'amant mystérieux du *Cantique des Cantiques* : « Je suis la rose de Saron[2]... »

Nous traversons Mouckhalid, pauvre village bédouin, ainsi nommé d'une sainte musulmane dont il possède le tombeau. Une vieille ruine domine les huttes des habitants qui viennent chercher leur eau à un puits antique creusé au pied de la colline où sont dressées nos tentes. Il est six heures du soir. Après les fatigues d'une longue marche, chacun est heureux de se reposer en contemplant le ravissant paysage que nous avons sous les yeux. Le soleil couchant dore de ses derniers rayons les cabanes en terre de Mouckhalid, tandis qu'à l'opposé les montagnes d'Éphraïm détachent leurs cimes découpées sur un ciel sans nuages, largement estompées par la brume violette du crépuscule naissant.

Tout à coup, des cris perçants retentissent : « Au secours ! Aux armes ! On tue Bacri ! » Nous sautons sur nos revolvers et sur nos fusils, et nous nous précipitons à la suite de nos moukres qui gagnent le village aussi vite qu'ils peuvent, en s'armant de tout ce qui leur tombe sous la main. Ouardy grimpe sur un cheval qu'il rencontre et franchit au triple

---

[1] En hébreu : « plaine fertile ».
[2] *Cant. des Cant.*, ch. II., v. 1.

galop les quelques cents mètres qui nous séparent du lieu du combat, où il se fait un tapage infernal. Essoufflés à en perdre haleine, nous tombons au milieu d'une mêlée épouvantable de gens qui luttent corps à corps, se frappant de toute la vigueur de leurs bras à coups de courbaches, de bâtons ou de massues. Le village entier est sur pied, et ce ne sont pas les femmes et les enfants qui se montrent les moins

MILHEM ELIAS OUARDY

acharnés au combat. Nous arrivons à point pour faire pencher la victoire de notre côté; une maison est prise d'assaut : nous nous y établissons, et faisons de son toit plat une sorte de bastion.

La bataille terminée, nous cherchons à connaître la cause de l'échauffourée. Il paraît que pendant que nous traversions Moukhalid un bédouin avait jeté son dévolu sur un de nos chevaux ; profitant du moment où nos hommes étaient occupés ailleurs, il s'était approché de nos bêtes, et avait simplement enlevé celle qu'il convoitait. Malheureusement pour lui, Bacri avait vu le coup ; se précipitant à la suite du voleur, il avait découvert sa retraite et s'était mis en mesure de reprendre notre bien, lorsqu'une douzaine de compères, l'assaillirent à l'improviste ; il en avait à moitié assommé deux, puis, accablé par le nombre et affaibli par une forte blessure à la tête, il aurait infailliblement été tué sur place, si nous n'étions accourus à son secours, à l'appel de deux de nos hommes en train d'acheter des œufs et du lait pour notre cuisinier.

Une fois au courant de l'affaire, nous exigeons du cheik bédouin, sous peine de lui brûler la cervelle séance tenante, qu'il nous livre les coupables et, comme le pauvre homme fait triste figure, nous ordonnons à nos moukres de fouiller le village. En quelques minutes l'opération est faite ; nous ramenons au campement six prisonniers, pieds et poings liés, tout couverts de sang ; l'un a perdu un œil ; un autre une oreille ; tous ont reçu de rudes coups et en portent les marques. Après trois heures de captivité, nous leur faisons grâce et les renvoyons chez eux grelottants, n'ayant nullement envie de les entendre geindre toute la nuit. La leçon était d'ailleurs plus que suffisante, et nous étions sûrs désormais d'être, sinon aimés, du moins respectés.

Après cet acte de générosité accompli devant le cheik impassible, nous avons peu de peine à le convaincre que nous mettrons le feu aux quatre coins de son village s'il ne nous fait pas rendre, avant le lendemain matin, une montre, un revolver, et divers objets volés pendant la bagarre. La nuit se passe dans le calme le plus complet. A six heures du matin, nous sommes rentrés en possession de tout ce qu'on nous avait pris, et le cheik témoin de notre départ nous baise les mains en signe de respect, nous souhaitant toutes les bénédictions d'Allah pendant la suite de notre voyage. Grâce au sang-froid et à l'énergie de Ouardy et de Moustapha, cette *baroufle* n'avait rien été ; seul, le pauvre Bacri payait les pots cassés avec une large entaille à la tête, dont il se rétablit du reste étonnamment vite.

De Moukhalid à Jaffa la route traverse la portion du Saron qui avoisine la mer. Le paysage est charmant : ici, de belles prairies s'étendent à perte de vue; là, des champs de blé couvrent le fond des vallons ; par place, on aperçoit les huttes de terre d'un village bédouin. Les hommes sont aux champs, cultivant le sol de la façon la plus sommaire. Les charrues ne sont souvent, comme au temps des Hébreux, que des branches recourbées, traînées par un chameau, un âne ou un cheval, quelquefois même par deux de ces animaux attelés ensemble et formant un accouplement des plus bizarres. Mais la végétation est si puissante au printemps, qu'en dépit de procédés agricoles renouvelés des vieux âges, on récolte encore d'abondantes moissons. On peut juger par là combien cette terre devait produire au temps où l'activité que les Juifs portent aujourd'hui dans le commerce et la banque était concentrée toute entière sur l'agriculture.

« Pour nous, dit Josèphe, nous habitons une contrée qui n'est pas maritime ; nous ne cultivons pas les affaires commerciales, ni les relations qu'elles servent à établir entre les étrangers. Mais nos villes sont situées loin de la mer et, ayant en partage une bonne terre, nous la cultivons avec soin.... De plus, notre manière de vivre étant toute particulière, rien dans les temps anciens ne pouvait nous faire contracter avec les Grecs des rapports tels qu'en avaient les Égyptiens par l'échange avec eux d'objets exportés ou importés... »

Nous traversons le champ de bataille d'Arsur où cent mille croisés repoussèrent trois cent mille musulmans ; Richard Cœur de Lion fit en cette circonstance des prodiges de valeur et Saladin ne put, malgré tout, arrêter la marche victorieuse des chrétiens vers le nord. Il est curieux de voir dans les récits du temps combien les musulmans redoutaient le bouillant courage du roi d'Angleterre. Nous lisons à ce sujet dans Joinville : « Et demoura le roy Richart en la Terre-Sainte, et là fist de très-granz faiz d'armes sur les mescréants et sarrazins. Tant qu'ilz le doubtèrent si fort, ainsi qu'il est escript ou livre de l'Istoire du Véage de la Terre-Sainte, que quant les petiz enfans des sarrazins crioient, leurs mères leurs disoient : « Taisez-vous, taisez ; veez-cy le roi Richart qui vient vous querir. » Et tantoust de la paour que iceulx petiz enfans sarrazins avoient seullement de oir nommer le roy Richart, ilz se taisoient. Et semblablement, quant les Sarrazins et les Turcs estoient à cheval aux champs, et que leurs chevaulx avoient paour de quelque umbre ou buisson et qu'ilz s'en effraioient, ilz disoient à leurs chevaulx en les picquant de l'esperon : « Et cuides-tu que ce soit le roy Richart ? » Qui est clèrement à démonstrer qu'il faisoit de grantz faiz d'armes sur eux, quant il estoit si craint[1]. »

Au reste, si l'on en croit les chroniques du temps, jamais le roi d'Angleterre ne rentrait au camp des chrétiens sans ramener des prisonniers et dix ou douze têtes de musulmans tombés sous ses coups. « Jamais homme ne détruisit autant d'infidèles, et, en lisant le récit de ses travaux, on croit lire les pages dans lesquelles l'épopée antique célèbre les exploits

---

[1] Mémoires du sire de Joinville, *collection Petitot*, p. 193.

des héros. On dirait un des guerriers d'Homère. Son corps était comme d'airain, dit Gauthier Winisauf, qui le met au-dessus d'Achille, d'Alexandre et de Judas Macchabée. A sa vue, les plus braves des musulmans frémissaient de crainte, et, lorsque Saladin leur reprochait d'avoir fui devant un seul homme : « Personne, répondit l'un d'eux, ne peut supporter les coups qu'il porte; son impétuosité est terrible, sa rencontre mortelle, et ses actions au-dessus de la nature humaine[1] ! »

JAFFA. — VUE PRISE DU CIMETIÈRE ARABE, EN ARRIVANT PAR LA ROUTE D'ARSOUF

Vers la droite, du côté de la mer, s'élèvent les ruines d'Arsouf *(Arsur)*, tout auprès de El Haram Ali Ibn Aleim, village qui renferme une mosquée construite pour recevoir les restes d'un santon vénéré. Ce dernier, enfermé dans la place qu'assiégeait Bibars, faisait avorter toutes les tentatives des ennemis par ses ferventes prières : mais, ayant appris par hasard que le sultan, lui aussi, était un bon et fidèle disciple de Mahomet, il se désintéressa complètement de la lutte, et Arsouf fut enlevé d'assaut. Bibars, pour récompenser le

---

[1] Michaud. *Histoire des Croisades*, LVIII.

saint homme, fit édifier la mosquée en question où l'on voit son tombeau.

Arrivés sur les bords du Narh el Awdjèh, rivière qui descend des montagnes d'Éphraïm, nous trouvons l'eau trop haute pour pouvoir passer à gué ; nos chevaux, guidés par des indigènes, nagent comme ils peuvent jusqu'à l'autre rive, tandis que de misérables barques, aux trois quarts pourries, nous y transportent avec tous nos bagages. Une heure après nous sommes à l'entrée de Jaffa[1] (l'antique Yapho, la Joppé de Josèphe et de la Vulgate), ainsi nommée de Japhet, fils de Noé, qui l'aurait fondée ; selon la tradition juive, l'arche fut construite sur l'emplacement de cette ville qui, dès lors, serait antérieure au déluge. L'opinion généralement admise aujourd'hui fait dériver le mot Jaffa de l'hébreu *japho* qui signifie « beauté, observatoire de la joie[2] ».

C'est dans ce port, le seul des Hébreux sur la Méditerranée, que Jonas s'embarqua pour Tharse « s'enfuyant devant la face du Seigneur ». C'est là aussi, d'après la fable, qu'Andromède, exposée en pâture aux monstres de la mer, fut délivrée par Persée. Au ɪᴠᵉ siècle, on montrait aux curieux, d'un côté du port, la plage où les marchands ciliciens avaient pris à leur bord le prophète, et de l'autre un grand rocher à pic, appelé le rocher d'Andromède, où le flot se brisait avec violence. On y pouvait voir encore la trace des chaînes qui attachaient la captive, et la carcasse du monstre envoyé par Neptune pour la dévorer. Le squelette pourtant n'était pas entier, car un général romain, Marcus Scaurus, en avait enlevé et apporté à Rome une partie qui figura parmi les merveilles de son édilité. Ce poisson en effet

---

[1] Joppé est appelée : Ya-ap-pu dans les inscriptions assyriennes. (*Annales* III, 66.)

[2] Saint Grégoire de Nazianze, Apologet. orat, I, xlii.

était prodigieux : au dire de Pline, « il ne mesurait pas moins de quarante pieds romains de longueur ; ses côtes étaient plus hautes qu'un éléphant indien, et son épine dorsale avait un pied et demi d'épaisseur » ; ce qui en restait après le vol de Scaurus était encore un sujet d'étonnement.

FONTAINE EN MARBRE BLANC PRÈS LA PORTE DE JÉRUSALEM A JAFFA

Détruite et réédifiée successivement par les Juifs, par Vespasien, puis par Constantin, Jaffa fut de nouveau fortifiée par les soins de Baudouin Ier. Joinville raconte que Gauthier de Brienne, comte de Jaffa, étant tombé aux mains des infidèles qui assiégeaient la ville, « ceux-ci le conduisirent devant la place, le pendirent par les bras à une fourche, et lui dirent qu'ils ne le dépendraient pas jusqu'à tant qu'ils eussent le château. Tandis qu'ils le pendaient, il cria à tous ceux du château qu'ils ne rendissent pas la ville, et que, s'ils la rendaient, lui-même les occirait[1] ». Cette réponse lui coûta la vie.

Le 6 mars 1799 Bonaparte s'empara de Jaffa et la mit au pillage; quatre mille Albanais y furent massacrés de sang-froid. Plus tard, le même général y fit preuve de la plus grande intrépidité au milieu des pestiférés. En 1836, une notable partie de la ville fut renversée par un tremblement de terre.

A part quelques vieux restes de fortifications, rien ne rappelle la haute antiquité de cette cité jadis si florissante. Ses maisons s'étagent en amphithéâtre sur un promontoire qui domine la mer d'une soixantaine de mètres; ses rues, étroites et glissantes, sont horriblement raides lorsqu'elles ne deviennent pas de véritables escaliers : la partie basse renferme les bazars qui sont assez bien fournis et forment une sorte de longue rue peu régulière.

Dans l'intérieur de la ville, les seules curiosités à visiter sont : le couvent des pères de Terre-Sainte, de la terrasse duquel on a une vue superbe, une fontaine en marbre blanc au milieu d'une cour ouverte près de la porte de Jérusalem, et l'ancienne maison dite de Simon le corroyeur, convertie en mosquée par les musulmans. Cette mosquée, que les Arabes appellent Djama et Thabièh (mosquée du Bastion), se compose de deux salles voûtées se communiquant, le long desquelles règne extérieurement une petite cour, où l'on remarque une auge et un puits fort anciens.

[1] Mémoires du sire de Joinville.

Le commerce de Jaffa est actif : il consiste principalement en exportation d'huile, d'oranges et de céréales : malheureusement la rade foraine est la plupart du temps houleuse, ce qui rend fort difficile le chargement et le déchargement des marchandises.

PORTE DE JÉRUSALEM A JAFFA

Au sortir de Jaffa, nous suivons pendant quelques kilomètres la grande route de Jérusalem. A droite et à gauche s'élèvent de véritables forêts d'orangers couverts de fleurs, et ployant en même temps sous le poids des fruits dorés qui les couronnent ou pendent jusqu'à terre le long de leurs branches : certains pieds rapportent jusqu'à cinq et six cents oranges. L'air est embaumé, et cette odeur se répand si loin que les navires reconnaissent en mer l'approche de la côte à ce parfum pénétrant. Partout, dans ces magnifiques jardins, abondent, mêlés aux orangers, les citronniers, les grenadiers, les figuiers, les amandiers, les pêchers, les abricotiers, et toutes sortes d'excellents légumes; çà et là nous remarquons quelques palmiers et des tiges de cannes à sucre. Avant de sortir de cet Éden, nous passons à côté d'une belle fontaine (Aïn abou Nabout) entourée de tamarix et de sycomores. Des Juifs allemands ont fondé près de là une colonie agricole qui réussit bien, nous dit-on. Cet essai prouve une fois de plus qu'il faudrait à la Palestine, au lieu de coureurs et de nomades qui n'ont d'attaches nulle part, des cultivateurs et des laboureurs intelligents, à idées comme à demeures fixes.

Le pays que nous allons traverser jusqu'à Hébron n'est pas sûr; aussi plusieurs des nôtres, peu soucieux de la gloire des armes, ont-il tenu à prendre à Jaffa une escorte officielle que le *Kaïmakam* (gouverneur turc) nous a du reste octroyée de la meilleure grâce du monde, attendu que nous la payons bien plus cher qu'elle ne vaut. Voilà pourquoi nous chevauchons sous la sauvegarde de deux soldats turcs irréguliers, véritables caricatures ambulantes.

L'un, qui est destiné à protéger nos augustes personnes, est un vieil Arabe digne et impassible. Drapé majestueusement dans un ancien édredon piqué, jadis à fleurs rouges, il porte avec lui un véritable arsenal : pistolets, tromblon, poignards, grand sabre recourbé à la façon des anciens cimeterres, rien n'y manque. Il rend un son de vieux chaudron fêlé chaque fois que sa maigre monture, arrière-petit-fils de Rossinante, part au galop comme elle peut sur trois pattes mal équilibrées. Il est certain qu'en cas d'alerte notre garde du corps détalerait au plus vite, si toutefois il n'allait se ranger du côté des assaillants. Quant au dieu tutélaire de nos bagages, c'est un grand nègre, armé d'un long fusil tout disloqué, à vraie face patibulaire, qui a dû exercer jadis le métier de voleur de grands chemins. Quoi qu'il en soit, nous sommes, paraît-il, très en sûreté avec nos deux gaillards, et, s'il nous arrivait la moindre chose, le gouvernement local, sous l'égide duquel nous voyageons, serait forcé de prendre en main nos intérêts.

Cependant nous laissons la route de Jérusalem pour tourner à droite vers le sud. Au delà du Narh Roubin, nous quittons le *Saron* pour entrer dans la *Chéphélah* ou *Plaine des Pelitchim* (Philistins, Émigrés), d'où quelques auteurs font dériver le mot Palestine[1]. Large d'environ six lieues, bordée d'un côté par des dunes de sable qui s'étendent le long de la mer, de l'autre par les montagnes de Juda, cette immense plaine qui va jusqu'à Gaza est cultivée par des bédouins rapaces et voleurs qui y font d'abondantes récoltes de blé.

La route traverse une suite continue de petits ouadis herbeux où nous faisons lever un nombre extraordinaire de cailles. Nous atteignons par 32° à l'ombre Yebna, l'antique Jabnéh, en hébreu : « Dieu la bâtit ». On n'y voit plus qu'une ancienne église convertie en mosquée, et une vieille tour qui s'élève au milieu des masures en terre du village.

Vers l'est, se trouvait, à quelques milles de distance,

---

[1] Les inscriptions assyriennes appellent le pays des Philistins : Pa-la-as-tav. Au temps de Notre-Seigneur, la Palestine comprenait : la Galilée au nord, la Judée au sud, la Samarie entre les deux, et la Pérée à l'orient.

le célèbre temple d'Ékron, aujourd'hui Akir. On y adorait Béelzébub, ou mieux Baal-Zeboub (le Dieu des Mouches); c'était probablement, comme le fait supposer l'étymologie de ce mot, un dieu tutélaire auquel on avait recours contre les mouches qui, dans ces contrées, deviennent pendant les

LA HALTE DE MIDI A YEBNA

chaleurs brûlantes de l'été un véritable fléau. En Élide, on vénérait de même un « Jupiter qui écarte les mouches » Ζεὺς ἀπόμυιος [1].

Après six heures de marche qui nous paraissent éternelles, nous atteignons l'ancienne Azot (en hébreu : force, puissance), aujourd'hui Esdûd. Les Philistins ayant battu les

[1] Guérin. Ouvr. cit. *Judée*, t. II, p. 42.

Israélites et pris l'arche sainte à la bataille d'Apheck, la placèrent dans le célèbre temple de Dagon[1] qui s'élevait à Azot : mais la statue du dieu ayant été trouvée brisée en mille pièces, l'arche fut reconduite en toute hâte à Béthsamès et rendue au peuple juif. Psamméticus assiégea Azot pendant vingt-neuf ans[2], sans pouvoir s'en rendre maître,[3] et Judas Macchabée[4] y trouva la mort.

Quelques maisons de bédouins, entourées de palmiers et d'arbres d'essences diverses, s'élèvent au fond d'une petite gorge verdoyante. Des ruines peu intéressantes (sans doute celles d'une église), les restes d'un vieux khan, un sarcophage antique, et un petit étang près duquel devait être le temple de Dagon, sont les seules curiosités de l'endroit. Cette grande ville de Syrie, comme l'appelait Hérodote, continue à languir misérable et sans gloire, ignorant elle-même sa célébrité première, et visitée seulement par de rares voyageurs.

[1] Dagon (diminutif du mot hébreu *dag*, poisson, selon Philon de Byblos cité par Eusèbe dans sa préparation évangélique, I, X), que certains auteurs confondent avec Derkéto, était une divinité masculine, fils du ciel et de la terre ; il tire son nom de *dagân* qui veut dire blé. Les mots hébreux *dagân*, blé, et *dag*, poisson, dérivent tous deux de la racine *dagâh* « il s'est multiplié » ; ces deux mots signifient donc la fertilité, l'un dans les eaux, l'autre sur la terre. (Extrait de Munck. — *Palestine*, p. 92.)

[2] Au lieu de lire dans Hérodote que le siège d'Azot dura vingt-neuf ans, ne faudrait-il pas plutôt comprendre que ce siège eût lieu dans la XXIXe année du règne de Psamméticus, soit 627 av. J.-C. ?

[3] Hérodote, liv. II, ch. 157.

[4] Macchabées, liv. I, ch. 9, v. 18. *Makkaba* en hébreu veut dire « marteau », d'où *Makkabi* (malleator) surnom identique à celui que porta en France *Charles-Martel*.

CHAPITRE TROISIÈME

Ascalon. — Gaza. — La Chéphélah.

Ascalon[1], anciennement l'une des cinq villes royales des Philistins, est située à deux heures et demie de marche au sud d'Esdûd.

D'abord soumise par la tribu de Juda, mais reprise bientôt par ses anciens possesseurs, elle résista toujours victorieusement aux Juifs, dont les prophètes ne cessèrent de se répandre en imprécations contre elle. C'est dans cette cité que s'élevait le plus fameux temple de Derkéto, la Vénus des Philistins, représentée, ainsi que Dagon, avec un corps humain se terminant en queue de poisson.

« Derkéto, dit le mythe, frappée de délire par sa rivale Aphrodite, avait donné le jour à une fille appelée Sémiramis, puis s'était précipitée dans un lac[2] où elle fut changée en poisson[3]. »

---

[1] Ascalon est appelée : Is-ka-la-na dans l'inscription assyrienne d'Assarhaddon.

[2] Ce lac semble avoir été à l'embouchure du Narh Eribiah, à quelques kilomètres au sud d'Ascalon.

[3] Dollingër. *Paganisme et Judaïsme*, t. II, p. 248.

Quant à Sémiramis, nourrie par des colombes, elle fut ensuite recueillie et adoptée par un certain Simmos, intendant des bergeries royales ; plus tard elle devint la femme du roi Ninus, fondateur de Ninive ; elle-même créa Babylone, sur les rives de l'Euphrate.

« Les Syriens, lisons-nous dans Diodore de Sicile, croyaient honorer Derkéto et sa fille en s'abstenant de manger des poissons, et en regardant les colombes comme des oiseaux sacrés. » Il semble cependant prouvé que les dévots offraient à la déesse des poissons d'or et d'argent, tandis que les prêtres lui présentaient chaque jour de vrais poissons cuits et grillés qu'ils mangeaient eux-mêmes ensuite [1].

Après le règne de Salomon, auquel elle payait tribut, Ascalon fut assujettie aux Assyriens, ainsi que l'attestent les inscriptions cunéiformes de Khorsabad. On lit en effet sur le prisme de Sennachérib : « Mais Sidka, roi d'Ascalon, ne se soumit pas à moi ; j'enlevai les Dieux de la maison paternelle, lui et sa femme, ses fils et ses filles, ses frères, les rejetons de sa race, et je les conduisis en Assyrie. J'instituai pour régner sur la ville d'Ascalon Sartibkakri, fils de Rakibti, qui avait été roi auparavant, et je lui imposai la prestation de tributs, comme reconnaissance de ma suzeraineté, et il établit l'ordre. »

Ascalon, possédée et embellie tour à tour par Alexandre, les Ptolémées, et les Séleucides, fut donnée par Hérode le Grand à sa sœur Salomé. Témoin de luttes sanglantes entre les Juifs et les Romains, cette antique cité était sous la domination des khalifes Fatimites au moment où les croisés envahirent la Palestine.

Godefroy venait de s'emparer de Jérusalem. Apprenant

---

[1] Baron de Witte, dans le *Bullet. archéol. de l'Athén. franç.*, 1856, p. 36.

que le khalife d'Égypte avait réuni devant Ascalon une armée de plus de deux cent mille hommes sous le commandement de son vizir El Afdhal, il marcha à sa rencontre avec vingt mille hommes seulement; c'était toute son armée.

Les Égyptiens méprisaient cette poignée de braves, animés d'une si noble confiance, qu'ils s'imaginaient « pouvoir submerger sous les flots seuls de leur salive [1]. » Le 12 août 1099, les deux armées en vinrent aux mains dans les plaines d'Ascalon. Les Francs s'ébranlèrent les premiers et se jetèrent avec impétuosité sur les musulmans. Malgré leur nombre, leurs épais bataillons, et les hordes sans cesse renaissantes de leurs cavaliers, les Égyptiens ne purent résister à la vigueur et à l'élan des croisés qui se précipitaient tête baissée au milieu de ces masses profondes, y portant un désordre indescriptible.

Abandonnés par leur général qui s'était enfui dès le début de l'action, les infidèles lâchèrent pied ; la confusion fut bientôt à son comble dans leurs rangs, et ce fut par milliers qu'ils tombèrent sous les coups de leurs redoutables vainqueurs. Ne sachant où aller, beaucoup d'entre eux essayèrent de rejoindre la flotte qui les avait amenés; mais cette dernière, à la vue d'un semblable désastre, avait gagné la haute mer, et les malheureux, cernés par les soldats du comte de Toulouse, furent pour la plupart massacrés; d'autres s'efforcèrent de pénétrer dans Ascalon, mais l'émir qui commandait la ville, craignant que vainqueurs et vaincus n'entrassent ensemble, fit fermer les portes, et les Égyptiens qui ne trouvèrent pas la mort en cet endroit s'enfuirent vers le sud, semant la plaine de morts et de mourants.

---

[1] Premier supplément de Raymond d'Agyles, collection Bongars, p. 181.

> « La Palestine enfin, après tant de ravages,
> Vit fuir ses ennemis comme on voit les nuages
> Dans le vague des airs fuir devant l'Aquilon;
> Et des vents du midi la dévorante haleine
> N'a consumé qu'à peine
> Leurs ossements blanchis dans les champs d'Ascalon[1]. »

Malheureusement, la discorde se mit au camp des chrétiens qui ne surent pas tirer parti de leur victoire. Abandonné et trahi par le comte de Toulouse, Godefroy resta seul devant Ascalon, et se vit bientôt contraint de lever le siège de cette place.

« En 1134, furent pris en cet endroit trois braves chevaliers de la maison d'Eppe, frères de l'ordre de Saint-Jean de Jérusalem, qui, étant envoyés au soudan d'Égypte, reçurent du ciel dans la prison où ils étaient l'image miraculeuse qu'on vénère dans la Picardie, près de Laon, sous le nom de Notre-Dame de Liesse. La fille du soudan, nommée Ismérie, qui travaillait à leur perversion, ayant vu ce miracle, se résolut à se faire chrétienne; à quoi la Vierge l'encouragea, lui ayant apparu la nuit, et elle lui ordonna de fuir avec ses prisonniers, ce qu'elle fit. Et elle avec eux, pendant leur sommeil, fut transportée en peu d'heures du cœur de l'Égypte dans la Picardie[2] ».

En 1153, Beaudoin III s'empara de cette importante cité après cinq mois de siège dont il faut lire les détails dans les chroniques du temps pour se rendre compte des maux de toutes sortes qu'endurèrent alors les chrétiens.

Après la bataille d'Hattîn, Saladin reprit Ascalon. Lorsqu'en 1191, au moment de la troisième Croisade, les troupes chrétiennes sous Richard Cœur de Lion s'avancèrent de

---

[1] J. B. Rousseau.
[2] Chronique du temps.

nouveau contre cette ville, Saladin, n'étant plus assez fort pour la garder et la défendre, en ordonna la démolition. Lui-même travailla dit-on, de ses propres mains, à renverser les remparts et les mosquées; puis il s'assit en pleurant sur les ruines de « la Fiancée de la Syrie, » (*Arousset ech Cham*), surnom que les arabes donnaient à la ville à cause de sa beauté. Il est fait mention pour la dernière fois d'Ascalon en 1270, époque où Bibars la détruisit de fond en comble[1].

CHEIK BÉDOUIN DANS LES RUINES D'ASCALON

Les débris de l'ancienne enceinte sont informes, mais on en retrouve assez facilement le tracé malgré les envahissements incessants du sable. Vers l'est, la grande porte ou porte de Jérusalem, dont parle Guillaume de Tyr, est reconnaissable au milieu de pierres de toutes sortes où l'on remarque des fûts de colonnes en granit et en marbre. Au milieu de la ville on distingue encore : l'emplacement d'une grande église, presque entièrement détruite; des salles voû-

---

[1] V. Guérin. Ouvr. cit. *Judée*, t. II, p. 162 et suiv.

tées à fleur de terre ; les restes du *puits de la Paix* mentionné par Antonin le Martyr, et qu'il nous représente comme construit en forme de théâtre, c'est-à-dire circulaire, avec des marches pour descendre jusqu'à l'eau. Plus loin, une seconde église, d'abord temple païen et plus tard mosquée, était sans doute ornée de colonnes dont quelques-unes gisent à terre; vers l'ouest s'élevait une troisième église à trois nefs ; enfin, çà et là, des citernes et des puits, pour la plupart antiques, s'ouvrent près de constructions probablement romaines.

Les remparts s'appuyaient à la mer à leurs deux extrémités, circonscrivant ainsi un vaste demi-cercle, et englobant vers le nord de hautes falaises qui dominent au loin les flots. Assis en cet endroit au milieu de ruines informes, près d'un petit oratoire, nous découvrons à perte de vue la Méditerranée dont les vagues agitées viennent se briser avec fracas au-dessous de nous : à notre gauche s'étend l'ancien emplacement d'Ascalon ; au loin, vers l'est, les monts de Juda bornent l'horizon. Un profond et solennel silence nous entoure, interrompu seulement par le bruit sourd et monotone des flots. Que d'évènements se sont passés dans cette enceinte autrefois si vivante et si animée, maintenant morte et solitaire! Quel contraste entre les splendeurs et l'agitation du passé, et la morne désolation du présent! Il semble qu'on entend encore la voix du prophète Sophonie[1] s'écrier : « Gaza sera détruite et Ascalon changée en désert ! »[2]

Nous rejoignons la route de Gaza au travers de sables

---

[1] Sophonie, ch. II. v. 4.

[2] C'est d'Ascalon que vient *échalotte*, nom donné à un oignon à odeur très pénétrante qu'on cultive en quantité dans le pays. Les Romains l'appelaient : *ascaloniæ cepæ*, les Italiens *scalogno;* les Français *escalote* ou *échalotte*.

aussi pénibles à traverser que ceux des déserts égyptiens ; chaque jour, poussés par le vent, ils gagnent du terrain, et l'on peut craindre, avant qu'il ne soit longtemps, le complet envahissement de la contrée par ce fléau qu'on ne tente même pas d'arrêter. Nous chevauchons à travers l'interminable plaine des Philistins sous un ciel étincelant et un soleil im-

FANTASIA DANS LA PLAINE DES PHILISTINS

placable. Aussi atteignons-nous avec bonheur les oliviers séculaires qui entourent Gaza [1] dans un rayon de plusieurs kilomètres. De loin, la ville nous apparaît perchée sur une colline, et détachant ses gracieux minarets sur le ciel déjà empourpré des rayons du soleil couchant. C'est l'heure où,

---

[1] Gaza semble tirer son nom du mot égyptien : *kasata*, qui signifiait : olivier (*papyrus Anastasi* I, pag. 27.) Dans les textes assyriens cette ville s'appelle tantôt : Ha-zi-ti, et tantôt : Ha-oz-zu-tu.

après une chaude journée, l'atmosphère se détend et se rafraîchit peu à peu, s'imprégnant de toutes les senteurs de la nature qui semble renaître sous la brise du soir.

De splendides cactus entremêlés de palmiers bordent les chemins encaissés par lesquels nous atteignons notre campement. Une bande nombreuse d'enfants excite de la voix et du geste notre brave *Baroud* qui méprise d'abord leurs insinuations, puis, agacé à la fin, s'élance sur eux à toute volée. Tout fuit à son approche. Seul un bambino moins alerte est atteint par notre chien qui le prend par le fond de la culotte et nous le rapporte délicatement. Le moutard hurle de peur ; nous le consolons au milieu de nos fous rires en lui donnant un *bacchich*, et nous faisons attacher notre fidèle gardien, ne voulant pas nous attirer une mauvaise affaire avec la population de Gaza, l'une des plus fanatiques de la contrée.

La Genèse rapporte qu'Abraham campa avec ses fils dans les environs de Gaza (*Ghazéh* en arabe). Josué ne put réduire cette ville, et la tribu de Juda, tout en l'ayant possédée pendant quelque temps, demeura quarante ans sous la dépendance de ses habitants. « Le temple que Dagon avait à Gaza était le centre de la confédération formée par les villes des Philistins. » Il y en avait cinq : Gaza, Azot, Ascalon, Geth et Accaron. « La statue du dieu était un poisson ayant des mains et une tête humaine. Derkéto, moitié femme et moitié poisson, partageait les hommages qu'on lui rendait et avait son principal sanctuaire à Ascalon [1] » comme nous l'avons vu plus haut.

En parlant de Gaza, il est bon, croyons-nous, de dire en quelques mots ce qu'on sait de l'origine des Philistins et de

---

[1] Dollinger. *Paganisme et Judaïsme*, t. II, p. 248.

leur histoire. D'après Cellarius, Reland, l'abbé Mignot, Quatremère et V. Guérin, les Philistins, issus du sixième fils de Misraïm, habitèrent primitivement le Delta égyptien sous le nom de *Casloubim*; plus tard, ils s'avancèrent vers le nord à travers le désert, et reçurent alors, d'après Génésius, Movers, Roth et Munck, le nom général de Philistins, *Pelitchim*, qui en éthiopien veut dire *émigrés*. Dom Calmet croit à une migration des Philistins de la Pentapole Cyrénaïque (Delta égyptien) dans l'île de Caphtor qu'il identifie avec la Crète; de là ils seraient venus en Palestine. M. Lenormant rapporte que sous le règne de Rhamsès III (fin du xive siècle avant Jésus-Christ), les Philistins quittèrent la Crète qu'ils habitaient et se jetèrent sur la Palestine, menaçant d'une invasion l'Egypte elle-même. Vaincus imparfaitement par le Pharaon qui cherchait à endiguer le torrent, ce dernier leur donna des terres sur le littoral autour de Gaza, d'Azot, d'Ascalon, d'Accaron et de Geth.

Leur puissance grandit rapidement; sous la xxe dynastie égyptienne, ils possédaient déjà une armée et une marine redoutables; enfin, vers 1209 avant Jésus-Christ, ils asservissent les Hébreux pour un demi-siècle. Peu de temps après, ils paraissent à l'improviste devant Sidon qu'ils emportent de vive force et rasent entièrement[1]. Il est vrai qu'ils se retirent sans occuper la Phénicie, mais cette expédition montre quelles étaient alors leurs forces et leur habileté.

Sous les juges et les rois, nous voyons sans cesse Israélites et Philistins en venir aux mains et généralement les premiers, vaincus par les seconds[2]. Battus par Saül à Michmas et assujettis par David, ils ne tardent pas à se révolter

---

[1] Justin. XVIII, 3.
[2] *II Rois*, ch. v, v 17; ch. viii, v. 1.

contre Joram, Ozias et Achaz. Momentanément asservis pendant le règne glorieux d'Ezéchias, ils reprennent toute leur liberté avec les derniers rois de Juda; puis, vers 734 av. J.-C. ils deviennent tributaires de Téglath-Phalasar II. Plus tard Saryoukin ne leur laisse pas le temps de se révolter; il paraît à l'improviste dans leur pays qui ne tente même pas de résister. Sennachérib les écrase à son tour et Psammèticus les tient ensuite sous un joug pesant. Depuis lors, soumis tour à tour à l'Assyrie, à l'Egypte, à la Perse et aux Macédoniens, leur nationalité finit par être complètement anéantie par les Asmonéens.

Gaza fut témoin des exploits et de la mort de Samson, dont certains auteurs regardent à tort l'histoire comme une légende. Pour eux « Samson, dont le nom hébreux *Schimschôn* vient du mot *Schêmesch*, soleil, est un héros solaire, ramené aux proportions terrestres par la tradition monothéiste des temps qui suivirent. Il n'est pas jusqu'à la fameuse mâchoire d'âne d'où jaillit une source rafraîchissante qui ne trouve son explication plus ou moins naturelle dans la forme d'un amas de rochers, ressemblant de loin à une mâchoire d'âne, et à cause de cela nommé : Ramah Lechi — *le mont Mâchoire* ». Ces théories ingénieuses que nous ne saurions admettre, rentrent plutôt dans le domaine de la fantaisie que dans celui de la vraie science. On pourrait en effet interpréter ainsi toute la Bible et bien des pages d'histoire où il est facile de découvrir quelque trace de surnaturel. Une fois cette voie ouverte, où s'arrêterait-on?

Lorsqu'Alexandre le Grand assiégea Gaza, il entoura la ville, principalement vers le midi, du côté où les remparts paraissaient plus solides, d'une ligne de contrevallation formée de collines factices. « Il jugea à propos d'élever une chaussée tout autour de la ville, afin de pouvoir, du haut de ce remblai, approcher du rempart ses machines sur un terrain qui fût de niveau avec l'enceinte; on amoncela surtout de la terre contre la partie méridionale des murs, là où la place semblait le plus formidable¹. » Certains amas de terre qu'on voit encore autour de Gaza pourraient bien être les débris de la gigantesque contrevallation exécutée par Alexandre. Deux fois blessé pendant ce siège qui dura deux mois, au dire de Diodore de Sicile, le héros macédo-

LA SIESTE

nien se montra impitoyable lorsqu'il eut pris la ville d'assaut. Tous les hommes furent massacrés, les femmes et les enfants réduits en esclavage, et Gaza fut repeuplée avec des habitants provenant des localités voisines.

Ruinée par les Lagides et les Séleucides, détruite par les Arabes en 634, Gaza fut relevée par les Templiers qui y construisirent une citadelle en 1152. Reprise enfin aux

¹ Arrien, II, xxv.

chrétiens à la fin du xiiᵉ siècle par les musulmans, elle n'a cessé de leur appartenir que momentanément en 1799, lors du passage de Bonaparte.

Son commerce consiste principalement en huile, sésame, orge, blé, savons et étoffes grossières de laine : on y compte environ 15,000 habitants, dont 500 chrétiens [1].

Les différents quartiers s'étendent autour d'un point culminant occupé, dit-on, autrefois, par le théâtre des Philistins. Non loin de là, on montre une misérable construction contenant un tombeau plus que modeste qui serait celui de Samson [2], tandis qu'à l'ouest une mosquée a été bâtie par un pieux disciple de Mahomet sur le tombeau de Nebi el-Hackem, le patron de la cité musulmane et l'aïeul du Prophète. C'est un lieu vénéré dont la cour intérieure est bordée de galeries couvertes et dallées en marbre.

La *Seraïa* ou habitation du Moutsellim (commandant des troupes turques) pompeusement appelée « Palais-Royal », a de jolies fenêtres, décorées de fines sculptures. Au-dessus de l'une d'elles se détache la croix des Croisades : on remarque dans la cour un sarcophage ancien en marbre blanc.

La grande mosquée de Gaza (Djama el Kébir) en est à coup sûr le monument le plus curieux. C'est une ancienne basilique chrétienne, édifiée par l'évêque Porphyrius en 406, d'après les ordres d'Eudoxie, femme d'Arcadius. « Elle s'élevait, dit l'historien Marc le diacre, sur l'emplacement du temple détruit de Marnas, et avait la forme d'une

---

[1] A l'est de cette antique cité s'élèvent plusieurs collines; c'est sur l'une d'elles, appelée *Meckam el-Mountar*, que Samson transporta, dit-on, les portes de la ville.

[2] Cette légende est fausse, car Samson ne fut pas enterré à Gaza, mais entre Saara et Esthaol, dans le sépulcre de son père Manué. (Juges, ch. xvi, v. 31.)

croix. L'impératrice avait imposé ce plan dans une pensée chrétienne et symbolique, et, pour aider à son exécution, elle avait envoyé à l'évêque trente colonnes de choix, dont deux en marbre de Carystos[1]. » Le portail du XIIe siècle est faussement attribué par les gens du pays à l'impératrice Hélène. Les croisés en effet réédifièrent complètement la basilique d'Eudoxie, en se servant des colonnes antiques et des anciens matériaux. L'intérieur est divisé en trois nefs par deux rangées de piliers corinthiens supportant des arcades ogivales. Les trois absides répondant aux trois nefs ont disparu en partie pour faire place au minaret, et à la face occidentale une sorte de bas côté a été surajouté par les musulmans.

Le long de la mosquée se trouvent, au nord, une grande cour avec galerie couverte et une vaste salle où les fidèles font leurs prières quotidiennes. Des arcades formant porche précèdent le portail, tandis qu'aux alentours des rues voûtées dans toute leur longueur et bordées de constructions anciennes rappellent l'occupation de Gaza par les croisés, peut-être même par les Romains.

La ville dépassait autrefois les limites que nous lui voyons aujourd'hui : saint Jérôme parle en effet du recul de Gaza vers l'intérieur, et l'on a découvert, entre son emplacement actuel et la mer, des substructions romaines ainsi qu'une grande crypte voûtée, ayant sans doute appartenu à une église détruite.

Il y a quelques années à peine, tel était le fanatisme musulman que l'on insultait journellement les chrétiens dans les rues. On cite un disciple du Coran qui força un

---

[1] Robinson. *Bibl. Res.* t. II, p. 37-42. — H. Reland. *Palestina sub voc. Gaza.*

ghiaour à le saluer et à descendre dans le ruisseau pour lui laisser le passage libre sur le trottoir. Cependant l'intolérance diminue de jour en jour, et nous n'avons pas eu à subir le plus petit acte d'hostilité de la part des musulmans pendant tout le temps que nous sommes restés à Gaza.

CHAPITRE QUATRIÈME

*Beït Djibrim. — Maresça. — Vallée de Mambré. — Hébron. —
Vasques de Salomon. — Arrivée à Jérusalem.*

En quittant Gaza, nous nous dirigeons directement à l'est, vers les montagnes qui se dressent à l'horizon. Le passage de notre caravane près du village de Beït Hanum met en l'air tous les chiens de l'endroit et nous rappelle le proverbe arabe : « Le chien aboie, la caravane passe! » Près de Bureïr un bédouin s'approche de nous suivi d'un superbe nègre; Ouardy, après une discussion vive et animée, nous demande si nous voulons acheter trois cents francs ce vigoureux enfant des bords du Nil : nous marchandons; l'Arabe ne veut rien rabattre de son prix, et nous l'abandonnons à son triste sort, lui et son esclave.

Le pays que nous traversons est moins une plaine qu'une suite d'ondulations. Pas une broussaille, pas un arbrisseau, à plus forte raison pas un arbre n'offrent un abri contre les rayons brûlants d'un soleil de feu. La chaleur est insupportable. Nous descendons de cheval pour essayer de déjeuner, mais plusieurs d'entre nous, suffoqués par une atmosphère embrasée, ne peuvent rien avaler; chacun craint une insolation; aussi repartons-nous précipitamment pour fuir cet enfer.

Au-delà du village d'Es-Sakkariêh, dont les habitants nous regardent passer tout ébahis, nous tombons dans une contrée plus mouvementée. Le pays change peu à peu ; les vallées se creusent ; les crêtes deviennent rocheuses et arides ; nous entrons définitivement dans la région des montagnes, dont les sommets les plus élevés se voient dans le lointain du côté d'Hébron.

Au dernier détour d'une montée longue et raide, nous découvrons, au fond d'une gorge pittoresque, le village de Beït Djibrim dont les huttes misérables entourent les ruines d'un vaste château fort, œuvre des croisés. Cette localité, dont le nom veut dire « maison de Gabriel ou maison du Fort de Dieu », compte quatre cents habitants, aussi pauvres que voleurs. Dans l'intérieur de l'enceinte du château s'élevait la forteresse dont il n'existe plus que quelques voûtes et des arcades branlantes. Plus loin sont les restes d'une chapelle.

Beït Djibrim, l'ancienne Eleuthéropolis, est mentionnée par Eusèbe et par Ptolémée. Rasée par les musulmans en 796, rebâtie par les croisés au XIIe siècle et occupée par Richard Cœur de Lion, elle fut détruite définitivement par Bibars cinquante ans après. Une tradition veut que ce soit à Beït Djibrim que Samson ait remporté sa victoire sur les Philistins à l'aide d'une mâchoire d'âne.

Nous allions nous mettre à table lorsqu'un orage, qui grondait depuis un moment dans le lointain, fond sur nous à l'improviste. Milhem, avec sa sagacité ordinaire, avait bien consolidé les pieux et les cordes des tentes par de grosses pierres, mais le vent et la pluie font rage, menaçant de tout emporter. Tout à coup la cuisine s'effondre d'une seule pièce : Francis, notre brave et excellent *cook*, sauve le dîner avec une présence d'esprit au-dessus de tout éloge. Une autre tente cède à son tour ; heureusement, ceux qu'elle abrite, au risque d'être étouffés dessous, la maintiennent en poussant des cris féroces et l'empêchent d'être enlevée. On vient à temps à leur secours : nos hommes se multiplient et, en dépit de la tempête, tout est rétabli. Les bédouins, cheik en tête, soi-disant accourus à notre aide, étaient venus pour nous piller une fois nos tentes renversées ; ils en sont pour leurs frais.

GROUPE D'ARABES A BEÏT DJIBRIN

Après un pareil déluge, nous faisons allumer un grand feu pour sécher nos moukres trempés jusqu'aux os : leurs vêtements fument bientôt à qui mieux mieux, Bacri, son inséparable narghiléh aux lèvres, préside à l'opération, tandis que nos chevaux et nos mulets encadrent cette scène qui prend aux reflets de la flamme des aspects on ne peut plus pittoresques. Deux heures après, la terre avait entièrement bu les torrents qui venaient de tomber : c'était à n'y pas croire. La nuit était magnifique, et la lune, dans son plein, argentait de gros nuages floconneux qui couraient à toute vitesse sur un firmament constellé d'étoiles.

Des cavernes, dont on ignore la date et la destination première, s'ouvrent en nombre considérable aux alentours de Beït Djibrim[1]. La première que nous visitons sert de refuge au bétail et offre peu d'intérêt. Plus au sud, se trouve une curieuse chambre sépulcrale; dix-sept niches sont creusées tout autour; une porte carrée, surbaissée et à moitié comblée, y donne accès. Nous continuons notre route vers le midi, rencontrant à chaque pas des trous béants par où nous plongeons nos regards dans les immenses souterrains qui s'étendent sous toute la contrée environnante. Nous arrivons enfin à un *tell*, en forme de cône tronqué, qui semble avoir été régularisé par la main de l'homme (Tell Mâr Hanna).

A la base de la partie méridionale s'ouvre un puits, au fond duquel nous nous laissons péniblement glisser. Nous parcourons alors un véritable labyrinthe nos lumières à la main, car les orifices supérieurs, qui jadis devaient donner partout de l'air et du jour, sont aujourd'hui obstrués par suite d'éboulements. Rien ne serait plus aisé que de se perdre dans un pareil dédale de chambres voûtées, de galeries soutenues par de massifs piliers, d'escaliers en spirale serpentant le long d'entonnoirs qui ont sans doute servi de citernes, si l'on en juge par la vase qui en recouvre le fond. Par instant l'air nous manque dans ces corridors interminables; et pas une inscription, pas une lettre pour révéler le mystère de cette immense ruche souterraine! Aussi,

---

[1] Ces souterrains doivent avoir été creusés soit par les Édomites pendant la captivité de Babylone (Robinson), soit par les Horim (hommes des cavernes) primitifs habitants de ces contrées qui furent dépossédés par les Edomites (Deut. ch. ii, v. 77. — E. G. Rey.)

CHAPITRE QUATRIÈME

n'est-ce pas sans un vif sentiment de plaisir que nous retrouvons le soleil.

Le tell Mâr Hanna passe pour avoir servi d'acropole à une ville détruite dont on voit les ruines un peu à l'ouest et qui ne serait autre que Maresça, la cité de Roboam, près de laquelle Asa défit les Ethiopiens[1]. On sait que sous le règne de ce prince une armée formidable d'Ethiopiens,

VUE PRISE PRÈS L'OUADI EL-FRANDJ

commandée par Zara, envahit la tribu de Juda et s'avança jusqu'à cet endroit. Asa marcha au-devant de ces hordes innombrables et rangea ses troupes en bataille dans une vallée voisine de cette ville appelée *Séphata*. Les Ethiopiens furent vaincus et poursuivis avec acharnement jusqu'à Gérar (941 av. J.-C.). Eusèbe place Maresça à deux milles d'Eleu-

---

[1] Josué. ch. xv, v. 24. — II Chron., ch. xi, v. 8. — II Chron., ch. xiv, v. 9, 15.

théropolis ; c'est à peu près la distance qui sépare la caverne en question de Beït Djibrim.

En quittant cette intéressante contrée, nous entrons dans un vallon resserré qui aboutit à une gorge pittoresque et sauvage, le Ouadi el Frandj. Le paysage devient splendide; de hautes collines encaissent le lit desséché d'un petit torrent, au travers duquel le sentier se fraie difficilement un passage parmi d'immenses blocs de rocher. A cent mètres de haut sur notre gauche s'ouvre une grotte dans la paroi d'une immense muraille de granit : au bruit de notre caravane, répercuté par les échos d'alentour, une femme paraît et nous contemple avec étonnement, tandis qu'à ses côtés des chiens hurlent avec fureur.

Nous montons sans discontinuer; le ciel s'est couvert, et c'est au milieu des nuages que nous atteignons Teffouh, le Beth Tappuab de Josué : les restes d'une vieille forteresse ruinée en indiquent à peu près la place. Avant de redescendre du côté d'Hébron, nous franchissons un dernier plateau, à mille mètres au-dessus du niveau de la mer; une bise glaciale nous pénètre de toutes parts et, sans le brouillard qui nous entoure, nous aurions une vue magnifique sur les environs.

Après avoir rejoint la route directe de Jérusalem à Hébron, nous nous engageons dans une affreuse descente, pavée de rochers plats et glissants, entremêlés de petites pierres roulantes. Le cheval d'un de nos compagnons manque des quatre pieds à la fois et s'abat comme une masse avec son cavalier; nous nous précipitons tout effrayés, mais ils se relèvent l'un et l'autre sans s'être fait le moindre mal. Bientôt nous quittons la route et nous prenons brusquement à droite, à travers champs, escaladant les murs de soutènement et les fossés que nous rencontrons : nous atteignons ainsi l'oued Sebta qui nous conduit au chêne d'Abraham. Cet arbre séculaire est un *ilex quercus* de sept mètres de circonférence à la base; quelques-unes de ses branches ont bien douze mètres de long. Ce serait là, d'après la tradition locale, qu'Abraham aurait reçu les anges qui lui prédirent la naissance d'Isaac ; là qu'il aurait acquis des habitants du pays la caverne dont il fit sa sépulture; là enfin qu'il aurait imploré Jéhovah pour les justes de Sodome.

Toutefois, il n'est guère possible d'identifier l'oued Sebta avec la vallée de Mambré, « bien que l'on y voie encore ce superbe chêne que l'on pourrait regarder comme un rejeton de ceux dont parle la Bible dans le texte hébreu ». Comme le dit fort bien M. V. Guérin, la vallée de Mambré devait s'étendre « au nord d'Hébron dans l'oued qui conduit au Khirbet Ramet el-Khalil, lieu présumé du séjour d'Abraham et de l'emplacement du chêne ou térébinthe près duquel il avait dressé sa tente. Là, se trouvait un véritable téménos ou enceinte sacrée, qui renfermait peut-être primitivement l'autel sur lequel Abraham avait offert des sacrifices au Seigneur[1]. »

A l'appui de cette opinion, nous rappellerons qu'à l'époque de l'insurrection de Bar-Cocheba (fils de l'étoile), (131-134 après Jésus-Christ), appelé aussi Bar-Casiba (fils du mensonge), et après la complète défaite de cet imposteur, tous les Juifs qui échappèrent au massacre furent vendus par les Romains au *Marché du Térébinthe*, comme on appelait alors le Khirbet Ramet el-Khalil. « Les peuples voisins, accourus à cette vente d'hommes, en purent acheter quatre pour un muid d'orge, ou un seul pour un cheval. » Les cap-

---

[1] V. Guérin. Ouvr. cit. *Judée*, t. III, p. 275 et 281.

tifs qui ne trouvèrent pas d'acheteurs furent transportés à Gaza et de là en Égypte, quelques auteurs disent même jusqu'en Espagne, où ils périrent misérablement.

On dit que 580,000 Juifs trouvèrent la mort dans cette guerre d'extermination menée par les Romains avec un acharnement et une opiniâtreté sans égale. « On ne saurait refuser son admiration à la constance, au dévouement, à la bravoure, avec lesquels le peuple d'Israël entreprit et soutint une lutte aussi inégale contre la puissance qui avait subjugué le monde. La nation juive mourut glorieusement, fièrement, comme peu de nations disparues ont su mourir. »

Nous atteignons Hébron à la nuit close, par des chemins épouvantables. Le temps est aussi affreux que les routes : pluie et vent, rien n'y manque. A une heure du matin, nous sommes réveillés en sursaut par l'eau qui envahit nos tentes et les transforme en lac : c'est un ruisseau, alimenté par les cataractes du ciel, qui se précipite de la colline contre laquelle nous sommes adossés et qui nous inonde complètement. Nous sauvons nos effets en les juchant sur nos chaises, nos malles ou nos lits, et nous restons stoïquement couchés, laissant couler la rivière au-dessous de nous. A peine fait-il jour que nous nous réfugions bêtes et gens dans le lazaret pour y attendre la fin de la tempête; ce serait folie que de continuer notre route par un pareil temps. Le lazaret tient lieu ici de *medhafet*, c'est-à-dire de la maison qui, dans chaque village arabe, est réservée aux étrangers de passage. Nous charmons notre claustration forcée en causant de la France et des absents autour d'immenses *braseros* qui nous réchauffent à grand'peine (deux degrés au-dessus de zéro). Les uns jouent aux échecs, les autres écrivent, ceux-ci dorment, ceux-là fourbissent leurs armes. Milhem entame des discussions avec tout le monde; mais si les heures s'écoulent lentement, la pluie du moins tombe sans relâche.

Hébron (en arabe *El-Khalil*, l'Ami de Dieu) est une des plus anciennes villes dont il soit fait mention; une vieille tradition musulmane y place l'endroit où fut créé Adam. Bâtie sept ans avant Tannis, elle s'appela d'abord Kariath Arbaâ, (ville d'Arbaâ[1]); ce dernier, père d'Énac, était l'homme le plus grand parmi les Anakim[2].

Abraham fut enterré en ce lieu, près de Sarah, dans la caverne de Makpéla (en hébreu : *caverne double*), qu'il avait achetée à Héphon le Hétéen. Là aussi furent ensevelis Isaac, Rébecca, Léah et Jacob, embaumé en Egypte et ramené dans ce tombeau de famille par Joseph accompagné d'un cortège immense. La tradition qui place également à Hébron dans la caverne de Makpéla, la sépulture d'Adam est fort ancienne; nous la trouvons mentionnée dans saint Jérôme. Plusieurs auteurs juifs, bien avant l'invasion musulmane, ont soutenu la même thèse : voici les passages cités à ce sujet par l'abbé Bargès[3] :

« Dans le traité talmudique Baba Batra (fol. 58), il est
« question d'un certain Rabbi Bana qui, après avoir visité le
« tombeau d'Abraham, voulut également entrer dans le
« tombeau de notre père Adam *qui se trouvait dans la même*
« *caverne*. Une voix lui cria : « Tu as vu la ressemblance de
« mon image (Jacob qui rappelait Adam par la beauté de sa
« personne), mais il ne t'est pas permis de contempler mon

---

[1] L'ancienne version qui traduisait Kariath Arbaâ par *ville des quatre* : (Adam, Abraham, Isaac, Jacob) n'est plus admise aujourd'hui.

[2] Josué, ch. xiv, v. 15.

[3] *Bulletin de l'œuvre des Pèlerinages en Terre Sainte.* — Février 1863, p. 280 et suivantes.

« image même (c'est-à-dire Adam lui-même, créé à l'image
« de Dieu). »

« On lit dans l'Yakout Reoubeni la tradition suivante
« qui est extraite du Zohar : Lorsqu'Abraham notre père, se
« rendit dans la caverne Makpélah dans l'intention d'y ense-
« velir Sara, Adam et Ève se levèrent ne voulant plus rester
« dans la caverne. Ils disaient : Pourquoi faut-il que nous
« soyons exposés à rougir sans cesse devant Dieu du péché
« que nous avons eu le malheur de commettre ? En venant
« ici, vous ne faites qu'augmenter notre confusion, car, à
« la vue de vos bonnes œuvres et de vos mérites, nous ne
« pouvons que rougir de honte. » Abraham leur répondit :
« Soyez tranquilles, je me charge d'intercéder pour vous
« auprès du Saint (soit-il béni !) afin qu'il ne vous arrive
« plus de rougir. » A ces mots Adam se tut et rentra dans sa
« tombe. »

C'est près de Kariath Arbaâ, dans la vallée appelée Nchel-Escol que fut cueillie la grappe rapportée par les espions que le peuple d'Israël, alors errant dans le désert de Tîh, avait envoyés visiter la terre promise[1].

Plus tard Hébron devint ville lévitique, puis ville de refuge[2] ; David y fut proclamé roi et en fit pendant sept ans sa capitale. Au retour de la captivité de Babylone, c'est dans cette cité que se fixèrent les Juifs : prise par Judas Macchabée aux Iduméens, puis brûlée plus tard par les Romains,

---

[1] Nombres XIII, v. 24.

[2] Il y avait six villes de refuge où l'auteur d'un meurtre involontaire pouvait se mettre à l'abri des poursuites du vengeur de sang, à condition d'y rester jusqu'à la mort du grand prêtre sous lequel le crime avait été commis. (*Exode* XXI, 13. — *Nombres* XXXV, 9 et suiv. — *Deut.* XIX, 1 et suiv.) — Ces six villes étaient : Bosor (Ruben) — Ramoth en Galaad. — Golan (Basan). — Kédès-Nephtali. — Sichem (Ephraïm.) — Kariath Arbaâ (Hébron en Juda) — (*Deut.* IV, 43. — *Josué* XX, 7 et 8). — Après la captivité de Babylone cette coutume tomba en désuétude.

il n'en est plus question jusqu'à l'époque des Croisades où nous voyons Godefroy de Bouillon s'en emparer et la donner comme fief à Gérhard d'Avesnes. Les musulmans en reprenant Hébron convertirent l'église construite, dit-on, par sainte Hélène, en une mosquée, appelée Haram el-Khalil.

La ville est aujourd'hui divisée en quatre quartiers. Le plus considérable (Hâreth el-Haram) renferme la mosquée bien reconnaissable à ses minarets et à son toit à double versant couvert en ardoises. Les maisons en pierre étagent

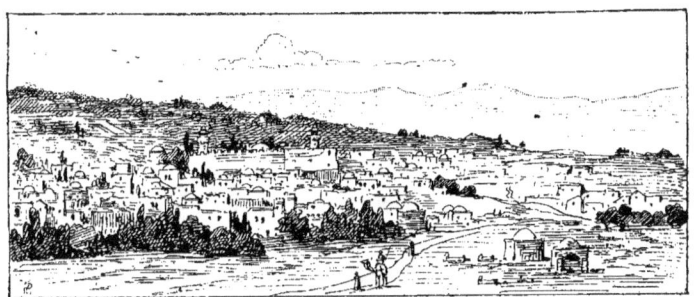

HÉBRON

les unes au-dessus des autres leurs terrasses ornées de petites coupoles. Presque toutes les rues sont recouvertes de voûtes, ordinairement en forme d'ogives ; elles sont en général aussi sales que tortueuses, et viennent tomber dans trois ou quatre artères principales, qui aboutissent à des portes plus ou moins bien défendues : c'est là toute la protection d'Hébron qui n'a pas d'enceinte.

Les Juifs ont un quartier à part. Contrairement à l'usage oriental, leurs femmes sortent le visage découvert ; quant à eux, ils portent tous des chapeaux ronds en feutre noir, avec deux boucles de cheveux qui retombent de chaque côté du visage. Les musulmans, aussi bien que les chrétiens, les traitent comme des chiens. L'un d'eux est souffleté et bousculé par Milhem parce qu'il vient lui offrir des pains qu'il ne lui a pas commandés. Il ramasse sans mot dire sa marchandise qui a roulé dans la boue, et n'a pas l'air surpris le moins du monde d'une pareille réception.

On fabrique à El-Khalil beaucoup d'objets de verroterie recherchés dans tout l'Orient par les femmes arabes : ce sont principalement des anneaux, des bracelets et des pendants d'oreilles de verres de différentes couleurs. On y voit également une assez grande manufacture d'outres et plusieurs savonneries[1].

Le fanatisme religieux règne en maître à Hébron : seuls les disciples de Mahomet ont accès dans la mosquée; mais, non plus qu'aux chrétiens paraît-il, il ne leur est permis d'entrer dans la caverne de Makpéla. La cause de cette exclusion sévère vient de ce qu'avant tout il faut empêcher qu'on trouble le repos éternel des patriarches : « Ils ne manqueraient pas, ajoute-t-on, de jeter sur la ville et ses habitants les sorts les plus affreux si l'on pénétrait jusqu'à eux. » Qu'y a-t-il donc au juste dans cette fameuse caverne ? Il est fort difficile de le savoir, car il n'en existe pas de description détaillée, complète, et digne de foi.

Nous lisons dans Benjamin de Tudèle, au sujet de l'église de Saint-Abraham : «Les nations chrétiennes y ont fabriqué six tombeaux, un pour Abraham, un pour Sarah, et les autres pour Isaac, Rébecca, Jacob et Léah. On assure aux voyageurs et aux personnes qui passent par cette ville que ce sont là les véritables tombeaux des patriarches, et l'on se fait donner de l'argent. Mais, s'il se présente quelque juif qui

---

[1] V. Guérin. Ouv. cit. *Judée*. t. III, p. 245.

CHAPITRE QUATRIÈME

offre un salaire au gardien de la caverne, on lui ouvre alors une porte de fer qui a été faite du temps de nos patriarches (à qui soit le salut !), et accompagné d'un homme qui tient dans sa main un flambeau allumé, il descend dans une première caverne qu'il trouve vide. Il descend ensuite dans une seconde caverne où rien non plus ne frappe ses regards; enfin il pénètre dans une troisième où six tombeaux s'offrent à ses yeux; ce sont les tombeaux d'Abraham, d'Isaac, de Jacob, de Sarah, de Rébecca et de Léah. Ils sont placés les uns vis-à-vis des autres, et tous portent une épitaphe gravée sur la pierre. On lit sur le tombeau d'Abraham : « Ceci est le tombeau d'Abraham notre père » (à qui soit le salut !) Le tombeau d'Isaac et celui de Jacob portent également une inscription : il en est de même de tous les autres. Une lampe suspendue au-dessus des tombeaux veille nuit et jour dans cette caverne[1]. »

La relation de Rabbi Petachia de Ratisbonne qui visitait la Terre Sainte en 1176, est à peu près semblable à la précédente, à part que son auteur ne put voir les tombeaux, ni descendre dans la troisième caverne où il dit qu'ils se trouvent, à cause « du vent impétueux qui soufflait à travers la grille, lequel le repoussa et le jeta en arrière[2] ».

Les murs d'enceinte du Haram el-Khalil sont de curieux spécimens de l'antique architecture judaïque : à l'angle sud-ouest les pierres inférieures sont énormes. A mesure que le mur monte, elles diminuent de grosseur, et les assises sont en retraite les unes sur les autres, entrecoupées de pilastres formant saillie de place en place. « Comme David, père de

---

[1] Benjamini Tudelensis. *Itinerarium*, p. 23. — V. Guérin. Ouv. cit. *Judée*, t. III, p. 228.

[2] *Bulletin de l'œuvre des Pélerinages en Terre Sainte*, fév. 1863. p. 285-286.

Salomon, a régné pendant sept ans et demi à Hébron avant de se rendre maître de Jérusalem où il transporta le siège de la royauté, il n'y a pas à avoir le moindre scrupule à attribuer l'enceinte sacrée à David lui-même[1]. »

Josèphe ne nous apprend rien sur l'origine de ces constructions ; il se contente de signaler les tombeaux d'Abraham et de ses fils à Hébron, « bâtis en très beau marbre et d'un travail magnifique[2] ».

Quant à la légende tirée du Hafidh Ibn el-Assâkir el-Ahbar, nous la reproduisons à titre de simple curiosité. « Salomon, après avoir achevé la construction de son temple au vrai Dieu, reçut l'ordre du ciel d'élever un monument sur le tombeau d'Abraham. Il se mit donc à l'œuvre et construisit l'enceinte monumentale que nous voyons encore à Ramât el-Khalil. Mais le Seigneur lui dit : « Ce n'est pas ici qu'Abraham est inhumé ; regarde vers le ciel et tu y verras des rayons de lumière qui, jaillissant des nuages, descendront vers la terre. » Salomon ayant levé les yeux vers le ciel aperçut en effet un éclat lumineux qui, descendant des nues, se fixa sur le terrain de Habry. Ayant donc connu que c'était là que la dépouille mortelle du grand patriarche reposait, il y bâtit l'enceinte appelée de nos jours Haram el-Khalil[3]. »

Quaresmius rapporte une tradition latine qui indique sainte Hélène comme la fondatrice de l'église élevée sur la caverne de Makpéla. « Au-dessus de la caverne, dit-il, après que la paix eut été rendue à l'église, Hélène, la pieuse mère du grand Constantin, fit édifier une basilique en

---

[1] De Saulcy. *Voyage en Terre Sainte*, t. I, p. 156.

[2] Fl. Josèphe. *Guerre des Juifs*, IV, ix, 7.

[3] Frère Liévin de Hamme. *Guide indicateur de Terre Sainte*, IIe part., p. 103.

l'honneur de ces hommes et de ces femmes illustres, et tout auprès, pour assurer le service de leur culte, un monastère, comme l'indique Bonifacius[1]. »

Aly-Bey est le premier européen qui ait pénétré dans la mosquée d'Hébron : il en a laissé une description assez exacte, confirmée depuis par les relations de plusieurs voyageurs. Le Haram el-Khalil est sans doute une ancienne basilique grecque avec des parties de style gothique refaites au moment des Croisades. Il y a deux entrées : l'une à l'est

MOUSTAPHA ABOU DERWICH

et l'autre à l'ouest ; la principale s'ouvre au sommet d'un bel escalier sur une longue galerie. Un double portique supporté par des piliers carrés précède la mosquée, et trois portes revêtues de plaques en argent donnent accès dans une première pièce où l'on voit deux chambres voûtées, à parois revêtues de marbre, et renfermant, au dire des musulmans, les tombeaux d'Abraham et de Sarah ; ces tombeaux disparais-

---

[1] Quaresmius. *Elucidatio Terræ Sanctæ*. t. II, p. 773, a.

sent sous des tapis de soie brodés d'or envoyés de temps en temps de Constantinople par les sultans.

L'ancienne église de Saint-Abraham est un vaisseau à trois nefs inégales de hauteur : les piliers qui les séparent sont carrés et supportent des arcs en ogive. Les murs intérieurs sont plaqués de marbre jusqu'à une certaine élévation et, entre les piliers, on montre deux édicules isolés qu'on désigne sous le nom de tombeaux de Rébecca et d'Isaac. Près de ce dernier est un *menbèr* en bois merveilleusement sculpté. Un peu vers l'ouest, une ouverture laisse voir une excavation de plusieurs mètres de profondeur qui n'est autre que la fameuse caverne de Makpéla[1]. On doit pouvoir y accéder aussi par une seconde entrée qui se trouve près du menbèr. Au nord de la cour, il y a une sorte de portique avec deux chambres contenant les tombeaux de Jacob et de Léah. Les deux minarets qui dominent le Haram el-Khalil sont l'œuvre des Ommiades[2].

Après trois longues journées de pluie torrentielle, le soleil se décide pourtant à reparaître : nous quittons immédiatement Hébron par l'ancienne voie romaine de Jérusalem. La chaussée est complètement disloquée : nos chevaux posent leurs pieds dans des trous cachés par des flaques d'eau, ou sur des pierres glissantes, buttant à chaque pas : c'est miracle que nous sortions sans accident d'un

---

[1] Aly-Bey. *Travels*, t. II, p. 232-233.

[2] Quatremère. *Histoire des Sultans Mamelouks par Makrisi*, t. I. Appendice, p. 244-245. — Fergusson. *Le Saint Sépulcre et le Temple de Jérusalem*. (Londres 1865). — Le prince de Galles et le prince d'Allemagne, quoique munis de firmans du sultan, n'ont pu visiter que la mosquée sans entrer dans la grotte qu'on a refusé d'éclairer en leur présence. M. Pierotti dit y avoir vu, rangés à côté les uns des autres, les sarcophages en marbre où se trouvent les corps des premiers ancêtres du peuple d'Israël. Enfin, en juin 1882, une commission a visité en détail, par ordre du sultan, l'intérieur de la grotte où aucune réparation n'a été jugée utile. (*L'Exploration*, 14 juillet 1882.)

pareil casse-cou. Nous dépassons le khirbet Ramet el-Khalil.

Bientôt la culture de la vigne cesse tout à fait, et les vallées que nous traversons sont à peine cultivées. Partout le paysage est le même, triste et monotone; partout se montrent à nu des roches grises et dénudées au milieu desquelles surgissent par place de maigres broussailles et des arbrisseaux rabougris : l'œil, par moment, embrasse des horizons plus étendus, mais tout aussi désolés. Comme fond de tableau les hautes montagnes de Moab bordent à l'est la mer Morte.

Nous atteignons les Vasques de Salomon. Au nombre de trois, ces immenses citernes sont bien l'un des plus gigantesques ouvrages des temps anciens. Elles sont disposées en étage, à peu près sur la même ligne, et se déversant les unes dans les autres, en sorte que la dernière, la plus basse, peut toujours être remplie. Des digues d'une grande épaisseur en forment le côté inférieur.[1]

L'effet est véritablement grandiose. L'eau de ces réservoirs était conduite à Jérusalem par des aqueducs couverts que l'on voit encore sur le flanc nord des collines. Cet ouvrage étonnant, eu égard à l'époque de sa construction, est attribué à Salomon[2]. Il fut réparé par le sultan El-Maleck en-Naser Mohammed (1294-1340), à la fin du xve siècle par Kaït-Bey, en 1537 par Soliman, et en 1856 et 1860 sous le gouvernement de Kiamil et celui de Souraya.

Contre le bassin supérieur s'élève une sorte de château fort, le Kalaat el-Boureck (château des Bassins), entouré

---

[1] La citerne supérieure a 403 pieds de long ; la seconde 592 ; la troisième 619 : sur une largeur moyenne de 253 pieds et une profondeur variant de 25 à 50 pieds. (Mgr Mislin. *Les Lieux Saints*).

Ecclésiaste, II, 6.

de hautes murailles crénelées et construites, dit-on, par Soliman. Près de là, se trouve l'entrée de la *fontaine scellée* (*fons signatus*), célébrée par Salomon dans le *Cantique des Cantiques*[1]. Nous nous laissons glisser dans une assez grande salle souterraine, traversée par un ruisseau qui sort de trois points différents. Une large arcade donne accès à droite dans une pièce voisine où se trouve la source. L'eau de cette fontaine alimente encore Bethléem ; jadis, elle parvenait jusqu'au temple de Jérusalem où elle servait pour les sacrifices.

A peu de distance des Vasques de Salomon, vers l'est, s'étendaient autrefois les fameux jardins d'Etham, aujourd'hui oued Ourthâs. « Salomon, escorté de ses gardes armés et munis d'arcs, monté lui-même sur un char et revêtu d'un manteau blanc, avait coutume, à l'aube naissante, de sortir de Jérusalem. Or, il y avait un endroit éloigné de deux schènes [2] de la ville et appelé Etham. Grâce à ses jardins et à l'abondance de ses eaux courantes, ce lieu était à la fois plein de charmes et de fertilité ; Salomon s'y faisait transporter[3]. » C'est du reste à ces magnifiques jardins et aux vasques gigantesques qui les avoisinaient que se rapportent les versets de l'Ecclésiaste où Salomon s'écrie orgueilleusement : « *Je me suis fait des choses magnifiques ; je me suis bâti des maisons ; je me suis planté des vignes ; je me suis créé des jardins et des vergers, et je les ai remplis de toutes sortes d'arbres ; je me suis construit des réservoirs d'eau pour l'arrosement de mes bosquets et de mes plantations...*[4] »

Nous quittons ces lieux pleins du souvenir du grand roi

---

[1] *Cantique des Cantiques*, ch. IV, v. 12.
[2] Le schène équivaut à 5 kilomètres environ.
[3] Josèphe. — *Antiquités Judaïques*, VIII-VII. § 3
[4] *Ecclésiaste*, ch. II, v. 4-6.

juif en laissant derrière nous la montagne des Francs, autrefois couronnée par la ville d'Hérodium. A gauche est le village d'El-Khader (Saint-Georges), et un peu plus loin à droite, Bethléem, qu'une colline cache à nos regards. Après avoir dépassé le séminaire latin et ses dépendances, édifiés par les soins de Mgr Valerga à Beït-Djalah, nous commençons à gravir une forte côte, d'où nous avons des points

JÉRUSALEM, VUE DE LA ROUTE D'HÉBRON

de vue superbes sur les montagnes de Moab qui se dressent à l'horizon. Au bout de la montée se trouve le couvent grec de Saint-Élie (Deïr Mar-Elias)[1].

Tout à coup, Jérusalem nous apparaît à trois kilomètres à peine, dominée par le mont des Oliviers, et en partie cachée par ses remparts crénelés ! Voilà donc la Cité Sainte, la ville de David, le rendez-vous des cohortes chrétiennes enflammées d'un saint zèle contre l'islamisme au moment des Croi-

---

[1] L'église de ce couvent, situé à mi-chemin entre Jérusalem et Bethléem, fut relevée en 1160 grâce à la munificence de Manuel Comnène.

sades : « Voyez ces vaillants combattants du Christ; les pieds nus à l'exemple de leurs chefs, ils s'avancent vers Jérusalem; tous ont dépouillé l'or et la soie; tous ont quitté leurs casques et leurs panaches; leurs cœurs humiliés, anéantis, ont banni l'orgueil et les vaines pensées; leurs joues, baignées de pleurs que la piété leur fait répandre, ils s'accusent encore de ne pas en verser : « Les voilà donc, se dit chacun de ces guerriers, les voilà donc, ô mon Dieu, ces lieux inondés de ton sang; et mes yeux à leur aspect ne deviennent pas deux fontaines de larmes! Et mon cœur tout de glace ne se fond pas encore! Cœur dur! Cœur insensible, tu n'es pas brisé, tu n'es pas déchiré! Ah! tu mérites de pleurer éternellement, si tu ne pleures pas aujourd'hui[1]! »

Il est impossible de rendre l'impression profonde que l'on ressent en un pareil moment. Quand on vivrait mille ans, jamais on n'oublierait « ce désert qui semble respirer la grandeur de Jéhovah et les épouvantements de la mort[2]. » Chacun de nous s'abîme dans ses réflexions, et c'est dans le plus profond silence que nous traversons la plaine de Réphaïm ou des Géants[3]. Après avoir franchi le haut de la vallée de Hinnom, non loin de l'hôpital juif, nous atteignons promptement la porte de Jaffa, et, laissant nos chevaux contre la tour de David, nous nous engageons dans une rue raide et glissante qui nous conduit en quelques minutes au Saint-Sépulcre.

« Je te salue, cité sainte, tabernacle que le Très-Haut a

---

[1] Tasse. *Jérusalem délivrée*. Chant III.

[2] Châteaubriand.

[3] David y battit les Philistins. — *Josué*, XV, 8. — II *Rois*, V, 18. — I *Chron*. XI, 15; XIV, 9.

sanctifié pour sauver le genre humain. Je te salue, ville du grand roi, où, presque sans interruption depuis l'origine du monde, ont éclaté des miracles nouveaux. Je te salue, maîtresse des nations, reine des provinces, possession des patriarches, mère des prophètes, institutrice de la foi, gloire du peuple chrétien; je te salue, terre promise qui ne faisais couler autrefois des ruisseaux de lait et de miel que pour tes habitants et qui donnes maintenant à l'univers entier les remèdes du salut, la nourriture de la vie. Terre bonne, excellente, qui, recevant dans ton sein fécond la semence céleste déposée par Dieu, as produit de si riches moissons de martyrs et les as encore multipliés au centuple par toute la terre. Aussi, tous ceux qui t'ont vue, délicieusement remplis et inondés de tes douceurs, proclament la magnificence de ta gloire en face de ceux qui n'ont pas eu ce bonheur, et leur racontent tes merveilles[1] ! »

[1] Saint Bernard, *Sermo ad milites Templi*, V, 11.

LA PALESTINE

LIVRE TROISIÈME

CHAPITRE PREMIER

Jérusalem. — Site. — Histoire. — Tour de David. — Cénacle et tombeau de David (Mont Sion).

Jérusalem, que les Arabes appellent *El-Kouds (la Sainte)*[1], s'élève sur le sommet d'un plateau bordé au levant par la vallée de Josaphat, au couchant par la vallée de Hinnom, qui tourne ensuite vers l'est et vient tomber dans la vallée du Cédron, près de la fontaine de Siloé. Entourée par ces gorges profondes, la Ville Sainte se dresse comme un promontoire. Un vallonnement parallèle au Cédron, le Tyropœon, (vallée des fromagers) la divise en deux lignes de collines inégales : à l'ouest, Sion et Acra ; à l'est, Ophel, Moriah et Bézétha. Bien que ce val du Tyropœon soit le seul

[1] Dans les monuments assyriens, Jérusalem est appelée : Ur-sa-li-im-mu (cylindre Taylor).

qu'on puisse reconnaître aujourd'hui, le témoignage de Josèphe et les fouilles récentes permettent cependant d'affirmer qu'un autre vallon se creusait entre Sion et Acra, et venait se joindre au Tyropœon à peu près en face du temple.

Le site semble mal choisi pour la capitale d'un grand peuple. Comme le dit Lamartine, « c'est plutôt la forteresse naturelle d'un peuple chassé de la terre et se réfugiant avec son temple sur un sol que nul n'a intérêt à lui disputer, sur des rochers qu'aucune route ne peut rendre accessibles, dans des vallées sans eau, dans un climat vide et stérile, n'ayant pour horizon que les montagnes calcinées par le feu intérieur des volcans, les montagnes d'Arabie et de Jéricho, et qu'une mer infecte, sans rivage et sans navigation, la mer Morte ! »

Dans les temps primitifs, Sion ou Jébus fut seule fortifiée par les Jébuséens. A ses pieds s'élevaient les demeures de Salem, la ville de Melchisédech. Bientôt les deux villes n'en firent plus qu'une, et on nomma la cité nouvelle : *Jébusalem*. Telle est la version de Quaresmius sur l'origine de ce nom ; d'autres auteurs y voient seulement une appellation prophétique de sa signification hébraïque : « Vision de paix », littéralement « Ils verront la paix ».

David[1] et Salomon environnèrent de nouvelles murailles Sion, puis Moriah, ainsi que les pentes qui les unissent. On dut égaliser le sommet de Moriah pour y former l'esplanade du temple, et en même temps construire du côté du Cédron un immense mur de soutènement. Ce furent les impôts énormes prélevés sur le peuple pour tous ces travaux, impôts que Roboam refusa de diminuer, qui déterminèrent la séparation ou schisme des dix tribus. Les ouvriers que Salo-

---

[1] David prit d'assaut Jérusalem l'an 1048 av. J.-C. Il fut enterré dans la nécropole royale du mont Sion, ainsi que Salomon et ses successeurs.

mon employa à la construction du temple s'étant établis sur Acra, l'enceinte dut entourer cette colline pour la réunir à Jérusalem dont les remparts furent dès lors dominés de ce côté. C'est par là que toujours fut attaquée et prise la Ville Sainte.

Le Calvaire ne se trouva compris dans l'intérieur de la cité que dix ans après la mort de Jésus-Christ, quand Hérode Agrippa fit élever la muraille qui porte son nom. Ainsi presque doublée, la ville put contenir cette foule immense de Juifs (1,100,000) assiégés par Titus, et dont le courage malheureux retarda seulement de quelques jours la prise de Jérusalem[1] (70 après J.-C.). Titus rasa la capitale de la Judée. Il ne laissa debout qu'une portion des fortifications occidentales pour servir de lieu de refuge aux troupes romaines, et les trois fameuses tours Phasaël, Hippicus et Mariamne, œuvre d'Hérode, dont il faut lire les splendeurs dans Josèphe. « Il les conserva, dit l'historien juif, pour faire voir à la postérité de quelle ville et de quels remparts inexpugnables la valeur romaine avait triomphé ».

Soixante-cinq ans plus tard, sous Hadrien, Jérusalem, à la suite d'une révolte, perdit jusqu'à son nom qui fut changé en celui d'*Ælia Capitolina*. Constantin, sainte Hélène et les empereurs chrétiens s'occupèrent de la relever de ses ruines. A la fin du IVe siècle, la libéralité des empereurs de Constantinople, le concours des pèlerins du monde entier, et l'affluence des dons envoyés même des contrées non romaines, y avaient créé une richesse énorme; mais la licence y marchait de pair avec l'opulence. « Au sein de cette société mêlée de toutes les classes, de tous les rangs, de toutes les nations, où le barbare coudoyait le romain, le plébéien, le consulaire, où

---

[1] Consulter sur les anciennes enceintes de Jérusalem, la note de l'appendice.

l'homme libre était confondu avec l'esclave, le prêtre orthodoxe avec l'hérétique; il n'y avait ni ordre, ni règle, et, sous un semblant de liberté évangélique, chacun pouvait impunément braver la loi civile[1]. »

Voici d'ailleurs le tableau que nous a laissé Grégoire de Nazianze d'Ælia Capitolina à cette époque : « Bien loin de trouver purgée des mauvaises épines cette terre qui a reçu

REMPARTS DE JÉRUSALEM PRÈS LA PORTE DE DAMAS

l'empreinte de la vraie vie, je la trouve infectée de toutes les impuretés imaginables... Les hommes s'y entr'égorgent pour un peu d'argent, comme des bêtes féroces, et, grâce au relâchement de tous les liens sociaux, l'homicide s'y commet plus facilement qu'en aucun lieu du monde. » La foi n'y était pas moins corrompue que les mœurs. « L'arianisme y avait implanté ses poisons; la persécution, l'exil, la

[1] Amédée Thierry. *Récits d'histoire romaine.*

révolte contre les autorités légitimement constituées et le schisme y faisaient la loi¹. »

Conquise au VIᵉ siècle par les musulmans d'Omar, puis délivrée momentanément par les croisés, Jérusalem fut reprise par Saladin en 1187 et entourée par Soliman de l'enceinte que nous voyons encore aujourd'hui (1534). Malgré les ordres de ce prince, l'architecte chargé du travail laissa une partie de Sion hors des murs et eut la tête tranchée pour cette négligence.

Prise et bouleversée sans cesse, il n'est pas étonnant qu'une portion des vallées et des ravins qui séparaient jadis les hauteurs de la ville se soit peu à peu comblée. Les ruines se sont accumulées sur les ruines, et l'on est souvent bien embarrassé, quand on essaie de soulever la poussière du passé, pour distinguer les couches successives de tant de décombres et de débris confusément entassés.

Les murailles actuellement debout sont flanquées de place en place de tours carrées, et percées de cinq portes principales : la porte de Jaffa ou d'Hébron, à l'ouest (*Bab el-Khalil*); la porte de Damas ou de Saint-Etienne au nord (*Bab el-Amoud*); la porte de Josaphat à l'est (*Bab Sitti Miriam*); la porte des Maugrebins (*Bab el-Mogharibèh*) et la porte de Sion (*Bab el-Sahioun ou Bab Neby Daoud*) au sud².

Tout auprès de la porte de Jaffa, et en dedans des murailles, s'élève le château des Pisans sur l'emplacement de l'ancienne forteresse de David. Les blocs énormes (taillés à bossage) de sa base massive sont des spécimens curieux de l'ancienne architecture hébraïque : sur ces substructions Hérode

---

¹ Amédée Thierry. *Récits d'histoire romaine.*

² *Bab ez-Zahhérèh*, improprement appelée la porte d'Hérode, est aujourd'hui murée ainsi que l'ancienne porte Dorée.

éleva la fameuse tour[1] à laquelle il donna le nom de *Phasaël*[2]. C'est de là, dit-on, que David aperçut Bethsabée dans la piscine de la maison d'Uri, dont l'emplacement a été retrouvé au milieu du jardin du patriarche grec, éloigné de deux cents mètres environ.

Les croisés refirent la partie supérieure de cet antique monument qui devint pendant quelque temps le donjon de la ville. Des monnaies du XIIe siècle en portent l'effigie avec l'exergue : « *Turris David* ». Au XVIe siècle on l'appela la tour des Pisans, parce que des architectes de Pise la réparèrent. Aujourd'hui c'est le château (Kalaat) de la citadelle turque.

Le « Birket Hammam el-Batrak », appelé vulgairement « *Bain du patriarche* », s'étend vers le nord-est de la tour de David. C'est une immense citerne découverte, de l'aspect le plus pittoresque, et entièrement entourée de constructions. On l'identifie avec le réservoir d'Ezéchias.

Derrière la nouvelle chapelle anglicane qui fait face à la citadelle turque, une série indescriptible de ruelles traverse le Hareth el-Arman (quartier arménien)[3] et conduit au couvent des religieuses arméniennes bâti, d'après une tradition très contestable, sur l'emplacement de la maison d'Anne. Dans la cour s'élève un olivier vénérable aux branches duquel, nous affirme-t-on, Notre-Seigneur fut attaché avant de

---

[1] Robinson, *lat. Res.*, p. 207-210.

[2] M. de Saulcy et le frère Liévin identifient ce qu'on nomme de nos jours la tour de David avec la tour Phasaël. — Scholz, E. Robinson, Schultz et la plupart des savants la regardent comme la tour Hippicus ; mais il semble que cette dernière devait plutôt s'élever près de la porte de Jaffa, au nord-ouest de la tour actuelle de David.

[3] On compte quatre quartiers à Jérusalem : le quartier arménien, le quartier juif, le quartier musulman qui renferme le Séraï (demeure du gouverneur turc), et le quartier franc où sont les couvents et les patriarcats latins et grecs.

paraître devant le grand-prêtre : c'est pourquoi le couvent en question s'appelle *le Couvent de l'Olivier*. Le palais de Caïphe devait s'élever dans le même enclos, car les souverains pontifes habitaient alors sur la colline de Sion, à peu de distance du Cénacle.

Plus loin, d'immenses bâtiments renferment le grand couvent arménien de Saint-Jacques dont l'église fort curieuse est décorée avec une richesse d'ornementation extraordinaire : rideaux de soie brodés, d'une finesse de travail remarquable, tableaux intéressants, portes incrustées de nacre et d'écaille, etc... Une petite chapelle, où brûlent sans cesse plusieurs lampes, indique le lieu du martyre de saint Jacques le Majeur frère de saint Jean. Hérode Agrippa lui fit trancher la tête en cet endroit pour plaire aux Juifs ; son corps fut plus tard transporté à Compostelle, et c'est l'Espagne qui fit construire la riche et belle église dont les Arméniens sont aujourd'hui possesseurs [1].

Près de la porte de Sion (Bab el Sahioun), mais en dehors des remparts, se trouve le Cénacle. Avant d'atteindre les constructions qui l'entourent, des croix entaillées dans un mur indiquent l'emplacement de la maison qu'habita la mère de Notre-Seigneur pendant les dernières années de sa vie [2]. Lorsqu'elle eut rendu le dernier soupir, rapporte la légende, tous les Apôtres qui vivaient encore furent transportés miraculeusement en ce lieu des différentes parties du monde où ils se trouvaient.

D'après une autre version, « la Vierge Marie mourut à

---

[1] On sait que les Arméniens, ainsi que les Jacobites ou Syriens non unis, sont *monophysites*, c'est-à-dire qu'ils n'admettent en Jésus-Christ que la nature divine, hérésie condamnée au concile de Chalcédoine en la personne d'Eutychès, en 451.

[2] Nicéphore Calliste, II, 39.

Ephèse, où elle avait suivi, après la mort de Jésus, le fils d'adoption qu'elle avait reçu de lui au pied de la croix : elle y avait son tombeau non loin de celui du disciple bien-aimé. C'était là du moins l'opinion commune au ve siècle, opinion exprimée nettement dans le premier concile d'Ephèse. Une riche basilique avait été construite dans cette ville sous le vocable de Sainte-Marie, et cette église était la seule, dit-on, qui lui fût dédiée dans le monde chrétien, la coutume étant encore à cette époque de n'attribuer à une église le nom d'un saint ou d'une sainte que lorsqu'elle en possédait les reliques [1] ».

La tradition locale raconte que les Apôtres qui conduisaient au tombeau de sa famille, près de Gethsémani, le corps de la sainte Vierge, rencontrèrent des voleurs sur leur route : ces derniers ayant porté des mains sacrilèges sur le cercueil de Marie furent aussitôt frappés de paralysie et ne recouvrèrent l'usage de leurs membres qu'aux prières des Apôtres [2]. C'est en cet endroit que les chrétiens ont établi leur cimetière.

Dès l'origine du christianisme, le Cénacle fut le lieu choisi par les fidèles pour leurs réunions. Au ive siècle, saint Epiphane affirme que l'église du mont Sion était antérieure au règne d'Hadrien. Les croisés continuèrent à accepter cette tradition et appelèrent cet édifice « l'église primitive, la mère de toutes les églises [3] ». — « Lorsqu'Hadrien entra dans Jérusalem, il trouva la ville toute ruinée, excepté quelques maisons et l'église de Dieu, de petite dimension, au premier étage de laquelle montèrent

---

[1] Amédée Thierry. *Récits d'histoire romaine.*
[2] Saint Willibad (viiie siècle), p. 265. Édition Tobler.
[3] Guill. de Tyr, liv. XV, chap. iv. — Phocas, p. 19.

les disciples en revenant d'assister à l'Ascension du Sauveur, sur le mont des Oliviers; elle était bâtie dans cette partie de Sion qui avait échappé à la destruction[1]. »

Dans ces phases diverses, nous voyons toujours le

JÉRUSALEM. — VUE PRISE A L'INTÉRIEUR DU CÉNACLE

Cénacle se composant de deux étages superposés, soit tradition, soit interprétation de ce verset des Actes des Apôtres qui semblerait indiquer que la salle où Notre-Seigneur fit la

[1] Saint Epiphane, *De pond. et mensuris*, chap. XIV.

CHAPITRE PREMIER

dernière Pâque avec ses disciples, était au premier étage d'une maison : « Et quand ils furent entrés dans leur maison, ils allèrent dans une chambre haute où demeuraient Pierre et Jean... [1] »

Il ne reste plus rien de l'ancienne église dont parlent saint Epiphane et Guillaume de Tyr. Le traité de 1342, en confiant aux Franciscains [2] la garde du Saint-Sépulcre, leur donna « la propriété du Cénacle, de la chapelle de l'apparition du Saint-Esprit et de celle de l'incrédulité de saint Thomas [3] ».

Les Pères rebâtirent le Cénacle à peu près tel que nous le voyons aujourd'hui aux frais de la reine Sanche, femme de Robert de Sicile, qui avait acheté ce monument au Soudan d'Egypte (XIVe siècle). Il s'y trouvait alors un vaste hôpital où les pèlerins latins reçurent l'hospitalité pendant près de deux siècles, malgré les musulmans, qui firent tant et si bien, qu'ayant imaginé de placer là le tombeau de David, ils finirent à la fin du XVe siècle par en usurper la possession et par en chasser les Franciscains. C'est à cette époque que ces religieux se réfugièrent au couvent de Saint-Sauveur, leur résidence actuelle [4].

Cependant, les Turcs ne détruisirent rien. Le Cénacle resta un hôpital, puis devint une habitation privée. L'église chrétienne fut transformée en mosquée et ce qu'on en voit aujourd'hui n'est que le bas côté méridional de l'ancienne

---

[1] *Actes des Apôtres*, ch. 1, v. 13.

[2] Les Franciscains vinrent en 1219 au nombre de douze s'établir en Terre Sainte sous la conduite de leur vénérable fondateur saint François d'Assise.

[3] Bulle de Clément VI *Gratias agimus*, apud Quaresmium, liv. I, p. 401.

[4] C'est à *la Casa Nova*, dépendance du couvent de Saint-Sauveur, que les Franciscains offrent aux pèlerins une hospitalité aussi généreuse que bienveillante, continuant ainsi les traditions de charité et de dévouement dont leurs prédécesseurs ont donné tant d'exemples. (La Casa Nova et le couvent de Saint-Sauveur sont au centre du quartier chrétien.)

église à trois nefs des croisés. On ne peut pénétrer dans les deux pièces du bas qui paraissent dater du xie ou du xiie siècle; la première serait celle où Notre-Seigneur lava les pieds de ses Apôtres et la seconde renfermerait le tombeau de David. Au premier étage, il y a également deux salles; l'une, au-dessus du sépulcre du roi prophète, est inaccessible aux chrétiens et serait la salle de la descente du Saint-Esprit; l'autre (le Cénacle proprement dit), de style gothique du xive siècle, est un curieux échantillon de l'art occidental transplanté en Orient. Vaste (14 mètres sur 9) et absolument nue, elle est éclairée par des fenêtres s'ouvrant à l'ouest; à gauche en entrant, au-dessus d'un escalier, une sorte de petite coupole est supportée par quatre légères colonnes dont les chapiteaux simulent des pélicans. C'est en ce lieu que fut instituée l'Eucharistie et que le Sauveur apparut aux siens le jour de sa Résurrection.

Nous trouvons mentionnée dans Néhémie[1], dans Josèphe, dans les Actes des Apôtres, dans saint Jérôme, enfin dans Benjamin de Tudèle, la tradition qui place sur le mont Sion la tombe du roi prophète. « David s'endormit avec ses pères et fut enseveli dans la cité de David[2], » lisons-nous dans l'Écriture. « Son fils Salomon, ajoute Josèphe[3], l'enterra magnifiquement... et ensevelit avec lui des richesses considérables... Après un intervalle de treize cents ans, le pontife Hyrcan, assiégé par Antiochus surnommé Eusébès (le pieux), fils de Démétrius, voulut lui donner de l'argent pour qu'il levât le siège et se retirât avec son armée; mais, ne sachant comment s'en procurer, il ouvrit l'une des cellules du mo-

---

[1] Néhémie, ch. III, v. 15, 16. — Josèphe. *Antiq. Judaïques*, VII, 15, 3, XVI, 7, 1. — Actes, II, 29. — Saint Jérôme. *Epist.*, XLIV.

[2] III *Rois*, II, 10.

[3] Josèphe. *Antiq. Judaïques*, VII, 15, 3.

nument de David et en emporta trois mille talents dont il donna une partie à Antiochus et se délivra ainsi des assiégeants. Après lui, de longues années plus tard, le roi Hérode ouvrit une autre cellule et en tira de grandes richesses ; mais aucun d'eux ne parvint aux retraites mystérieuses où reposaient les cendres des rois, car elles étaient cachées sous terre avec un art tel que rien ne paraissait aux yeux de ceux qui pénétraient dans ce monument[1] ». Plus loin, Josèphe ajoute qu'Hérode perdit deux des gardes qui l'accompagnaient consumés par les flammes au moment où ils tentaient d'arriver aux caveaux secrets renfermant les corps de David et de Salomon. Hérode s'enfuit épouvanté et fit construire en expiation, au-dessus du sépulcre, un monument en pierre blanche qui coûta fort cher, au dire de l'historien juif[2].

Benjamin de Tudèle rapporte que, lors de la reconstruction du temple, on vint prendre des pierres sur le mont Sion. En retirant les assises d'antiques fondations, les ouvriers ayant levé par hasard un gros bloc, découvrirent au-dessous l'entrée d'un souterrain. S'y étant glissés, ils arrivèrent bientôt devant un monument orné de colonnes de marbre, tout garni d'or et d'argent, devant lequel se trouvait une table où étaient posés un sceptre et une couronne. A gauche se voyait un autre monument semblable : mais ils ne purent savoir ce qu'ils contenaient, car, ayant voulu par curiosité aller plus avant, ils en furent empêchés par un tourbillon qui les coucha par terre comme morts. Sur le soir, étant revenus à eux, ils entendirent une voix

---

[1] N'y a-t-il pas là une ressemblance frappante entre la manière dont on avait dissimulé la place où reposaient David et Salomon et le mystère qui entourait également les tombes des pharaons d'Égypte près de Thèbes ?

[2] Josèphe. *Antiq. Judaïques*, XV, 1.

qui leur dit : « Levez-vous et sortez de ce lieu ! » Ce qu'ils firent en tremblant et saisis d'une indicible frayeur.

Bien qu'on ait prétendu longtemps que David avait été enterré à Bethléem, bien que de nos jours les musulmans montrent son tombeau sur le mont Sion, dans l'enceinte de la mosquée d'Omar, et près de la Mecque[1], il n'en est pas moins vrai que selon toute probabilité il faut chercher près du Cénacle et non ailleurs la sépulture du roi prophète.

« Le docteur américain Barclay nous donne d'intéressants détails sur ce tombeau de David du mont Sion dans son ouvrage *City of the great King*[2]. Sa fille, déguisée en arabe, a pu pénétrer dans le réduit mystérieux et, dans un récit animé, elle raconte les péripéties de sa téméraire excursion. La description qu'elle donne est conforme à celle de Quaresmius. De la cour on la fit entrer au rez-de-chaussée de l'ancien couvent. Après avoir traversé plusieurs salles, qu'à leur architecture elle jugea être du temps des Croisades, elle arriva à une lourde grille de fer qui ferme l'entrée du sanctuaire redouté. Cette dernière barrière s'ouvrit devant son costume, et elle pénétra de plain-pied dans le tombeau de David, c'est-à-dire dans une petite pièce voûtée dont les murs sont recouverts de plaques de porcelaine blanche et bleue ; au centre, s'élève le grossier catafalque recouvert d'un tapis de satin vert brodé d'or ; un grand voile de soie rayé rouge et vert, attaché à la voûte, est tendu au-dessus du monument. Mlle Barclay vit en outre au fond de la salle une petite porte fermée que son guide lui dit s'ouvrir sur un escalier descendant à une cave. Le fait mérite confirmation[3]. »

---

[1] Didier. *Visite au grand Shérif*.
[2] Barclay. *City of the great King*, p. 212.
[3] M. de Vogüé. *Les Églises de Terre Sainte*, p. 328, note 2.

Près du Cénacle, sur la pente méridionale qui descend vers le Tyropœon, se trouve la grotte où saint Pierre pleura son triple reniement. Une église, appelée Saint-Pierre en Gallicante, et dont il ne reste plus trace, s'élevait jadis en ce lieu parce que c'était « là, dist-on, que saint Pierre se mucha quant il eût Jhésu Christ renié et il oï le coc chanter et là plora il[1] ».

« Une défense religieusement observée interdisait de nourrir des coqs dans l'enceinte de la ville. On craignait, nous apprend la glose du Baba-Kamma, que ces oiseaux habitués à chercher leur nourriture dans les fumiers, ne souillassent les objets sacrés. On en a conclu qu'il ne s'agit dans l'Évangile que du cri des veilleurs au temps appelé le « chant du coq ». Ne serait-il pas plus vraisemblable d'admettre que Pierre entendit le cri des coqs, chantant dans la vallée de Siloé, « cri qui devait être perçu facilement des hauteurs de Sion ? » Au moyen âge, d'ailleurs, on montrait encore dans la vallée du Cédron l'église appelée « le cri du coq[2] ».

[1] *La Citez de Jhérusalem.*
[2] Töbler. *Siloa*, p. 301. — C. Fouard. *Vie de N.-S. Jésus-Christ*, t. II, p. 355, note 1.

CHAPITRE DEUXIÈME

Jérusalem. — Quartier juif. — Sainte-Anne. — Piscine de Béthesda. — Ancien Prétoire. — Arc de l' « Ecce Homo ». — Voie Douloureuse. — Fondations latines des Croisades. — Eglise de Sainte-Marie-Magdeleine. — Commerce et population.

Si l'on entre à Jérusalem par la porte de Sion et qu'on laisse à droite l'ancienne léproserie, on atteint en quelques minutes le couvent syrien élevé à la place de la maison de la mère de saint Marc. Réunis en ce lieu, les chrétiens priaient pour la délivrance de saint Pierre, alors prisonnier et condamné à mort. Comme on frappait à la porte, une jeune fille du nom de Rhoda vint demander qui était là et, ayant reconnu la voix du chef des Apôtres, elle en eut une si grande joie qu'au lieu de lui ouvrir elle courut en hâte annoncer à tous la bonne nouvelle. On la traita de folle; elle affirma être sûre de ce qu'elle disait. Cependant Pierre frappait toujours et on finit enfin par le faire entrer[1]...

[1] *Actes des Apôtres*, XII, 13, 16.

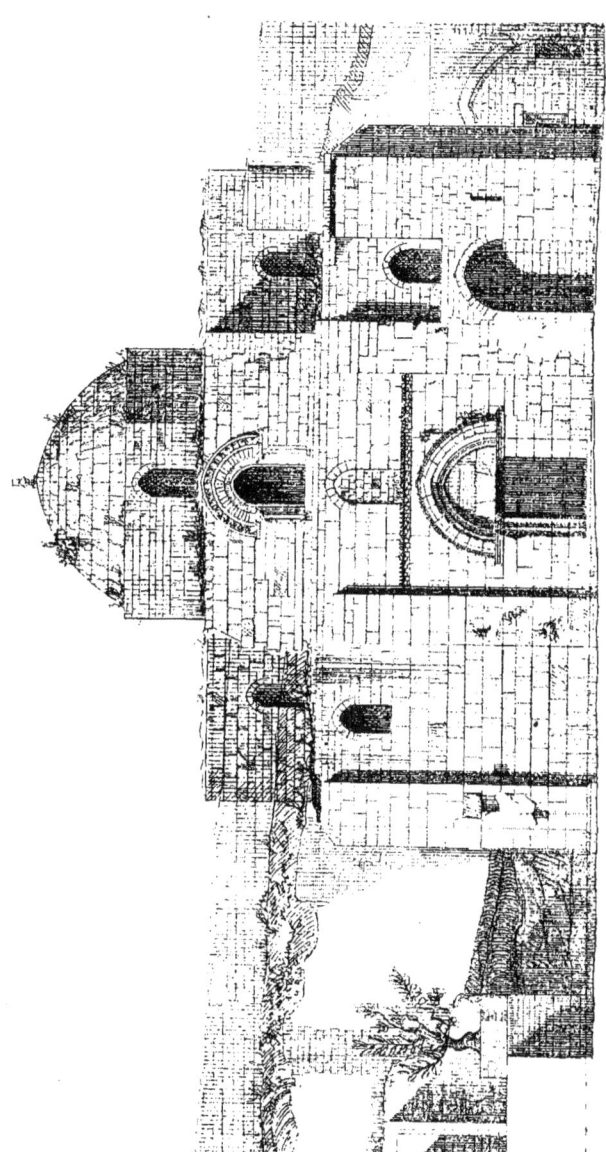

FAÇADE OCCIDENTALE DE L'ÉGLISE SAINTE-ANNE A JÉRUSALEM (ÉTAT ANCIEN). Dessin de M. C. Mauss.

Cette pauvre église syrienne renferme un portrait de la Vierge attribué à saint Marc et sans nul doute fort ancien.

Un dédale de rues sales, étroites, tortueuses, traverse le quartier des Juifs (Hareth el-Djaoud), dont la principale synagogue n'offre aucun intérêt. Ils végètent dans cette portion de la ville au milieu de l'ignorance et de la misère : leur laideur, leur dépravation inspirent un dégoût profond lorsqu'on parcourt ce faubourg sordide où ils vivent dans la boue, les immondices, et la pauvreté. La population grouille au milieu de maisons et de magasins indescriptibles, d'échoppes misérables et délabrées. On n'y rencontre que des hommes aux traits de cire et aux yeux rougis, se glissant le long des murs, la tête couverte de chapeaux de feutre ou de bonnets invraisemblables d'où s'échappent des papillotes en tire-bouchon.

C'est à travers ce cloaque qui suffirait à engendrer journellement la peste, qu'on arrive par de longues rues voûtées à la *piscine probatique*[1] qu'il ne faut pas confondre avec la piscine de *Béthesda*; *La Probatique* se trouvait contre l'enceinte nord du temple et près de la *porte des brebis*, ainsi nommée : soit des brebis qu'on y vendait, soit de celles qu'on faisait entrer par là. Elle devait être alimentée par les eaux si abondantes que renferme la montagne du temple et qui furent la ressource de Jérusalem pendant les longs sièges qu'elle eut à soutenir[2].

En face se dresse l'église de Sainte-Anne et ses dépendances, propriété de la France. Dès les premiers siècles du christianisme, la maison de sainte Anne, où naquit la sainte Vierge, fut transformée en sanctuaire. Sainte Hélène et l'impératrice

---

[1] Le nom de *probatique* vient de ce qu'on lavait dans cette piscine les brebis destinées aux sacrifices : ces brebis s'appelaient en grec : *probata*.

[2] Tacite. *Histoire*, V, 12.

Eudoxie restaurèrent et entretinrent ce monument. Plus tard Justinien fit élever en ce lieu vénéré une basilique qui reçut le nom de Sainte-Marie [1].

Vers le milieu du XIIe siècle (un ou deux siècles avant les Croisades selon certains auteurs), nous voyons les Latins y édifier l'église actuelle qui fit partie d'un couvent de Bénédictines. En 1187, Saladin y installa une école pour les docteurs de l'islamisme sous le nom de *Salahiéh*. L'église resta donc toujours debout, et, après la guerre de Crimée (1856), le sultan Abdul-Medjid donna cet établissement à l'empereur Napoléon III.

Sous l'habile et savante direction de M. Mauss, l'antique édifice a été entièrement restauré : le portail et tout le monument, d'une très grande sobriété d'ornementation, datent du XIIe siècle. Les toits sont plats et surmontés du dôme de la coupole centrale. L'intérieur se compose de trois nefs, supportées par six piliers disposés sur deux rangs, et terminées chacune par une abside. La façade occidentale et la première travée, plus étroite que les autres, paraissent avoir été construites à une autre époque et par d'autres architectes que le reste de l'église. Vers le milieu du bas-côté sud, s'ouvre un escalier de quinze marches donnant accès dans la crypte que la tradition considère comme ayant fait partie de la maison de sainte Anne.

Un peu au nord-ouest de l'église de Sainte-Anne, on a découvert récemment l'ancienne piscine de *Béthesda* que l'Évangile nous dépeint comme *proche* de la Probatique, et dont le fond est à seize mètres en contre-bas du sol actuel [2].

---

[1] Le piédestal de la colonne qui se dresse dans la cour devant l'église de Sainte-Anne et une chaire d'évêque en pierre découverte près de là sont vraisemblablement de cette époque.

[2] Nous croyons devoir suivre ici le texte grec et non la Vulgate. Dans le premier nous lisons : « Il y a à Jérusalem, *près de la piscine probatique*, celle

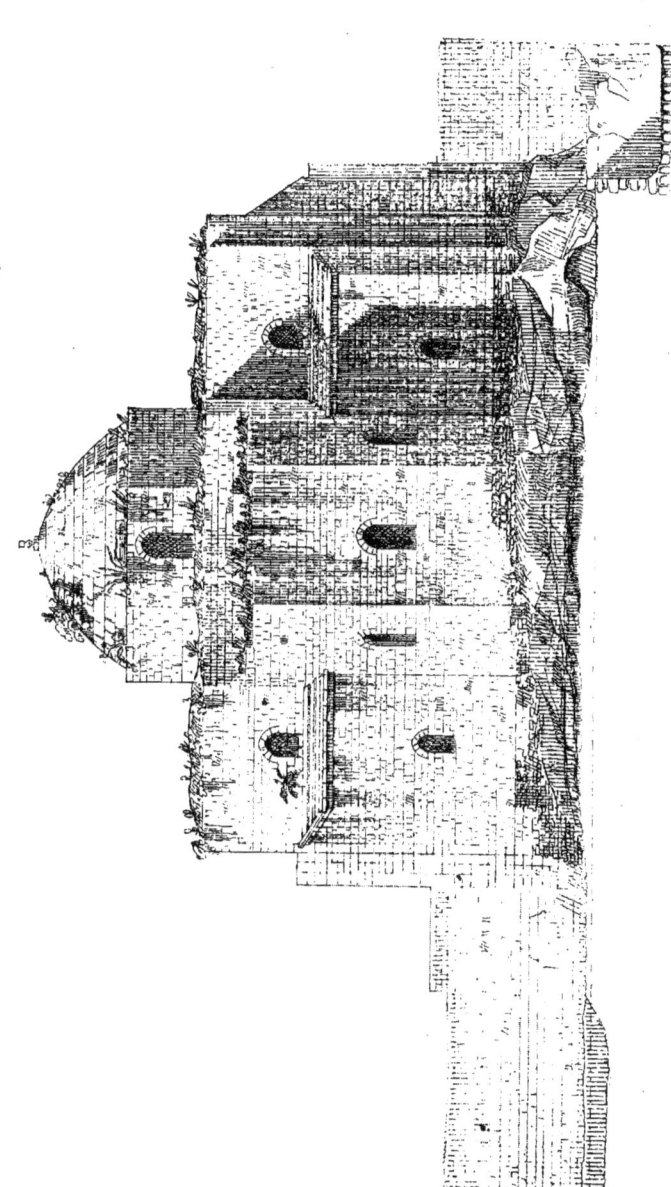

FAÇADE POSTÉRIEURE DE L'ÉGLISE SAINTE-ANNE, JÉRUSALEM (ÉTAT ANCIEN). Dessin de M. C. Mauss.

C'est là que Notre-Seigneur guérit un paralytique, et l'on sait quelle était la vertu des eaux de cette piscine dans laquelle le premier malade qui se plongeait, après que l'ange en avait remué les ondes, se trouvait instantanément guéri. « En cele fontaine, au temps de Jhesu Crist, descendait li anges et mouvoit li aue et li premiers malades qui y descendoit après estoit garis de s'enfermité[1]. »

En remontant la rue vers l'occident, en plein quartier musulman, on arrive au commencement de la *voie douloureuse*, en face de l'emplacement de l'ancien palais de Pilate. Malgré les difficultés sans nombre que l'on éprouve à en reconstituer le plan, voici quelle devait être la disposition des lieux au temps de Jésus-Christ. Le palais du gouverneur romain attenait à la tour Antonia[2]; devant lui, au nord, s'étendait une place carrée appelée en grec, *Lithostrotos*, c'est-à-dire « pavée de dalles », et en hébreu *Gabbatha*, mot qui signifie « surface plate et dallée »; c'était l'endroit où se tenaient les assemblées publiques. On y voyait une borne, avec anneau en fer, destinée à maintenir les criminels qu'on y attachait pour leur faire subir devant le peuple le supplice du fouet[3]. De là, un bel escalier de vingt-huit marches en

qu'on appelle en hébreu Béthesda »... tandis que la Vulgate traduit : « Or, il y avait à Jérusalem la piscine des brebis qui s'appelle en hébreu Bethsaïda... » (Saint Jean chap. V, vers. 2). Le texte grec a au moins l'avantage de nous autoriser à regarder comme la Probatique le *Birket Israïl* qui est au pied du mur nord du Haram ech-Chérif, et comme la piscine de Béthesda celle qu'on a retrouvée dans les dépendances de Sainte-Anne. En outre la dénomination de Béthesda, « *maison de miséricorde* » est bien autrement compréhensible ici que celle de Bethsaïda qui signifie « *maison des pêcheurs.* » *Consulter la longue note de l'appendice relative à la Béthesda.*

[1] *Citez de Jhérusalem.*

[2] Antonia occupait la place de l'ancienne forteresse *Baris* des princes Asmonéens selon toute probabilité.

[3] Quaresmius, II, 197.

marbre conduisait à l'atrium du prétoire, à l'extrémité duquel se trouvait la salle d'audience des gouverneurs romains.

Aujourd'hui la grande place disparaît entièrement sous de pauvres masures, à l'exception d'une faible partie où l'on a cru retrouver des traces d'un ancien palais. L'escalier du prétoire fut transporté à Rome par les ordres de Constantin et se trouve à Saint-Jean-de-Latran. L'église actuelle de la Flagellation s'élève à l'endroit où était la borne. C'est Ibrahim Pacha qui en a rendu la possession aux pères de Terre Sainte. Il y avait établi ses écuries; mais tous ses chevaux mouraient à mesure qu'on les y mettait. Les plus savants docteurs de l'islamisme, consultés à ce sujet, répondirent qu'Allah ne voulait sans doute pas que l'endroit où Jésus (Yça) avait souffert fût profané de la sorte. Ibrahim rendit alors aux chrétiens ce lieu vénéré, dont la chapelle a été réédifiée au xviie siècle. On n'y voit actuellement que quelques rares vestiges d'architecture des Croisades et plusieurs chapiteaux byzantins.

L'arc élevé dit de l'*Ecce Homo* paraît postérieur à l'époque du Christ. Sa construction, ses assises, son plein cintre, ses sculptures, les deux arceaux qui devaient l'accompagner de chaque côté[1], tout indique bien l'architecture romaine. L'arcade enclavée dans l'église des Dames de Sion porte des traces de remaniement; au-dessus de la niche se trouve une pierre avec fragment d'inscription, ce qui semble prouver que le monument a été *fait* ou *refait* avec des matériaux qui ne sont pas à leur place d'origine.

Dans son remarquable ouvrage sur le Temple de Jéru-

---

[1] Il ne reste plus que celui qu'on a englobé dans l'église des Dames de Sion. Les constructions qui surmontent le grand arc, au dessus de la voie douloureuse, ont été surajoutées par les Arabes.

FAÇADE OCCIDENTALE DE L'ÉGLISE SAINTE-ANNE A JÉRUSALEM (ÉTAT ACTUEL). Dessin de M. C. Mauss.

salem ¹, M. de Vogüé n'hésite pas à déclarer « que l'arc en question est bien postérieur à la mort du Christ, et qu'il n'a pu jouer aucun rôle dans les épisodes sanglants de sa passion ». Le savant auteur des Églises de Terre Sainte ajoute que cet arc romain « offre une assez grande analogie de style avec les monuments nommés *Kalybés*, et élevés en si grand nombre dans le *Haourân*, pendant les IIe et IIIe siècles après Jésus-Christ.

M. de Saulcy, dans son Voyage en Terre Sainte ², déclare *romaine* la construction de l'arc de l'Ecce-Homo, mais « bien postérieure à l'époque de la Passion de Notre-Seigneur ».

M. Victor Guérin est d'avis que l'arc qui nous occupe en ce moment devait s'élever devant la cour du palais de Pilate et lui servir peut-être de porte monumentale : que si l'ornementation en paraît postérieure à Hérode, on peut admettre que, fort détérioré lors du siège de Titus (79 ap. J.-C.), il a été réparé plus tard par Hadrien et alors transformé en arc de triomphe ; que si, comme le supposent certains auteurs, sainte Hélène l'a fait réédifier, c'est qu'il rappelait sans doute quelques souvenirs pieux se rattachant à la passion du Christ ³.

Il n'est guère probable cependant que l'arc actuel de l'Ecce-Homo soit l'œuvre de la pieuse mère du grand Constantin. Mais, quand même sainte Hélène l'aurait fait rétablir, il y a loin de là à conclure qu'au dessous a dû passer Jésus-Christ pour aller au Calvaire, d'où le nom de « *Porte Douloureuse* » que lui donne l'auteur de la « *Citez de Jérusalem* » : « par là issi fors Jhésus, quant on le mena il mont de Calvaire por crucifiier, et por con l'apele Porte Douloureuse. »

---

¹ De Vogüé. *Le Temple de Jérusalem*, p. 125.
² De Saulcy. *Voyage en Terre Sainte*, t. I, p. 112.
³ V. Guérin. *La Terre Sainte*, p. 87, 88.

Le *Strouthion*, fossé de la forteresse Antonia dont parle Josèphe, devait s'étendre à peu près jusqu'à l'emplacement qu'occupe l'arc dont il s'agit. Lors du siège de Titus, ce fossé était à ciel ouvert, puisque le général romain y fit établir ses machines. Plus tard, on le recouvrit de deux voûtes supportées par un mur bâti dans le milieu et percé de six arcades. Sur ces voûtes on posa le dallage de la ville, dallage dont parlent les anciens auteurs et dont les travaux s'exécutèrent sous le règne et par les ordres d'Hadrien, bien après la passion de Jésus-Christ[1]. Or, une partie de l'arc actuel de l'Ecce-Homo est construite sur le dallage antique qui s'étend au-dessous à environ un mètre et demi de profondeur. Il est donc *matériellement* impossible que ce monument ait été témoin des événements qui précédèrent la mort du Sauveur. La date la plus reculée qu'on puisse, à ce qu'il semble, lui assigner, serait le IIe siècle après Jésus-Christ.

Au demeurant, la tradition qui veut que Notre-Seigneur ait été montré au peuple du haut de l'arc de l'Ecce-Homo ne paraît dater que du XVIe siècle, et nous voyons en 1485-1486 Georges Langhérand, Mayeur de Mons en Hainaut, regarder l'arc en question « comme une construction du IVe siècle après Jésus-Christ[2]. »

Sur l'emplacement même du palais de Pilate où se trouvent aujourd'hui le *Seraï* (habitation du Gouverneur) et la caserne turque, les croisés avaient bâti une église. Il n'y a plus de

---

[1] Prædictus antem Helius Adrianus, civitatem a Tito et Vespasiano destructam reparavit, vicos et plateas decenter pavimento decoravit, ductus aquarum construens, quibus pluviali tempore civitas a sordibus purgaretur. (Jacobi de Vitriaco, Acconensis episcopi, *Historia Hierosolymitana*. *Gesta Dei per Francos*, p. 1079, ligne 32). Consulter également : *Gesta Francorum et expugnantium Jherusalem*. *Gesta Dei per Fraucos*, p. 574, ligne 33.

[2] G. Langhérand. *Voyage à Jérusalem. Mont Sinaï. Le Caire*. (Mons, rééd. 1881.)

traces du portail, ni de la nef qui recouvraient l'ancien atrium où Jésus-Christ fut chargé de sa croix ; mais le chœur qui occupait la place de la salle d'audience des gouverneurs romains reste à peu près intact et sert actuellement de corps de garde. Une chapelle, élevée à l'endroit du couronnement d'épines, est bien conservée. C'est un carré de cinq mètres de côté, surmonté d'une petite coupole ; un bandeau règne à l'intérieur, tandis qu'extérieurement court une corniche avec modillons à crochets. Tout indique l'architecture de transition du temps des Croisades : les musulmans ont enterré en ce lieu un de leurs santons vénérés.

Sous une des ailes du couvent de l'Ecce-Homo[1], s'étend une portion du Lithostrotos, pavée de grandes dalles piquées au marteau ; plus bas s'ouvre une haute et large galerie double allant jusqu'au pied de l'ancienne forteresse Antonia et actuellement inondée. Une petite salle voûtée contient une magnifique source d'une eau limpide et claire qui ne tarit jamais. En examinant de près les voûtes de ces deux galeries taillées dans le roc, on croit reconnaître qu'autrefois elles n'en formaient qu'une. Des conduits souterrains y amenaient l'eau depuis la porte actuelle de Damas et un petit canal en partait pour aller rejoindre les citernes du Haram ech-Chérif. Ne serait-ce pas là l'emplacement du grand fossé appelé *Strouthion* par Josèphe, au milieu duquel Titus plaça une de ses machines de guerre pour attaquer la forteresse Antonia lorsqu'il fit le siège de Jérusalem ?

Au-delà de l'Ecce-Homo, la voie douloureuse (Tharick el-Aolam) se dirige à l'ouest et atteint la troisième station à un carrefour où Notre-Seigneur fit sa première chute. Deux

---

[1] Dans le sanctuaire de l'Ecce-Homo, on voit une coupure du rocher, surmontée d'antiques assises, fort curieuse à étudier au point de vue de l'ancienne topographie de la Ville Sainte.

fûts de colonne à moitié enfouis en marquent seuls la place.

Un peu plus loin près de l'hôpital autrichien et des ruines de l'ancienne chapelle de *Notre-Dame de Pamoison*, est la quatrième station où Jésus-Christ rencontra sa mère, non loin de la maison du mauvais riche[1].

La via dolorosa quitte alors la rue, qui se poursuit vers le sud, pour reprendre la direction ouest. A quelques pas, une sorte de petite niche dans la muraille à gauche indique l'endroit où les soldats forcèrent Simon de Cyrène à porter la croix de Jésus (cinquième station).

Plus haut se trouve la sixième station, où sainte Véronique essuya la face du Sauveur; puis, tout auprès, se dresse la *porte Judiciaire*, aujourd'hui murée. On y affichait les sentences des condamnés et l'on arrivait par là au Golgotha. Au temps de la Passion, Jérusalem se terminait en cet endroit. Les rues adjacentes, en partie voûtées, rappellent tout à fait les villes du moyen âge et témoignent du passage des croisés dans la Ville Sainte.

Une colonne marque la septième station (Jésus tombe pour la seconde fois). Au-delà de la huitième station, où Notre-Seigneur consola les filles de Jérusalem, les constructions qui entourent l'ancien emplacement du Calvaire empêchent de suivre jusqu'au bout la voie douloureuse. Une colonne renversée contre le mur des religieux coptes marque la neuvième station où le Sauveur tomba pour la troisième

---

[1] A quelques pas vers le sud-ouest s'élève un remarquable édifice, dont les trois portes en ogives trifoliées sont ornées de riches stalactites; c'est le *Tekkièh el-Kasséki (couvent de la favorite)* bâti jadis par la favorite de Soliman, la fameuse Roxelane qui mourut en 1557. Quant au titre d'hôpital Sainte-Hélène qu'on lui donne généralement, on ne sait d'où vient ce nom, car la pieuse impératrice n'en peut pas être la fondatrice, non plus qu'Hélène, reine d'Abiadène, comme semblent l'admettre quelques auteurs.

fois. On est obligé de traverser les dépendances du couvent

PORTION NORD DE L'ARC DIT DE L'ECCE-HOMO ACTUELLEMENT DANS L'ÉGLISE DES DAMES DE SION A JÉRUSALEM. D'après un dessin de M. C. Mauss.

des Abyssins pour gagner le parvis de l'église du Saint-Sépulcre dans laquelle vient se terminer la via dolorosa.

Ce couvent s'élève sur l'emplacement de l'hôpital fondé jadis par Charlemagne, au commencement du ixe siècle, pour les pèlerins chrétiens qui visitaient les Lieux Saints. Entièrement détruit par Hackem, cet établissement fut reconstruit par des marchands lombards et amalfitains entre 1014 et 1023 : ils obtinrent des musulmans, avec lesquels ils se livraient à un commerce des plus actifs, la concession de ce vaste terrain où ils élevèrent un monastère et une église, appelée alors Sainte-Marie-Latine parce que tous les offices s'y disaient en latin. C'était du reste pour ces commerçants, en dehors de leur pieux dessein, un moyen d'établir un comptoir au centre même du pays où ils trafiquaient.

Plus tard, le nombre des pèlerins augmentant, il devint urgent de construire un second couvent qu'on destina uniquement aux femmes : cette nouvelle fondation s'appela Sainte-Marie-la-Petite, et les deux établissements reçurent le nom générique de : *la Latine*.

Bientôt, la nécessité de s'agrandir se faisant de plus en plus sentir, on traversa la rue et, sur des terrains considérables situés en face du portail du Saint-Sépulcre, au sud-est de la basilique, on créa un hôpital et une chapelle dédiés d'abord à saint Jean l'Aumônier[1], puis au bout de quelques années à saint Jean-Baptiste. Les desservants de cette fondation reçurent une règle approuvée par la cour de Rome, et prirent le nom de chevaliers ou frères Hospitaliers de Saint-Jean de Jérusalem. Les malades soignés dans cet hôpital qui s'étendait jusqu'à la rue de David étaient fort nombreux, et les morts étaient enterrés au charnier, appelé alors *Chaudemar*, que l'on voit encore auprès de Hakeldama[2].

[1] Saint Jean l'Aumônier fut patriarche d'Alexandrie de 606 à 616.
[2] Depuis Anne et Caïphe, les environs immédiats de Hakeldama ont presque toujours servi à la sépulture des étrangers.

CHAPITRE DEUXIÈME

L'église et l'abbaye de Sainte-Marie-la-Grande, monastère de femmes dépendant des Grands-Maîtres de l'Ordre de Saint-Jean de Jérusalem, étaient limitrophes de l'hôpital de Saint-Jean-Baptiste : une petite ruelle les séparait. Les églises de cet ordre puissant et riche s'élevaient si près du Saint-Sépulcre que leurs cloches nombreuses couvraient la voix du patriarche pendant l'office sur le Calvaire, au grand scandale de Guillaume de Tyr.

De tous ces établissements, il ne reste aujourd'hui que peu de choses. Il n'y a plus trace de l'hôpital de Saint-Jean-Baptiste ; la place en est marquée par un terrain vague, encombré de débris et tout à fait désert, où les nopals croissent en paix. Au milieu se dresse un minaret, édifié dit-on par Saladin afin de rappeler aux générations futures qu'il anéantit les possessions des chevaliers de Saint-Jean de Jérusalem.

Les ruines de Sainte-Marie-la-Grande, qui appartiennent actuellement à la Prusse, sont plus considérables. Un temple protestant a été établi dans les anciens bâtiments d'habitation; près d'une cour carrée avec cloître à arcades ogivales, des fragments importants de l'église sont encore debout. Parmi ces derniers, le plus curieux est sans contredit le portail nord, avec les mois de l'année figurés tout autour de la porte au milieu d'une jolie ornementation romane.

De Sainte-Marie-Latine on ne retrouve, au milieu des couvents grec et abyssin, que les restes d'une église assez petite, paraissant dater du xiie siècle.

Sur les pentes orientales de Bézétha s'élève l'ancienne église de Sainte-Marie-Magdeleine. Ce que nous en voyons aujourd'hui semble remonter à la seconde moitié du xiie siècle, et occupait l'emplacement assigné à cette époque par la tradition locale à la maison de Simon le Pharisien où Magdeleine versa sur les pieds de Jésus-Christ un vase plein de parfums[1].

Les voûtes écroulées couvrent le sol de leurs décombres, et d'épaisses broussailles poussent entre les pierres. Cette église était divisée en trois nefs par des piliers carrés ; la partie centrale du transept était surmontée d'une coupole ; au delà on avait construit une travée pour agrandir le chœur ; puis venaient les trois absides, (l'un des caractères les plus constants des constructions des croisés en Palestine) polygonales en dehors, semi-circulaires en dedans. A droite, s'ouvrent des chambres ; à gauche des bâtiments assez considérables, voûtés en ogive avec fenêtres gothiques, longent le bas côté nord. On montre sur une des pierres du pavage, l'empreinte des pieds de Notre-Seigneur ; le portail extérieur sur la rue est encore bien visible.

D'après le Cartulaire[2] du Saint-Sépulcre et le dire de Medjr ed-Dîn, l'église de Sainte-Marie-Magdeleine a dû être fondée primitivement par les Syriens (*Roumi*) ; peut-être fut-elle restaurée par les Grecs ; mais elle a été sûrement remaniée par les Francs, à l'époque des Croisades, et elle offre certaines analogies avec Sainte-Anne. Au moment du siège, sa proximité des remparts dut être une cause fatale de détérioration. Sous les rois latins de Jérusalem, elle dépendait d'une ancienne abbaye desservie par des moines Jacobites[3] : leur abbé avait en sa possession la clef de la petite porte de la ville appelée poterne de la Magdeleine des Jacobins (aujourd'hui Porte d'Hérode ou des fleurs — Bab ez-Zahhérèh).

---

[1] Cette tradition est erronée, car il paraît bien probable que la maison de Simon le Pharisien, témoin du fait dont il s'agit ici, était à Naïm et non à Jérusalem.

[2] *Cartulaire du Saint-Sépulcre*, p. 121. — *Medjr ed-dîn*, p. 123.

[3] *J. de Wirtzbourg*, ch. vii.

Après la prise de Jérusalem par les Infidèles, la basilique chrétienne fut transformée en école musulmane, et prit le nom de *Maïmounièh* qu'elle porte encore aujourd'hui parmi les disciples du Coran, du nom de son fondateur l'émir Faris ed-Dîn Abou Saïd Maïmoun, fils d'Abdallah el-Karsi, tréso-

LA RUE DE DAMAS A JÉRUSALEM

rier de Saladin (1197). Un potier habite seul au milieu de ces ruines et exerce son industrie dans les salles basses des dépendances.

La population de Jérusalem est à peine de vingt-trois mille âmes et pourtant l'on y trouve tous les peuples et toutes les religions monothéistes. La plupart de ses rues sont étroites, glissantes, mal entretenues, et souvent très en pente. Les bazars ont un aspect particulier et fort pittoresque avec leurs voûtes épaisses, percées de petites fenêtres qui semblent ne laisser passer qu'à regret de faibles rayons de soleil. Les boutiques étroites, peu profondes et pauvrement approvisionnées, sont pratiquées comme autant de niches, à droite et à gauche, dans l'enfoncement des murs. « Là, suivant un manuscrit du xiie siècle, étoient les eschopes des orfèvres latins, celles des orfèvres syriens et le lieu où l'on vendoit les palmes que les pèlerins rapportoient de Terre Saincte ».

Près du Saint-Sépulcre s'est concentré le commerce des cierges ou des objets de piété, commerce fort lucratif à l'époque de Pâques, alors que les pèlerins chrétiens, surtout grecs ou russes, affluent par milliers dans la Cité Sainte. Le bédouin nomade à l'air farouche et le grave musulman, le soldat déguenillé et l'élégant maronite, la femme turque enveloppée de ses voiles jaloux et la juive aux traits antiques, se pressent et s'agitent dans cet étroit espace, étalant aux regards de l'européen les costumes les plus variés et les plus éclatants du monde oriental.

Les maisons de Jérusalem n'ont guère qu'une porte fort basse qu'on ne franchit qu'en se courbant beaucoup; leurs fenêtres sont grillées ou ornées de *moucharabièhs* qui permettent de voir du dedans sans être vu du dehors. Presque toutes ont une terrasse, en guise de toit, entourée d'un mur d'appui formé par des terres cuites arrondies, mises les unes sur les autres. Pendant l'été, les habitants s'y installent et y goûtent, la nuit, cette fraîcheur relative qu'on recherche alors avec tant d'ardeur : l'hiver, les eaux recueillies par des conduits s'en vont remplir les citernes.

Somme toute, l'aspect de la Ville Sainte est triste, son industrie bornée et son commerce fort restreint ; c'est la ville du passé et des souvenirs, des pleurs et des lamentations, mais c'est aussi le berceau de la foi nouvelle qui régira le monde jusqu'à la fin des temps. Si Dieu a soumis la ville déicide à une servitude que l'Europe entière n'a pu faire cesser qu'un instant au moment des Croisades, du moins le sépulcre du Sauveur ne cessera-t-il jamais d'être vénéré par tous les peuples chrétiens.

CHAPITRE TROISIÈME

Jérusalem. — Le Saint-Sépulcre. — Son histoire. — Le parvis. — La rotonde. — Le chœur des grecs. — La chapelle de Sainte-Hélène. — Le Golgotha. — La chapelle d'Adam.

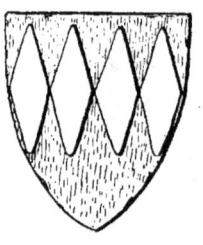

Les premières constructions du Saint-Sépulcre datent de Constantin et de sainte Hélène. On a soutenu à tort que la basilique de cette époque était ronde, comme le Panthéon d'Agrippa à Rome; cela provient sans doute de ce que l'on a pris l'édifice élevé au xie siècle pour le monument original de Constantin. Tout porte à croire que l'église construite par cet empereur avait la plus grande ressemblance, comme forme, avec l'antique sanctuaire de Bethléem.

Ces premières constructions, rasées au viie siècle par Chosroës, furent relevées par Modeste, grâce à la puissante intervention de la femme du vainqueur qui était chrétienne. Des monuments séparés, qu'ont décrits Arculfe, saint Willibad et Bernard le Sage, recouvrirent alors chaque emplacement vénéré. Nous voyons plus tard le patriarche Sophronius, après avoir défendu courageusement la Ville Sainte à bout de ressources contre les troupes d'Omar, déclarer qu'il ne se rendra qu'au khalife lui-même. Omar vient exprès de Médine et conclut un traité garantissant aux chrétiens l'intégrité et le respect de leurs églises; il jette les fondements de la grande mosquée qui porte son nom, puis il retourne à son désert (637).

Charlemagne, empereur d'Occident, inaugure la protection des Saints Lieux par la France sous le règne d'Haroun al-Raschid qui lui envoie les clefs du Saint-Sépulcre[1]. Mais sous Hakem les églises de la Résurrection, du Calvaire, de Sainte-Marie, et de Sainte-Hélène sont brûlées ou démolies entièrement : seul, le tombeau du Sauveur est épargné. Après la mort de ce sultan qu'on a appelé à juste titre le « Néron de l'Égypte », la reconstruction de la basilique s'opère par les soins des empereurs grecs et sous les ordres d'architectes grecs (1048). Sœwulf nous en a laissé une description détaillée[2].

Au moment où les croisés vinrent assiéger la Ville Sainte (1099), peu s'en fallut que l'église de la Résurrection et le couvent latin de Sainte-Marie ne fussent détruits. « Quelques jours avant le siège, dit Guillaume de Tyr, les habitants de Jérusalem, rassemblés dans le parvis du temple, résolurent de massacrer les chrétiens et de renverser de fond en comble

---

[1] Le règne heureux d'Haroun al-Raschid est surnommé « *les jours de noces* » par les écrivains arabes. (Rhôné).

[2] Selon certains savants, une partie de la façade de l'église actuelle du Saint-Sépulcre, les Arceaux de la Vierge, plusieurs piliers enfin près de la pierre de l'Onction et de la chapelle dite « *Prison du Christ* » dateraient de cette époque et seraient par conséquent de 80 ans environ antérieurs à l'époque des Croisades. Les Latins ont même dû couper une fenêtre de l'ancien édifice pour élever dans l'angle nord-ouest du parvis de la basilique la tour du clocher. Ces restes anciens appartiendraient donc aux constructions de Constantin XI (ou XII) Monomaque (1042-1054).

l'église de la Résurrection et le sépulcre du Seigneur, afin que les croisés renonçassent à leurs projets d'approcher de la ville, ou même d'y entrer, soit pour visiter leurs frères, soit pour faire leurs prières. Cependant, comme ils apprirent qu'une telle conduite exciterait contre eux les haines les plus violentes et irriterait les peuples croisés au point de les porter à un massacre général, ils changèrent d'avis [1]. »

Quelques années après l'occupation chrétienne, les Latins réunirent dans un seul bâtiment tous les sanctuaires jusqu'alors isolés (1130).

Lorsqu'en 1187, après la bataille d'Hattîn, Jérusalem retomba aux mains des musulmans, le Saint-Sépulcre faillit encore être rasé complètement. « Quelques zélés musulmans, dit Emad ed-Dîn, avaient conseillé à Saladin de détruire ce monument, prétendant qu'une fois que le tombeau du Messie serait comblé et que la charrue aurait passé sur le sol de l'église, il n'y aurait plus de motifs pour les chrétiens d'y venir en pèlerinage ; mais d'autres jugèrent plus convenable d'épargner ce monument religieux, parce que ce n'était pas l'église, mais le Calvaire et le Tombeau qui excitaient la dévotion des chrétiens et que, lors même que la terre eût été jointe aux cieux, les nations chrétiennes n'auraient pas cessé d'affluer à Jérusalem. Ils firent observer que, lorsque le khalife Omar, dans le premier siècle de l'islamisme, se rendit maître de la Ville Sainte, il permit aux chrétiens d'y demeurer et respecta l'église du Saint-Sépulcre [2]. »

La basilique des croisés resta donc debout sans changements importants jusqu'en 1808. On y constatait l'alliance du style roman et de l'ogive sarrazine sensiblement modi-

---

[1] Guill. de Tyr, VII, 23, p. 745. Édit. Bongars.
[2] Emad ed-Dîn. *Bibliothèque des Croisades,* IVe part. p. 214.

fiée par le goût français. La coupole, jadis ornée de mosaïques, était soutenue par de belles arcades reposant sur des colonnes de marbre ou sur des pilastres incrustés de marbre au nombre de vingt : il y avait deux étages superposés de galeries, réunies par des arceaux, et le sommet du dôme, laissé découvert, permettait d'apercevoir le ciel au-dessus du saint tombeau[1].

En 1808 eut lieu l'incendie de la basilique, puis sa reconstruction par les Grecs : ces derniers cachèrent, sous un remaniement grossier, les colonnes byzantines dans les flancs épais de gros piliers carrés en maçonnerie. Les arcs devinrent lourds et la coupole disgracieuse. Toutefois il faut encore se réjouir que le feu et la truelle des Grecs aient épargné une partie des constructions faites par les croisés, qui ne sont, en somme, que dissimulées sous le plâtre.

La grande place carrée ou parvis qui s'étend devant l'édifice était précédée jadis d'un portique qu'indiquent encore des soubassements de colonnes. Plusieurs pierres tombales datant des Croisades sont encastrées dans le pavé, entre autres celle d'un chevalier breton du nom de *d'Aubigny*[2].

La façade irrégulière de la basilique date du XIIᵉ siècle : c'est l'œuvre des Hospitaliers de Saint-Jean. Elle se compose de deux baies ogivales au rez-de-chaussée, et de deux fenêtres également en ogive au-dessus. Les arcades des portes, finement sculptées, s'appuient sur trois colonnes, supportant des linteaux ornés de bas-reliefs qui représentent des scènes tirées de l'Évangile : la résurrection de Lazare ; — la fête des

---

[1] Il existe encore des restes de mosaïques du XIIᵉ siècle dans les chapelles du Calvaire. La disposition de l'édifice est clairement indiquée, comme nous venons de le rapporter, dans les gravures des relations de voyage des XVIᵉ et XVIIᵉ siècles.

[2] Voir à l'appendice la note relative à cette pierre tombale.

Rameaux ; — l'entrée de Jésus à Jérusalem sur l'ânesse ; — la Cène. Celui de gauche, d'une fort belle exécution, est composé de fleurs, de feuilles, de fruits entremêlés d'hommes, d'oiseaux, d'animaux fantastiques s'enlaçant bizarrement.

La chapelle extérieure, à droite du portail, était primitivement un porche à jour auquel un escalier donnait accès et par où on entrait directement au Calvaire : la communication est aujourd'hui murée et, du porche fermé, on a fait la chapelle de Notre-Dame des Douleurs, en souvenir de la place qu'occupait la Vierge au pied de la croix.

Dans l'angle nord-est du parvis[1], s'ouvre la chapelle grecque de Sainte-Marie l'Égyptienne, sur le mur occidental de laquelle on voit à l'extérieur une image de la mère de Dieu. Un jour qu'elle voulait entrer dans la chapelle du Golgotha, elle fut arrêtée par une main invisible. Frappée de stupeur, elle fit un retour sur elle-même et, reconnaissant son indignité, elle s'adressa à la statue de la Vierge qui la consola dans sa détresse et lui rendit courage, ainsi qu'il est dit dans la vie de la sainte. Après avoir promis de mettre ordre au plus tôt aux scandales de sa vie[2], elle n'éprouva plus aucun obstacle pour pénétrer dans le saint lieu.

L'Église du Saint-Sépulcre se compose d'un grand nombre de constructions des plus irrégulières. A gauche en entrant s'étendent de larges divans destinés aux gardiens musulmans; c'est là qu'ils causent, fument, prennent leur café ou font leur *kief*.

En face de la porte se dresse le mur du chœur des Grecs, entièrement couvert de tableaux et de dorures. Au bas, cachée sous un revêtement de beau marbre rouge, se trouve

---

[1] D'immenses citernes s'étendent sous le parvis de la basilique du Saint-Sépulcre, le long du couvent grec, et jusque vers le milieu de la place.

[2] Sœwulf (1102-1103). — Michel et Wrigt. *Rec. de voy*, t. IV, p. 839.

la *pierre de l'Onction*, sur laquelle fut embaumé le corps de Notre-Seigneur, tandis que la Vierge se tenait un peu à gauche, à la place indiquée par une grille de fer.

Au milieu de la grande rotonde, s'élève le petit monument qui recouvre le Saint-Sépulcre. Depuis Constantin

ANCIENNE PORTE DE L'ÉGLISE DU SAINT-SÉPULCRE A JÉRUSALEM
DONNANT SUR HARET EN-NASARA

jusqu'à nous, on a vénéré sans interruption le tombeau du Christ qui fut isolé, par les ordres de cet empereur et de sainte Hélène sa mère, du rocher où il avait été creusé. Il fut enfermé alors sous une chapelle de forme ronde dont le toit reposait sur des colonnes monolithes d'une grande beauté. Les parois intérieures, tout en marbre, étaient incrustées des pierres précieuses les plus éclatantes, « afin d'offrir aux yeux par leur rayonnement, nous dit un contemporain de Constantin, comme une image des splendeurs de la Résurrection ».

De nos jours, la voûte naturelle de l'ancienne sépulture a tout à fait disparu ainsi que le vestibule; mais on peut encore toucher le rocher autour de la petite porte basse qui conduit de la chapelle de l'Ange au Saint-Sépulcre même.

L'authenticité reconnue du tombeau de Joseph d'Arimathie (de nos jours la chapelle Syriaque) prouve que le lieu où fut enterré le Christ, distant de quelques mètres à peine, était bien situé jadis hors des murs de la ville. Nous voyons du reste Origène au IIIe siècle, comme plus tard saint Jérôme au IVe, regarder la position des Lieux Saints comme indubitable : « Il ne leur a manqué ni la notoriété, ni l'affluence des voyageurs, ni la vénération, ni les outrages (temples de Vénus et d'Adonis[1] élevés en ce lieu par Hadrien), ni rien de ce qui attire l'attention et sauve de l'oubli. » Que si certains auteurs prétendent que la mosquée d'Omar est l'église de Constantin, la Sakhrah le Saint-Sépulcre, et l'église actuelle du Saint-Sépulcre un monument bâti en imitation et en souvenir de la première vers le Xe siècle, la meilleure manière de les convaincre de leur erreur, c'est de les engager à aller sur place étudier plus attentivement les monuments dont ils parlent.

Une porte étroite donne accès dans l'édicule qui renferme le Saint-Sépulcre. Une première pièce servant de vestibule est la chapelle de l'Ange, au centre de laquelle se voit la pierre qui servit à fermer l'orifice de la chambre mortuaire : on

---

[1] De Vogüé. *Églises de Terre Sainte*, p. 119.

dirait un fût de colonne mal taillé. De là, une entrée basse et resserrée conduit dans une salle de six pieds carrés : à droite est le tombeau du Christ, sorte de lit de pierre ménagé dans le rocher qu'on a dû revêtir de marbre blanc pour le soustraire aux dégradations des pèlerins. Quatre personnes à peine peuvent se tenir ensemble dans cet étroit espace où brûlent continuellement quarante lampes en argent et en or.

Comme tous ses contemporains, Joseph d'Arimathie avait fait creuser son tombeau dans le roc même. Ainsi que nous l'avons dit plus haut, les chrétiens des premiers siècles dégagèrent le Saint-Sépulcre de la masse du rocher et l'isolèrent, en laissant cependant tout autour une sorte de mur, revêtu plus tard de marbre à l'intérieur comme à l'extérieur. Une plateforme bien nivelée entourait le monument qui, avant l'incendie de 1808, se composait de neuf arcades soutenues par dix colonnes. Après cette catastrophe, les Grecs remplacèrent « cette disposition si simple et si pure », au dire des relations du temps, par une ornementation du plus mauvais goût. A la place des colonnes, des pilastres lourds et saillants supportent un parapet avec balustre en pierre dominé par un petit dôme arabe que soutient un rang d'arcades de l'effet le plus disgracieux. Une quantité prodigieuse de lampes et de tableaux recouvre entièrement le portail de l'édicule, tandis qu'à son chevet s'élève l'autel des Syriens, à la place de celui qu'avaient édifié les croisés au même endroit.

En face de la rotonde, à l'est, se trouve l'église des Grecs. Elle est régulière, entourée de stalles en bois grossièrement sculptées, mais ornée de tableaux, de broderies, de chandeliers de toutes formes, de statues d'un goût fort douteux. L'*iconostase*, (sorte de haute cloison percée de trois baies qui ferme le sanctuaire à la vue des fidèles), est surchargée d'ornements d'or et d'argent ; dans le chœur proprement dit (*sancta sanctorum*) se dressent les sièges des archevêques et des évêques : on y voit également des vases et des reliquaires anciens d'un travail remarquable.

Ce chœur des Grecs, ainsi que le transept oriental de l'église du Saint-Sépulcre, est l'œuvre des croisés. A cette époque, la basilique était richement décorée de superbes mosaïques sur fond or dont il ne subsiste que quelques rares débris. Ces mosaïques devaient être contemporaines de celles de Bethléem et faites également par des artistes grecs, sous la direction et la surveillance des Latins.

Au milieu de la nef des Grecs, une petite colonne indique, suivant la tradition locale, le centre du monde. Saint Jérôme, dans son commentaire d'Ezéchiel[1], ainsi que plusieurs rabbins, regarde Jérusalem non-seulement comme *l'ombilic de la Judée*, ainsi que le dit Josèphe[2], mais encore comme *le centre du monde*. Plus tard, nous voyons les Scandinaves et les Latins adopter la même idée, « parce que, dit l'abbé Nikolas, le soleil au solstice d'été n'y porte point d'ombre[3] ».

Au nord du Saint-Sépulcre s'ouvre la chapelle de Sainte-Marie-Magdeleine, puis celle de l'Apparition, toutes deux appartenant aux Latins. Cette dernière, qui renferme de belles boiseries, s'élève à l'endroit où, d'après la tradition, Notre-Seigneur apparut à sa mère avant de se montrer à ses disciples. Joseph d'Arimathie avait en effet, près de sa sépulture, une villa où il est possible que la Vierge, lorsque Jésus eut été mis au tombeau, se soit retirée en attendant sa Résur-

---

[1] Hæc dicit Dominus Deus : Ista est Jerusalem, in medio gentium posui eam et in circuitu ejus terras ! (Ezéchiel, V, 5).

[2] Josèphe. *Guerre des Juifs*, liv. III, ch. 3, § 5.

[3] *Ant. Russes*, II, p. 412.

ESCALIER CONDUISANT AU PARVIS DE L'ÉGLISE DU SAINT-SÉPULCRE A JÉRUSALEM

rection. Dans la sacristie des Latins on conserve l'épée et les éperons de Godefroy de Bouillon.

Il faut traverser ensuite une des parties les plus anciennes du monument appelée les Sept Arceaux de la Vierge, pour atteindre une petite chapelle basse et voûtée nommée la Prison du Christ. Selon quelques auteurs, c'est là que Notre-Seigneur aurait été enfermé, puis dépouillé de ses vêtements avant le crucifiement.

En suivant le bas côté qui circule autour du chœur des Grecs, on passe successivement devant la chapelle de Saint-Longin et celle du Partage des vêtements, et l'on arrive à l'escalier de vingt-neuf marches qui descend à l'antique chapelle de Sainte-Hélène. Construite au VIIe siècle par Modeste, elle fut élevée en l'honneur de sainte Hélène, mais non pas par elle. C'est en ce lieu que se tenait la pieuse impératrice pendant les fouilles entreprises pour rechercher la vraie croix. En partie taillé dans le roc, l'édifice est surmonté d'une petite coupole et soutenu par des colonnes massives à chapiteaux corinthiens. Le style général est byzantin, et les deux autels appartenant aux Arméniens sont consacrés l'un au bon larron[1], l'autre à sainte Hélène.

Sur la droite, un escalier de douze marches conduit à la citerne où fut retrouvée la vraie croix. Ce fut Hadrien[2] qui, en 146, pour la soustraire à la vénération dont on l'entourait, la réunit à celles des deux larrons, jadis jetées à cette place

---

[1] La tradition locale veut que le bon larron, désigné sous le nom de Dîmas, ait rencontré la Sainte Famille alors qu'elle fuyait devant la colère d'Hérode. Séduit par les charmes de l'Enfant-Dieu et de sa Mère, le bandit s'attacha à leurs pas pour les défendre en cas de besoin et, après leur entrée en Égypte, revint exercer son triste métier en Judée. Pris et condamné à l'époque de la Passion, il fut crucifié aux côtés de Jésus-Christ.

[2] Le même empereur, en haine du Christ, avait fait élever une statue à Vénus sur le Golgotha et une à Jupiter sur le Saint-Sépulcre.

par les soldats. En 326, la croix de Notre-Seigneur fut découverte dans les circonstances que l'on sait par la mère du grand Constantin, à l'endroit marqué aujourd'hui d'une plaque de marbre de plusieurs couleurs (50 pieds environ au-dessous du sommet actuel du Calvaire).

Si l'on continue à tourner autour du chœur des Grecs et qu'on dépasse la chapelle des Injures, on arrive bientôt au *Golgotha*, dont le nom Hébreu veut dire : *Crâne* ou *Colline des Crânes*. Un escalier raide monte au Calvaire, élevé de quatorze pieds au-dessus du sol environnant.

Des deux petites nefs ou galeries contiguës qui recouvrent ce lieu vénéré, celle de droite, très sobre de décoration, appartient aux Latins : c'est là que Jésus fut attaché à l'instrument de son supplice. Dans celle de gauche, propriété des Grecs, se voient les trous où furent plantées les croix du Sauveur et des deux larrons : le premier est recouvert d'une plaque d'or. A côté, un treillage en argent protège la fente du rocher qui, au moment de la mort du Christ, s'ouvrit jusqu'au centre de la terre, d'après la tradition. Cette chapelle est surchargée d'ornements et décorée de la façon la plus riche. Au temps des Croisades, on plaçait en ce lieu l'endroit du sacrifice d'Abraham.

Au-dessous du Golgotha se trouve la chapelle d'Adam. Une ancienne légende, admise par saint Basile, Origène et saint Augustin, veut que la tête de notre premier père, enseveli, dit-on, à Hébron, ait été déposée en ce lieu par les patriarches qui l'avaient conservée longtemps dans leur famille. C'est de là qu'est venu l'usage de sculpter une tête de mort au pied du crucifix. La fente du rocher, bien visible dans la paroi est, s'enfonce directement dans le sol, brisant perpendiculairement les veines du roc.

Devant la chapelle d'Adam, dans une enceinte rectangulaire entourée d'un mur à hauteur d'appui, étaient les tombes de Godefroy de Bouillon et de Baudouin Ier, son frère.

Les deux successeurs de Baudouin furent ensevelis dans la chapelle même, et les quatre derniers rois latins ayant résidé à Jérusalem eurent leurs tombeaux en face de l'entrée, au pied de la clôture du chœur des Grecs, tous les quatre sur la même ligne. Les Grecs ont brisé ces sépultures lors de l'incendie de 1808. Ils voulaient ainsi faire disparaître tout ce qui pouvait constituer pour les Latins des preuves de priorité de possession, et nul doute qu'ils auraient été heureux, s'ils l'avaient pu, de faire rentrer dans l'oubli ces vaillants héros, dont le sang généreux avait scellé la conquête des Lieux Saints.

CHAPITRE QUATRIEME

Jérusalem. — Le Saint-Sépulcre. — Les cérémonies de la Semaine Sainte. — Procession des Latins le soir du Vendredi Saint. — Le feu nouveau des Grecs. — Le clergé grec. — Offices des Latins le jour de Pâques.

Les cérémonies religieuses et les offices (surtout les offices des Latins), célébrés à Jérusalem pendant le temps pascal, se font avec une pompe remarquable. Lorsque la Pâque des trois communions latine, grecque et arménienne tombe le même jour, l'affluence des pèlerins devient énorme.

Rien n'est solennel et impressionnant comme ce concert d'hymnes et de prières qui s'échappent des lèvres de l'erreur comme de celles de l'orthodoxie, et qui retentissent nuit et jour dans toutes les langues autour du Saint-Sépulcre. « Du haut des arcades où ils sont nichés comme des colombes, du fond des chapelles ou des souterrains, les prêtres des différentes sectes, dit Châteaubriand, font entendre leurs cantiques à toutes les heures du jour et de la nuit; l'orgue du religieux latin, les cymbales du prêtre abyssin, la voix du caloyer grec, la prière du solitaire arménien, l'espèce de plainte du moine copte, frappent tour à tour ou tous à la fois votre oreille. Vous ne savez d'où partent ces concerts ; vous respirez l'odeur de l'encens sans apercevoir la main qui le brûle ; seulement, vous voyez passer, en s'effaçant derrière les colonnes, et se perdre dans l'ombre du temple, le pontife qui va célébrer les plus redoutables mystères au lieu même où ils se sont accomplis[1]. »

Le samedi qui précède le dimanche des Rameaux, les patriarches entrent processionnellement dans l'église du Saint-Sépulcre, accompagnés de leur clergé et des fidèles, tous portant des palmes ou des branches d'olivier. La cérémonie est longue et imposante, les chants graves et recueillis, les ornements riches et somptueux.

A partir du Jeudi Saint, le patriarche latin officie dans l'étroit espace qui sépare l'édicule du Saint-Sépulcre de la grille d'entrée de l'église des Grecs. Des chandeliers d'argent ornent un autel portatif[2] qu'entoure le clergé, revêtu de chasubles et de chapes magnifiques, marquées aux armes de l'Espagne.

Le Vendredi Saint, les cérémonies du matin ont lieu de la même façon que la veille. Le soir, les Latins visitent en procession les principales stations de l'église du Saint-Sépulcre, et à chacune d'elles on prêche en une langue différente. « L'aspect général de la procession est beau et saisissant : chaque fidèle porte un cierge qui répand sur les murs et sur les voûtes de la grande basilique une clarté mystérieuse; la foule indigène est bigarrée des plus étranges couleurs ; elle s'accroche à tous les détails d'architecture. On voit des femmes, des enfants, des vieillards, pendre en quelque sorte des balcons et des frises ; des jeunes gens

---

[1] Châteaubriand. *Itinéraire de Paris à Jérusalem*.

[2] Cet autel mobile, qu'on enlève comme un décor après les offices pour faire place à la circulation, n'est vraiment pas digne de notre religion.

s'attacher aux colonnes, des êtres informes dans la demi-obscurité de la nuit, apparaître dans tous les coins et recoins du temple... Les reflets lumineux qui colorent ces visages, produisent une impression fantastique, tandis que la procession roule et se déroule avec une lenteur imposante à travers tous les détours de l'édifice[1]. »

C'est au Calvaire que se fait l'allocution en français. A peine est-elle terminée qu'on simule, avec un Christ articulé, la descente de la Croix et la mise au tombeau. Le patriarche latin n'assiste pas à cette scène digne du moyen âge : c'est un vieil usage espagnol, peu d'accord avec notre siècle, qui semble intéresser au plus haut point les Grecs aussi bien que le gouverneur turc, et auquel tiennent les Franciscains.

Pendant la procession et les sermons, les portes sont hermétiquement fermées. Un nombre considérable de personnes, y compris la garnison chargée du maintien de l'ordre, remplit l'église et y passe la nuit, attendant avec une impatience fébrile la cérémonie du feu nouveau des Grecs, célébrée le Samedi Saint. On rit, on cause, on fume, chacun se case où il peut : à cinq heures du matin, rien n'est triste et écœurant comme la vue de cette foule d'hommes, de femmes, d'enfants, couchés pêle-mêle sur les dalles, autour du Saint-Sépulcre, ou sur des échafauds en bois, élevés par les schismatiques dans les arceaux de la coupole, pour être chèrement loués aux pèlerins de leur communion. Ne se croirait-on pas bien loin du tombeau du Christ, bien loin surtout du Golgotha !

Le Samedi Saint, dès que l'office des Latins est terminé, la foule des Grecs et des Arméniens envahit la rotonde et les lieux avoisinants. L'église est plus que comble : les soldats

[1] G. Charmes. *Revue des Deux-Mondes*, 15 juin 1881.

turcs font la haie, tandis que leurs officiers, armés de gourdins et de courbaches, maintiennent l'ordre en ne ménageant pas les coups. Parfois, dans la bagarre, il y a des pèlerins étouffés, malgré la menace du pacha d'interdire la cérémonie s'il se produit le moindre accident[1].

En attendant l'arrivée de l'évêque grec, chargé de recevoir le feu nouveau qu'un ange est censé lui apporter du ciel, des milliers d'énergumènes chantent, hurlent, dansent et se bousculent autour du tombeau du Sauveur. Enfin la procession s'avance ; elle fait lentement, par trois fois, le tour du Saint-Sépulcre, puis l'officiant disparaît dans la chapelle de l'Ange, dont on ferme soigneusement la porte. Dès qu'il a reçu la visite du messager céleste, l'évêque allume un faisceau de cierges et le passe par une ouverture circulaire à un pèlerin privilégié qui doit le rapporter à Pétersbourg sans le laisser éteindre.

C'est alors que les soldats abandonnent la place. Livrée à elle-même, ivre d'enthousiasme, la foule se précipite : les premiers cierges allumés sont assiégés par des forcenés qui enserrent de toutes parts leurs porteurs et manquent de les brûler vifs. Le feu se propage avec une rapidité vertigineuse : en un instant il est parvenu aux galeries supérieures. Bientôt les têtes sont aussi brûlantes que les cierges ; les flots houleux des fanatiques, la lueur des milliers de lumières qui s'allument partout, les vociférations de la multitude, les chants et les danses qui les accompagnent, présentent un spectacle unique et indescriptible. Ici, un homme se brûle la barbe et la poitrine croyant ainsi se purifier complètement ; là, une femme enflamme ses cheveux en traçant dans l'air avec un paquet de bougies des figures imaginaires. D'autres

[1] La Palestine est administrée par un *vali* ou gouverneur général qui réside à Jérusalem et qui relève directement de la Porte.

se contentent de passer leurs mains sur leur tête ou sur leur front après les avoir mis dans la flamme. On raconte l'histoire d'une malheureuse femme qui avait fait le voyage de Jérusalem dans le seul dessein de transporter dans sa maison, en Sibérie, le feu du Saint-Sépulcre. Arrivée à Constantinople, son cierge s'éteignit; sa vie fit de même : elle mourut de désespoir! Au milieu de cette saturnale, dont la plume se refuse à reproduire tous les détails, il arrive souvent des accidents que la milice turque ne peut empêcher. Quel spectacle mieux fait pour montrer jusqu'où peut aller la crédulité humaine poussée par le fanastisme!

Dès le IXe siècle nous trouvons cette légende du feu nouveau apporté du ciel par un ange mentionné dans l'itinéraire du moine Bernard[1]. « Il convient d'ajouter, dit-il, que le Samedi Saint veille de Pâques, après l'office du matin célébré dans la basilique, on chante : *Kyrie, eleison*, jusqu'à ce qu'un ange, descendant du ciel, vienne allumer les cierges qui se trouvent au Saint-Sépulcre. Le patriarche évêque donne alors du feu au reste du peuple, afin que chacun puisse aussi le faire briller dans sa maison. Ce patriarche se nomme Théodosius; les chrétiens, à cause de sa grande réputation de sainteté, l'ont arraché malgré lui de son monastère qui se trouve à quinze milles de Jérusalem, et l'ont établi comme patriarche sur tous les chrétiens de Terre Sainte. »

Inutile de dire que le miracle du feu nouveau n'existe que dans l'imagination d'une foule grossière. « Les évêques schismatiques eux-mêmes, et les membres éclairés du haut clergé grec, conviennent que ce feu, allumé mystérieusement et à l'abri des regards indiscrets, a une origine toute naturelle; seulement ils n'osent détromper la foule, de peur de

---

[1] *Itinerarium Bernardi Monachi.* (Vers 870 ap. J.-C.). Édition Tobler, p. 315.

perdre leur influence et de nuire aux intérêts du clergé inférieur, en réduisant considérablement le nombre des pèlerins[1]. » Aussi entretiennent-ils soigneusement leurs fidèles dans l'idée qu'ils peuvent acquérir là un nombre incalculable de mérites : puis, ils profitent du temps que les pèlerins passent à Jérusalem dans leurs établissements pour leur

MONT DE L'ASCENSION. VUE PRISE DES TERRASSES DU SAINT-SÉPULCRE

soutirer habilement tout ce qu'ils possèdent. Règle générale : tout pèlerinage ne quitte Jérusalem que quand il est entièrement dévalisé. Bon an, mal an, on peut compter que trois mille Russes au moins se rendent à Jérusalem et que chacun d'eux y dépense en moyenne trois cents francs.

[1] De Vogüé. *Églises de Terre Sainte*, p. 22.

Dans ces derniers temps le gouvernement du Czar dut interdire qu'on laissât partir d'Odessa les pèlerins sans billet d'aller et retour, les malheureux, la plupart du temps, n'ayant plus de quoi revenir dans leur pays à leur sortie de la Ville Sainte.

Il est aisé de comprendre cette rapacité du clergé grec qui a besoin de rentrer dans les déboursés que nécessite l'achat de ses charges. « Considérant les évêchés comme des fiefs, le patriarche et le synode ont soin d'élire pour évêques ceux qui leur donnent le plus d'argent: ceux-ci, ayant payé cher leurs dignités, se remboursent sur leurs prêtres et les prêtres sur leurs paroissiens ou sur les pèlerins... Acheteurs et vendeurs des choses sacrées, ils n'ont aucun soin de leurs brebis spirituelles et les tondent jusqu'à la peau... Ils sont ignorants et grossiers, et s'adonnent aux plus scandaleux déréglements[1]. » Le patriarche grec lui-même achète le plus souvent son titre et sa place à la Sublime-Porte: mais il se dédommage avec usure en prélevant sur son clergé une somme de beaucoup supérieure à celle qu'il a dû payer. Aussi les évêques et les grands dignitaires de cette communion se sont-ils presque toujours rangés du côté de l'empire ottoman, c'est-à-dire de ce régime qui met entre leurs mains, avec un pouvoir administratif sans contrôle, le moyen d'en abuser sans limite.

Le dimanche de Pâques, tout est rentré dans l'ordre et dans le calme autour du Saint-Sépulcre. Les cérémonies latines semblent d'autant plus graves et plus dignes qu'en ce même lieu, la veille, la foule était plus déchaînée et plus bruyante.

Pour célébrer la grande fête de la Résurrection, « les jeunes filles chrétiennes ont mis leurs plus riches vêtements. Elles

[1] Extraits d'une brochure bulgare, publiée à Constantinople et citée par Saint Marc Girardin dans son ouvrage : *La Syrie en 1861*, p. 315.

forment des groupes admirables de lignes et de couleurs... Le type syrien est fort remarquable, d'une grâce un peu nonchalante que relève l'éclat d'yeux étincelants. Parmi les femmes qui assistent aux offices, il en est plusieurs d'une beauté accomplie : elles portent pour vêtement une sorte de veste de velours rouge, vert ou bleu, soutachée d'or et d'argent, de longues jupes ornées de grandes raies multicolores sur des fonds d'un ton très vif, enfin un grand voile blanc, retenu au sommet de la tête, qui retombe jusqu'à leurs pieds et enveloppe élégamment leur corps, sans dissimuler leur visage et les parties luxueuses de leur costume. Agenouillées, ou plutôt accroupies à terre suivant la mode orientale, elles prient avec une ferveur qui donne à leur physionomie une ardente expression...[1] »

Il est triste d'être obligé d'avouer que les Turcs sont en somme les vrais propriétaires du Saint-Sépulcre, et que c'est par tolérance qu'ils permettent d'y célébrer le culte chrétien. « Leur intervention est constamment nécessaire pour faire régner l'ordre... autour des Lieux Saints. C'est un spectacle déplorable que ces collisions constantes, ces luttes envieuses entre des chrétiens. Il semble que le Calvaire soit une proie dont on s'arrache les lambeaux : c'est le partage des dépouilles du Christ sous le fouet de la police turque. Sur cette place où mourut le Sauveur, la foule est bruyante et inattentive. L'indifférence de la plupart des assistants pendant les cérémonies qui ne sont pas celles de leur culte fait mal à voir. C'est l'aspect du désordre et de la profanation dans le lieu du monde qui devrait être le plus auguste et le plus vénéré[2]. »

[1] G. Charmes. *Revue des Deux-Mondes*, 15 juin 1881.
[2] De Scitivaux. *Voyage en Orient*, p. 78.

CHAPITRE CINQUIÈME

Jérusalem. — Le Temple (Haram ech-Chérif). *— Son histoire. — Rapports entre le culte juif et la religion égyptienne. — Fondation de la mosquée d'Omar. — Description intérieure et extérieure de la mosquée d'Omar.*

Le *Haram ech-Chérif* (noble sanctuaire), est le nom donné par les musulmans à l'ancien emplacement du temple de Salomon. On y arrive par un long bazar recouvert de voûtes ogivales. Les boutiques en sont maintenant abandonnées, et l'endroit s'appelait jadis : *Souk el-Kattanin (Bazar des marchands de coton)*. La porte de ce nom (Bab el-Kattanin) est précédée d'un portique et d'une petite cour ornée d'une ravissante fontaine, surmontée d'une demi-rosace, sculptée avec une délicatesse merveilleuse. Au centre d'une immense esplanade s'élève, isolée, la mosquée d'Omar. Au fond, vers le sud-ouest, on aperçoit l'ancienne église de la Présentation, aujourd'hui El-Aksa (l'Éloignée) ; à l'est, de hautes murailles dominent la vallée de Josaphat ; dans l'angle nord-ouest, se dressent les soubassements de la tour Antonia, cette forteresse du temple attenante au prétoire et au palais de Pilate ; à l'ouest enfin, une ligne de constructions irrégulières, dont fait partie la mosquée des Maugrebins, arrête la vue.

Le temple de Salomon détruit par Nabuchodonosor, reconstruit par Zorobabel et enfin par Hérode, dix-neuf ans avant Jésus-Christ, occupait le sommet du mont *Moriah*. Ce nom hébreu signifie : « Dieu y pourvoira » et avait été donné à cet endroit en souvenir du sacrifice d'Abraham que la tradition y plaçait. Une légende, dont on suit la trace jusque dans la nuit des temps, veut qu'il y ait sur le haut de cette montagne vénérée « une pierre sacrée (eben schatiyah) scellée sur l'abîme dont elle arrête les flots ; les eaux du déluge ne l'ont pas touchée, et de ses flancs doit sortir la source mystique, prédite par les prophètes. »

D'après M. de Saulcy et M. de Vogüé, le temple de Salomon était construit sur le plan des temples égyptiens : il avait un *pylône* ou *pronaos*, devant le *naos*, et plus grand que lui. Ce pronaos était un portique soutenu ou précédé de deux colonnes de bronze appelées : *Iakin* et *Boaz*, rappelant les obélisques. Trois galeries entouraient le monument de trois côtés, ne laissant libre que l'entrée. Le *Saint*, qui renfermait l'autel des parfums, le chandelier d'or et la table des pains de proposition, précédait le *Saint des Saints* où reposait l'arche d'alliance, surmontée de deux chérubins (kéroubim) aux ailes déployées, frappante image des sphinx d'Égypte ou des taureaux d'Assyrie [1].

« C'est d'ailleurs une question délicate et insuffisamment traitée de déterminer la part qu'il convient de faire dans la loi mosaïque à l'élément égyptien. On découvre de frappantes analogies entre les prescriptions, les cérémonies, les

---

[1] Avant la destruction du temple de Salomon par Nabuchodonosor, Jérémie enleva le tabernacle, l'arche d'alliance et l'autel des encensements pour les cacher dans une caverne sur le mont Nébo. (II. Macchabées, ch. II, v. 4, 8.

costumes, les symboles du culte juif, et les rites décrits dans les papyrus, où figurés sur les monuments du Nil... Les points où cette analogie semble le plus vraisemblable, sont : 1º la circonsision, pratiquée en Égypte bien avant Abraham et comme rite sacré; 2º la règle pour les prêtres de se raser entièrement; 3º les détails concernant l'éphod, le pectoral, la couronne et le méhil du grand prêtre; 4º la tunique de lin et la ceinture des lévites; 5º l'arche remplie de symboles divins et voilée par les ailes des génies; 6º le serpent d'airain; 7º le *naos*, type du *Saint des Saints*, et la forme du temple de Jérusalem, analogue aux sanctuaires égyptiens... A entendre certains savants... le législateur des Juifs a simplement resserré dans les tables du Sinaï la pure doctrine de ses maîtres... De bonne foi s'imaginait-on... qu'il n'y eut pas de loi, tant que la loi ne fut pas écrite ? Quant à la ressemblance des rites, faut-il s'étonner si, dans la longue extase de Moïse, Dieu permit qu'il se reflétât quelque chose des goûts, des idées, des arts d'un autre âge ?... Osiris, si obscure que paraisse son histoire, présente, à travers le voile des fables, certains détails qui se rapportent au Sauveur attendu par tous les peuples de l'antiquité... et, en présence de textes dont personne ne contestera l'authenticité, on ne peut révoquer en doute l'existence d'une révélation primitive sur l'avènement et le rôle du Messie[1]. »

« En effet, Osiris était l'être bon par excellence. Descendu sur la terre, il était né d'une vierge et avait adouci les mœurs des hommes par la persuasion et la bienfaisance. Il mourut frappé par le génie du mal, mais il ressuscita d'entre les morts dont il devait être le protecteur, le souverain et le juge. C'est par ses mérites que chaque âme est sauvée; c'est

---

[1] C. Viénot. *L'Égypte en bateau à vapeur.* (*Correspondant*, 25 avril 1882.)

de lui que le mort se réclame... et Tertullien n'a pas craint de rapprocher la figure du dieu égyptien de la figure même de Jésus-Christ, qui avait réalisé dans ses côtés les plus nobles et les plus beaux, cette touchante histoire du dieu, sauveur de l'Égypte[1]. »

Mais revenons au Haram ech-Chérif. Après que Titus eut emporté d'assaut Jérusalem, le sommet du Moriah demeura désert. Ce fut en vain que ce général recommanda d'épargner le temple, monument incomparable construit par Hérode dans le style grec avec une telle magnificence qu'il rivalisait avec l'œuvre du fils de David ; un soldat, monté sur le dos d'un de ses camarades, lança à l'intérieur un tison enflammé et bientôt l'incendie se propagea de toutes parts. Malgré les ordres et les efforts de Titus accouru sur les lieux, tout devint la proie des flammes, et les Romains, poussant devant eux, hommes, femmes et enfants, les immolèrent sur l'autel de Jéhovah. Jamais on ne vit une scène d'horreur semblable à celle-là : c'était bien le sang du Christ qui retombait sur la ville maudite et sur ses enfants; l'historien « Josèphe ne put s'empêcher de remarquer, et Titus avoua lui-même, que la vengeance divine avait tout conduit et qu'il n'était que l'instrument d'un châtiment céleste[2]. »

Après Titus, nous voyons Julien, voulant faire mentir la parole du Christ, entreprendre la réédification de l'antique sanctuaire d'Israël. Les Juifs, appelés par lui de toutes les contrées de la terre, y travaillaient avec un zèle incroyable, lorsque des tourbillons de flammes et de fumée s'élancèrent

---

[1] V. Ancessi. *Index archéologique de l'atlas géogr. et archéolog.*, p. 16.

[2] D'après une très vieille légende juive, Titus, qu'on n'appelait pas en Palestine *les délices du genre humain*, mais Titus *Rascha* (le scélérat), fut tourmenté, en punition de tous ses forfaits, par une mouche qui pénétra dans son cerveau, s'y logea, grandit et ne lui laissa de repos ni jour, ni nuit, jusqu'à ce qu'elle eût causé sa mort.

des ruines amoncelées par la main de Dieu et mirent en fuite les ouvriers épouvantés[1]. Il fallut bien que tout demeurât détruit, et que le « Lieu Saint fût à jamais désert ». Plus tard, au vɪᵉ siècle, Justinien bâtit la riche basilique de la Présentation, à l'endroit où la Vierge passa une partie de sa jeunesse, parmi les jeunes filles vouées au culte de Jéhovah.

L'emplacement du temple continuait donc à être marqué par un monceau de décombres lorsque Omar, en 636, conçut le projet d'y faire élever une mosquée sans rivale. Lui-même déblaya avec son armée le terrain que devait occuper le monument en remplissant sa robe d'immondices et en allant les jeter au loin. Mais le conquérant ne put réaliser ses désirs. « Omar se borna en effet à faire purifier la roche et à la désigner aux soins de ses successeurs[2]. » Ce fut l'an 27 de l'hégire (691 ap. J.-C.) qu'eut lieu l'inauguration du Koubbet es-Sakhrah (*dôme de la roche*), sous le règne du dixième khalife Abd el-Mélik Ibn-Mérouan. Le but de ce dernier, en construisant ce monument, était de créer à Jérusalem un sanctuaire rival de celui de la Mecque pour détourner de la Kaabâ une partie des pèlerins, et nuire ainsi à Abdallah Ben-Zobeïr, qui s'était fait proclamer khalife de son côté par les habitants de la Mecque et de Médine.

Selon la tradition, le rocher qui donne à la mosquée son nom d'es-Sakhrah serait une portion de l'aire achetée par David à Areuna le Jébuséen, et près de laquelle fut installé plus tard l'autel des Holocaustes[3].

---

[1] Ammien Marcellin, liv. XXIII, ch. 1.

[2] De Vogüé. *Églises de Terre Sainte*, p. 279.

[3] Cette aire avait été achetée par David parce que l'ange exterminateur, envoyé par le Très-Haut, avait arrêté son bras prêt à frapper à côté de l'emplacement qu'elle occupait : ce prince avait transformé l'aire en autel pour y immoler des holocaustes et des hosties de paix. — (II *Rois*, ch. xxiv, v. 18.)

VUE PRISE PRÈS LA MOSQUÉE DES MAUGREBINS. (HARAM ECH-CHÉRIF)

Les croisés convertirent en église le monument d'Omar sous le nom de *Templum Domini* ; mais Saladin, en 1187, enleva la croix qui avait remplacé le croissant au sommet des édifices du Haram ech-Chérif, et rendit la mosquée à sa destination primitive.

La mosquée d'Omar est, avec celles de la Mecque et de Damas, l'une des plus vénérées de l'Islamisme. Dans le Coran, Dieu jure par le Figuier (Damas), l'Olivier (Jérusalem), le Sinaï et le territoire sacré (la Mecque), et, lorsque le fondateur de la loi nouvelle voulut lui donner la sanction toute puissante d'une révélation suprême, c'est de Jérusalem qu'il raconte son départ pour le voyage merveilleux où lui sont dévoilés tous les mystères célestes [1]. Ce prestige et cette vénération ont toujours existé parmi les musulmans, car, à l'époque de l'incursion des Karmathes, pendant que le pélerinage de la Mecque était forcément interrompu, nous voyons les disciples du Coran [2] le remplacer par celui de Jérusalem qu'ils appelaient « Tharick el Forât », le chemin de l'Euphrate. Cet état de choses dura depuis l'an de l'hégire 317, sous le khalifat de Moktader, jusqu'à l'an 339, sous celui de Rhadi [3].

Une large voie dallée traverse l'immense esplanade (500 mètres sur 300) formée par le sommet du Moriah, jadis égalisé par les ouvriers de Salomon ; au centre, la mosquée

---

[1] Coran, ch. II, v. 129-130 ; ch. XCV, v. 1, 3 ; ch. XVII, v. 1.

[2] Le Coran (en arabe : *récitation*) est le recueil des paroles de Mahomet (Mohammed-*le glorifié*) : révélations, prédications, explications, telles qu'elles échappaient à son esprit tour à tour ému par l'enthousiasme ou guidé par le calcul, et telles que les recueillait la mémoire fidèle de ses amis ou des ses auditeurs musulmans (de mouslim-*croyants*). Zeïd, le disciple aimé du prophète, en fit un premier recueil, révisé ensuite par le sultan Othman : c'est le texte en usage depuis l'an 33 de l'hégire jusqu'à nos jours et sur l'authenticité duquel aucun doute légitime ne s'est jamais élevé.

[3] La Martinière. *Dictionnaire géographique*. (Paris, 1739.)

d'Omar occupe le milieu d'une plate-forme carrée, élevée de quatre mètres au-dessus du sol environnant. On y monte par huit larges escaliers que terminent d'élégantes arcades, supportées par des colonnes d'une légèreté charmante. Le plan de la mosquée est byzantin, ce qui n'est pas très-étonnant, « car, comme le dit fort bien M. de Vogüé, à Jérusalem, en Syrie, en Egypte, pays récemment soumis à leur domination, les Arabes n'avaient que des soldats et des fonctionnaires; pour bâtir les nouveaux monuments de leur culte, ils durent s'adresser aux vaincus, à la population indigène qu'ils avaient convertie de force, mais non changée ni déplacée; souvent même ils firent venir du dehors les artistes que le pays ne pouvait leur fournir[1]. »

Peu d'édifices allient à un aussi haut degré la légèreté, l'élégance, la richesse et la grandeur. C'est un octogone régulier, supportant un tambour circulaire, et surmonté d'une vaste coupole couverte en cuivre : sur le sommet, se dresse un immense croissant doré. La forme de ce monument, incontestablement le plus beau de Jérusalem, est harmonieuse. Des terres cuites bleu d'azur, où sont figurés des versets du Coran s'étalant en capricieuses et ravissantes arabesques, recouvrent presqu'entièrement le tambour à l'extérieur, tandis que quatre portes s'ouvrent aux quatre points cardinaux. En face de la porte est, se trouve un petit dôme soutenu par des colonnes. C'est le Koubbet el-Silsiléh (*dôme de la chaîne*) qu'une prétendue chaîne mystérieuse relierait au ciel. Les arabes l'appellent aussi Mehkhemèh Daoud, ou *tribunal de David,* parce que ce roi y aurait jadis rendu la justice.

Un autre édifice octogonal, datant du XIIIe siècle, le

---

[1] De Vogüé. *Le Temple de Jérusalem*, p. 82.

Koubbet el-Miradj (coupole de l'ascension), rappelle l'ascension nocturne de Mahomet au ciel. Enfin, une jolie chaire à prêcher en pierre du XVIᵉ siècle, appelée menbèr Omar (chaire d'Omar) et trois petites coupoles sont disséminées autour d'es-Sakhrah : l'une s'appelle Koubbet el-Alouah, en mémoire des tables de la loi ; l'autre Koubbet Djibraïl, en souvenir de l'ange Gabriel ; la troisième Koubbet el-Khader, en l'honneur de saint Georges, également vénéré par les chrétiens et par les musulmans.

Rien ne peut donner une idée de l'intérieur de la mosquée d'Omar ; au premier abord on est complètement ébloui par une décoration d'une richesse inouïe [1]. Deux rangées concentriques de colonnes divisent l'édifice en trois enceintes ; la coupole est en charpente et quatre inscriptions en caractères coufiques indiquent qu'elle fut construite en l'an 413 de l'hégire (1022 ap. J.-C.) La calotte intérieure, formée de bardeaux de bois cloués sur les fermes, disparaît sous une riche ornementation en stuc ou mosaïques sur fond or, d'une finesse extrême et du plus bel effet : c'est une suite d'enlacements et de guirlandes d'un charmant caractère. Quatre piliers massifs, et trois colonnes entre chacun d'eux, soutiennent le tambour ; en second rang s'élèvent huit autres piliers et seize colonnes des marbres les plus riches : vert antique, brèche rouge, etc... Les chapiteaux dorés, de forme gréco-byzantine, supportent une sorte d'architrave horizontale sur laquelle repose une série d'arceaux à jour. « Les arcs en plein cintre qui les surmontent sont recouverts d'une mosaïque d'une teinte générale vert sombre, formant un fond excellent pour les grandes inscriptions en lettres d'or, les arabesques, les sculptures et les peintures

[1] Tout l'intérieur a été restauré il y a peu d'années par des ouvriers arméniens.

étincelantes qui circulent sur les murs, courent sur les riches panneaux du pourtour, et gagnent jusqu'à la coupole, où elles se marient à de grands vases et à d'immenses gerbes d'épis et de fleurs[1]. »

Ces mosaïques sont l'œuvre d'artistes byzantins : celles qui ornent le tambour furent achevées l'an 418 de l'hégire. (1027 de notre ère). Les murs sont peints, mais ces peintures produisent peu d'effet, car l'éclat des mosaïques tue tout ce qui les environne. » Ces décorations, d'un art et d'un goût accomplis, sont noyées dans la plus délicieuse des lumières.... Les vitraux des fenêtres ogivales ne ressemblent pas aux nôtres... Formés de fragments de vitres différant sensiblement de couleurs les uns des autres, réunis avec le sentiment le plus fin de l'harmonie des tons et des colorations, ils semblent n'avoir été faits que pour se jouer de la lumière et la manier de la façon la plus exquise... Chaque morceau de verre se trouve entouré d'une moulure en plâtre dont la profondeur, comme l'a fort bien fait remarquer M. de Vogüé, produit l'effet d'une petite lunette, de sorte que la tranche inclinée se colore du même ton que lui, en l'enveloppant d'une pénombre lumineuse[2]. » L'ornementation intérieure et extérieure de la mosquée actuelle date de Soliman et fut achevée vers l'an 969 de l'hégire.

Immédiatement au-dessous de la coupole se trouve la roche (es-Sakhrah), nue et bizarrement découpée. Une grille en fer forgé, dernier souvenir des croisés, l'entoure complètement. Les légendes musulmanes abondent à son sujet : Mahomet, après avoir reçu des mains de l'ange Gabriel sa fameuse jument *el-Borack* (l'éclair), s'empressa

---

[1] G. Charmes. *Revue des Deux-Mondes*, 15 juillet 1881.
[2] G. Charmes. *Revue des Deux-Mondes*, 15 juillet 1881.

de la monter et partit pour le ciel : le rocher voulut le suivre malgré lui, et se mettait déjà en branle, lorsque l'ange le saisit violemment et l'empêcha de bouger. L'effort qu'il fit pour cela fut tel que ses doigts crispés s'enfoncèrent dans le roc en y laissant des traces profondes. C'est au même endroit, paraît-il, qu'après cent ans de vaines recherches sur la terre, Adam retrouva Ève qu'il avait perdue; enfin, il n'est pas un bon musulman qui ne croie sincèrement que le rocher est absolument suspendu dans l'espace au-dessus de l'entrée des enfers.

Près d'une colonne, on montre une plaque de jaspe encastrée dans le pavé : elle était retenue jadis par dix-neuf clous d'or, fixés par Mahomet lui-même pour marquer la durée du monde. A la fin de chaque siècle l'un d'eux se détache et va consolider au ciel le trône d'Allah. Le diable voulant avancer la fin des temps, pénétra un jour furtivement dans la mosquée et se mit à voler les clous en question, lorsque l'ange Gabriel le surprit et le chassa du sanctuaire : il en reste encore trois en place. Ailleurs, les pieds du prophète ont laissé leur empreinte dans la pierre; plus loin, un bouclier en bronze ciselé d'un curieux travail a appartenu à Hamzéh.

Sous la roche sacrée, un escalier conduit à l'endroit le plus vénéré de l'édifice : c'est là, disent les disciples du Coran, que sont venus prier Abraham, David, Salomon, Mahomet, etc.... Au centre de ce petit sanctuaire, une dalle rend un son creux : au-dessous, s'enfonce dans les entrailles de la terre un puits très-profond, appelé par les Arabes le puits des âmes (Bir el-Arouah), parce que, disent-ils, chaque semaine, au jour marqué par Dieu, les âmes des musulmans s'y réunissent pour lui adresser leurs prières. Le frère Liévin y voit la citerne de l'aire d'Areuna et reconnaît dans le trou qui traverse la Sakhrah l'ouverture par où l'on puisait de l'eau.

Du reste, sous tout le Haram ech-Chérif règne un système de réservoirs et de canalisation aussi vaste que compliqué. La citerne qui s'étend sous la Sakhrah est bien probablement l'œuvre de Salomon. Barclay, qui a si soigneusement examiné les parties souterraines du Moriah, pense que la montagne est creuse et recouvre comme une sorte de lac [1].

Sur l'un des piliers de la porte sud, on nous fait remarquer, à l'extérieur, les veines du marbre qui simulent grossièrement deux oiseaux. « Salomon, après l'achèvement de son temple, donna l'ordre à tous les êtres vivants de lui apporter un tribut en signe de dépendance. Le lion lui offrit sa crinière, l'éléphant ses dents, la licorne son unique défense, les abeilles un rayon de leur meilleur miel. Les fourmis arrivèrent, traînant une cuisse de sauterelle présent considérable, dont le transport coûta des efforts inouïs à la noire et active république. Seuls, les oiseaux, poussés par les conseils de la pie jalouse et maligne, refusèrent d'obéir. « Pourquoi, disait-elle, abdiquer notre liberté en obéissant à cet homme qui ne pourra pas d'ailleurs nous poursuivre malgré toute sa sagesse. Restons tranquilles, et faisons lui voir que la nature entière n'est pas sa propriété ». Les idées de la pie triomphèrent. Mais le grand roi Salomon qui savait toutes les langues (même celle des oiseaux), en apprenant cette résistance inouïe à ses ordres convoqua une seconde assemblée de la gent ailée sur le rocher même que recouvre la mosquée actuelle et se cacha pour entendre les discours séditieux. Cette fois, deux pies se présentèrent et obtinrent suc-

---

[1] Barclay. *City of the Great King*, p. 293. — Murray. *Handbook for Syria and Palestine.* Jérusalem, § 47.

cessivement la parole. « A quoi bon, dit la première, venir saluer des hommes qui, pour avoir réuni des pierres, sont en somme moins habiles architectes que nous. Nous ne devons obéir qu'à Dieu et certes nous pouvons l'adorer librement, sans nous déranger, dans nos forêts et dans nos campagnes».
— « Nous ne devons pas prêter la main, s'écria la seconde, à une pareille humiliation. Rien ne peut nous empêcher de souiller ce temple qu'on trouve si magnifique. Que Salomon commande sur la terre, mais qu'il nous laisse tranquilles dans les airs où toute sa puissance ne saurait nous atteindre ». Le grand roi, outré d'une pareille arrogance, sortit tout à coup de sa cachette et s'écria d'une voix terrible : « Oiseaux insensés, si Dieu m'assiste, je puis emprisonner l'air lui-même. Pour vous le prouver, je vous ordonne, dit-il aux deux pies, de rester éternellement esclaves de ce monument que vous avez eu l'audace de mépriser. » Aussitôt, frappées d'immobilité, elles s'inscrustèrent dans le marbre où on les voit encore aujourd'hui [1]. »

C'est pour ôter aux oiseaux, ajoute la légende, la possibilité de renouveler leurs insultes à l'égard du temple, que Salomon en avait fait surmonter le toit d'aiguilles d'or, « afin que nul volatile ne pût s'y poser, ni le souiller [2] ».

---

[1] Frère Liévin de Hamme. *Guide indicateur de Terre Sainte.* 1re partie, p. 355-356.

[2] Josèphe. *Guerre des Juifs*, liv. V, 14.

CHAPITRE SIXIÈME

Jérusalem. — Mesdjed el-Aksa. — Souterrain sous el-Aksa. — Ecuries de Salomon. — La Porte Dorée. — Le temple à l'époque des Croisades. — Constructions Salomoniennes du Temple. — Le mur des Juifs.

Une large avenue, bordée de cyprès et décorée d'une fontaine assez importante, conduit du Koubbet es-Sakhrah à l'ancienne basilique chrétienne, aujourd'hui Mesdjed el-Aksa (l'oratoire éloigné), en opposition au Mesdjed el-Haram (l'oratoire du sanctuaire), nom donné à la mosquée de la Mecque par les disciples de Mahomet.

Dans un portail ogival, précédé d'un porche, s'ouvrent sept arcades, correspondant aux sept nefs de l'église que plusieurs auteurs considèrent comme reconstruite depuis sa fondation : M. de Vogüé, sauf les travaux des Templiers, regarde el-Aksa comme entièrement arabe, mais occupant l'emplacement de l'église de Sainte-Marie élevée par Justinien sur les anciens souterrains qu'il avait préalablement remaniés [1]. Les débris et les soubassements de cette basilique [2] ont été utilisés sans nul doute dans l'édifice actuel,

---

[1] Ce n'est que plus tard que ce sanctuaire prit le nom d'église de la Présentation.

[2] De Vogüé. *Le Temple de Jérusalem* p. 69 et 70.

qu'Omar convertit en mosquée. Au VIIIe siècle, les musulmans restaurèrent le vaisseau primitif et y ajoutèrent deux bas côtés; depuis lors, plusieurs sultans y firent des réparations considérables.

La grande nef est soutenue par douze grosses colonnes badigeonnées comme tout l'édifice et supportant des arcs ogivaux : les deux premières nefs latérales sont portées par des piliers carrés. Le transept est séparé de la nef par

FRAGMENT DE FAÏENCE PROVENANT DU HARAM ECH-CHÉRIF

une grande arcade qui précède une coupole ornée d'assez belles mosaïques sur fond or[1]. Contre un mur plat, remplaçant l'abside démolie par un tremblement de terre, s'appuie un mirhab orné de jolies colonnettes en marbre; tout auprès se trouve un ravissant menbèr en bois, sculpté à Alep[2]. C'est de là que Saladin remercia Allah de lui avoir

[1] La courbe de la charpente qui forme *la face interne* de la coupole de la mosquée d'el-Aksa est un *arc brisé*, tracé à peu près comme celui de la mosquée d'Omar : elle doit être du même temps. *La face externe* n'est pas de la même époque que la face interne.

[2] Le *mirhab* est la niche qui indique aux fidèles la direction de la Mecque, vers laquelle on doit se tourner pour faire ses prières. Le *menbèr* est la chaire où se tient le cheik de l'islam pour prêcher et commenter le Coran.

permis de chasser les chrétiens de Jérusalem et de rendre à son culte cet antique édifice. On lava ensuite entièrement la mosquée à l'eau de rose pour la purifier d'avoir été aussi longtemps en contact avec des ghiaours.

A droite du mirhab est l'ancienne salle d'armes des chevaliers du Temple, voûtée à deux arceaux, autrefois sans doute dépendance du palais des rois latins de Jérusalem. A gauche, on voyait au temps des croisés la chapelle de Saint-Jean aujourd'hui un petit mirhab y marque le lieu où Omar aimait à venir prier. C'est le seul endroit du Haram ech-Chérif que les musulmans désignent spécialement sous le nom de mosquée d'Omar. Près de là s'élèvent, l'une contre l'autre, deux belles colonnes de marbre appelées les colonnes de l'épreuve; entre elles est un étroit espace où l'homme vertueux passe aisément, mais que ne peut franchir le fourbe ou le pécheur.

A l'entrée d'el-Aksa et à l'intérieur, près de la place réservée aux femmes, s'ouvre l'orifice de la citerne de la feuille. « Au temps d'Omar, un bédouin, puisant de l'eau à ce puits, laissa tomber la poche en cuir qui lui servait de sceau; il descendit pour la chercher et vit au fond de la citerne une porte, l'ouvrit et se trouva dans un grand jardin. Il se promena quelque temps au milieu de la verdure, rentra dans le puits et retourna à ses affaires, en emportant comme souvenir une feuille cueillie à l'un des arbres du jardin. Il montra cette feuille au gouverneur qui s'empressa d'envoyer plusieurs hommes vérifier les dires du bédouin; mais la porte avait disparu. La feuille pourtant ne se desséchait pas et conservait toute sa fraîcheur; on écrivit alors à Omar et on lui soumit le cas[1]; le khalife répondit que le

---

[1] De Vogüé. *Le Temple de Jérusalem*, p. 103.

jardin n'était autre que le paradis et que l'événement avait été annoncé par le prophète ».

Au bas de la nef sont enterrés, suivant les uns, les fils d'Aaron et suivant les autres les assassins de Thomas de Canterbury, venus par ordre du pape en pèlerinage à Jérusalem pour obtenir le pardon de leur crime.

Sous la mosquée s'étendent de vastes souterrains : deux grandes galeries accolées l'une à l'autre conduisent à une sorte de salle très en contre-bas. Une belle colonne monolithe, de un mètre cinquante sur plus de sept mètres de haut, soutient des voûtes en arc surbaissé qui viennent s'appuyer sur un chapiteau de galbe tout égyptien, représentant une corbeille évasée, décorée à sa surface d'une série de feuilles d'acanthe alternant avec des feuilles de plantes aquatiques. Il est probable que la base de la colonne, le fût, et le pilier qui lui fait vis-à-vis sont de construction salomonienne : le reste pourrait bien ne remonter qu'à Hérode ou à Justinien. En cet endroit il y avait jadis dans l'enceinte du temple une porte double que les musulmans appellent aujourd'hui la porte de la prophétesse Houlda, la même sans doute que cette Houlda, contemporaine du roi Josias, dont il est fait mention dans l'Écriture [1]. Une inscription gravée sur une des pierres extérieures de la porte dont il s'agit date d'Antonin, ce qui prouve que le remaniement de cette portion de l'enceinte du temple, a eu lieu longtemps après la chute de l'empire romain d'Occident [2].

A l'angle sud-est du Haram ech-Chérif un escalier des plus raides aboutit à une salle voûtée, dite du *berceau du Christ*. Il est peu probable que ce soit là, comme le pré-

---

[1] *IV Rois*, XXII, 14.
[2] Chauvet et Isambert. *Itinéraire de l'Orient, Syrie et Palestine*, p. 297.

tendent les musulmans, que Siméon ait rencontré l'enfant Jésus et que la sainte famille ait séjourné quelques jours. Une porte étroite conduit à un immense souterrain soutenu par plusieurs rangées de piliers élevés, au nombre de quatre-vingt-huit, formant huit galeries parallèles. Les arceaux s'entrecroisent en tous sens et les travées fuient dans une demi-obscurité qui augmente encore l'effet général. C'est là que Salomon, nous dit le Pélerin de Bordeaux, tourmentait les démons pour les rendre plus souples à ses volontés (dœmones torquebat...) Les travaux nécessités par ces gigantesques galeries, appelées improprement depuis les Croisades les *Écuries de Salomon*, datent peut-être des Romains, mais sont relativement modernes. Ils ont sans doute été exécutés sur l'emplacement d'un ancien réseau de caves immenses, dont ils ne sont qu'une imitation postérieure et affaiblie : peut-être même ne doit-on y voir qu'un remaniement arabe.

Une porte triple s'ouvrait de ces souterrains dans la muraille extérieure : on la distingue encore aisément quoiqu'elle soit murée, et, d'après ce qu'on en peut voir, elle daterait en partie du temps d'Hérode, comme la porte double, bien que sa forme primitive lui donne une origine antérieure à ce prince [1]. Au même angle sud-est du Haram, on a trouvé des caractères phéniciens gravés sur les pierres des antiques assises. Ces caractères et la profondeur des fondations (27 mètres) semblent prouver qu'on est là en présence de l'œuvre des ouvriers fournis à Salomon par le roi Hiram, son ami et son allié. D'après les fouilles du capitaine Warren, les fondations des piliers et des murs des écuries de Salomon seraient, selon toutes probabilités, de la même époque.

[1] De Vogüé. *Le Temple de Jérusalem*, p. 13, 14, 50.

La muraille orientale de l'esplanade borde la vallée de Josaphat à une grande hauteur : la vue s'étend au loin sur le Cédron, Siloé, le mont du Scandale et la montagne des Oliviers. Dans le mur même, une énorme pierre très en saillie surplombe le précipice. C'est là, disent les musulmans, que Mahomet viendra s'asseoir pour juger le monde à la fin des siècles, « ce terrible vendredi où le ciel ressemblera à de l'airain fondu, où les montagnes seront comme des flocons de laine agités par les vents, où les mers bouillonneront, où les étoiles tomberont, où les tombeaux seront renversés, ce jour qui enveloppera tout, ce jour inévitable qui durera cinquante-mille années. Alors l'ange Israfil, placé sur un des rochers qui supportent le temple, sonnera pour la troisième fois de sa trompette redoutable ; à ce bruit éclatant, sortiront de sa trompette même toutes les âmes dispersées jusqu'ici dans l'univers entier, s'élançant à la rencontre de leurs corps que la montagne des Oliviers laissera apparaître en volant en éclats. Tous les êtres seront là, depuis les animaux jusqu'aux génies et aux anges, les deux degrés de croyants, les dix degrés de pécheurs. Alors, avant l'examen définitif, les résultats de la conduite mortelle se révèleront déjà dans cette vallée de Josaphat où, pendant la cruelle attente des uns et des autres, les corps des justes reluiront dans leur pureté, les figures des méchants seront noircies et défigurées par le désespoir. L'angoisse de cette attente même durera cinquante-mille années, dit le prophète, mais le jugement ne demandera qu'un clin d'œil et les livres de vie pesés dans la balance, les ressuscités ayant rendu compte de leur temps, de leurs richesses, de leur corps, de leurs connaissances, les rétributions étant compensées, les animaux réduits en poudre, toutes les autres créatures s'élanceront sur le pont d'Al-Sirat, jeté sur la vallée du Cédron entre l'enceinte du Haram et le sommet du mont de l'Ascension, et qui sera aussi étroit qu'un cheveu ou que le tranchant d'un rasoir. Les bons le franchiront avec la vitesse de l'éclair; les méchants ne voyant plus la lumière qui guidait les fidèles, trébucheront bientôt sur l'étroit passage et rouleront dans l'enfer aux sept profondeurs qui s'ouvrira pour les engloutir [1] ».

Les deux baies de la fameuse Porte Dorée (Bab el-Daharyieh), par lesquelles les chrétiens doivent rentrer en vainqueurs dans la Ville Sainte, selon une prophétie musulmane, sont aujourd'hui mûrées; l'une d'elles s'appelle Bab el-Thobé (porte du repentir) et l'autre Bab el-Rahmêh (porte de la miséricorde). Les linteaux et une partie des soubassements passent pour remonter à Salomon. Le reste serait d'Hérode, peut-être même des premiers siècles du christianisme [2]. En tous cas, l'influence de l'architecture gréco-romaine s'y fait sentir de toutes parts, et la frise supérieure se retrouve identique dans plusieurs édifices chrétiens de la Syrie septentrionale. Jadis, une fois par an seulement, le grand-prêtre pénétrait par là dans l'enceinte du temple, suivi du peuple qui, après s'être purifié, venait adresser ses prières à l'Éternel. C'est par cette porte que Notre-Seigneur entra le jour des Rameaux, au milieu de l'allégresse générale.

« Quand les croisés prirent Jérusalem, l'aspect du Haram était à peu près le même qu'aujourd'hui... Il faut lire dans Albert d'Aix le récit dramatique du siège soutenu par la mosquée d'Omar et celle d'el-Aksa, après l'assaut des rem-

---

[1] Fern. Schickler. Légende musulmane rapportée dans son livre : *En Orient*, p. 227.

[2] M. de Vogüé regarde ce monument comme byzantin et construit, tel qu'il est aujourd'hui, au plus tard pendant le vi[e] siècle. (*Le Temple de Jérusalem*, p. 68).

CHAPITRE SIXIÈME

parts[1]. Une foule immense, désespérée, s'était retranchée dans l'enceinte ; forcée par l'impétuosité des Francs, poursuivie de retraite en retraite, elle cherche un refuge sur le toit des mosquées et jusque dans les vastes souterrains voûtés qui s'étendent sous le parvis : partout la mort la suit. Plus de 10,000 musulmans périssent dans ce dernier combat : les vainqueurs marchaient dans le sang jusqu'à la cheville. Tancrède, qui le premier avait brisé les portes de la mosquée d'Omar, dépouille les murs et les colonnes de leurs ornements : il charge six chameaux d'or, d'argent, de matières précieuses, et apporte fidèlement à son suzerain, Godefroy de Bouillon, ces riches et sanglants trophées. Après le carnage et la conquête, l'occupation commence, et chaque édifice reçoit une destination spéciale[2]. »

Nous voyons Baudouin s'installer dans el-Aksa et ses dépendances, c'est-à-dire sur l'emplacement occupé probablement jadis par le *palais de Salomon* ; c'est à cette époque que les souterrains qui règnent sous la partie sud-est de l'esplanade sont aménagés en écuries et prennent le nom d'écuries de Salomon. Enfin le Koubbet es-Sakhrah devient le *Templum Domini*, sans qu'on change rien à sa disposition intérieure. Un autel est seulement élevé sur la roche, et des sujets chrétiens sont représentés sur les murs. (1115-1136.)

En 1118, quelques chevaliers français, lisons-nous dans les anciennes chroniques, vinrent demander asile à Baudouin II dans son palais d'el-Aksa. Tous veufs, d'un rare courage, ayant fait vœu de chasteté et de pauvreté, ces chevaliers voulaient consacrer leur vie à la protection des

---
[1] Albert d'Aix, liv. VI, ch. xx et suiv., p. 280.
[2] M. de Vogüé. *Les Églises de Terre Sainte*, p. 280, 281.

pèlerins, n'ayant pas de domicile fixe et vêtus par la charité publique. Ils demandaient l'approbation ecclésiastique et une règle pour l'association qu'ils voulaient fonder. Baudouin II les accueillit avec faveur ; les chanoines, le patriarche et les évêques les protégèrent à l'envi, et leur nombre s'accrut bientôt considérablement. En 1128, le pape Honorius leur donna une règle rédigée par saint Bernard ; ils portaient une robe blanche avec une croix rouge et s'intitulaient les *Chevaliers du Temple*, le siège de l'ordre étant tout auprès du *Templum Domini*. « Ils combattaient, dit Jacques de Vitry, avec ordre et prudence : les premiers à l'attaque, les derniers à la retraite... Telle était la frayeur qu'ils inspiraient aux ennemis du Christ qu'ils attaquaient un contre mille, deux contre dix mille, ne demandant jamais, quand on sonnait la charge, combien ils étaient, mais où ils étaient. Lions dans le combat, agneaux chez eux ; rudes soldats en expédition, moines et ermites à l'église ; durs et féroces pour les ennemis du Christ, doux et faciles pour les chrétiens. Devant eux marchait un étendard, mi-partie noir et blanc, nommé *Beauséant*, indiquant par là qu'ils étaient blancs et doux pour leurs amis, noirs et terribles pour leurs ennemis. » C'est, du reste, à ces ordres religieux que les Croisades durent ce vernis de chevalerie, un de leurs principaux caractères ; jusqu'au dernier jour ils luttèrent en Palestine contre les ennemis de la foi, « disputant le terrain pied à pied, et ne cédant enfin qu'au nombre ».

Pour trouver, en dehors de l'esplanade du Moriah, des constructions salomoniennes se rattachant à l'ancienne enceinte du temple, il faut les chercher extérieurement dans les murs du Haram ech-Chérif, en grande partie contemporains de ceux de la mosquée d'Hébron. Elles se reconnaissent surtout à leur remarquable appareil dont les pierres ont jusqu'à cinq et six mètres de longueur et sont posées en retraite les unes sur les autres, lorsqu'il y a à craindre la poussée des terres. On les retrouve bien visibles depuis la Porte Dorée jusqu'à l'angle sud-est : elles continuent sur la face sud à peu près jusqu'à la porte des Maugrebins.

En remontant vers le nord, au milieu des cactus qui poussent sur le versant oriental de Sion, et dans la vallée du Tyropœon, les pierres de l'antique appareil sont encore plus

VUE PRISE PRÈS LA PORTE DES MAUGREBINS A JÉRUSALEM

grandes ; ce sont trois rangs de voussoirs magnifiques qui ont évidemment appartenu à l'arche du *pont royal*, lequel passait par dessus la vallée, et avait été construit par Salomon pour relier Moriah et Sion. C'est de là que Titus, maître de l'esplanade du temple, harangua les Juifs massés dans le *Xysthos*, vaste place entourée de portiques qui se développait sur le mont Sion et aboutissait au pont du Tyropœon. On sait avec quelle dureté le général romain, qui aurait voulu voir les assiégés se rendre à merci, repoussa leurs propositions. Les fouilles entreprises en cet endroit par le capitaine Warren ont rencontré l'ancien sol à vingt-sept mètres environ au-dessous du niveau actuel ; cet officier a découvert alors les fondations des piliers du pont royal et les débris des voussures des arches.

Au XIIIe siècle, non loin de la porte actuelle des Maugrebins et sur les pentes de Sion, s'élevaient l'église et l'hôpital de Sainte-Marie des Allemands, propriété des chevaliers Teutoniques. La fondation de cet ordre remonte à un allemand résidant à Jérusalem avec sa femme en 1128 : tous deux dotèrent la Ville Sainte d'un établissement destiné à recevoir et héberger les pèlerins pauvres et infirmes de leur nation [1].

En remontant vers le nord, un groupe de maisons masque une belle porte antique de l'enceinte du temple relevée par M. de Saulcy, dont la science déplore si vivement la perte. Au Heït el-Morharby ou mur occidental, appelé aussi « *mur des Juifs*, » les assises admirablement conservées reparaissent dans toute leur majesté sur près de trente mètres de long. Un peu plus loin elles se perdent définitivement dans les bâtiments du Mehkemèh ou tribunal turc [2].

Les Juifs viennent chaque vendredi dans l'après-midi au Heït el-Morharby pour y pleurer en silence sur Jérusalem déchue, leur temple détruit et leur race dispersée aux quatre coins du monde. Ils sont là une quarantaine en face des blocs antiques, la tête recouverte de bonnets fourrés ou de ces chapeaux ronds en feutre noir qui encadrent d'une façon si singulière leur visage hâve et inquiet. Les uns lisent

---

[1] Jacques de Vitry, ch. XLV.

[2] C'est sous le Mehkemèh que le capitaine Wilson découvrit la fameuse arche qui porte son nom et qui semble dater du Ve ou VIe siècle après J.-C.

gravement dans de grandes bibles; d'autres semblent murmurer quelques prières spéciales en se balançant avec une lente gravité; ceux-là psalmodient d'une voix nasillarde les psaumes du Roi Prophète. Parfois ils récitent ensemble des prières communes, sorte de litanies dans lesquelles les fidèles répondent au rabbin.

Le rabbin. — 1. A cause du palais qui est dévasté.
Le peuple. — 2. Nous sommes assis solitairement et nous pleurons.
1. A cause du temple qui est détruit.
2. Nous sommes assis.... etc....
1. A cause des murs qui sont abattus.
2. Nous sommes assis... etc....
1. A cause de notre majesté passée.
2. Nous sommes assis... etc....
1. A cause de nos grands hommes qui ont péri.
2. Nous sommes assis... etc....
1. A cause des pierres précieuses qui sont brûlées.
2. Nous sommes assis... etc....
1. A cause de nos prêtres qui ont trébuché.
2. Nous sommes assis... etc....
1. A cause de nos rois qui les ont méprisés.
2. Nous sommes assis... etc....
1. Nous vous en supplions, ayez pitié de Sion.
2. Rassemblez les enfants de Jérusalem.
1. Hâtez-vous, hâtez-vous, Sauveur de Sion.
2. Parlez en faveur de Jérusalem!
1. Que la beauté et la majesté entourent Sion.
2. Tournez-vous avec clémence vers Jérusalem.
1. Que bientôt la domination royale se rétablisse sur Sion.
2. Consolez ceux qui pleurent sur Jérusalem.

1. Que la paix et la félicité entrent dans Sion.
2. Et que la verge de la puissance s'élève à Jérusalem [1].

Absorbés dans leur tristesse, c'est à peine s'ils lèvent par instants la tête pour jeter autour d'eux un regard rempli d'une indicible douleur. Des femmes et des enfants, accroupis ou se traînant sur les genoux le long de la muraille, en baisent les pierres avec des gémissements entre-coupés de sanglots.

Rabbi Iehouda Halévi, juif espagnol qui voyagea en Palestine vers 1140, a bien rendu les sentiments qui les animent dans cette page éloquente où il semble avoir exhalé tout ce que son cœur ressentait de tristesse à la pensée de la Ville Sainte tombée aux mains des infidèles. « As-tu oublié, ô Sion, tes enfants captifs? Es-tu insensible au salut que le reste de ton troupeau t'envoie de tous les coins de la terre?... Ah! que ne puis-je verser mon âme là où l'esprit de Dieu descendait sur tes élus! Tu étais la résidence du Roi éternel et je vois des esclaves assis sur le trône de tes princes! Pourquoi mon âme ne peut-elle planer sur les lieux où la divinité se révélait à tes prophètes! Donne-moi des ailes et je porterai sur tes ruines les débris de mon cœur; j'embrasserai tes pierres muettes et mon front touchera ta sainte poussière.... Dans ton vin je respirerai le souffle de la vie; dans ta poussière le parfum de la myrrhe; dans l'eau de tes fleuves je savourerai le miel... Comment pourrais-je m'abandonner aux jouissances de cette vie, quand je vois des chiens entraîner tes lionceaux? Mes yeux fuient la lumière du jour qui me fait voir des corbeaux enlevant dans les airs les cadavres de tes aigles... Sion, couronne de la beauté, rappelle-toi le tendre amour des tiens que ton bon-

---

[1] Frère Liévin de Hamme. *Guide indicateur en Terre Sainte*, 1re partie, p. 329.

heur transportait de joie et que tes revers ont plongé dans le deuil; du fond de leur exil, ils t'ouvrent leurs cœurs et, dans leurs prières, ils s'inclinent vers tes portes. Tes troupeaux dispersés sur les montagnes n'ont pas oublié la chère patrie; ils se sentent encore entraînés vers tes hauteurs, sous l'ombre de tes palmiers... Toi seule tu resteras à la fin des siècles, car le Seigneur fixera sur toi sa résidence éternelle. Heureux le mortel qui demeurera sous l'abri de tes murs! Heureux le mortel qui verra poindre ta nouvelle aurore! Il verra le bonheur de tes élus, il assistera à tes fêtes et tu seras belle comme au jour de ta jeunesse![1] »

Les nationalités brisées sont généralement absorbées par la race victorieuse, mais il n'en a jamais été ainsi des Juifs; race impérissable, isolée, sans mélange, ils ont toujours servi de spectacle au monde et d'instrument aux desseins de la Providence. A voir les débris d'un tel peuple donnant libre cours à sa douleur devant les derniers vestiges de son antique splendeur; à voir ces descendants d'Abraham, de David, de Salomon, honnis et méprisés dans cette même Jérusalem jadis toute leur gloire; il y a quelque chose de si grandement triste et solennel, qu'on ne trouve plus au fond de son cœur qu'un sentiment d'indéfinissable pitié et de profonde mélancolie.

[1] Cité par G. Charmes. *Revue des Deux-Mondes*, 15 juillet 1881.

LA PALESTINE

LIVRE QUATRIÈME

CHAPITRE PREMIER

Jérusalem. — Vallée de Hinnom. — Hakeldama. — Puits de Job. — Piscine de Siloé. — Fontaine de la Vierge. — Vallée de Josaphat. — Tombeaux de Zacharie, de saint Jacques, d'Absalon, de Josaphat. — Gethsémani. — Grotte de l'Agonie. — Tombeau de la Vierge.

Nous sortons de Jérusalem par la porte de Jaffa (Bab el-Khalil); le vallon de Gihon nous conduit en quelques minutes au Birket es-Soûltan ou piscine de Salomon. Construite, dit-on, par le grand roi et restaurée par Hérode, elle prit, pendant les Croisades, le nom de *lac Germain*, « pour ce que Germain le fist faire », dit la citez de Jhérusalem. A notre droite, était la première position des croisés commandés par Raymond, comte de Toulouse; plus tard ils traversèrent la vallée pour venir dresser leurs engins de guerre près du Cénacle.

A partir du Birket es-Soûltan, la gorge, de plus en plus escarpée, prend le nom de *Géhenne* ou *de Hinnom*. Jérémie la qualifie de vallée des tombeaux et l'appelle ailleurs *Tophet*, qui veut dire *tambour*, sans doute parce que c'était dans ses profondeurs qu'on immolait les premiers-nés vivants à Moloch, le dieu du feu, au son bruyant du tambour destiné à couvrir les cris de ces malheureuses victimes[1]. C'est encore en cet endroit qu'on honorait par des fêtes spéciales les plus abominables divinités : de là vint le nom de *géhenne* donné au séjour des damnés. « Jérusalem n'a point de lieu plus saisissant : une gorge profonde, des collines aux flancs escarpés ou couverts de rares oliviers, et dans ce val maudit par Jérémie le souvenir toujours présent des sacrifices de Moloch[2]. »

Sur le versant sud, des pentes rapides jadis occupées par la villa de Caïphe s'élèvent jusqu'au mont du Mauvais Conseil, (Djebel deïr Abou Tôr), où campa Pompée lorsqu'il assiégea Jérusalem[3]. Des ruines et plusieurs voûtes en ogive, dominent les alentours, c'est tout ce qui reste de l'ancien charnier appelé *chaudemar* qui servait de fosse commune au temps des croisés.

Hakeldama, le champ du sang où se pendit Judas, était

---

[1] « Au dire des Rabbins, Moloch (le roi) avait une forme humaine, une tête de taureau et les bras étendus. Sa statue de métal était chauffée en dedans, et les enfants déposés sur ses bras roulaient dans le gouffre brûlant. Le sacrifice manquait de vertu s'il n'était pas volontaire de la part des parents : le premier né, l'enfant unique de la famille, était impitoyablement immolé. Les parents étouffaient par des baisers et des caresses les cris des enfants : la victime ne pouvait gémir, ses plaintes étaient couvertes par le bruit des flûtes et des tymbales. « La mère, dit Plutarque, était là sans verser une larme, sans proférer une plainte ; en pleurant, elle se déshonorait sans sauver son enfant. » Tous les ans, à jour fixe, on célébrait ces sacrifices. » — Dollinger. *Paganisme et Judaïsme*, t. II, p. 240.

[2] C. Fouard. *Vie de N.-S. Jésus-Christ*, t. II, p. 364.

[3] Josèphe. *Guerre des Juifs*, V, 12, 2.

situé tout auprès[1]. Les environs sont couverts de débris de poterie, œuvre sans doute des anciens propriétaires. Plus bas, dans les flancs de la vallée, s'ouvrent de nombreux sépulcres creusés dans le roc. L'un d'eux, encore décoré de peintures grossières, aurait servi de refuge aux Apôtres pendant la Passion de Notre-Seigneur : un peu plus loin se trouve le tombeau du grand prêtre Ananus.

Nous rejoignons la vallée du Cédron qui fuit vers Saint-Saba en face du puits de Job (Bir Eyyoub). C'est là l'ancienne fontaine Rogel, aussi appelée puits de Néhémie : la pierre de Zoeleth, près de laquelle Adonias, fils aîné de David, tenta de se faire couronner roi au préjudice de Salomon, était proche de ce puits où Néhémie, au retour de la captivité de Babylone, envoya chercher le feu sacré qu'on y avait caché au départ. Comme on ne trouva que de l'eau bourbeuse, il ordonna de verser cette eau sur le bois et sur les victimes du sacrifice ; au même moment le soleil brilla et alluma un grand feu, montrant ainsi au peuple la toute puissance de Dieu. Les cases des lépreux, (*Biût el-Masakin*, demeures des malheureux) sont reléguées loin de tous dans cet endroit sauvage.

Nous remontons vers le nord la vallée de Siloé, pour atteindre les anciens jardins de Salomon. Un arbre séculaire, entouré d'un massif de pierres, indique la place où, selon la tradition, le prophète Isaïe (en hébreu *Iesahiahou* « le salut vient de l'éternel ») fut scié entre deux planches pour avoir dit au roi Manassé que ses mains dégouttaient du sang des innocents[2].

Du temps des croisés, la piscine de Siloé[3] où Notre-Sei-

---

[1] Les Arabes de nos jours l'appellent : « Kakel Forar. »
[2] Saint Paul. *Épitre aux Hébreux*, XI, 37.
[3] Siloé en hébreu veut dire : *missio aquæ*, aqueduc, conduit d'eau.

gneur guérit l'aveugle-né était recouverte par une chapelle et avait été divisée en deux salles, l'une pour les hommes, l'autre pour les femmes : ce n'est plus aujourd'hui qu'un amas de décombres obstruant en partie le lit du maigre ruisseau dont les propriétés curatives étaient regardées jadis comme souveraines pour toutes les maladies. Au-dessus du jardin du roi et de la piscine de Siloé, on voit encore des traces de l'enceinte de David : quelques degrés marquent bien confusément l'ancienne voie par laquelle on « montait à Jérusalem ».

Les eaux de la fontaine de la Vierge (Aïn Sitti Miriam), appelée par Esdras *la source du Dragon*, se rendent par un souterrain à la piscine de Siloé[1]. A certains moments la source tarit, phénomène qui avait lieu à l'époque des Croisades, ainsi qu'on peut le lire dans les chroniques du temps ; les légendes locales attribuent ce fait à un dragon caché sous Ophel qui tantôt boit les eaux, tantôt les laisse couler. Ne serait-ce pas là un souvenir de son ancien nom ? La tradition rapporte que la Vierge venait laver les langes de son Fils au bassin situé au bas de l'escalier de cette sorte de grotte ; aujourd'hui encore les femmes de Siloé viennent y chercher de l'eau par le chemin glissant et semé de rochers dont parle l'Écriture.

De l'autre côté de la vallée, sur des pentes dénudées, s'élèvent les pauvres maisons du village moderne : un petit monument carré attire les regards et semble la copie exacte des édicules égyptiens qu'on rencontre dans tous les temples des bords du Nil. Bâti sur le versant du mont du Scandale, ainsi nommé des autels que Salomon éleva en ce lieu aux idoles de ses femmes, l'édifice en question a dû

---

[1] II Esdras, II, 13.

être consacré par la fille des Pharaons¹ aux divinités de ses pères.

Au-dessus du mont du Scandale, la montagne est entièrement couverte de tombes ; à gauche, les murs du Haram ech-Chérif se dressent à pic à une grande hauteur. « Les pierres du cimetière juif se montrent au loin comme un amas de débris, sous le village de Siloan. On a peine à distinguer les masures de ce village, des sépulcres dont elles sont environnées. A la tristesse de Jérusalem dont il ne s'élève aucune fumée, dont il ne sort aucun bruit ; à la solitude de ces montagnes où l'on n'aperçoit pas un être vivant ; au désordre de toutes ces tombes fracassées, brisées, demi-ouvertes, on dirait que la trompette du Jugement s'est déjà fait entendre, et que les morts vont se lever dans la vallée de Josaphat²…. »

Le tombeau du grand-prêtre Zacharie, massacré entre le temple et l'autel³, est un monument creusé dans le roc et surmonté d'une pyramide avec corniche égyptienne⁴. « Le sang de Zacharie, répandu sur les parvis sacrés, n'avait pu être effacé, dit le Talmud ; et Nabuchodonosor, à son entrée dans le temple, trouva qu'il bouillonnait comme au premier jour. Il voulut l'apaiser, amena en ce lieu les rabbis et les égorgea : le sang bouillonnait toujours. Il saisit des enfants qui sortaient de l'école, et les immola au même lieu : le sang ne s'apaisa pas. Il fit venir des jeunes prêtres, les massacra,

---

¹ Salomon épousa, dit-on, la fille du Pharaon de Tannis Psinakès ou Psounennès II qui lui apporta en dot la ville de Guézer.

² Châteaubriand. *Itinéraire de Paris à Jérusalem.* — (Josaphat signifie : *Jugement de Jéhovah*.)

³ Saint Luc, ch. XI, 51.

⁴ Le Pélerin de Bordeaux appelle ce tombeau : *le tombeau d'Isaïe*, et Benjamin de Tudèle le cite comme le *monument funèbre d'Osée*. Cet hypogée paraît dater de la même époque que le tombeau des Rois.

TOMBEAU D'ABSALON. VALLÉE DE JOSAPHAT.

et le sang continuait de bouillonner. Près de cent mille victimes succombèrent sans le fléchir. Alors Nabuchodonosor s'approchant : « Zacharie! Zacharie! dit-il, tu as détruit la fleur de ton peuple : veux-tu que je l'anéantisse entièrement? » A ces mots, le sang cessa de bouillonner[1]. »

Un peu plus haut dans la vallée, et également à droite, les premiers chrétiens avaient construit une chapelle au-dessus du sépulcre de saint Jacques le Mineur, dont le fronton est orné de deux colonnes : il n'en reste plus que les ruines d'un escalier traversant la voûte pour descendre dans la chambre mortuaire.

En remontant toujours le ravin, nous atteignons le tombeau d'Absalon[2] et celui de Josaphat que ce prince, bien qu'enterré dans la nécropole royale du mont Sion, a pu faire construire pour sa famille dans la vallée à laquelle il a donné son nom.

« Auprès du pont inférieur sur lequel la route de Gethsémani franchit le Cédron, la vallée se resserre... Aucun ruisseau ne rafraîchit ce lit de pierres ; les eaux du temple et le sang des victimes y coulaient seuls au milieu des tombeaux qui se pressaient dans ces lieux aussi nombreux jadis qu'aujourd'hui. La tombe d'Absalon sur laquelle tout passant jette encore sa pierre vengeresse rappelait David fuyant un fils rebelle... C'est là qu'Athalie, arrachée du temple, avait été mise à mort. Le Cédron (le torrent noir aux ondes impures

---

[1] Lightfoot. *Horæ Hebraïcæ in mat.* XXIII, 35.

[2] Robinson (*Bibl. Res.*, t. I, p. 521) croit ce monument contemporain des Hérodes ou d'Hadrien, à cause de sa ressemblance avec les tombeaux de Pétra. Ce n'est pas, en tous cas, le cippe de marbre indiqué par Josèphe et la Bible comme ayant été élevé dans la vallée du Roi par les ordres d'Absalon. Joab tua le fils rebelle dans la forêt d'Éphraïm, au milieu de laquelle il fut enseveli dans une grande fosse qu'on recouvrit d'un monceau de pierres. (Josèphe. *Antiq. Jud.*, VII, 10, 3. — *II Rois*, XVIII, 18.)

et sombres), la gorge ténébreuse, était devenu comme le cloaque de la ville, où les adorateurs de Jéhovah brûlaient les impuretés qui souillaient le temple, le lieu des sépultures sans nom et sans honneur, la vallée des cendres et des cadavres, la grande région de la mort, comme parle Jérémie[1]. »

C'est sur le pont inférieur du Cédron que Notre-Seigneur, après avoir été arrêté au Jardin des Oliviers, traversa le torrent pour se rendre chez Anne en longeant la vallée de Josaphat jusqu'à l'une des portes du sud. A cet instant, dit la tradition, la foule le poussa brusquement et, lancé par dessus le parapet, il alla tomber sur l'un des rochers situés en dessous, où l'empreinte de ses pieds demeure encore visible. Au-delà de la tombe d'Absalon, nous contournons les murs de Gethsémani (en hébreu *pressoir d'olives*) et nous arrivons à l'endroit où Jésus laissa ses disciples pour se retirer à l'écart avec Pierre et les deux fils de Zébédée[2]. Un reste de colonne encastré dans le mur indique la place où le chef des Apôtres coupa l'oreille de Malchus, et où Judas livra son maître par un baiser.

On pénètre dans le Jardin des Oliviers par une porte basse et étroite. Les Franciscains ont fait de ce lieu vénéré un véritable parterre ; il semble qu'on préférerait le voir sans fleurs, dans sa triste et sévère grandeur. Les sept gros oliviers séculaires qui s'élèvent irrégulièrement du milieu des corbeilles sont, dit-on, contemporains du Sauveur[3], et cela est possible, car Titus, lorsqu'il assiégea Jérusalem, ne fit couper les arbres que dans la région comprise entre le Scopus et le tombeau d'Hérode. La légion de Jéricho, qui

---

[1] C. Fouard. *Vie de N.-S. Jésus-Christ*, t. II, p. 317.

[2] Saint Mathieu, ch. xxvi, v. 37.

[3] Mgr Mislin, t. II, ch. 1.

investissait à l'est la Ville Sainte, resta en observation sur le mont des Oliviers, ne descendait pas dans la vallée et construisant son mur de circonvallation parallèlement au Cédron à une certaine hauteur. Déjà en l'an 600, les arbres en question étaient assez âgés pour payer l'impôt. Quoi qu'il en soit, c'est en ce lieu que Notre-Seigneur venait souvent prier et prendre son repos, là qu'il fut saisi par les soldats.

Tout autour du jardin se trouve un Chemin de Croix en pierre finement sculptée ; à droite en entrant, un beau bas-relief en marbre blanc représente l'ange apportant à Jésus agenouillé le calice d'amertume. Au nord, près du sépulcre de la mère du Sauveur, se voit la grotte de l'Agonie, où le Christ eut une sueur de sang. C'est une sorte de rotonde irrégulière, éclairée par en haut et soutenue par des piliers ménagés dans le roc. Elle appartient aux Latins et on lit à terre : « Hic factus est sudor ejus tanquam guttæ sanguinis decurrentis in terram [1]. » Les étoiles peintes au plafond datent probablement des croisés.

L'édifice qui contient le tombeau de la Vierge remonte à la première moitié du XIIe siècle : c'est un des plus intéressants de Jérusalem et le style en est à la fois simple et grandiose. L'entrée, de dimensions fort restreintes, se trouve au milieu d'un portail carré orné de deux archivoltes en ogive d'une jolie forme : c'est la seule partie du monument visible au-dessus de terre. Un escalier de cinquante marches, large, sévère de lignes, sobre de détails, descend dans une vaste crypte (trente mètres sur huit), absolument obscure, aux extrémités de laquelle règne une abside demi-circulaire. A droite, un édicule dégagé du rocher comme celui du Saint-

---

[1] « Là il eut une sueur de sang dont les gouttes tombaient jusqu'à terre. »

Sépulcre, renferme le tombeau où le corps de Marie reposa quelques jours en attendant son Assomption.

Ce sanctuaire appartenait encore aux Latins, il y a moins d'un siècle : les Grecs, en dépit de tous les firmans, s'en sont peu à peu emparés, et aujourd'hui toutes les communions y ont un autel à l'exception des Latins. Les musulmans eux-mêmes, qui vénèrent profondément la Vierge[1], ont dans l'intérieur de la crypte, un mihrab devant lequel ils viennent prier.

Vers le milieu de l'escalier, deux enfoncements contiennent : celui de droite le tombeau de saint Joseph, et celui de gauche les restes de sainte Anne et de saint Joachim. Toutefois, la tradition qui fait de ces chapelles les sépultures de l'époux et des parents de Marie ne remonte pas au delà du XVe siècle. Elle ne paraît pas soutenable, car Guillaume de Tyr rapporte que dans la première chapelle à droite en descendant « fut enterrée la reine Mélissende, fille de Baudouin II et femme de Foulques d'Anjou, troisième roi de Jérusalem, dans une crypte de maçonnerie fermée par une grille de fer[2] ». Guillaume de Tyr ajoute qu'auprès de son tombeau était un autel dédié à saint Joachim et à sainte Anne, d'où la tradition a pu confondre le nom des saints avec celui de la reine.

---

[1] Le Coran va jusqu'à mentionner l'Immaculée Conception de Marie. On y lit en effet : « Les anges dirent à Marie : Dieu t'a choisie ; *il t'a rendue exempte de toute souillure* ; il t'a élue parmi toutes les femmes de l'univers. » (Coran, *Surate* III, v. 137 et suiv., traduction Barthélemy Saint-Hilaire.)

[2] Guillaume de Tyr, liv. XVIII, ch. XXXII.

CHAPITRE DEUXIÈME

Jérusalem. — Tombeaux des Prophètes. — Le Credo. — Le Pater. — Mont de l'Ascension. — Siège des Croisés en 1099. — Bethphagé. — Porte de la Vierge ou de Josaphat. — Enterrement arabe. — Porte de Damas. — Cavernes royales. — Grotte de Jérémie et lieu du martyre de saint Étienne. — Le couvent russe. — Question des Lieux Saints.

Un sentier raide s'élève sur le flanc occidental de la montagne des Oliviers, se dirigeant vers Bethphagé. Ce fut sans doute ce chemin, le plus court pour aller de Béthanie à Jérusalem, que suivit Jésus-Christ pour venir à la Cité Sainte le jour des Rameaux.

Aux deux tiers de la colline se trouve le tombeau des Prophètes (Kobour el-Anbia) qu'une tradition juive rapportée par M. de Saulcy attribue aux rois Osias, Ammon et Manassé. Dans une première salle, sorte de vestibule assez spacieux, viennent aboutir des galeries irrégulièrement creusées dans la montagne, et sur le côté desquelles s'ouvrent des niches funéraires. A chaque pas il faut ramper sur les genoux et sur les mains, et l'on est peu récompensé de sa peine par l'intérêt plus que médiocre de cette antique excavation.

En quelques minutes nous atteignons le couvent du Pater, fondé par la princesse de la Tour d'Auvergne et habité par les Carmélites[1]. C'est en ce lieu que Notre-Seigneur enseigna pour la seconde fois cette prière à ses disciples[2]. Un cloître moderne, de style ogival, présente le long de ses murs intérieurs trente-deux tableaux en faïence peinte, sur lesquels on peut lire le Pater en trente-deux langues différentes. A quelques pas vers l'ouest se voit la crypte du Credo, décrite par Chateaubriand, où il est de tradition que les Apôtres réunis ont composé le symbole qu'ils allèrent prêcher à toutes les nations. Cette crypte faisait partie d'une église dédiée à saint Marc et existant encore au xve siècle.

L'ancienne église de l'Ascension occupe le sommet de la montagne (Djebel et-Toûr) près du village arabe de Kefr et-Toûr. Un bacchich de quelques piastres donné au gardien musulman nous ouvre l'entrée d'une grande cour entourée de hautes murailles. Au centre, s'élève une construction octogonale avec tambour cylindrique couronné par une coupole. Les huit arcades, aujourd'hui mûrées, étaient anciennement à jour; les chapiteaux curieusement sculptés, et les colonnettes en marbre blanc sont d'un roman très accusé. A l'intérieur, on montre dans le rocher l'empreinte qu'y laissèrent les pieds du Christ lorsqu'il monta au ciel. L'antique basilique construite par sainte Hélène en ce lieu avait la forme d'une rotonde, supportée intérieurement par deux rangs de colonnes : sur le premier a été édifié le monument actuel qui date du commencement du xiiie siècle, et en dehors duquel on peut voir quelques restes informes du second.

---

[1] Au xiiie siècle, il y avait déjà en ce lieu une pauvre église appelée Sainte Patrenostre. « En son le mont d'Olivet, avoit une abeïe de blans moines. Près de celle abeïe, avoit une voie qui aloit en Bétanie, toute le costière de le montaigne. Sor le tour de cele voie, à main destre, avoit un moustier c'on apiele la Sainte Patrenostre. Là fu ce que Dex fist le Pater Noster et l'ensegna à ses apostres... » (*La Citez de Jhérusalem*, § XXV.)

[2] Saint Luc, ch. xi, v. 1, 4.

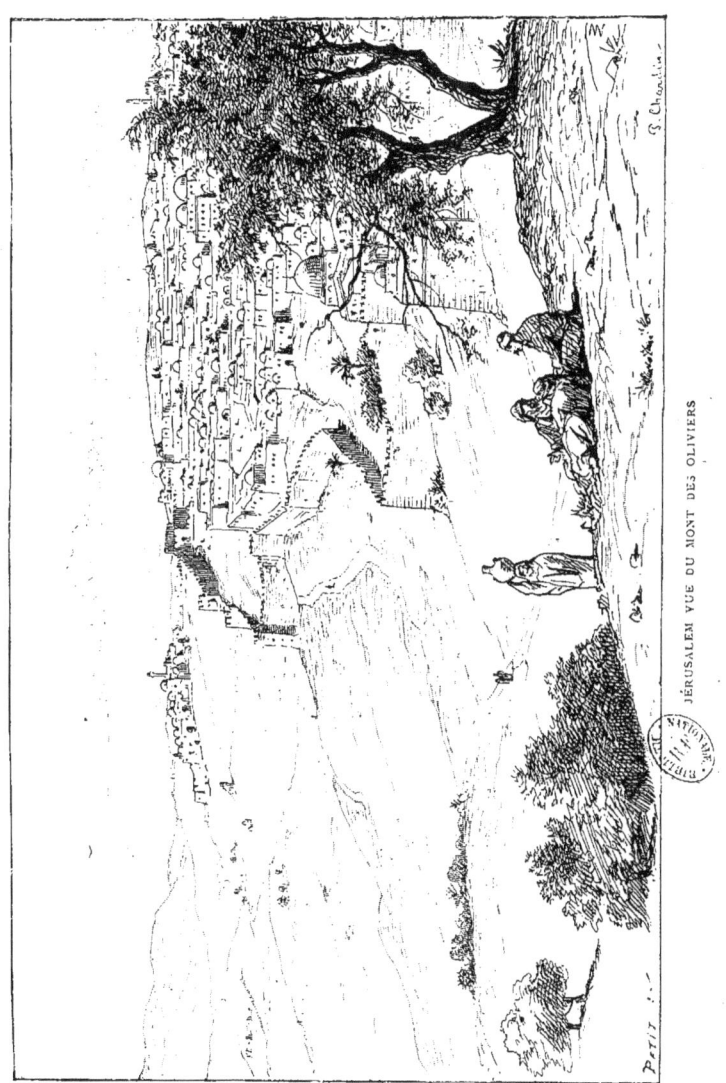

JÉRUSALEM VUE DU MONT DES OLIVIERS

CHAPITRE DEUXIÈME

Du haut du minaret de la mosquée voisine[1] la vue est des plus étendues : au sud, Bethléem, le mont des Francs, les déserts de Thécua et d'Hébron ; au sud-est, les montagnes de Moab dominées par le Nébo ; puis la vallée profonde du Jourdain qui révèle sa présence par une ligne de verdure bien tranchée au milieu de l'aridité environnante ; au nord, les montagnes d'Ephraïm, Nébi Samouïl (la patrie de Samuel), le Scopus ; à l'ouest enfin la vallée de Josaphat et Jérusalem bâtie en amphithéâtre sur la hauteur opposée. Quelle différence entre la description magnifique que nous a laissée Josèphe de la cité d'Hérode, et le tableau triste et désolé que nous avons sous les yeux. « Jérusalem, présente un plan incliné sur un sol qui descend du couchant au levant... Vers le Calvaire, les maisons se serrent d'assez près, mais, au levant, on aperçoit des espaces vides, entr'autres l'enceinte... du temple, et le terrain aujourd'hui presque abandonné où s'élevait le château Antonia. Les maisons,... fort basses, se terminent en terrasses aplaties ou en dômes... Tout serait à l'œil d'un niveau égal si les clochers des églises, les minarets des mosquées, les cîmes de quelques cyprès et les buissons de nopal ne rompaient l'uniformité du plan. A la vue de ces maisons de pierres, renfermées dans un paysage de pierre, on se demande si ce ne sont pas là les monuments confus d'un cimetière au milieu d'un désert[2]. »

D'aucun autre endroit on ne peut voir la Ville Sainte sous un aspect plus tristement imposant : on en distingue tous les moindres détails ; on suit ses rues, ses fortifications, et

---

[1] Sous les bâtiments de l'ancien couvent des Augustins (Jacques de Vitry, ch. LVIII), aujourd'hui dépendance de la mosquée en question, se trouve une crypte ayant servi, selon la tradition, de retraite puis de sépulture à sainte Pélasgie. Les Juifs y voient le tombeau de la prophétesse Houlda.

[2] Châteaubriand. *Itinéraire de Paris à Jérusalem*.

l'on évoque malgré soi les souvenirs des camps de Titus, de Pompée et des Assyriens. On croit assister au siège de 1099 et aux deux assauts terribles qui firent entrer en vainqueurs les croisés dans la cité de David.

« Les chrétiens impétueux courent et se précipitent... ils arrivent au fossé et tentent de le combler... Les uns dressent des échelles et y montent; d'autres sapent les fondements; déjà le mur croule et ouvre au milieu des ruines un chemin à l'ardeur des assiégeants... Cependant, Godefroy donne aux assiégés de nouvelles alarmes; il a fait conduire près d'une des portes la plus terrible de ses machines; c'est une tour de bois qui s'élève au niveau du rempart; dans ses flancs, elle porte des armes et des guerriers, et roule sur un essieu mobile. De son sein partent des javelots et des flèches meurtrières; semblable à un vaisseau qui court à l'abordage, elle tente de s'attacher à la muraille; mais les assiégés avec des pieux, avec des piques l'attaquent et la repoussent. L'air est obscurci d'une nuée de flèches. Les Sarrasins tombent du haut des murs, comme les feuilles ou comme les fruits qu'abat la grêle ou la tempête... Eperdus, effrayés des coups qu'on leur porte, la plupart prennent la fuite... Battu de tous côtés, le mur s'ouvre et chancelle... Godefroy saisit son épée, se précipite au milieu des ruines et va de plus près combattre les ennemis. Le choc est affreux... Mais la nuit enveloppe la terre de son voile ténébreux et ses ombres pacifiques suspendent enfin les querelles des mortels.

« Quand l'aurore allume ses feux avant-coureurs du jour qui la suit, les Sarrasins à sa clarté naissante, voient de trois côtés s'élever trois formidables tours : partout leurs yeux rencontrent des béliers, des catapultes et mille instruments funestes... Des flèches empoisonnées volent de toutes parts. Du sein des machines guerrières... des globes de marbre, des poutres armées de fer portent sur les remparts la destruction et la mort... Les chrétiens avec une ardeur toujours égale poussent leur triple attaque... Bouillon s'avance; il se flatte d'arborer bientôt sur la muraille sa triomphante enseigne; mais, tout à coup, on lance sur lui de noirs torrents de flammes et de fumée... Le feu s'attache à sa tour; le cuir qui la défend se ride... Soudain s'élève un vent impétueux qui reporte l'incendie contre ses auteurs. Cependant, la tour s'approche de l'enceinte et déjà le pont dont elle est armée

ARBRE DE GODEFROY DE BOUILLON EN DEHORS DES REMPARTS PRÈS DE LA PORTE DE DAMAS

peut s'abattre sur la muraille... Godefroy, plein d'une noble impatience, prend des mains de celui qui la porte sa redoutable enseigne... et déploie sur les murs l'étendard de la Croix... Renaud balaie de son côté les remparts; la terreur vole devant lui et tout fuit à son aspect, tandis que Tancrède lance aussi son pont et arbore la croix victorieuse.

« Du côté du midi, le vieux Raymond et ses intrépides guerriers... entrent par les brèches et par les portes; tout ce qui résistait à leurs efforts a été brisé, renversé par leurs coups; tout est en proie à la flamme, tout est couvert de ruines. La mort, et avec elle la vengeance, le deuil, l'horreur, ses affreux compagnons, errent dans la triste Jérusalem. Le sang coule à ruisseaux; les rues en sont inondées et tout est rempli de morts et de mourants!...[1] »

Mais, hélas! quatre-vingt-neuf ans plus tard, nous voyons ces vainqueurs intrépides sortir en fugitifs de la Ville Sainte et abandonner cette terre qu'ils ont arrosée du plus pur de leur sang.

En quittant le mont des Oliviers[2], nous nous rendons à Bethphagé (la maison des figues vertes), sur la route de Béthanie. On y voit une curieuse pierre carrée, taillée dans le roc et découverte en 1877. Des peintures assez bien conservées en ornent les parois : celle du sud représente la résurrection de Lazare; celle du nord nous montre les disciples amenant à Notre-Seigneur l'ânesse sur laquelle il doit faire son entrée triomphale à Jérusalem. Sur les faces est et ouest on ne distingue plus rien. Le moine Théodorich, qui voyageait en Palestine vers 1172, parle de cette pierre que renfermait une jolie chapelle, aujourd'hui détruite, et dont on peut voir les débris aux alentours. Ce sont sans doute les croisés qui avaient édifié et la chapelle et la pierre en question[3].

De cet endroit la vue s'étend à l'orient sur une suite de

---

[1] *La Jérusalem délivrée* du Tasse, traduction du prince Lebrun (chants XI, XII, XVIII).

[2] Avant la composition du calendrier astronomique, les Juifs fixaient les néoménies d'après le témoignage de ceux qui avaient aperçu la nouvelle lune. Les témoins étaient reçus à Jérusalem par le Sanhédrin qui, sur cette base, établissait la date des mois et celle des jours de fête. Pour annoncer aux provinces le renouvellement des mois, on allumait des feux sur les montagnes. Le signal partait du mont des Oliviers, puis le mont Sarthaba le transmettait de la même manière à d'autres hauteurs très élevées, et ainsi de suite. (Mischna. Rosch Haschana, ch. II, § 4.)

[3] On lit également dans la *Citez de Jhérusalem* : « Entre le moustier de le Patrenostre et Bétanie en le coste de le montaigne avoit un moustier qui avoit non Betfagé. Là vint Jhesu Cris le jour de Pasque Flories et d'ileuques

mamelons entrecoupés de forts vallonnements. Il est à remarquer que tous les versants *est* sont cultivés et plantés d'oliviers, tandis que les versants *ouest* sont dénudés et brûlés par le soleil. Au bas de l'affreux chemin que nous suivons pour redescendre à Jérusalem, une pierre marque le lieu où, selon la légende rapportée par saint Épiphane, la sainte

REMPARTS DE JÉRUSALEM PRÈS DE LA PORTE DE JOSAPHAT

Vierge, montant aux cieux devant saint Thomas, laissa tomber son écharpe aux pieds du disciple incrédule.

La route de Béthanie et de Jéricho franchit le Cédron sur un pont d'une seule arche, puis gravit péniblement le versant occidental de la vallée de Josaphat. Nous voici bientôt devant la porte de la Vierge ou de Josaphat (Bab

envoia deux de ses disciples en Jhérusalem pour une anesse ; et d'ileuc ala il sor l'anesse en Jherusalem, quant il l'orent amenée. » (*La Citez de Jhérusalem*, § XXV.)

sitti Miriam), reconnaissable aux lions sculptés à gauche et à droite dans la muraille. En longeant extérieurement les remparts vers le nord, au milieu de la multitude de tombes de toutes formes et de toutes grandeurs qui composent le cimetière musulman, nous rencontrons un convoi funèbre.

« Le jour de l'enterrement, les femmes suivent le corps au cimetière en poussant des cris et des gémissements répétés; puis, quand il a été déposé dans la terre, elles s'accroupissent en cercle autour de la tombe à peine fermée et celle qui conduit le deuil entonne alors une espèce de cantilène plaintive en l'honneur du défunt ou de la défunte, cantilène monotone et des plus simples, qu'elle accompagne de gestes expressifs et de toutes les démonstrations de la douleur la plus vive... Quand elle a achevé le premier couplet de sa complainte, toutes les autres femmes reprennent en chœur, en répétant chaque fois le même refrain, les mêmes cris, les mêmes gestes. S'animant ensuite peu à peu jusqu'à une sorte de délire, elles commencent à danser, les cheveux épars et les mains élevées au-dessus de la tête ou agitées en cadence, une ronde funèbre des plus saisissantes, en poussant de longs cris, des soupirs et des sanglots. L'épuisement seul de leurs forces met fin à cette scène singulière... Pendant les dix premiers jours qui suivent l'enterrement les mêmes cérémonies se renouvellent. Elles sont beaucoup plus animées et plus lugubres encore lorsque la mort du défunt a été le résultat d'un meurtre, car, alors, les menaces qui retentissent, les regards sombres des hommes et les glaives nus qui étincellent dans leurs mains autour de la tombe, ajoutent aux hurlements et aux fureurs frénétiques des femmes quelque chose de sinistre et de terrible qui présage une prochaine vengeance. Le sang, en effet, comme dans la loi judaïque, est presque toujours en Orient vengé par le sang et, à part les lieux où l'autorité locale est assez forte pour saisir et punir les coupables, chacun s'arroge ce droit, qui passe pour un devoir, afin de venger ses parents ou ses amis. Quelquefois, cependant, la dette de sang contractée par le meurtrier est acquittée par lui au moyen d'une certaine somme d'argent consentie des deux côtés après de longs débats[1]. »

Mais revenons aux murailles de Jérusalem. Devant l'angle nord-est s'étendaient les positions de Godefroy de Bouillon qui pénétra dans la Ville Sainte une demi-heure avant le comte de Toulouse. De là, les murs tournent brusquement vers l'ouest. Près d'une poterne, appelée porte des Fleurs ou d'Hérode (Bab ez-Zahhérèh, anciennement *la poterne de la Madeleine des Jacobins*), on pénètre dans d'immenses souterrains, sans doute d'anciennes carrières, ayant fait partie du domaine royal des rois de Juda. Les Arabes les nomment *Mogaret ech-Chékif*, et on les identifie généralement avec les *Cavernes royales de Josèphe*.

Quelques pas plus loin s'ouvre dans les remparts la porte de Damas, appelée successivement : porte de Bézétha par les Juifs ; porta Neapolitana par les Romains ; porta Benjamin au VIe siècle ; porta Sancti Stephani par les Byzantins et les croisés ; enfin Bab el-Amoun (porte de la colonne), par les Arabes de nos jours. Son ensemble gracieux, son architecture moyen âge (XVIe siècle) et ses jolies sculptures, en font la partie la plus intéressante des fortifications actuelles.

En dehors de cette porte on montrait encore, au temps d'Eudoxie (Ve siècle), le lieu de la lapidation de saint Étienne. Cette impératrice y fit élever une église où elle fut enterrée et dont on a depuis peu retrouvé les substructions. Le corps

---

[1] V. Guérin. Ouvr. cit. *Judée*, t. I, p. 123-124.

du premier martyr, d'abord enseveli à Caphar Gamala, puis transporté au mont Sion, fut transféré vers 444 dans la basilique d'Eudoxie. Antonin de Plaisance (vi[e] siècle) appelle la porte actuelle de Damas la porte de saint Étienne « par laquelle sort, dit-il, la route de Césarée et de Diospolis ». Enfin, les croisés rebâtirent sous le nom de « Monasterium Sancti Stephani » l'église d'Eudoxie dont il ne restait plus rien. Près de ce monastère, détruit par les chrétiens eux-mêmes lors du siège de 1187, se trouvait *l'asnerie*, ainsi qu'il est dit dans la « Citez de Jhérusalem ». — « Devant cel moustier de monsigneur saint Estevenes, à main seniestre, avoit une grant maison c'on apeloit l'*Asnerie*. Là soloient gésir li asne et li sommier de l'Ospital ; pour çou avoit à non l'Asnerie... Là dist-on que saint Estevenes fu lapidés...[1] »

Plus tard, et l'on n'a jamais su pourquoi, on donna le nom de Saint-Étienne à la porte de Josaphat, appelée aujourd'hui par les musulmans Bab sitti Miriam (porte de madame Marie). Cette erreur devint unanime à partir des xve et xvie siècles, et persiste encore de nos jours à Jérusalem[2].

Au nord de la porte de Damas, à quelques centaines de mètres, nous visitons la grotte où Jérémie, contemplant tristement la décadence de son peuple et la solitude des routes qui aboutissaient à la Ville Sainte, écrivit ses belles et poétiques lamentations. « La maîtresse des nations est comme une veuve désolée ; celle qui commandait à tant de provinces est assujettie au tribut. Elle pleure toute la nuit et ses joues sont baignées de larmes ; de tous ceux qu'elle aimait, pas un ne se présente pour la consoler... Les rues de Sion pleurent leur solitude parce qu'il n'y a plus personne

---

[1] *La Citez de Jhérusalem*, § XV.
[2] Consulter Quaresmius.

qui vienne à ses fêtes : toutes ses portes sont détruites : ses prêtres ne font que gémir ; ses vierges sont défigurées et elle est plongée dans l'amertume... Ses ennemis sont devenus ses maîtres... ses enfants ont été faits esclaves et ses persécuteurs les ont chassés cruellement devant eux...[1] »

Primitivement, le terrain environnant était à la hauteur des murs d'enceinte : on dut creuser le vallonnement qui sépare la ville de la colline où se trouve la grotte de Jérémie

REMPARTS DE JÉRUSALEM PRÈS DE LA GROTTE DE JÉRÉMIE

pour obvier à cette défectuosité dangereuse. C'est de ce côté que Robert de Normandie avait établi son corps de troupe et dirigé ses attaques, tandis que Robert, comte de Flandre, prenait position un peu plus à l'ouest, au-dessus de l'ancien emplacement de l'église Saint-Étienne, que quelques auteurs identifient avec l'endroit où s'élevait jadis le tombeau d'Hélène, reine d'Abiadène. Cette Hélène, pendant l'épou-

---

[1] Jérémie. *Lamentations*, ch. I.

vantable famine qui désola Jérusalem et la Palestine au temps de l'empereur Claude (44 ap. J.-C.), vint au secours de l'extrême misère des Juifs par ses libéralités et ses dons généreux. Elle leur fournit une grande quantité de blé, ne demandant pour récompense que de partager la foi si pure des fils d'Israël.

Il est sept heures du soir quand nous rentrons à notre campement et la lune, dans son plein, découpe nettement dans l'azur du ciel étoilé les créneaux des murailles, argentant de ses rayons lumineux les dômes, les minarets et les maisons de la Ville Sainte.

A l'angle nord-ouest des remparts, en dehors de la ville, les Russes ont élevé, dans une position magnifique, un immense couvent, véritable forteresse pouvant servir, au besoin, à réduire la vieille cité de David avec le secours de quelques troupes. On y trouve une cathédrale, un hôpital, une pharmacie et une suite de bâtiments assez vastes pour contenir trois ou quatre cents pèlerins. Au reste, la protection de la Russie a donné à la communion grecque une importance et un crédit que les lumières de ses guides spirituels ne lui auraient sans doute jamais acquis. L'influence moscovite se révèle à chaque pas dans l'extension que prennent journellement ces établissements à Jérusalem. Venus les derniers, les Grecs dépensent des sommes énormes, et il est juste de dire que leurs progrès répondent à leurs efforts. Leur fanatisme jaloux et inquiet provoque de continuels conflits qui jettent sur eux un vernis odieux, mais trop souvent mérité. Comme au temps de la Passion, Jérusalem reste une ville d'acrimonie, de haine, de petitesse d'esprit et de querelles, où chaque religion s'invective et ne cesse de proclamer les torts de ses antagonistes. Si la France a encore quelque prestige dans l'ancienne cité de David, c'est à ses consuls qu'elle le doit. Nous avons pu constater maintes fois combien la haute considération dont jouissait M. Patrimonio auprès des évêques, des religieux et du Vali, profitait au pays qu'il représentait si dignement.

Sur quelles prétentions peuvent donc s'appuyer les Grecs afin de s'arroger la priorité de possession des Lieux Saints au détriment des Latins ? Avant le schisme, les uns comme les autres n'en avaient-ils pas la pleine et entière jouissance ? Plus tard, nous trouvons les musulmans établis en maîtres en Palestine et les chrétiens bannis des sanctuaires qui leur sont chers. C'est alors qu'a lieu ce grand et sublime envahissement de l'Orient par les croisés. Les Latins reprennent de vive force la Terre Sainte et on ne peut véritablement pas nier leur droit de possession par conquête, à l'exclusion des Grecs qui ne sont pour rien dans cet immense mouvement de l'Occident contre l'Islamisme. D'ailleurs, sous la domination latine, la tolérance est grande, puisqu'on permet aux Grecs d'avoir un autel contre le Saint-Sépulcre. Plus tard, viennent des firmans établissant sans conteste les droits et les possessions des Latins (1342), puis les capitulations accordées à François 1er par la Porte.

Les firmans de 1630 et de 1690 obligent les Grecs à restituer aux Latins les sanctuaires qu'ils ont peu à peu usurpés. Enfin, après la capitulation de 1740, toujours favorable aux Latins, viennent les empiétements audacieux des Grecs, l'incendie de 1808, la restauration de l'église du Saint-Sépulcre à leurs frais et par leurs soins, et, en dernier lieu, les firmans de 1852 et de 1853 qui déclarent que les choses resteront en l'état où elles se trouvent, laissant ainsi les Grecs maîtres de sanctuaires appartenant pour la plupart aux Latins dépossédés. Tel est en quelques mots l'historique de la question des Saints Lieux ; il est facile de juger par là combien peu glorieuse est pour les Grecs cette page de leur histoire en Palestine[1]. Malheureusement ils ne sont pas gens à demeurer en route, et Dieu sait jusqu'où s'élèveront un jour leurs prétentions exorbitantes !

[1] En 1863 la grande coupole du Saint-Sépulcre menaçant ruine, la France, la Russie et la Turquie en entreprirent la réédification à frais communs. M. Mauss fut chargé de cet important travail qu'il termina en 1868 et qui lui fait le plus grand honneur.

CHAPITRE TROISIÈME

Vallée du Térébinthe. — El-Koubeibéh. (Emmaüs ?) — Nébi Samouil. — Le Scopus. — Tombeaux des Rois. — Tombeaux des Juges. — Emplacement de la tour Pséphinus.

De Jérusalem à Emmaüs, on suit d'abord la grande route de Jaffa. De loin en loin s'élèvent des tours où sont installés des postes militaires chargés de la surveillance et de la protection des voyageurs. La chaussée, construite par des ingénieurs turcs, est dans un piteux état : on la laisse se défoncer sans y prendre garde. Il est vrai que les agents du fisc perçoivent avec grand soin une somme ronde de seize mille francs environ par an pour son entretien[1]. Mais, qui sait où va cet argent? Lorsqu'il y a de trop grands trous ou lorsqu'un pacha doit venir inspecter le pays, les autorités locales lèvent à coups de bâton (et c'est là l'unique paye!) une corvée d'ouvriers parmi les habitants des villages voisins et la viabilité redevient possible pour quelque temps! Quoi de surprenant à cela? C'est ainsi que tout se passe dans les pays soumis au gouvernement ottoman.

Nous quittons la route avant d'atteindre Koloniéh,

[1] C'est là le revenu net de l'impôt prélevé sur les bêtes de somme qui font le transit entre Jérusalem et Jaffa.

l'ancienne Colonia, ainsi appelée d'une colonie romaine jadis installée en ce lieu. C'est à tort que cet endroit a été identifié parfois avec l'Emmaüs de l'Évangile. A droite, sur le haut d'une colline, se dresse Nébi Samouïl : en face, s'ouvre la vallée du Térébinthe au fond de laquelle nous arrivons par un vrai sentier de chèvres; nous remontons lentement le lit du torrent où, selon la tradition, David ramassa les cinq pierres qui lui servirent à tuer le géant Goliath. Autour de nous, les gorges sont profondément encaissées par des montagnes rocheuses, où nous remarquons des essais de culture et quelques vieux plants de vignes abandonnés.

Pour atteindre Beït Houlméh, le sentier longe le flanc d'un ravin au milieu duquel coule un mince ruisseau d'une belle eau claire et pure. Du sommet d'un col élevé, la vue s'étend au loin vers l'ouest et le nord sur les collines semées de villages qui s'abaissent graduellement jusqu'à la mer. La Méditerranée scintille à l'horizon.

Une gorge sauvage nous amène au couvent de Koubeïbéh (*la petite coupole*), fondé par Mlle de Nicolaï[1] sur l'emplacement d'Emmaüs, à ce qu'affirment les Pères Fransciscains. Une tradition, ne remontant pas au-delà des Croisades, est la seule base sur laquelle on s'appuie pour faire cette identification de localité. M. V. Guérin pense qu'il faut chercher l'ancien Emmaüs, appelé plus tard Nicopolis, à Amouas, près de Latroun, à cent soixante stades de Jérusalem (six heures de marche environ). Eusèbe, saint Jérôme, Sozomène, Théophane, saint Willibad sont de cette dernière opinion.

L'église d'Amouas, l'une des plus anciennes de la Palestine, est d'ailleurs plus considérable que celle de Koubeïbéh

[1] La pieuse fondatrice est enterrée dans la chapelle du couvent.

et le docte Relan distingue avec soin deux Emmaüs, « tous deux, dit-il, pourvus de bains chauds[1] : » il place l'un à Koubeïbèh et l'autre, qu'il nomme Emmaüs Nicopolis, à Amouas. Quoi qu'il en soit, au temps des Croisades, les chevaliers de Saint-Jean établirent un hospice à Koubeïbèh. Au XVIe siècle, les établissements chrétiens furent démolis et les pierres employées à réparer les murailles de la Ville Sainte.

Derrière le couvent s'étendent les restes d'une vieille église remontant aux croisés. Il est facile de reconnaître

JÉRUSALEM VUE DE LA ROUTE DE JAFFA

aux substructions et aux trois absides du chœur, encore debout en partie, que l'édifice avait trois nefs de vaste proportion. Sur un pan de mur, une peinture à fresque à peu près effacée représente, nous assure-t-on, une salutation angélique : nous voulons bien le croire. On a découvert au milieu des ruines les fondations d'une maison dont personne jusqu'à ce jour n'a pu indiquer sûrement la destination. Les Pères de Terre Sainte y voient la maison de Cléophas anciennement enclavée dans l'église.

[1] Relan. *Palæst.*, p. 427, 428, 758 et suiv.

Un sentier raide monte en zigzag dominant les pauvres maisons du petit village de Koubeïbêh. Au delà de Biddou, nous prenons à travers champs, puis nous gravissons au milieu des rochers la colline de Nébi Samouïl, sur laquelle s'élève une église convertie depuis longtemps en mosquée. Certains auteurs identifient ce village avec Ramathaïm-Sophim, patrie et sépulture de Samuel : saint Jérôme[1] affirme que les cendres de Samuel furent portées en Thrace, et Nicéphore Calliste[2] les indique à Constantinople[3].

Toujours est-il que l'église en question, qu'elle ait ou non été construite sur l'ancien sépulcre du grand prophète, faisait partie de l'abbaye de Saint-Samuel la Montjoie, aujourd'hui ruinée, construite en 1131 par les Prémontrés, à 1,500 pieds au-dessus du niveau de la mer. L'édifice était petit et de style ogival naissant : du haut du minaret, on domine entièrement les anciens territoires d'Ephraïm, de Juda et de Benjamin : à l'ouest, la Méditerranée, Jaffa, le Saron, Ramlèh et les deux Béthoron, connues par la fameuse victoire de Josué sur les Philistins[4] et par celle de Judas Macchabée sur les Syriens; à l'est, Jérusalem avec ses dômes, ses minarets, ses tours et ses remparts crénelés; puis, au-delà du Jourdain et de la mer Morte, les montagnes d'Ammon et de Moab; au nord, les principales chaînes des monts Éphraïm, entremêlées de villages : Râmallah, el-Djib (l'ancienne Gabaon, patrie de Saül), el-Birèh et Mikhmach; au

---

[1] Hieronymi liber contra vigilantium, t. II, p. 343, édit. Migne.

[2] Nicéphore Calliste. *Hist. écclésiast.*, liv. XIV, ch. x.

[3] Robinson identifie Nébi Samouïl avec *Miẓpah*. Voir dans la Bible : *Juges* XX. — *I Rois* VII, 6, 12. — *I Rois* X, 17, 24.

[4] C'est près de là que ce général arrêta le soleil, afin de pouvoir exterminer plus complètement les ennemis du peuple de Dieu : « Soleil, s'écria-t-il, arrête-toi sur Gabaon; lune, n'avance pas sur la vallée d'Aïalon ! » (*Josué* X, 12.)

sud, les monts de Juda, dominés par la montagne des Francs (l'ancienne Hérodium), Mar Elias, Bethléem, Aïn Karim et tant d'autres localités jadis célèbres et encore habitées.

Il n'existe pas, dans les environs de Jérusalem, un observatoire permettant d'embrasser plus exactement la topographie du pays. Rien de triste, d'ailleurs, comme ces vues d'ensemble de la Judée, où une nature accidentée à l'excès revêt des tons gris d'une uniformité désespérante : l'immensité des horizons en rachète seule la monotonie.

Lorsqu'en 1192 les troupes de Richard Cœur de Lion s'avancèrent vers Jérusalem avec l'intention de l'attaquer, projet qui fut ensuite abandonné, ce prince aperçut un jour de la cime du Montjoie les remparts de la Ville Sainte. « A cette vue, dit Winisauf l'historien de sa vie, il se mit à fondre en larmes et, se couvrant le visage, il s'avoua indigne de contempler une cité que ses armes étaient impuissantes à délivrer. »

Tout le village de Nébi Samouïl est sur pied pour nous voir repartir : les figures peu hospitalières de ces braves gens nous disent assez ce qui nous arriverait si nous n'avions pas nos armes bien ostensiblement chargées. Un mauvais chemin nous conduit à une antique voie romaine, anciennement sans doute celle de Jérusalem à Jaffa. Nous contournons el-Djib et ses champs verdoyants, pour traverser ensuite un bois de vieux oliviers avant de rejoindre, près de Beït Hanina, la grande route directe de Jérusalem à Damas par Naplouse.

Nous atteignons enfin le Scopus, où, selon la tradition, Alexandre le Grand rencontra le grand prêtre Yaddous et s'inclina devant lui, où plus tard Titus cantonna ses légions pendant le siège de la Ville Sainte. De cette colline la vue sur Jérusalem ne ressemble pas à celle qu'on a au sommet du mont des Oliviers ou en arrivant par la route d'Hébron. Ce ne sont plus de hautes murailles crénelées se dressant au milieu d'un désert; c'est une ligne harmonieuse de fortifications, dépassant un large rideau d'oliviers, puis, par dessus, les coupoles du Saint-Sépulcre et les légers minarets musulmans, les maisons d'Acra et celles de Sion, se détachant sur un ciel d'azur. Le tableau est peut-être moins solennel, mais il est sans contredit plus tranquille et plus poétique[1].

Entre la vallée de Josaphàt et Jérusalem, se trouvent les tombeaux des Rois (Kobour el-Molouck), si bien décrits par M. de Châteaubriand. M. de Saulcy en a fait une étude aussi approfondie que consciencieuse. Ce curieux monument a été acheté, il y a une quinzaine d'années, par la famille Péreire, qui l'a soustrait aux déprédations des pèlerins en le faisant entourer de murs.

Un escalier monumental composé de vingt-six marches inégales descend à une arcade taillée dans un mur de roche naturelle. Au delà s'étend une vaste cour carrée ressemblant assez à une gigantesque citerne sans eau et à ciel ouvert[2]. Dans la paroi sud s'ouvre une grande baie, autrefois ornée de deux colonnes, dont il ne reste qu'un seul chapiteau. A l'extérieur de cette

---

[1] Il est peu probable que le scopus ait été témoin de l'entrevue du grand-prêtre Yaddous avec Alexandre-le-Grand comme le croit M. de Saulcy (t. I, p. 113.) Josèphe appelle σκοπός la colline par où Titus assaillit Jérusalem (*Guerre des Juifs*, V, 2, 3; III, 2.) et σκοπή (*Ant. Jud.* XI, 8, 5.) le lieu où Alexandre rencontra Yaddous. De plus, Alexandre arrivait de Gaza à Jérusalem et le σκοπός est de l'autre côté de Jérusalem par rapport à Gaza.

[2] Cette cour mesure vingt-huit mètres sur vingt-sept. Au pied du grand escalier il y a une citerne voûtée, taillée dans le roc et ayant un escalier descendant jusqu'à l'eau. A côté, une petite citerne a été déblayée en entier.

espèce de vestibule régnait un large cadre ou bandeau sculpté : ce qu'on en voit aujourd'hui est d'un travail admirable. On distingue encore dans la frise une grappe de raisin, divers ornements, et au-dessous une espèce de guirlande de feuillage délicatement fouillée. Sur la gauche, une entrée étroite et basse, fermée jadis par plusieurs portes en pierre ingénieusement disposées, aujourd'hui détruites, mène par quelques marches à un caveau de petites dimensions. Une banquette de pierre règne tout autour, tandis que trois ouvertures conduisent dans des arrière-salles, indépendantes les unes des autres, et contenant les chambres mortuaires. Ces dernières sont des cellules longues et exiguës destinées, tantôt à un seul cercueil, tantôt à trois. Au-dessus de la loge où devait reposer le corps, un trou dans le rocher indique sans nul doute la place où l'on pendait la lampe funéraire : le mur porte encore des traces de fumée.

Dans la paroi nord de la chambre de gauche, on arrive par un petit escalier à une salle unique, destinée évidemment à un personnage d'un rang élevé. C'est là que M. de Saulcy découvrit le beau sarcophage dont le couvercle a été par ses soins transporté à Paris. Il renfermait un squelette bien conservé, la tête appuyée sur un coussinet ménagé dans la masse du fond de la cuve. A peine vit-il le jour qu'il tomba en poussière. D'après M. Renan, les deux seules inscriptions gravées sur le couvercle, doivent se lire ainsi : en syriaque *Saddan, reine*, et au-dessous en hébreu carré : *Sadda, reine*[1].
Les rigoles creusées par terre au fond de certaines niches, étaient destinées, dit-on, à recevoir les trésors ou les objets

---

[1] En 1879 des fouilles entreprises aux tombeaux des Rois par M. Mauss au compte de la famille Péreire, ont fait faire plusieurs découvertes intéressantes : entre autres des chapiteaux corinthiens, des fragments de fûts de colonnes, des débris de corniches à oves, et un fragment d'ornement en forme de corde comme celui qui décore le tombeau d'Absalon.

pieux enterrés avec le défunt. En somme, toutes les chambres sont identiques, construites sur le même modèle, et contiennent une trentaine de lits funéraires.

Pour qui fut creusé cet immense sépulcre? C'est là une question encore indécise que les savants seuls résoudront peut-être un jour : nous ne pouvons que résumer ici l'opinion des plus illustres voyageurs. Robinson voit dans ce tombeau le caveau d'Hélène, reine d'Abiadène, et de son fils Izates; mais cette version ne paraît guère plausible, après les preuves fournies par M. de Saulcy pour la réfuter. Châteaubriand, aussi bien que de nos jours M. Gérardy Saintine, considère le Kobour el-Molouck comme la dernière demeure des rois de Judée, successeurs d'Hérode. M. de Saulcy soutient que l'on est là en présence de la sépulture des rois de Juda.

M. V. Guérin, s'appuyant sur les versets 7 et 9, du chapitre XLIII d'Ezéchiel, émet à cet égard deux hypothèses ingénieuses [1]. « De ces deux versets, ne serait-il pas permis de conclure qu'avant la captivité de Babylone, époque pendant laquelle prophétisait Ezéchiel, les sépulcres des rois de Juda avaient, par leur rapprochement du Temple, situés qu'ils étaient sur le Mont Sion, violé les prescriptions de la loi mosaïque et qu'au retour de la captivité, pour obéir aux injonctions du Seigneur qui ordonnait par son prophète d'éloigner de son sanctuaire les cadavres des rois, ceux-ci furent transférés dans les magnifiques excavations connues aujourd'hui sous le nom de Kobour el-Molouck?... On peut admettre même qu'il y a eu exemption pour David

---

[1] Vers. 7... et la maison d'Israël ne profanera plus mon saint nom, ni le peuple, ni les rois par leur idôlatrie, *par les tombeaux de leurs rois...* etc....
Vers. 9. Maintenant donc qu'ils rejettent leur idôlatrie et *les sépulcres de leurs rois* loin de moi; et j'habiterai toujours au milieu d'eux.

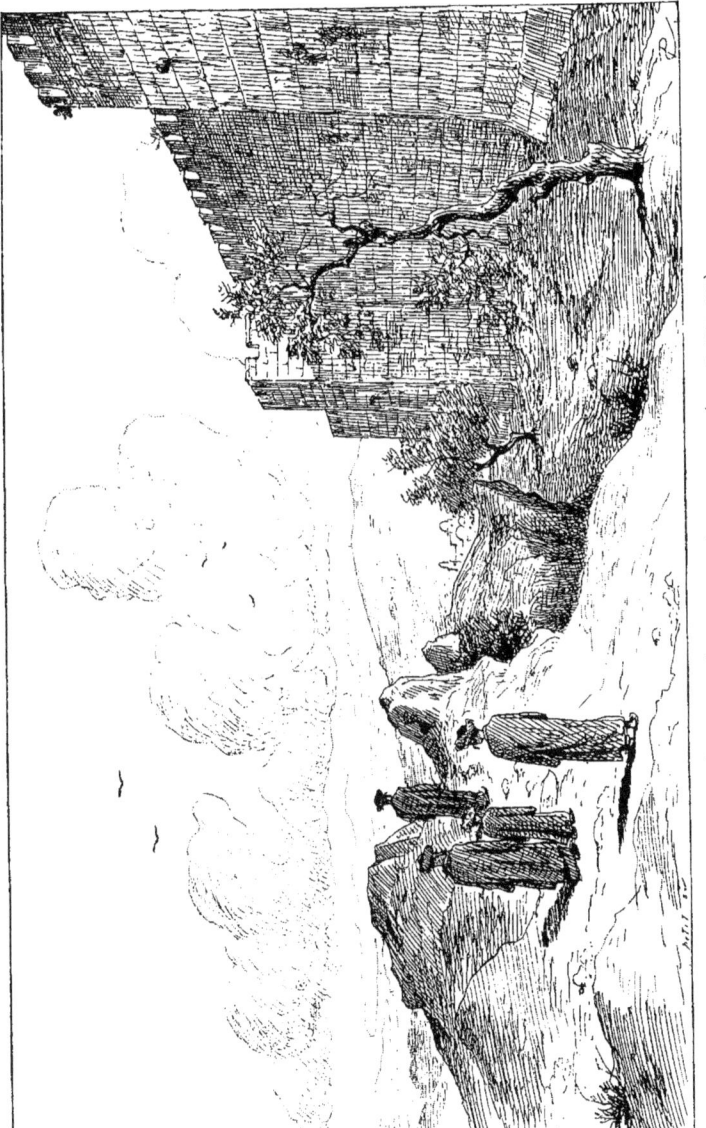
REMPARTS DE JÉRUSALEM PRÈS DE LA VALLÉE DE JOSAPHAT (ANGLE NORD-EST).

et Salomon, et qu'on les a laissés reposer en paix dans leur premier sépulcre...[1] Que si cette hypothèse... ne paraît pas suffisamment plausible, j'en propose une autre. Dans la nécropole du mont Sion, les rois seuls de la dynastie de David auraient été enterrés, comme consacrés en quelque sorte par l'onction sainte et le caractère royal dont ils étaient revêtus; mais leurs femmes, quoique reines, et les autres princes issus de leur sang, mais qui n'avaient pas régné, auraient été ensevelis aux Kobour el-Molouck [2]. »

Au nord-ouest du tombeau des Rois, au milieu d'une quantité innombrable de sépulcres taillés dans le roc, nous visitons le tombeau des Juges (Kobour el-Kodha). Presque aussi vaste, mais bien moins somptueux que le tombeau des Rois, il en a à peu près la disposition intérieure. Le fronton qui surmonte l'entrée est encadré de moulures et bordé d'une ligne de petits modillons. Le tympan est rempli par d'élégants rinceaux de feuillage et de fruits qui se déroulent à droite et à gauche, d'une triple palme centrale. L'angle extrême est surmonté d'une acrotère en palmette[3]. D'après Quaresmius cet hypogée n'aurait pas été creusé pour les juges qui précédèrent les rois, mais bien plus probablement pour les grands de la nation, ou même pour les présidents du Sanhédrin.

A propos du style large, ferme et puissant de ces deux tombeaux, où l'on croit retrouver un mélange de souvenirs grecs (pour ne pas dire égyptiens) et de traditions troglo-

---

[1] Saint Pierre, dans son premier discours aux chrétiens rassemblés au cénacle après la descente du Saint-Esprit, s'écrie : « Mes frères, qu'il me soit permis de vous dire hardiment du patriarche David qu'il est mort, qu'il a été enseveli et que son sépulcre est auprès de nous jusqu'à ce jour... » (Actes des Apôtres, ch. II. v. 29.)

[2] V. Guérin. *La Terre Sainte*, p. 30-31.

[3] H. de Villefosse. *Notice sur les monuments de Palestine conservés au musée du Louvre*, p. 36.

dytes, nous citerons le passage, peut-être un peu trop louangeur, où M. Renan traite de ces monuments. « Jusqu'aux Asmonéens [1], les Juifs étaient restés étrangers à tous les arts. Jean Hyrcan avait commencé à embellir Jérusalem et Hérode le Grand en avait fait une des plus superbes villes de l'Orient. Les constructions hérodiennes le disputent aux plus achevées de l'antiquité par leur caractère grandiose, la perfection de l'exécution, la beauté des matériaux. Une foule de superbes tombeaux d'un goût original s'élevaient vers le même temps aux environs de Jérusalem. Le style de ces monuments était le style grec, mais approprié aux usages des Juifs, et considérablement modifié selon leurs principes. Les ornements de sculpture vivants, que les Hérodes se permettaient au grand mécontentement des rigoristes, en étaient bannis et étaient remplacés par une décoration végétale. Le goût des anciens habitants de la Phénicie et de la Palestine pour les monuments monolithes taillés sur la roche vive semblait revivre en ces singuliers tombeaux taillés dans le rocher, et où les ordres grecs sont bizarrement appliqués à une architecture de troglodytes. »

Entre le tombeau des Juges et la Ville Sainte, on a retrouvé l'emplacement de la tour Pséphinus, construite par Hérode, et haute de trente-cinq mètres. Près de là campa Tancrède, à peu près à la même place que Titus. C'est également en ce lieu que s'étendaient le camp des Assyriens, et, un peu plus près des murs, le champ du Foulon, dont il est parlé dans Isaïe et dans le livre des Rois.

Sennachérib (en Assyrien Sin-Akbi-Irib, *la lune a multiplié*

[1] Les Asmonéens sont la série des princes et des rois, parents et successeurs de Judas Macchabée, qui dirigèrent les destinées du peuple juif, depuis la mort de ce héros de l'indépendance nationale, jusqu'au moment où l'immixtion des Romains dans les affaires de Judée vint changer complètement la situation politique de ce pays.

des frères), comme il le dit dans une stèle où il énumère ses exploits en Palestine, « avait pris et pillé quarante-six grandes villes mûrées et une foule de petites bourgades... domptant leur orgueil et affrontant leur colère... emmenant comme butin 200,150 personnes, grandes et petites, mâles et femelles, des chevaux, des ânes, des mulets, des chameaux, des bœufs et des moutons sans nombre. Il avait enfermé Ezéchias, qui avait refusé de se soumettre, dans Jérusalem, la ville de sa puissance, comme un oiseau dans sa cage. Ainsi bloqués et investis, ceux qui sortaient hors des remparts étaient pris et emmenés en esclavage. » Or il arriva, nous dit Isaïe, « que, dans une nuit, l'ange du Seigneur sortit et frappa 185,000 hommes dans le camp des Assyriens, et quand le matin on s'éveilla, il n'y avait plus que des cadavres. Et Sennachérib, roi d'Assour, leva le camp, s'en alla et retourna en toute hâte à Ninive[1]. »

La tradition égyptienne place cet évènement près de Péluse et raconte que le monarque assyrien dut se retirer, parce qu'en une nuit les rats dévorèrent toutes les cordes des arcs de ses soldats. Certains auteurs enfin nous dépeignent l'ange du Seigneur comme ayant semé une peste terrible dans les rangs des Assyriens et les ayant tués ainsi par milliers en quelques heures.

---

[1] *Isaïe*, XXXVII, 36-37. — *IV Rois*, XIX, 35.

LA PALESTINE

LIVRE CINQUIÈME

CHAPITRE PREMIER

Caravane musulmane de Nébi Mouça. — Béthanie. — Fontaine des Apôtres. — Narh el-Kelt. — Fontaine d'Elisée. — Jéricho. — Danses et mœurs des Bédouins.

La veille du jour ou nous devons quitter Jérusalem pour la mer Morte, un curieux spectacle nous attire aux portes de la ville. C'est le départ solennel du pèlerinage qui se rend chaque année, à la même époque à Deïr Nébi Mouça, localité désignée par la légende arabe comme renfermant le tombeau de Moïse. Une foule de musulmans se réunit à l'heure dite près de la porte de Josaphat (Bab sitti Miriam). A midi, le pacha paraît, escorté de ses bachi-bouzouks, et suivi du cortège, marchant tantôt aux accords d'une musique militaire, tantôt aux sons suraigus de fifres et de tambours, redisant sans cesse les mêmes notes plaintives et monotones. Plusieurs étendards flottent dans les airs, et la bannière verte du prophète les domine tous, portée par un magnifique vieillard à barbe blanche qu'accompagne le cheik de la mosquée d'es-Sakhrah. A son passage, elle est saluée de vingt et un coups de canon, répercutés au loin par les échos de la vallée de Josaphat et de la montagne des Oliviers. Le pèlerinage descend lentement dans le ravin, au milieu d'une masse compacte d'hommes, de femmes et d'enfants, accroupis de chaque côté de la route que suit le cortège. Une fois parvenu entre le mont des Oliviers et le mont du Scandale, on fait halte, et le pacha rentre à Jérusalem avec ses soldats, les notables, les cheiks, les bannières sacrées, tandis que les pèlerins seuls continuent leur marche.

Le lendemain, de grand matin, nous quittons l'antique cité de David pour Jéricho, choisissant les heures les moins chaudes de la journée pour traverser les régions embrasées qui avoisinent la mer Morte. Le cheik des bédouins d'el-Riha (l'ancienne Jéricho d'Hérode) nous sert d'escorte; en Palestine on achète ainsi à prix d'argent l'espoir de ne pas être dévalisé. C'est un solide gaillard, fortement musclé, portant avec beaucoup de grâce le costume des arabes nomades qui lui sied à merveille. Un revolver et un large poignard à manche d'argent s'échappent de sa ceinture; une lance longue et flexible complète son équipement. Cette dernière est ornée d'un fer ravissant, au-dessous duquel de grandes plumes d'autruche flottent au gré du vent. Monté sur un cheval du pays qu'il conduit avec autant d'adresse que d'élégance[1], notre cheik se livre avec Milhem Ouardy

---

[1] Personne n'ignore la sollicitude de l'Arabe pour son coursier; avec sa femme, sa tente et sa jument, il est le plus heureux des hommes. Si critique

à des fantasias effrénées, tout « en faisant parler la poudre », comme disent les Arabes.

Au delà de la vallée de Josaphat nous longeons le mont des Oliviers : Jérusalem nous apparaît en entier, toute dorée par les premiers rayons du soleil levant. Les retardataires du pèlerinage musulman, que la chaleur du jour avait effrayés la veille, font la même route que nous, et encombrent le chemin d'une façon fort pittoresque. Revêtus de leurs plus beaux vêtements, ceux-ci vont à pied, ceux-là à cheval, d'autres ont un âne qui sert successivement à toute la famille. Parfois deux paniers se faisant contre-poids sur le dos d'un mulet renferment des femmes et des enfants, dont les têtes seules émergent de ce véhicule d'un nouveau genre. Un peu avant Béthanie, un harem nous dépasse : les femmes sont enfermées dans une sorte de boîte à rideaux rouges portée par deux bêtes de somme l'une devant l'autre. Dans quel état doivent être ces malheureuses après un trajet de plusieurs heures accompli dans de semblables conditions !

Nous atteignons bientôt el-Azariéh, village dont le nom rappelle celui de Lazare qui l'habitait avec ses deux sœurs : Marthe et Marie de Magdala[1]. Le Sauveur vint fréquemment en ce lieu, surtout pendant la dernière année de sa vie ; c'est là qu'il ressuscita celui qui devait plus tard évangéliser la Provence. Un vaste sépulcre, au-dessus duquel sainte Hélène, puis les croisés, avaient élevé un sanctuaire, est regardé comme le tombeau de Lazare par la tradition locale. La porte

---

que soit la position où il se trouve, jamais il ne consent à vendre sa jument ; il la préfère au plus beau cheval, aussi bien à cause de la reproduction que parce qu'elle ne hennit pas. Il y a deux classes de chevaux arabes de pur sang : les communs et les nobles ; ces derniers (Koheïl) deviennent de plus en plus rares et leur généalogie est établie avec grand soin.

[1] Lazare est une abréviation d'Éléazar, qui veut dire en hébreu : « Dieu est mon secours ».

du monument funéraire s'ouvre au nord : un escalier de trente-deux marches conduit dans une salle de trois mètres carrés. L'arrière-chambre, toute petite, où se trouvait le corps du frère de Marthe et de Marie lorsque Notre-Seigneur le rappela à la vie, est située en contre-bas sur la gauche. D'après Stanley[1], le nom de Béthanie viendrait de l'hébreu Beït Hini, *la maison des dattes*. Inutile d'ajouter que les palmiers de Béthanie, comme ceux de Jéricho, ne sont plus qu'un souvenir.

MONTAGNES DE LA QUARANTAINE

La tradition qui s'attache au tombeau de Lazare remonte sans interruption jusqu'à Constantin[2]. Elle est mentionnée par le pèlerin de Bordeaux (333), par saint Jérôme qui cite une église bâtie en ce lieu, par Antonin de Plaisance, saint Arculfe, Bernard le Sage et Sœwulf qui relatent le monument et la chapelle. Nous voyons plus tard les croisés accepter cette tradition et la perpétuer. Quoi qu'en dise Robinson, l'authenticité du tombeau en question ne paraît pas pouvoir être attaquée sérieusement. Nous lisons à ce sujet dans les

[1] Stanley. *Sinaï and Palestine*, p. 186.
[2] M. de Vogüé. *Les Églises de Terre Sainte*, p. 336.

Pèlerinaiges por aler en Jhérusalem (1231) : « A une lieue de Jhérusalem est Béthanie ; là est la maison Symon le léprous, où Nostre Sire pardona à Marie Magdaléne ses péchiés et là resuscita le Ladre en son monument ».

Au delà de la fontaine des Apôtres ou de l'Auge (Aïn el-Haoud), le chemin appelé justement *la route sanglante*, en souvenir des assassinats sans nombre dont il fut le témoin, devient de plus en plus mauvais : à chaque instant ce sont de nouveaux ravins et de nouvelles collines à franchir.

Nous faisons halte au Khan el-Hatrour. Tout auprès sont les restes d'un fort nommé Kalaat ed-Demm, traduction de l'ancienne appellation biblique : *castellum Adommim*, château du sang. Il semble dater des musulmans ou des croisés, mais doit avoir été construit sur d'antiques substructions. Les Latins l'avaient remis en état pour protéger contre les brigands qui exploitaient le pays les pèlerins se rendant de Jérusalem au Jourdain, et c'est de cet endroit qu'il s'agit dans la parabole du bon Samaritain. Du Khan el-Ahmar, le panorama est curieux par son aridité : la vue s'étend au loin sans que nulle part l'œil puisse se reposer sur la moindre trace de végétation. Ce n'est pourtant pas l'aspect du désert : les blanches crêtes des collines, composées de rochers ou plutôt de poussière de rochers que le vent laboure à son gré, semblent les vagues gigantesques d'une mer battue par la tourmente et immobilisée tout à coup.

La route, qui n'est autre que l'ancienne voie romaine de Jérusalem à Jéricho, court sur des mamelons élevés d'où l'on aperçoit par instant un coin de la mer Morte. Les sombres collines qui dominent le chemin, et les précipices qui s'entrouvent à chaque pas, donnent à cette contrée un aspect sinistre qui justifie sa mauvaise réputation. Au fond d'un de ces trous béants, le Narh el-Kelt[1] court en bouillonnant sur un lit de grosses pierres, tandis que d'immenses rochers bizarrement découpés, l'enserrent de toutes parts à des hauteurs prodigieuses.

A un dernier tournant, nous découvrons subitement la grande plaine du Jourdain. Au loin, la ligne verte des saules et des azeroliers qui poussent sur ses bords indique seule le fleuve. Plus près de nous, s'élevait la nouvelle Jéricho qu'Hérode et Archélaüs avaient fondée magnifiquement au milieu d'une oasis couverte alors de maisons de plaisance, de palmiers et de champs de roses ; aujourd'hui, de pauvres bédouins habitent seuls à el-Riha, au milieu des ruines informes d'aqueducs et de murs romains, derniers vestiges de tant de splendeur. A notre gauche, se dressent les monts de la Quarantaine (Djébel Karantoun), au pied desquels se trouvait l'antique Jéricho, surnommée « la ville des Palmiers[2] ». A droite, nous voyons une partie de la mer Morte qui nous apparaît comme un lac merveilleux par la teinte bleue de ses eaux et la beauté de ses contours d'une ampleur admirable. Dans le lointain s'élèvent au fond du tableau les hautes montagnes de Moab, dominées par la masse imposante du Nébo, et coupées par la passe que suivit le peuple de Dieu lorsqu'il envahit la terre promise.

Nous descendons rapidement le long d'un contre-fort escarpé. Nos chevaux meurent de soif; aussi, se désaltèrent-ils longuement dans les eaux fraîches et limpides du Narh el-Kelt. Au travers d'épais buissons de *doums* (Spina Christi) et de *baumiers* entrelacés, nous parvenons à la fontaine

---

[1] L'oued el-Kelt est généralement identifié avec le Nahal Kérith où Élie, par ordre du Seigneur, se retira quelque temps, et fut miraculeusement nourri par des corbeaux.

[2] Deut. XXXIV, 3.

d'Élisée. D'après la tradition, le disciple d'Élie, en y jetant une poignée de sel, rendit potable les eaux saumâtres de cette source, appelée de nos jours par les Arabes Aïn es-Soultan.

Jéricho, d'après les mots hébreux dont ce nom semble dériver, était ainsi appelé, soit d'un ancien culte en l'honneur de la lune établi en ce lieu par les Chananéens, primitifs habitants du pays, soit des parfums qui s'exhalaient de ses magnifiques jardins. Une vieille tour à moitié écroulée et des montagnes de décombres sont les seuls restes de l'ancienne cité ruinée par Josué, et reconstruite par Hiel de Béthel[1], non loin de la fontaine d'Élisée. C'était la plus importante des villes de la vallée du Jourdain, la seule qui, par sa forte position et ses puissantes fortifications, ait tenté d'arrêter la marche des Hébreux, lors de la conquête du pays de Chanaan. Plus tard, nous voyons Antoine, dans sa munificence, donner à Cléopâtre les énormes revenus des jardins de Jéricho[2]. Hélas! ces temps sont bien loin! les bédouins impitoyables n'ont pas respecté un arbre, pas un sycomore, pas un palmier : une végétation rabougrie pousse avec peine dans ces plaines incultes que le printemps vient seul couvrir chaque année de fleurs, d'où le nom d'el-Riha, « l'odorante ».

« Trois villes se sont succédé dans ce même lieu et y ont superposé leurs ruines, dit Amédée Thierry; une ville chananéenne, détruite par Josué; une ville juive, élevée avec les restes de la première et détruite par les Romains; une ville romaine enfin, détruite par la guerre civile. Rien n'a survécu de tout cela que de rares maisons éparses et à peine

---

[1] III *Rois*, XVI, 34.

[2] A l'époque des Croisades les revenus des jardins de Jéricho furent assignés au Saint-Sépulcre et plus tard à l'abbâye de Béthanie : les moulins à sucre acquittaient à eux seuls un tribut de 5,000 besants.

CHAPITRE PREMIER

un village. On n'aperçoit même plus dans la campagne l'arbre qui avait fait donner à Jéricho le surnom de « ville des palmiers » : la nature a été dans ses destructions aussi implacable que les hommes », et, en face d'un tel spectacle, on se rappelle involontairement ces paroles du prophète Jérémie : « Ceux qui passaient devant vos ruines ont insulté votre malheur; ils ont frappé des mains et secoué la tête, en disant : Est-ce

CAMPEMENT A JÉRICHO. (AU FOND, LA MER MORTE)

là cette ville si magnifique qui faisait l'admiration de tous les peuples? »

Dans la soirée, les bédouins d'el-Riha exécutent devant nos tentes des danses originales avec accompagnement de chants bizarres. Éclairés par un grand feu qui projette au loin ses reflets vacillants, quinze indigènes gesticulent comme des diables et poussent des cris étranges. Ils sont vêtus de grands manteaux rayés de blanc et de brun, ayant la forme d'un sac, ouvert seulement par en bas et fendu de trois trous pour les bras et la tête. Rangés en demi-cercle, ils dansent ou plutôt se balancent, tantôt debout, tantôt accroupis, sous la conduite d'un chef de file qui fait dans les airs avec un grand sabre recourbé les passes les plus extravagantes. Ce dernier dit une sorte de récitatif monotone que tous reprennent en chœur. En frappant continuellement dans leurs mains, ils forment un accompagnement curieusement rhythmé, le plus souvent à contre-temps, bien en harmonie avec leurs chants rudes et gutturaux. Au premier abord on est étonné de cette sauvage musique; puis, on s'y habitue, et il s'en dégage une mélodie un peu uniforme, qui ne manque pas de poésie. Nos chanteurs inventent des couplets pour la circonstance, et les spectateurs manifestent bruyamment leurs sentiments par des cris de joie, ou des exclamations plaintives. Le refrain le plus goûté est : « Les bédouins aiment les chrétiens »... nous ajoutons mentalement : « Surtout lorsqu'ils peuvent les dévaliser ou qu'ils en espèrent un bon bacchich ! » Le mot de la fin est effectivement celui-là ; bacchich, et toujours bacchich, locution sacramentelle qui veut dire pourboire, et que nous n'avons pas besoin de nous faire traduire, ayant appris depuis longtemps quelle en est la signification. Assis pour se reposer autour de grands feux de bois sec dont la flamme fait ressortir, en les éclairant vivement, leurs figures osseuses et énergiques ainsi que leurs vêtements bigarrés, nos bédouins, fumant leurs longues pipes dans des poses nonchalantes, forment un tableau fantastique au milieu du calme immense qui nous entoure. On dirait, s'animant sous nos yeux, une des illustrations de l'Enfer du Dante par Gustave Doré.

Rien n'est curieux comme de saisir sur le vif les us et coutumes de ces populations primitives entre toutes, qui ont su garder intactes, depuis tant de siècles, leurs habitudes et leurs mœurs, en vivant complétement en dehors de toute civilisation, heureuses et libres au milieu des déserts.

« Les Arabes sont les vrais enfants gâtés d'une nature sauvage et inculte... Ils aiment le bruit, les armes, le mouvement, la guerre ; dans le calme, ils ne savent que faire et passent leurs journées et leurs nuits, accroupis sur leurs genoux, à fumer, à causer et à dormir. Les heures n'existent pas pour eux, le temps n'a aucun prix. Vivant de rien, ayant le ciel pour toit et le désert pour patrie, ils jouissent de ce que leur offre la terre sans s'inquiéter ou de la faire produire, ou de l'épuiser. Le sol même qu'ils foulent ne leur appartient pas ; ils l'occupent sans le posséder. La propriété n'existe pour eux que par le pillage : on possède ce qu'on a pris, on ne possède que ce qu'on peut défendre, jusqu'à ce qu'un plus fort vous le ravisse.

« Les familles forment la tribu, c'est le sang qui est leur lien... Les guerriers, les seuls hommes qui comptent, sont divisés en petites troupes, dont chacune obéit à un chef. Le grand chef est celui qui commande à tous les autres ; c'est généralement le plus fort et le plus brave... On ne réunit toutes les forces de la tribu que dans les grandes occasions, car leurs guerres sont presque toujours des escarmouches, des razzias ou des surprises... Le but des Arabes n'est pas de se tuer, et les combats ne sont pas généralement très meurtriers... On ne tue pas l'ennemi qu'on atteint, à moins qu'il ne résiste ; mais on lui prend son cheval et ses armes ; ce sont les trophées de la victoire...

« Avec toute leur énergie, ces hommes sont sans fermeté. Faciles à exalter, arrogants et despotes par l'habitude de la force, ils deviennent cauteleux et serviles dès qu'ils se sentent faibles. Ils sont défiants par nature, et cependant, il est facile de s'emparer d'eux par de bons traitements. En somme, l'intérêt les guide. Pour être respecté d'eux, il faut leur imposer, leur parler avec autorité, voire même avec emportement.... Ils demandent sans vergogne tout ce qui les tente, et croient pouvoir l'obtenir; de l'argent d'abord, votre tabac, votre pipe, vos armes, vos vêtements. Le bien d'autrui leur fait toujours tellement envie que, résistant avec peine au désir de le prendre, ils voudraient au moins l'obtenir autrement. Il faut, par exemple, leur rendre la justice que, si on leur refuse, ils sont sans rancune...

« Dans les villages qui dépendent d'eux, les bédouins exercent leur protection, en rançonnant les paysans... Si le village est en prise à plusieurs tribus, chacune vient à son tour pressurer les malheureux habitants, sans préjudice du gouvernement qui laisse faire, et prend ensuite sa part. Voilà la protection! Les pauvres victimes de ces déprédations finissent par se dégoûter de leurs travaux inutiles, abandonnent leurs villages, et se mettent à mener aussi la vie nomade. C'est ainsi que le pays se dépeuple, que nul n'a plus d'intérêt à la propriété et à la conservation, que la terre reste sans culture. Malgré tout cela, les Arabes valent mieux que les Turcs, qui ont tous leurs défauts, sans leur énergie. Les uns sont enfants du désert et de la barbarie, les autres sont les produits de la corruption[1]. »

[1] Roger de Scitivaux. *Voyage en Orient*, p. 96 et 97. (Paris. Morel, 1873.)

CHAPITRE DEUXIÈME

Le Jourdain. — La mer Morte. — Machéronte. — Gomorrhe. — Nébi Mouça. — Mar Saba.

A quatre heures du matin, nous quittons notre campement de la fontaine d'Élisée pour nous diriger vers le Jourdain et la mer Morte. L'aube naissante colore en rose les monts de la Quarantaine, détachant comme autant de points noirs l'entrée des nombreuses grottes jadis habitées par une foule d'anachorètes. Au sommet, les Grecs montrent le lieu où Jésus-Christ jeûna pendant quarante jours et où il fut tenté par le démon.

Après avoir dépassé el-Riha nous entrons dans des fourrés épais de tamarix et de buissons épineux qui abondent en perdrix. Au delà, le pays devient plat et dénudé : quelques maigres bruyères et des herbes desséchées se voient seules de loin en loin. Au bout de trois heures de marche, nous nous engageons au milieu de dunes sablonneuses qui encaissent le lit du Jourdain. Caché par un épais rideau de lauriers, d'azeroliers, de peupliers, de saules aux rameaux pendants, le fleuve roule ses eaux légèrement vaseuses sur une largeur de vingt-cinq à trente mètres.

L'endroit que l'on nous désigne comme celui où le Christ

fut baptisé par saint Jean-Baptiste est situé près d'un coude du Jourdain, un peu au-dessous d'un gué fréquenté. Nous sortions de nous plonger dans la rivière lorsque nous entendons pousser des cris perçants : un indigène conduisant avec deux autres bouviers un troupeau de vaches avait été emporté par le courant et il aurait certainement péri sans le secours d'un de ses compagnons. Les malheurs de ce genre sont fréquents, et l'on ne saurait trop se tenir en garde contre l'extrême rapidité du fleuve.

A quinze minutes de marche, vers le nord, se trouve le *Kasr el-Yehoudi*, ou château des Juifs, (ancien couvent de Saint-Jean-Baptiste), construit auprès du gué de Makhadet er- Rhoraniêh, l'antique *Bethabara* (maison du passage) où Jean baptisait. Zuallart, qui voyageait en Palestine en 1586, s'exprime ainsi dans le « très dévot voyage de Jérusalem » :

« Quatre mile dudit Jerico, en un lieu bien désert, se trouvent les ruines d'un monastère et d'une belle église édifiée cy-devant, comme dit Nicéphore[1], par sainte Hélène sur la caverne où jadis saint Jean-Baptiste avait sa retraite : au pied de laquelle ledit fleuve passoit lors; et en ce lieu (selon la tradition des Pères) le Sauveur âgé de trente ans ou environ, volut estre et fut par luy baptizé. Le vénérable Bède escript que de son temps ledit lieu estoit marqué d'une croix de bois de la haulteur d'un homme ou environ, laquelle souvent estoit cachée par l'eau quand le fleuve s'enfloit, mais (estant la rive orientale d'iceluy haulte et fascheuse pour y descendre) on avoit fait sur l'occidentale un petit pont en archades, allant depuis le grand monastère Saint-Jean jusques à la susdite croix..... Près de ce lieu se voient les ruines d'une petite église..... Pour conclusion, le

---

[1] Nicéphore Calliste, liv. VIII, ch. XXXI.

monastère susdit a duré dans son estre jusque à la venue des Mahométistes en Terre Saincte, lesquelz l'ont destruit.... L'église d'iceluy monastère était consacrée au nom du Saint-Salvateur baptizé et de Saint-Jean-Baptiste et fut cy-devant fort visitée en mémoire du grand baptesme..... Laquelle

AU BORD DU JOURDAIN

église et le lieu du baptesme du Rédempteur sont distans de deux mile de celui où les Hébreux traversèrent ledit fleuve[1] ».

Il ne reste plus trace de la croix élevée au milieu du fleuve dont parle Zuallart, et, si les pèlerins ne vont pas se bai-

[1] *Le très dévot voyage de Jérusalem* par Jean Zuallart, liv. IV, ch. vii, p. 37-39.

gner au gué de Makhadet er-Rhoraniêh, « c'est en général que leur itinéraire est combiné avec une excursion sur les bords de la mer Morte et que, pour ne pas trop allonger leur course, leurs guides les mènent de préférence à un endroit du Jourdain moins éloigné du lac Asphaltite que ne l'est le gué en question »[1].

Attirée par les grands souvenirs qui se rattachent au Jourdain, « une caravane de six à sept mille personnes quitte chaque année la Ville Sainte au temps de Pâques et prend la route du fleuve; une escorte turque éloigne les bédouins qui infestent les défilés de Benjamin comme aux jours du bon Samaritain. Cette foule aux costumes variés campe le soir près de Gilgal, dans le lieu où les Israélites plantèrent leurs tentes après avoir passé le Jourdain. Le lendemain, deux heures avant l'aube, le son des timbales éveille tout le monde; mille torches s'allument dans la plaine et la multitude descend vers le fleuve avant que la chaleur du jour soit devenue insupportable. Les premiers rayons du soleil brillent au sommet des montagnes de Moab quand la caravane arrive à l'endroit où le Jourdain est de facile abord : chevaux, ânes, mulets, chameaux portant souvent une famille entière se fraient un passage à travers les buissons de la rive, et les pèlerins accomplissent leurs pieuses ablutions[2]. » Le plus grand nombre ne quitte pas le bord; mais les Coptes, les Abyssins, nageurs intrépides, plongent en tous sens et se jouent dans le courant rapide, animés par le sauvage concert du doum et des trompettes. Au bout de deux heures, le signal du départ est donné; la foule pieuse traverse lentement

---

[1] V. Guérin. Ouv. cit. *La Samarie*, t. I, p. 111.

[2] Stanley. *Sinaï and Palestine*, ch. VII, p. 3. — C. Fouard. *Vie de N.-S. Jésus-Christ*, t. I, p. 155-156. — Itinéraire de l'Orient. *Syrie et Palestine*. Chauvet et Isambert, p. 372.

la plaine qui la sépare des montagnes de Judée et le désert rentre dans sa muette immobilité. Jadis, les prêtres bénissaient d'abord les eaux du fleuve, puis les fidèles s'y plongeaient, revêtus d'une robe qu'ils emportaient soigneusement et qui leur servait plus tard de linceul [1].

Avant la catastrophe épouvantable qui engloutit la Pentapole, le Jourdain ne devait-il pas couler lentement comme le Nil et, comme lui, déborder périodiquement, répandant un bienfaisant limon sur toute la contrée environnante? Ne serait-ce même pas à cause de ces inondations fréquentes qu'on retrouve presque toujours sur des élévations les emplacements des anciennes localités avoisinant le fleuve?

Au temps de Josèphe, la vallée du Jourdain était d'une fertilité remarquable. « Cette plaine, nous dit-il, renferme un grand nombre de magnifiques jardins. Les palmiers y sont de beaucoup d'espèces différentes et varient de saveur comme de dénomination. Cette terre produit également le baumier, le cypre et le myrobolan. Quant aux autres fruits qui y croissent, il serait difficile de lui comparer aucune région du monde [2]. »

Depuis l'abaissement du lac Asphaltite à trois cent quatre-vingt-dix mètres au-dessous du niveau de la Méditerranée, le lit de la rivière ayant pris une pente extraordinaire (vingt-quatre pieds par kilomètre), la rapidité des eaux est telle que tout débordement sérieux est devenu impossible. Au moyen âge, on cultivait encore avec succès la plaine de Jéricho où la canne à sucre poussait à merveille. Edrisi, géographe arabe du milieu du XIIe siècle, cite el-Riha comme « l'une des plus

---

[1] Itinerarium Antonini martyris.
[2] Fl. Josèphe. *Guerre des Juifs*, liv. IV, ch. VIII, § 3.

agréables résidences des pays de Rhôr et de Beisan[1]. » La principale production était l'indigo.

Aujourd'hui, il ne reste plus dans cette plaine tant vantée ni baumiers, ni cyprès : seuls les myrobolans appelés *zakkoums* par les Arabes, s'y trouvent en quantité considérable. « Les roses, les palmiers, les cannes à sucre ont disparu, et les quelques jardins qui environnent encore l'humble et chétif village d'el-Riha, tout en témoignant de la fécondité inépuisable de son terroir, n'offrent plus néanmoins qu'un triste spécimen des admirables plantations qui y florissaient jadis[2]. »

Nous continuons notre marche vers la mer Morte en laissant le fleuve à notre gauche. Le pays que nous traversons passe pour être peuplé de brigands ayant la réputation de dévaliser voyageurs et caravanes. Toute cette partie du Ghôr (enfoncement) est plate, affreusement aride et couverte de larges plaques de sel qui nous annoncent l'approche de la mer de Loth (Barh el-Loût) ou mer de la Mort (Barh el-Moût), comme disent les Arabes. Cet immense bassin de soixante-quatre kilomètres de long sur douze de large est encaissé par les hautes montagnes de Moab à l'est, et celles de Juda à l'ouest; à certains endroits, la sonde n'a touché le fond qu'à trois cent cinquante et même trois cent quatre-vingt-douze mètres.

La mer Morte n'a pas d'issue vers le sud. D'une part, l'infiltration dans les terres avoisinantes et, d'autre part, l'évaporation produite par la chaleur intense qui règne presque toujours dans cette région suffisent à maintenir son niveau à une hauteur à peu près constante. Les différences extrêmes

---

[1] Edrisi. Géographie, traduct. Jaubert, t. I, p. 339.
[2] V. Guérin. Ouvr. cit. *La Samarie*, t. I, p. 149.

sont de quatre à cinq mètres. Quel étrange problème géologique que ce lac dont les eaux chargées de chlorures de calcium, de sodium, de magnésie ont une telle densité que le corps humain ne peut y enfoncer et que les œufs restent à sa surface[1]! Si l'on veut plonger, les pieds sortent de l'eau, s'agitent en l'air et l'on ne peut nager que sur le côté ou sur le dos. Nous lisons à ce propos dans Josèphe

LA MER MORTE

que Titus, ayant fait jeter dans la mer Morte des esclaves chargés de chaînes, leurs corps flottèrent au-dessus des vagues, circonstance qui leur valut la vie.

A certaines époques, surtout après des secousses de tremblement de terre, des masses considérables d'asphalte montent des profondeurs de la mer et s'échouent sur les rives où les Arabes les recueillent et les vendent soit à Jérusalem, soit à Beyrouth. Au temps de Strabon, ces apparitions étaient

---

[1] Les parties salines qui, pour les autres mers, sont dans la proportion de 4 o/o, sont de 26 1/4 o/o dans la mer Morte : sa pesanteur spécifique dépasse de 1/5 celle de l'Océan.

signalées d'avance par les vases de cuivre, d'argent et d'or qui se ternissaient ou se couvraient de rouille[1].

D'après M. Lartet, le Barh el-Loût serait non seulement antérieur à l'époque de la destruction de la Pentapole, mais même il aurait précédé de longs siècles l'apparition de l'homme sur cette terre. A la fin de l'époque tertiaire ou au commencement de la période quaternaire, le lac Asphaltite devait recouvrir de ses eaux une grande partie de la vallée du Jourdain et de celle d'Arabah[2]. Il est probable que la Pentapole, arrosée alors par le Jourdain comme la basse Égypte par le Nil, en s'affaissant tout d'une pièce à la suite de l'embrâsement des villes coupables, a formé le bassin actuel de la mer Morte, bassin qui existait déjà en partie, mais moins grand que dans les temps préhistoriques. On a retrouvé, croit-on, presque tous les emplacements des villes maudites situées, pour la plupart, sur les revers des collines qui entourent le lac[3]. La salubrité de cette région varie suivant le moment de l'année où on la parcourt. L'expédition du duc de Luynes a sillonné en tous sens ce lac de la Mort pendant vingt et un jours et vingt et une nuits sans qu'aucun de ses membres ait éprouvé le moindre malaise (15 mars, 7 avril 1864). Par contre, le lieutenant Molineux, de la marine anglaise, après l'avoir exploré au mois d'août 1847, mourut à Beyrouth des germes de maladie qu'il y avait contractés. Quant à l'expédition Lynch (19 avril, 11 mai 1848), elle fut très éprouvée et perdit au retour plusieurs des personnes qui y étaient attachées.

---

[1] Strabon. Géographie, liv. XVI, ch. II, § 42.

[2] *Bulletin de la Société géologique de France*, IIe série, t. XXII, p. 431.

[3] La Bible ne dit nulle part que ces cités fussent bâties dans la plaine ; l'on n'est donc pas forcé de conclure qu'elles aient été englouties sous les eaux et qu'elles se trouvent actuellement au fond de la mer Morte.

Il règne ordinairement dans ce bas-fond une chaleur torride, entretenue par la réflexion des ardents rayons d'un soleil implacable sur les parois des montagnes environnantes. Et pourtant rien n'est comparable à cette belle nappe d'eau d'un bleu magnifique; on a peine à y reconnaître la *mer de sel*, comme l'appelle Moïse, dont les rives n'abritent aucun être vivant. Lynch rapporte qu'il a plusieurs fois observé des petits poissons descendant le Jourdain vers la mer Morte; dès qu'ils arrivent à trois ou quatre pieds de l'embouchure, ils rebroussent chemin subitement.

Un silence profond règne dans ces lieux désolés. Tout se tait, si ce n'est la vague du lac maudit qui, au milieu du calme écrasant de la nature, vient mourir à nos pieds en faisant incessamment retentir les échos du rivage de sa plainte éternelle. Il n'en est pas toujours de même, si nous en croyons la relation de l'expédition américaine de 1848. Souvent les lames roulent avec fracas et frappent avec une violence extrême les objets qu'elles rencontrent. Il faut lire dans la narration du lieutenant Lynch ces pages émouvantes où il raconte les atroces souffrances que lui et ses compagnons eurent à endurer pendant leur remarquable exploration du lac Asphaltite, et où il se compare à « Caron, conduisant non pas des âmes, mais les corps des morts et des réprouvés à travers quelque lac de l'enfer[1] ».

Nos chevaux veulent se désaltérer à cette eau aigre et piquante dont le goût insupportable demeure indéfiniment quand on en a bu, mais à peine y ont-ils trempé leurs naseaux qu'ils s'en éloignent brusquement.

Sur notre gauche, à l'orient, se trouvait autrefois la forteresse de Machéronte où fut décapité saint Jean-Baptiste

---

[1] Lynch. Narrat. ch. xiv.

par ordre d'Hérode. « Élevée sur un des monts qui bordent la mer Morte, elle était entourée de gorges si profondes que le regard se troublait à plonger dans leurs abîmes... Un renom sinistre illustrait les ravins qui l'environnaient. L'imagination populaire, égarée par les phénomènes volcaniques dont cette région est le théâtre, multipliait les prodiges autour de Machéronte. Les moindres plantes y atteignaient, disait-on, les dimensions du figuier; des racines couleur de feu jetaient des flammes vers le soir, s'enfuyaient devant le profane qui voulait les saisir ou le frappaient de mort. Du fond des ravins ou sur la cime des montagnes, jaillissaient des sources aux saveurs les plus diverses, tantôt bouillantes, tantôt épanchant à la fois, comme d'un double sein, des eaux chaudes et glacées...[1] »

Plus loin, vers le sud-est, se dresse Kérack sur un immense rocher inabordable de trois côtés. « Le Karack du Désert (*Petra deserti*) était le plus grand château de cette mystérieuse seigneurie transjordanienne de Montréal, encore si peu connue... C'était un des fiefs les plus importants de la Croisade, dangereux poste d'avant-garde, sans cesse exposé aux premières atteintes de l'invasion musulmane, placé en travers de la grande route militaire qui allait d'Égypte à Damas...[2] »

A peu de distance de l'embouchure du Jourdain, et sur la rive droite du lac, s'élevait Gomorrhe. Des ruines considérables par l'étendue de terrain qu'elles recouvrent en marquent l'emplacement présumé. Les Arabes appellent ce lieu Kharbet Goumram.

Bien loin dans le sud était Masada, puis Sodome, qu'in-

---

[1] Josèphe. *Guerre des Juifs*, VII, 6, 3. — C. Fouard. *Vie de N.-S. Jésus-Christ*, t. I, p. 241.

[2] *Les principautés franques du Levant*, par G. Schlumberger, p. 43. — Les ruines et monuments de Kérack ont été relevés par le duc de Luynes et par MM. Mauss et Sauvaire.

dique seule aujourd'hui une colline de sel gemme, recouverte d'une mince couche de terre végétale, et nommée par les indigènes Kharbet Esdoûm.

La route de la mer Morte à Mar Saba monte rapidement le long des montagnes de Juda. A chaque pas nous rencontrons ces pierres de bitume dites *pierres de Moïse* (Hadjr Mouça) qui brûlent comme de la mauvaise houille. On en fabrique à Bethléem des coupes et différents objets vendus comme souvenirs de la Terre Sainte. En entrant dans la région montagneuse, le chemin devient épouvantable. L'ouadi

SCEAU DE RENAUD DE CHATILLON, SEIGNEUR DE KÉRACK

ed-Dabbor (vallée des guêpes), à moitié obstrué par des quartiers de roc énormes, nous conduit à un vaste plateau où des chameaux errent en liberté : les femelles allaitent leurs petits et paissent, avec leur sobriété proverbiale, les herbes desséchées de ces maigres pâturages. Plus loin, des chèvres noires aux longues oreilles broutent sous la garde de pâtres bédouins qui ouvrent de grands yeux au passage de notre caravane.

Au delà d'une citerne antique, nous découvrons vers le nord la mosquée de Nébi Mouça, bâtie sur l'emplacement de l'ancien couvent de Saint-Euthyme, couvent souvent cité dans la *Vie des Saints*, ainsi que nous l'apprend l'higoumène russe Daniel (1113-1115). Les musulmans tiennent pour certain que c'est là que fut enterré Moïse et ils racontent à ce sujet la légende suivante : « Parvenu sans infirmités à l'âge de cent vingt ans, Moïse, auquel Dieu avait promis de ne le rappeler à lui que lorsqu'il descendrait volontairement dans son tombeau, ne se pressait pas de mourir. Sachant qu'après lui le peuple se révolterait contre Dieu, il fuyait avec soin tous les sépulcres. Mais le Seigneur jugea qu'il était temps de lui donner l'éternel repos. Un jour, en se promenant dans la montagne, le grand législateur juif aperçut quatre ouvriers qui creusaient avec ardeur une salle dans les flancs du rocher : ces hommes étaient des anges revêtus de grossiers costumes et envoyés par Dieu pour tromper le prophète. « Que faites-vous donc dans ce lieu solitaire ? » demanda-t-il aux travailleurs. — « Nous préparons, une retraite où notre maître veut enfermer un inestimable trésor. Notre tâche est à peu près terminée et bientôt arrivera ce précieux dépôt qui ne saurait se faire attendre longtemps. » Le soleil était brûlant, les environs sans nul abri, la caverne fraîche et délicieuse. Moïse y entra sans défiance et s'étendit sur le banc de pierre placé au fond. Un des ouvriers lui ayant offert une pomme d'une couleur magnifique et d'un parfum appétissant, il ne l'eut pas plutôt goûtée qu'il tomba dans le sommeil éternel. Les anges recueillirent son âme qu'ils portèrent respectueusement sur leurs ailes devant le trône de Dieu; tandis que son corps demeura dans la grotte où il repose encore aujourd'hui. Depuis lors, la roche qui trompa la prudence du prophète a conservé sa blancheur extérieure, mais, dès qu'on la creuse, on la trouve aussi noire que le sont les anges de la mort [1]. »

---

[1] Légende citée par le Frère Liévin de Hamme. *Guide indicateur de Terre Sainte*, IIe partie, p. 150.

A chaque instant le paysage change d'aspect. Parvenus au point culminant de la route nous jouissons d'un coup d'œil féerique. Au fond du tableau ce sont les hautes cimes de Moab dont les contre-forts en gradin, éclairés par un soleil étincelant, ressortent d'autant mieux qu'à certains endroits les ombres sont plus vigoureusement accusées. Leur pied semble se perdre dans le lac Asphaltite que nous découvrons sur une immense étendue. Plus près de nous, un chaos indescriptible de collines arides ajoute encore par son horreur

VALLÉE DU CÉDRON PRÈS DE MAR SABA

sauvage à la grandeur de ce panorama imposant. A l'extrême nord s'enfuit la vallée du Jourdain (el-Ghôr), au bout de laquelle apparaît confusément dans la brume le grand Hermon et ses neiges.

Le chemin, tracé dans la roche, descend tout d'un coup au fond de la vallée du Cédron : une forte côte remonte le versant opposé sur des dalles lisses et glissantes. Nous dominons le lit du torrent à une grande hauteur, et c'est en longeant ce dangereux précipice que nous atteignons Mar Saba.

Rien de plus pittoresque que l'aspect de ce couvent grec. Qu'on se figure un édifice bâti au-dessus du vide à une hauteur de soixante ou quatre-vingt mètres; on dirait une vaste ruche accolée à la paroi du précipice au fond duquel le Cédron s'est frayé un passage. D'un seul côté le monastère est de plain-pied avec le sol environnant : c'est là, dans d'épaisses murailles, que s'ouvre la porte d'entrée.

Au commencement du ve siècle un nombre considérable de pieux anachorètes, sous la direction de saint Euthyme, vint peupler cette âpre solitude jadis habitée par les Esséniens. Des grottes sans nombre, s'ouvrant dans les immenses rochers qui enserrent la vallée, leur servaient d'habitation. « Cette région de montagnes pelées, demeure torride des bêtes féroces et des serpents, où les cavernes et les bords des sources sont infestés de scorpions, était aussi la région des anachorètes dispersés et séquestrés de tout contact humain. Malheur à qui s'y hasardait sans une force d'âme et de corps à toute épreuve! Parmi ses habitants, les uns passaient jusqu'à trente années dans une cellule sans en franchir le seuil, sans voir une créature humaine et sans parler. D'autres se faisaient des demeures au fond de citernes desséchées d'où ils ne pouvaient plus sortir et où on leur jetait de temps en temps quelques figues et du pain d'orge; d'autres enfin, privés de toute assistance et de tout voisinage, erraient sur les montagnes sans gîte et sans nourriture, à la merci du hasard[1]. » Comme l'écrivait saint Jérôme, ceux qui trouvaient l'ombre des toits pesante sur leurs têtes et qui étouffaient dans la prison enfumée des villes, venaient en ces lieux chercher l'air et la lumière. C'était là « cette solitude émaillée des fleurs du Christ, solitude où s'engen-

---

[1] Amédée Thierry. *Récits d'histoire romaine.*

draient ces pierres éternelles dont la cité royale se construit...[1] »

Saint Saba, disciple aimé de saint Euthyme et originaire de Cappadoce, lui succéda. En 483, il éleva le couvent qui porte aujourd'hui son nom. La légende raconte que ce pieux ermite s'étant absenté de sa cellule, un lion vint s'y coucher. Lorsque le saint rentra, il se mit sans s'effrayer à réciter son office comme à son ordinaire, mais le sommeil le surprit et il s'endormit. Le lion le saisit alors par la manche et le tira jusqu'à la porte. Le moine, s'éveillant, rentra, recommença son office et s'endormit de nouveau. Traîné une seconde fois dehors, le saint s'adressa au lion et lui dit d'un ton sévère : « N'y a-t-il donc pas place pour nous deux ici ? » et en même temps il lui désigna un coin. Le lion s'y installa en silence, continua à y demeurer, et on montre encore aujourd'hui la place usée par le frottement de son corps [2]. Saint Saba mourut en ce lieu après y avoir pratiqué pendant soixante ans l'austérité la plus dure. Grâce à lui, on trouva miraculeusement la source qui fournit l'eau à tous les besoins des religieux, non loin de l'unique palmier qui élève encore au dessus des toits du couvent ses tremblants rameaux.

Saint Jean Damascène fut, dit-on, enseveli dans la cellule du monastère qu'il habita longtemps, cellule où l'on remarque une charmante figurine représentant ce savant religieux.

L'histoire du couvent de Mar Saba, depuis l'époque de sa fondation, offre une suite de sièges et d'assauts vaillamment repoussés qui mirent souvent l'existence du monastère en grand péril. Les moines parvinrent toujours à con-

---

[1] Lettre de saint Jérôme à Héliodore.
[2] Frère Liévin de Hamme. *Guide indicateur de Terre Sainte*, IIᵉ partie, p. 148.

jurer le danger et le couvent sortit sain et sauf de ses luttes contre la barbarie. Sa position a du reste été merveilleusement choisie au point de vue de la défense. Les fortifications, construites primitivement par Eudoxie [1], sont plus que suffisantes pour garantir contre toute attaque de la part des bédouins. Les murailles, cimentées dans leur soubassement, sont formées dans les parties hautes de pierres simplement, superposées, de sorte qu'en cas d'escalade elles céderaient sous les pieds et les mains des assaillants et tomberaient sur eux en les écrasant.

La prudence des caloyers grecs est extrême; nul n'est reçu sans une lettre de leur patriarche. Un véritable labyrinthe d'escaliers tournants et de corridors relie l'église avec les cellules creusées dans le roc. D'autres retraites, véritables nids d'hirondelles, sont construites en corniche au-dessus du ravin : il semble qu'au moindre vent elles devraient y être précipitées. Pour atteindre ces demeures aériennes il faut franchir une série d'échelles qui se balancent plus ou moins dans le vide.

Le monastère, dédié à saint Nicolas, appartient aux Grecs non-unis de la règle de saint Basile. Cet ordre, excessivement sévère, bannit l'usage de la viande. Estimés de tous, les moines de Mar Saba vivent en grande partie des aumônes que leur font les voyageurs.

Justinien, dit-on, éleva l'église dont le tabernacle n'est pas posé sur l'autel mais à côté, comme c'était l'usage dans les premiers siècles du christianisme. Parmi les nombreux tableaux qui la décorent, se trouve un saint Pierre portant le titre de *prince des apôtres*. Derrière le chœur, de jolis spéci-

---

[1] L'impératrice Eudoxie fit également construire à une centaine de mètres au sud du couvent une grosse tour destinée à loger les femmes, auxquelles l'entrée du monastère a toujours été formellement interdite.

mens de petites dimensions rappellent un peu le faire de Giotto ou de Fra Angelico. Sur les murs sont représentés des saints qui semblent dater de l'ancienne école byzantine. Somme toute, cette église riche et curieuse est trop sur-

VUE PRISE A L'INTÉRIEUR DU COUVENT DE MAR SABA

chargée de peintures, de dorures, de marbres et d'ornements de toutes sortes.

A minuit un charivari étrange appelle les moines à l'office : des barres de fer scellées dans un mur par une de leurs extrémités sont frappées à tour de bras avec une autre barre de fer et rendent un son bizarre qui remplace ici le tintement de la cloche. Cet instrument porte le nom de *simandra* et était déjà en usage parmi les byzantins.

Il est impossible de voir une retraite plus sauvage et d'une nudité plus désolée que ce désert de Mar Saba où les scorpions pullulent, et où les rayons du soleil, réfléchis par ces murs et ces rochers grisâtres, produisent une lumière et une chaleur insupportables.

CHAPITRE TROISIÈME

Deïr er-Raouat. — Seïar er-Rhanem. — Bethléem. — Tombeau de Rachel. — Saint-Jean-du-Désert (Aïn Karim). — Couvent grec de Sainte-Croix. — Retour à Jérusalem.

La route de Mar Saba à Bethléem traverse les montagnes de Juda. Une fois encore nous apercevons derrière nous la mer Morte, tandis que dans la direction opposée apparaissent à l'horizon les tours et les minarets de Jérusalem. Après avoir franchi une série de vallons plus arides les uns que les autres, nous tombons dans la plaine où Ruth glanait les épis abandonnés par les serviteurs de Booz. Devant nous, à peu de distance, sur le versant d'une colline, Bethléem [1], jadis appelée *Ephrata*, s'étale majestueusement en amphithéâtre au milieu des plants de vigne et d'oliviers.

Nous voici à Deïr er-Raouat, ancien couvent ruiné construit par les croisés au-dessus de la prétendue grotte où les Pasteurs apprirent par les voix célestes la naissance du Messie [2]. De l'ancienne église élevée en ce lieu par sainte Hélène, selon la tradition, il ne reste qu'une crypte ornée de naïves

---

[1] Bethléem veut dire « maison du pain », (en arabe Beït Lahm « maison de la viande »). Ephrata signifie « la fertile ».

[2] Deïr er-Raouat veut dire « le couvent des Pasteurs ».

peintures sur bois et dans laquelle on remarque des fûts de colonnes à chapiteaux corinthiens et des débris d'anciennes mosaïques. Cependant l'emplacement de la tour des Bergers (Migdal Eder — Turris gregis) ne paraît pas être à Deïr er-Raouat, mais bien plus probablement à Seïar er-Rhanem (étables à moutons) d'après les dernières découvertes faites par M. Guarmani en 1861. On trouve en effet à Seïar er-Rhanem des pâturages d'hiver; située sur une hauteur, cette localité est mieux appropriée que Deïr er-Raouat pour y placer un poste d'observation; enfin les fouilles ont mis à nu à Seïar er-Rhanem, les fondations d'une tour remontant à une haute antiquité, tandis qu'à côté on voit un abreuvoir et une vaste grotte où les bergers viennent encore aujourd'hui abriter leurs troupeaux. Il est constant qu'un couvent recouvrait autrefois la hauteur de Seïar er-Rhanem; au milieu de ses ruines, on a trouvé une chambre funéraire avec trois auges à cercueils (ce dont il n'y a aucune trace à Deïr er-Raouat), lesquels ont sans doute renfermé les corps des bergers, comme le mentionne l'évêque Aymon en 850[1]. Saint Bernard dit aussi que les pasteurs de Bethléem étaient au nombre de trois[2]. D'après Bernard le Sage[3], le monastère en question s'appelait le monastère des saints Pasteurs[4].

La route poudreuse qui serpente le long de la colline et monte à Bethléem est sans doute celle que suivirent les bergers pour aller adorer Jésus dans la crèche. A l'extérieur, la

[1] Apud Cornel. a Lap. in Luc, ch. 11.
[2] Saint Bernard. Serm. 6. — De nat.
[3] *Mémoires de la Société de Géographie*, t. IV, p. 791.
[4] M. Guarmani a mis au jour dans les fouilles de Seïar er-Rhanem, des tronçons de colonnes, plusieurs chapiteaux, des fragments de pavage en mosaïque et une urne en marbre dont le couvercle était orné de deux croix grecques. (Consulter : *Un antico santuario scoperto nel deserto della Giudea*. — Littera a monsignor Mislin.)

basilique est entièrement entourée de constructions qui en dissimulent la forme et la cachent aux regards : seul, son pignon aigu dépasse d'un côté le couvent franciscain, de l'autre les couvents grec et arménien. De loin, l'aspect de la ville est des plus pittoresques : les coteaux sur lesquels elle s'élève sont couverts de verdure, de figuiers et d'oliviers :

ARRIVÉE A BETHLÉEM

les rochers eux-mêmes semblent prendre une teinte plus douce et l'on dirait qu'un soleil moins brûlant resplendit sur cette cité que sainte Paule salua avec enthousiasme : « Salut Bethléem, justement appelée maison du pain, car c'est ici qu'est né celui qui est le vrai pain de la vie ! Salut Ephrata, la fertile ! fertile en effet, car Dieu lui-même a été sa moisson [1] ». Aussi, quel désenchantement lorsqu'on trouve

---

[1] Saint Jérôme. *Épitaphe de sainte Paule.*

les rues étroites et tortueuses, quelques-unes même formant de véritables escaliers.

Le couvent franciscain est vaste et bien tenu. Du haut de ses terrasses la vue est superbe sur le mont des Francs, Jérusalem, et la grande chaîne des montagnes de Moab. On remarque à l'intérieur un ancien cloître fort curieux.

Autrefois, trois portes donnaient accès de l'atrium dans le vestibule de la basilique de Bethléem. Deux ont disparu sous des constructions postérieures, et seule aujourd'hui une ouverture basse et étroite, par laquelle un homme ne peut passer qu'en se courbant, permet d'entrer dans l'antique édifice. Cette précaution a pour but d'empêcher les musulmans de pénétrer avec leurs bêtes de somme à l'intérieur du monument. Les cinq nefs formées par quarante-six colonnes de six mètres de haut à chapiteaux corinthiens sont d'un imposant effet : ces colonnes étaient ornées de figures de saints ; on y distingue encore de vieux écussons. Sur les murs, des restes de superbes mosaïques représentant les divers conciles et des scènes tirées de l'Évangile sont visibles par place. M. de Vogüé [1] nous apprend que ces mosaïques sont l'œuvre d'artistes grecs travaillant sous la direction d'un certain Éphrem, envoyé par Manuel Porphyrogénète et sous le contrôle de l'évêque latin Raoul, vers le milieu du xiie siècle, pendant le règne du roi de Jérusalem Amaury. (Elles couvraient environ six cents mètres carrés, ce qui suppose au moins vingt-quatre millions de cubes de verre [2]). A l'appui de cette opinion, M. de Vogüé fait remarquer que les inscriptions de ces mosaïques sont bilingues, latines et grecques, et qu'il

---

[1] M. de Vogüé. *Les Églises de Terre Sainte*, p. 52.
[2] M. de Vogüé. *Les Églises de Terre Sainte*, p. 101, note 2.

y avait à cette époque une entente cordiale, cimentée par des mariages réciproques, entre la cour de Constantinople et celle de Jérusalem.

L'édifice recouvert par un toit de charpente en cèdre à poutres apparentes[1] n'a pas de plafond. Les anciennes relations en mentionnent pourtant un superbe détruit depuis longtemps. Enfin dans le bas côté méridional se trouve un beau baptistère antique d'un seul bloc de pierre rougeâtre.

Pour M. de Vogüé, la basilique de Bethléem est l'œuvre originale de Constantin, et non pas de Justinien auquel les trois monuments de Sainte-Sophie de Constantinople, de Saint-Jean de Damas, et d'el-Aksa à Jérusalem peuvent seuls être attribués en toute assurance. M. V. Guérin et l'abbé Michon[2] sont d'avis que l'église primitive n'avait qu'une abside à l'orient et que les deux absides du transept sont une adjonction de Justinien[3].

Quoi qu'il en soit, il est prouvé que de tout temps la grotte de la Nativité a été comprise dans la basilique. « Depuis l'époque d'Hadrien jusqu'au règne de Constantin, pendant cent quatre-vingts ans environ, les gentils avaient placé et adoraient sur le lieu de la Résurrection l'image de Jupiter, et sur la roche de la Croix la statue en marbre de Vénus. Les auteurs de la persécution pensaient qu'ils détruiraient notre foi en la Résurrection et en la Croix s'ils souillaient ces lieux sacrés par des idoles. Quant à Béthléem,

---

[1] Remarquable par sa légèreté, ce toit date de 1565 et fut construit par les Franciscains à la place de celui érigé en 1478 par le P. Jean de Thomasellis aux frais du duc de Bourgogne (A. Alric).

[2] V. Guérin. Ouvr. cit. *La Judée*, t. I, p. 179. — Abbé Michon. *Vie de Jésus suivie des évangiles parallèles*, t. II (éclaircissements), p. 8 et suiv.

[3] Dans l'une est l'autel de la Circoncision, élevé à la place où Notre-Seigneur aurait été circoncis, d'après la tradition locale, et dans l'autre se trouve l'autel des Rois Mages.

qui maintenant est à nous, ce lieu si auguste de l'univers, dont le Psalmiste a dit dans ses chants : « La vérité est sortie de la terre », était ombragé par un bosquet dédié à Thamuz, c'est-à-dire à Adonis, et, dans la grotte où autrefois le Christ enfant avait poussé des vagissements, le bien-aimé de Vénus était pleuré [1] ». Depuis la naissance du Messie, le sanctuaire élevé à la place de l'étable primitive fut constamment l'objet de la plus grande vénération. Omar lui-même s'y rendit en pèlerinage ; Amrou y envoya d'Égypte de l'huile et des lampes ; les croisés embellirent l'église ; Saladin la respecta, et la tradition de la naissance de Jésus en cet endroit s'est transmise jusqu'à nous sans la moindre interruption.

À l'époque des Croisades, Tancrède avec une poignée de braves vint occuper Bethléem pour soustraire les lieux saints aux déprédations des infidèles. A la destruction du royaume latin de Jérusalem en 1291, l'évêque de Bethléem Reinier se réfugia à Clamecy en Nivernais. « Afin que l'évêque de Bethléem, s'il venait à être chassé de la Terre Sainte par les ennemis de la foi, pût, lui et ses clercs, trouver un lieu où reposer sa tête. Guillaume IV, comte de Nevers, lors de sa mort à Saint-Jean-d'Acre en 1168, et sur la promesse qui lui fut faite d'être enterré près de la crèche du Christ, fit don audit évêque de Bethléem [2] du bourg de Pantenor-lez-Clamecy, outre (au-delà) la rivière d'Yonne, avec le gaignage et domaine de Cembeuf ou Samber, et la

---

[1] Œuvres de saint Jérôme. Édit. Migne, t. I, p. 581.

[2] Le titre d'évêque de Bethléem continua à être donné par les comtes de Nevers et porté en France jusqu'à la grande révolution : il y en eut plus de quarante de tous ordres. L'église du monastère de Bethléem près Clamecy subsiste encore, mais elle est occupée actuellement par une hôtellerie : le faubourg où elle est située, en face du pont de l'Yonne, porte de nos jours le nom de Bethléem, et la rue de l'autre côté du pont qui traverse toute la ville de Clamecy s'appelle la rue de Bethléem. (Voyez à ce sujet dans les Églises de Terre Sainte de M. de Vogüé la note 3 de la page 106.)

ville Sous Saisi appelée la *Maison-Dieu de Bethléem*, et le bourg qui est outre les ponts de Montruillon [1]. »

L'église latine attenante au couvent des Franciscains n'offre pas d'intérêt. Près de l'entrée un escalier raide mène à la grotte dite des Tombeaux. Le premier autel est élevé à

LE CHEIK D'EL-RIHA ET MILHEM OUARDY

l'endroit où saint Joseph reçut de l'ange l'ordre d'emmener en Égypte l'Enfant Jésus et la Vierge : le second est dédié aux saints Innocents à la place où les soldats impitoyables du cruel Hérode égorgèrent jusque dans les bras de leurs

[1] Charte de 1223.

mères « ces fleurs des martyrs, moissonnées au matin de la vie, comme des roses naissantes que l'orage a brisées[1] ». Au fond de la grotte, et près des sanctuaires élevés à la mémoire de saint Eusèbe, de sainte Paule (la descendante des Gracques et des Scipions) et de sainte Eustochie, sa fille, se trouve la chambre souterraine si longtemps habitée par saint Jérome et qu'il appelait « son paradis ». C'est là que, « caché dans un trou pour y pleurer ses fautes, en attendant le jour du jugement[2] », ce grand docteur, aidé de sainte Paule et de sa fille, travailla à la traduction de la Bible connue sous le nom de *Vulgate*.

Rien n'est touchant comme de lire dans les œuvres de saint Jérôme la vie de ses compagnes, et surtout le récit de la mort de sainte Paule qui arriva le 26 janvier 404. Elle avait alors cinquante-six ans et depuis seize années habitait Bethléem.

« Paula était morte et l'on n'entendit autour d'elle ni lamentation, ni plainte, mais un concert de psaumes chantés dans toutes les langues de l'orient et de l'occident éclata tout à coup et remplit de ses échos la cellule et le monastère. » Son cercueil, porté par les évêques, fut placé au centre de la basilique et resta exposé pendant trois jours; la Palestine entière assista à ses funérailles, tenant à rendre ainsi le suprême honneur à une pareille femme. Les pauvres, les veuves, montraient les vêtements que la sainte leur avait donnés en l'appelant leur mère et leur nourrice. « Jérôme était là, soutenu par un devoir plus grand que sa peine ; mais cette âme altière, faite pour la lutte, qui cherchait les douleurs afin de les surmonter et regardait les épreuves

---

[1] Hymne de la fête des SS. Innocents.
[2] Lettre de Jérôme à Augustin.

CHAPITRE TROISIÈME

comme des grâces, ne put supporter celle-ci quand le devoir eut cessé de parler. Sa pensée ne se détournait plus de la perte qu'il avait faite; il était inconsolable comme Rachel dont il avait poussé le cri dans le voisinage de Rama[1]. » Il écrivait peu après à Théophile d'Alexandrie, laissant bien voir la plaie saignante de son cœur : « Je n'ai rien pu faire, même sur les Écritures, depuis la mort de la sainte et vénérable Paula. Le chagrin m'accable; tu sais qu'elle était ma consolation et celle des saints qui trouvaient en elle une mère dévouée et vigilante. »

Un escalier de seize marches descend à la grotte où Jésus-Christ reçut le jour. Anciennement cette excavation naturelle, s'ouvrant dans le calcaire et agrandie au moyen d'une voûte factice, devait dépendre d'un khan public. Longue de douze mètres sur quatre de large, la grotte appartient en fait aux Latins, mais les Grecs et les Arméniens ont le droit d'y célébrer l'office une fois par jour, et d'y faire brûler des lampes. En 1874, M. le marquis de Vogüé, alors ambassadeur de France à Constantinople, y a fait remettre les tapisseries, et les tentures modernes qui en décorent aujourd'hui l'intérieur[2]. Il est pénible d'être obligé d'avouer que la possession de ce lieu de paix est la cause d'incessantes querelles et de violentes disputes entre les moines des diverses communions, disputes qui dégénèrent parfois en rixes sérieuses. Aussi, le gouvernement turc a-t-il été obligé de placer un soldat musulman en faction auprès du berceau du Christ, pour y maintenir la tranquillité et le bon ordre.

Immédiatement au pied de l'escalier, une plaque en marbre blanc sous une sorte de niche indique l'endroit de

---

[1] Amédée Thierry. *Récits d'histoire romaine.*

[2] Ces tapisseries et ces tentures remplacèrent celles que les Grecs avaient enlevées en avril 1873.

la naissance du Sauveur. Au milieu est scellée une étoile d'argent autour de laquelle on lit : « Hic de Maria Virgine natus est Jesus-Christus[1] ». Un peu sur la droite se trouve l'oratoire de la crèche où Marie coucha son divin Fils et où les bergers vinrent l'adorer. L'autel des Mages est vis-à-vis : c'est là que ces rois de l'Orient, guidés par l'étoile, trouvèrent l'Enfant et sa Mère et lui offrirent en témoignage de leur adoration de l'or, de l'encens et de la myrrhe. « Jésus, Marie et Joseph, dit une légende, étaient dans l'étable et s'y tenaient depuis la Noël; les bergers qui venaient les voir chaque jour les entouraient, quand trois hommes étrangers entrèrent tout à coup : l'un était noir comme un diable. Le petit Jésus eut si peur qu'il se cacha contre sa mère. Mais un de ces hommes : « N'ayez pas peur de nous, mon petit Seigneur; nous sommes trois rois et nous avons été conduits par une étoile pour venir vous adorer ». Et ils mirent auprès de la crèche des parfums et des pierres précieuses. Les bergers, qui n'avaient donné que des fleurs et du laitage, n'étaient pas contents. « On ne va plus regarder nos présents », disaient-ils. Mais le petit Jésus qui lisait déjà dans l'âme de chacun, lut dans la leur. Il poussa de son pied mignon toutes les richesses des rois et, ramassant une pâquerette, il la baisa; c'est depuis lors que les pâquerettes, qui étaient blanches, ont le bout des feuilles roses et les étamines dorées. Les bergers, étaient tout fiers et s'en retournèrent dans la montagne en chantant[2]. »

La chapelle des Grecs est située au-dessus de la grotte.

[1] « Ici de la vierge Marie naquit Jésus-Christ. » La crèche de Bethléem a été transportée à Rome où on la vénère à Sainte-Marie-Majeure sous le nom de « Saint Præsepe ».

[2] Légende extraite de la *Maison du Bon Dieu*, par Émilie Carpentier (Hachette 1881).

L'iconostase qui isole de la nef l'autel et le chœur date vraisemblablement du xvie siècle et disparaît sous les dorures. Des toiles anciennes y sont appendues ainsi que des tableaux modernes représentant des saints protégés par des vêtements en argent contre les baisers multipliés des pèlerins russes. Dans le chœur se trouvent de vieilles broderies et de curieux émaux. Les Grecs ont malheureusement coupé la basilique à la hauteur des transepts par un affreux mur entièrement nu. Depuis ce mur jusqu'à la porte d'entrée, le monument est livré à tous : on y fume, on y traite des affaires, des commerçants y écoulent leurs marchandises, tandis que les enfants courent en tous sens ou se battent entre eux.

Bethléem, située à deux heures de Jérusalem, compte environ cinq mille habitants dont deux mille catholiques. La principale industrie du pays est la confection des objets de piété, croix, chapelets, nacre sculptée, vendus aux pèlerins en quantité très considérable. Le vin de la localité, d'une belle teinte dorée, est aussi estimé que son miel. Le type des femmes y est plus beau et plus régulier qu'ailleurs : elles s'habillent avec élégance, portant de longues jupes bleues avec tuniques rouges et corsages ouverts. Presque toujours couvertes de bijoux en argent, elles mettent sur leur tête une sorte de cornet renversé d'où s'échappe un long voile blanc[1].

Pour terminer la nomenclature des endroits intéressants à visiter à Bethléem, il ne nous reste plus à citer que les puits de David (Bir Daoud), citernes dont parle l'Écriture[2] et

---

[1] Bethléem est la patrie de Booz, de Noémi, de Joab, d'Asaël, de Mathan et de son fils Jacob, père de saint Joseph, époux de la Vierge. C'est à Bethléem que David fut sacré roi par Samuel (1072 av. J.-C.).

[2] *II Rois*, XXIII, 15, 17.

qui remontent, dit la tradition locale, à ce prince célèbre, et enfin la grotte du Lait. Une légende nous apprend que « le saisissement éprouvé par la mère du Messie en apprenant les menaces d'Hérode avait tari son lait. Elle l'aurait recouvré en se retirant dans cette grotte, au fond de laquelle elle se croyait plus en sûreté que dans l'étable où elle avait mis au monde son divin fils. Réfugiée dans cet asile et désolée de ne plus pouvoir nourrir son enfant, elle aurait imploré le Tout-Puissant, et aussitôt elle aurait senti son lait lui revenir avec une telle abondance que quelques gouttes seraient tombées à terre. De là la blancheur de la roche ; de là la propriété qu'elle a, réduite en poudre, d'être un remède efficace contre la diminution et même la disparition du lait chez les femmes [1] ».

Le soleil est brûlant lorsque nous quittons Bethléem pour Aïn Karim. Nous traversons la route d'Hébron à Jérusalem près du tombeau de Rachel (Koubbet Rakhel). C'est aujourd'hui un simple ouéli blanchi à la chaux et propriété des Juifs. De temps immémorial, Juifs, Musulmans et Chrétiens ont révéré en ce lieu l'endroit où Jacob enterra Rachel, la mère de Benjamin et sa femme bien-aimée, qui semble continuer à s'associer à la douleur de son peuple. « Si Jérémie, lors du premier exil de Babylone, fait sortir de la tombe de Rachel ces cris lamentables et ces gémissements mélancoliques qui ont retenti à travers les siècles; si, au moment du massacre d'Hérode, saint Mathieu l'Évangéliste, évoque encore du même sépulcre cette même voix de Rachel inconsolable pleurant sur ses enfants qui ne sont plus; les Juifs dispersés de nouveau au milieu du monde et exilés depuis dix-huit siècles loin de leur patrie

[1] V. Guérin. Ouvr. cit. *La Judée*, t. I, p. 188.

ne manquent jamais, lorsqu'ils abordent en étrangers sur

TOMBEAU MUSULMAN DANS LE CIMETIÈRE MAMILLAH, A JÉRUSALEM. Dessin de M. C. Mauss.

cette terre dont ils ont été bannis, mais qui a gardé tout leur amour, d'aller se prosterner devant la tombe vénérée de cette femme qui personnifie leur race et semble sympathiser toujours à leurs calamités. Ils l'arrosent de leurs larmes, ils y gémissent sur leurs malheurs et, pendant qu'ils les déplorent, ils croient entendre encore retentir à leurs oreilles, et s'élever du fond du cercueil les plaintes et les sanglots éternels d'une mère infortunée, image de la Palestine elle-même, et dont Jérémie seul pouvait dépeindre la désolation [1]. »

Nous poursuivons notre chemin par une chaleur épouvantable au travers de hauts plateaux parsemés de rochers où toute trace de culture cesse et où l'œil retrouve avec tristesse les tons gris des collines de Juda.

En arrivant au bord d'une vallée assez profonde, nous apercevons au-dessous de nous les coupoles du couvent franciscain d'Aïn Karim (*source des vignobles* ou *source abondante, généreuse*). Les misérables masures du village arabe bordent des ruelles presqu'entièrement obstruées par des tas d'ordures. A l'entour s'étend une oasis formée par trois ou quatre ouadis qui viennent se rencontrer au milieu de cette région tourmentée et sauvage. Les Franciscains et le révérend père Ratisbonne y ont fait, dans ces derniers temps, d'heureux essais de culture.

L'intérieur de l'église des Pères, embellie et restaurée naguère par les soins de Louis XIV, se compose de trois nefs ornées de carreaux de faïence formant d'élégants dessins : on sait qu'elle occupe l'emplacement de la maison de saint Zacharie et de sainte Élisabeth. On y remarque, au-dessus du maître autel, un tableau attribué à Murillo, représentant saint Jean-Baptiste au désert, et près du chœur les statues

---

[1] V. Guérin *La Terre Sainte*, p. 158.

de sainte Claire et de saint François en marbre blanc. Sur la gauche, un large escalier descend à la salle basse où naquit saint Jean-Baptiste. Des médaillons en marbre, retraçant les principaux épisodes de la vie du Précurseur, ornent les parois de cette chapelle, ancienne dépendance de la maison de Zacharie.

A quelque distance à l'ouest d'Aïn Karim, vulgairement appelée par les chrétiens Saint-Jean-du-Désert, se trouve, dans un ouadi écarté, la grotte solitaire où le « plus grand des enfants des hommes » se prépara à sa prédication par le silence et le recueillement[1].

Nous reprenons la route de Jérusalem par une montée affreuse. De temps en temps nous traversons un pauvre vignoble aux ceps jaunis; au milieu s'élève toujours une construction quelconque ou une sorte de tour basse, coutume qui était déjà observée au temps de Notre-Seigneur comme nous l'apprend l'Évangile[2]. C'est de là que le propriétaire surveille sa vendange et défend son bien contre les voleurs ou les bêtes fauves.

Le couvent de Sainte-Croix (Deïr el-Mossalabèh) sert de séminaire aux Grecs schismatiques[3]. L'église, dont on attribue la fondation à Héraclius (VIIe siècle), est une des mieux conservées de la Terre Sainte. Elle a trois nefs déterminées par quatre gros piliers supportant des arcs ogivaux. Le pavé est en mosaïque antique; près du chœur, il est formé de compartiments avec feuilles de lotus et de plantes

---

[1] Nous nous sommes contentés de donner uniquement ici les traditions locales sur la patrie du Baptiste, traditions qui remontent pour le moins jusqu'au moyen âge.

[2] Saint Mathieu, ch. XXI, v. 33.

[3] La bibliothèque, riche en manuscrits, est la mieux pourvue de toute la Palestine.

aquatiques. Vers le milieu de la nef un joli tryptique byzantin, orné de ravissantes figurines d'une exécution très-soignée, sert de pupitre : on dirait une œuvre de l'école italienne du XIIIe siècle. De charmants petits tableaux peints sur bois, dont l'expression vraie rachète l'incorrection du dessin, sont appliqués à l'iconostase tandis que de grandes figures de saints couvrent les murs; près de la porte d'entrée on distingue l'impératrice Hélène et son fils Constantin. La manière est raide, peu harmonieuse, d'un coloris terne, mais pourtant assez large et mystique. Selon la tradition, c'est à la place du trou que l'on montre derrière le maître autel que fut coupé l'arbre dont on fit la croix du Sauveur.

« Loth, dit la légende, après la destruction de Sodome, vint pleurer en ce lieu la faute grave qu'il avait commise, l'ayant toujours présente à l'esprit et priant le Seigneur de la lui pardonner. Un ange lui apparut un jour et lui remit trois boutures de cyprès avec l'ordre de les planter et de les arroser chaque jour avec de l'eau du Jourdain qu'il irait chercher lui-même : si les boutures prospéraient, il serait sauvé, sinon sa réprobation était certaine. Loth soignait ses boutures avec ardeur. Il revenait un soir chargé de l'eau précieuse qui les faisait pousser, lorsqu'il rencontra un pauvre qui lui demanda à boire. Le patriarche s'empressa de le satisfaire. Un autre pauvre succéda à celui-ci; puis d'autres encore. Loth entraîné par sa charité épuisa toute l'eau qu'il apportait de si loin. Les boutures allaient mourir de sécheresse : que faire? Il se désespérait, lorsque l'ange lui apparaissant de nouveau lui apprit que sa charité avait trouvé grâce devant Dieu, quoique les pauvres fussent des démons acharnés à sa perte, que les boutures croîtraient sans être arrosées et que son pardon lui était accordé par le

Seigneur. Les boutures en effet devinrent peu à peu des arbres, et c'est l'un d'eux qui servit à faire la croix du Sauveur[1]. »

Quelques kilomètres à peine séparent Jérusalem du couvent de Sainte-Croix. Avant d'atteindre les remparts de la Ville Sainte, nous longeons, près d'un immense cimetière où se trouvent plusieurs curieux tombeaux musulmans, le Birket Mamillah, appelé au moyen âge « le lay du Patriarche » et anciennement piscine supérieure ou fontaine des serpents. Bernard le Sage nous apprend que ce nom de Mamillah est celui d'une sainte dont l'église s'élevait jadis en ce lieu (ecclesia Sanctœ Mamillœ). Près de là se trouvait aussi le « charnier du lyon » dont parle la *Citez de Jhérusalem*.

« Priès du Lai del Patriarce avoit un carnier c'on apeloit le Carnier del Lyon. Or vos dirai porquoi l'on l'apeloit einsi. Il avint, si comme on dist, à un jour qui passés est, qu'il ot une bataille entre cel carnier et Jherusalem, où il ot mout de crestiiens ocis, et que cil de le cité les devoient l'endemain tous fere ardoir pour le pueur; tant qu'il avint c'uns lions vint par nuit, si les porta tous en celle fosse, si come on dist. Et sour cel carnier avoit un moustier là où on cantoit cascun jour messe[2]. »

---

[1] Frère Liévin de Hamme. *Guide indicateur de Terre Sainte*, IIᵉ partie, p. 7.

[2] *La Citez de Jhérusalem*, § XVIII.

LA PALESTINE

LIVRE SIXIÈME

CHAPITRE PREMIER

Départ de Jérusalem.— Ramah.— Djéba.— Deïr Diwan (Aï?).— Beïtin (Béthel). — Silo. — Puits de Jacob. — Naplouse (Sichem) et les Samaritains. — Mont Garizim.

L'heure du départ a sonné.

« Jérusalem n'est pas le séjour des plaisirs et des joies de ce monde; cependant on ressent un véritable chagrin, lorsqu'on la quitte, et surtout, lorsqu'on la quitte pour toujours...La Ville Sainte est triste, mais sa tristesse a je ne sais quoi de poétique et de mystérieux, comme les chants de ses prophètes; la solitude de Sion, couverte de deuil, a toujours quelque chose d'attachant, parce qu'elle répond à nos souvenirs du berceau, à nos réflexions de l'âge mûr, à nos pensées de la tombe[1]... » Malgré sa déchéance et sa pauvreté, on aime profondément la Sainte Cité, lorsqu'on vient y chercher autre chose que des impressions de tou-

---

[1] Michaud. *Corresp. d'Orient*, IV, lettre CII.

riste, où une vaine curiosité à satisfaire. On se prend à chérir cette solitude, qui permet à l'âme de se recueillir et de se posséder. Ces ruines amoncelées, ces roches nues, ont une grandeur qui captive, et ce n'est pas sans regret qu'on s'éloigne d'une ville que Dieu a faite si grande. Il est sept heures et demie quand nous nous mettons en route. Laissant à droite le tombeau des Rois, nous gravissons le Scopus, d'où nous contemplons une dernière fois Jérusalem. « Ses murs élevés, ses larges tours, ses minarets

LEVÉE DU CAMPEMENT DEVANT JÉRUSALEM

élancés et ses coupoles dorées par les rayons du soleil, se détachent sur un ciel d'azur avec une majestueuse grandeur. On dirait que le Seigneur a posé de nouveau sur son front séculaire le diadème de gloire, qui l'ornait dans les anciens jours[1]. »

Au delà du chemin de Nébi Samouïl, nous quittons la route de Damas qui se poursuit vers Béthel, par el-Birèh, l'antique Biroth (les puits, les citernes.) D'après une très ancienne tradition, rapportée par Quaresmius, l'église de el-

---

[1] L'abbé de Saint-Aignan. *Terre Sainte*, p. 361.

Birêh occupait l'emplacement même où se trouvait la sainte Vierge et saint Joseph, lorsqu'ils s'aperçurent, en revenant de Jérusalem, que l'enfant Jésus, resté dans le temple au milieu des docteurs de la loi, n'était plus avec eux. Nous nous dirigeons du côté de Ramah (N.-E.), d'où l'on a une belle vue sur la vallée du Jourdain, et vers le sud-est sur Anatoth, patrie du chantre des lamentations. Djéba, que nous atteignons bientôt (l'ancienne Gabaa de la Bible), se trouve à l'extrémité d'un contre-fort de la montagne dominant, comme un promontoire, des vallées sauvages coupées de collines entièrement dénudées. Une petite plaine s'étend à l'orient : c'est là qu'était campé Saül, lorsque Jonathas pénétra avec son écuyer dans le camp des Philistins.

En quittant Djéba, nous descendons à pic dans le ouadi Farah, ravin escarpé, dont nous remontons, non sans peine, l'autre versant. « Rien de plus austère et de plus saisissant que cette gorge sauvage, où l'on n'entend que le cri des oiseaux de proie qui ont élu domicile dans des cavernes depuis longtemps abandonnées, et dont la source solitaire est, sur le soir, le rendez-vous des bêtes fauves qui hantent les montagnes voisines. » Ces grottes, ces cavernes, dont toute la contrée environnante est remplie, expliquent la facilité surprenante avec laquelle les Israélites échappaient à leurs ennemis, lorsqu'ils avaient le dessous dans ces luttes sans cesse renaissantes qui marquèrent la conquête du pays de Chanaan par le peuple de Dieu. Dès qu'ils lâchaient pied, ils se blottissaient dans ces refuges souterrains, et n'en sortaient qu'après tout danger disparu pour tenir de nouveau la campagne, bien résolus à se cacher encore, si le sort des armes ne leur était pas plus favorable.

Le sentier que nous suivons est tracé en corniche et domine à une grande hauteur une longue et étroite vallée dont les parois s'élèvent presque verticalement. Le cheval de Milhem fait un faux pas sur une pierre plate, au milieu de ce dangereux passage, et tombe en l'entraînant avec lui. Nous les voyons rouler ensemble jusqu'au bord de l'abîme ; quelques pouces de plus, et ils disparaissent dans le gouffre... Heureusement notre drogman en est quitte pour un pied foulé, et le cheval se relève sans mal.

Nous atteignons peu après Deïr Diwan. A notre droite se trouve Mickmas, où campaient les Philistins, lorsque, surpris par Jonathas et son écuyer et saisis d'une terreur panique, ils s'entre-tuèrent au milieu des ténèbres; Mickmas où Sennachérib, allant mettre le siège devant Jérusalem laissa tous ses bagages[1]. Au loin, vers le nord, les maisons d'et-Taïybèh, (l'antique Ophra), se dressent sur le haut d'une colline isolée. C'est à quelques minutes de Deïr Diwan, au Khirbet el-Koudeïrèh, que se trouvait Aï, ville que Josué réduisit en cendres[2]. Des birkets, des citernes, des tombeaux et des débris considérables, attestent la présence en cet endroit, dans les temps anciens, non d'un simple village, mais d'une cité importante. Le ravin, qui s'ouvre près de là, s'appelle encore oued el-Médinèh, « le ravin de la ville[3] ».

Nous rejoignons Beïtin par un affreux sentier : ce village est l'antique Louza, nommée Béthel (maison de Dieu), par Jacob. On y voit une grande piscine en fort mauvais état; les constructions édifiées par les croisés n'offrent plus que des ruines. C'est en ce lieu qu'Abraham dut se séparer de son neveu Loth, à la suite des querelles incessantes de leurs bergers; c'est également là que Jacob, après avoir vu en

---

[1] *I Rois*, XIII, 5. — *Isaïe*, X, 28.
[2] Josué, ch. VII et VIII.
[3] Robinson. *Biblicale Researches*, t. I, p. 577.

songe l'échelle mystérieuse, éleva un autel au Seigneur [1]. Pendant que ce patriarche se trouvait à Béthel, Débora, nourrice de Rébecca, mourut. Elle fut enterrée au bas de la ville, sous un chêne qui reçut le nom de « chêne des pleurs [2] ». Plus tard, Samuel rendit la justice en cet endroit, et Jéroboam, oubliant que l'arche sainte y était demeurée quelque temps, ne craignit pas d'y élever un veau d'or qu'il faisait adorer par le peuple. C'est pourquoi les prophètes appelèrent Béthel (la maison de Dieu) Beth Aven (la maison du crime).

Nous quittons le territoire de Benjamin pour entrer dans celui d'Ephraïm, l'ancienne Samarie. « La Samarie, dit Josèphe, commence au village de Ginea (Djennim), situé dans la grande vallée, et se termine au territoire des Acrobatènes [3]. » La frontière méridionale de la Samarie passait donc par Jaffa, Béthel, et de là, gagnait le Jourdain.

Du haut de la colline qui domine l'ancienne Louza, la vue s'étend au loin vers le sud, puis la route s'engage dans un vallon cultivé, où se trouvent de belles plantations de figuiers. Dans une gorge, à gauche, s'élève Gifnah, dominé par la montagne du Coq, dont voici la légende d'après le frère Liévin : « Un habitant de Gifnah qui se trouvait à Jérusalem pendant la passion de Notre-Seigneur, étant de retour dans son pays après les fêtes de Pâques, raconta à ses compatriotes, en présence de sa femme qui plumait un coq, tous les prodiges qui avaient été opérés par Jésus de Nazareth, ainsi que les circonstances qui avaient accompagné sa mort

---

[1] Ces autels primitifs étaient de grossiers blocs de pierre qu'on dressait surtout sur les collines en témoignage de quelque serment ou en mémoire de quelque évènement important. On consacrait ces pierres avec une onction d'huile, de gros vin ou de sang du sacrifice.

[2] Genèse, ch. xxxv, v. 8.

[3] Josèphe. *Guerre des Juifs*, III, 3, 4.

et sa résurrection. Tous crurent d'abord à sa parole; mais, lorsqu'il rapporta que ce même Jésus, crucifié et mis à mort par les Juifs, était véritablement ressuscité, sa femme lui dit : « Ce que vous racontez là est si peu croyable que, quand même ce coq que je plume en ce moment reviendrait à la vie, je n'y croirais pas encore ». Aussitôt, l'animal reprenant vie se mit à s'échapper des mains de celle qui le

CIMETIÈRE ARABE A SENDJIL

plumait. La légende rapporte que la femme dut courir jusque sur le sommet de la montagne, avant de pouvoir le rattraper. C'est ce qui l'a fait nommer la montagne du Coq[1]. »

Nous sommes forcés de mettre pied à terre avant de nous engager dans une descente épouvantable : la route suit le lit desséché d'un torrent au travers de champs fertiles. Le paysage change à vue d'œil. Les hauteurs se couvrent

---

[1] Frère Liévin de Hamme. *Guide indicateur de Terre Sainte*, IIIᵉ partie, p. 20.

d'oliviers, la vallée se creuse de plus en plus, et nous voici au *ouadi el-Haramiyéh* (vallée des voleurs), l'un des endroits les plus pittoresques de la contrée que nous traversons. Le sentier est resserré de droite et de gauche par des parois de rochers où s'ouvrent d'anciens sépulcres. Une végétation assez belle a remplacé l'extrême aridité des environs de Jérusalem et, à chaque tournant, le soleil, sur son déclin, varie à l'infini les oppositions d'ombre et de lumière. Nous faisons boire nos chevaux à l'aïn el-Haramiyéh (source des voleurs) près de laquelle se trouvent une ancienne citerne et des substructions antiques.

Une gorge étroite aboutit à une délicieuse et fraîche vallée; un sentier qui grimpe le long de la colline nous amène à Sendjil, village bâti à une grande hauteur. De cet observatoire, la vue plonge au loin sur les environs : l'horizon est vaste, et nous avons sous les yeux une partie de la Samarie. Après être redescendus de notre nid d'aigle, nous atteignons en peu de temps les ruines de Silo (repos, paix) dont il ne reste plus qu'une vieille construction, ayant servi autrefois de mosquée, et ombragée par un magnifique chêne vert.

A quelques pas, sont les débris bien autrement curieux d'un petit monument, sans doute une ancienne synagogue, marquant, selon quelques auteurs, l'endroit où demeura l'arche d'alliance pendant plus de trois cents ans. Cet édifice, de forme carrée, doit avoir environ dix mètres sur chaque face; il a été construit avec de belles pierres de taille posées les unes sur les autres sans ciment. Au centre de la façade est une porte rectangulaire, surmontée d'un magnifique linteau monolithe sur lequel a été sculpté un vase à deux anses, puis, à droite et à gauche, une guirlande de fleurs entourant un disque bombé. L'intérieur était divisé en trois nefs, au moyen de quatre colonnes (deux de chaque côté). Leurs fûts gisent à terre ainsi que les chapiteaux corinthiens qui les couronnaient[1]. Postérieurement, un mur en talus a été appliqué contre ce monument pour le transformer en fortin. A Silo s'écoula l'enfance de Samuel, dans la maison du Seigneur. Héli, âgé de 98 ans, se trouvait dans cette ville, lorsqu'il apprit la

RUINES A SILO

défaite des Israélites à Ebenhézer, la mort de ses deux fils, Hophni et Phinées, et la prise de l'arche par les Philistins. A cette nouvelle, il tomba à la renverse du siège où il était assis, et se fracassa le crâne.

L'on voit près de Silo, une vaste nécropole où furent sans doute enterrés Héli et ses fils; mais on n'a pas encore retrouvé leurs tombeaux. Le rabbin Ishak Chélo dit dans *les Chemins de Jérusalem* : « De cette ville (Geba) on se trans-

[1] Frère Liévin de Hamme. *Guide indicateur de Terre Sainte*, IIIe partie, p. 24.

porte à Seiloun. Là se trouvent les sépultures du grand-prêtre Héli et de ses deux fils, Hophni et Phinées. C'est un monument sépulcral fort remarquable où les Juifs et les musulmans entretiennent des lumières perpétuelles[1]. Josué fit à Silo le partage de la Terre Promise entre les tribus d'Israël, et ce sont les filles de cette ville que les Benjamites enlevèrent pour les épouser, afin de ne pas laisser éteindre le nom de leurs pères.

En quittant ce lieu célèbre dans l'antiquité judaïque, nous descendons au fond d'une petite vallée qui aboutit à Lubban, joli village, dont Josué passa tous les habitants au fil de l'épée. Nous arrivons bientôt à un point culminant d'où nous embrassons la plaine voisine de Sichem dominée, d'un côté, par de basses collines rocheuses, de l'autre, par la chaîne du Garizim : en face, au fond du paysage, se dresse dans la brume le Djébel ech-Cheik (grand Hermon) couvert de neige.

La route se poursuit à travers la plaine, dont la largeur moyenne est de deux à trois kilomètres. Nous atteignons, par un soleil de plomb, le puits de Jacob, où Jésus, fatigué et altéré, échangea avec la Samaritaine pour un peu de l'eau qu'elle avait puisée « la source de vie qui désaltère à jamais[2] ». Jadis, une église chrétienne s'élevait au-dessus du puits de la Samaritaine. Antonin le Martyr (vers 570 ap. J.-C.) rapporte que cette basilique était dédiée à saint Jean-Baptiste. Détruite plus tard et reconstruite par les croisés, Édrisi la visita en 1154. Définitivement rasée en 1187, il n'en reste plus de nos jours qu'un amas de décombres. On distingue encore une margelle assez bien conservée dans une crypte dont la voûte

---

[1] Carnoly, p. 251.
[2] Saint Jean, ch. IV, v. 6 à 42.

est effondrée et où il est difficile de descendre. En 1113, l'higoumène russe Daniel trouva l'eau de ce puits fraîche et agréable ; en avril 1867, frère Liévin y mesura 4 mètres d'eau, mais, huit jours après, il était complètement à sec.

A l'entrée de la vallée formée par les monts Ébal et Garizim, se trouve le tombeau de Joseph. D'après une tradition respectable, c'est au milieu de ce champ, qui lui avait été donné par son père en sus de son héritage, que reposeraient les cendres du fils de Jacob, rapportées d'Egypte par les Hébreux. Le monument que nous visitons est fort simple et, par lui-même, peu curieux ; il a été récemment restauré par les soins d'un consul anglais, comme l'indique une inscription gravée sur une plaque de marbre. Saint Jérôme (ive siècle) et le Pèlerin de Bordeaux (333 ap. J.-C.) mentionnent ce tombeau.

Naplouse fut primitivement appelée Sichem par les Juifs, et devint Neapolis au temps des Romains. La ville s'étend le long de la vallée, entre les monts Ébal au nord, et Garizim au sud, étageant jusque sur les pentes de ce dernier ses maisons blanches entremêlées de jardins d'orangers, de figuiers et de palmiers. Entourée d'une muraille percée de deux portes principales, elle compte environ 15,000 habitants ; elle exporte chaque année 4,000 à 5,000 quintaux de savon, dont une partie est expédiée en Egypte et le reste sur différents points de la Syrie et de la Palestine. Deux rues parallèles la traversent dans toute sa longueur : dans l'une est le bazar en grande partie couvert. Nous y trouvons un mouvement et une animation qui rappellent un peu nos marchés d'Europe. Près de là nous remarquons l'école musulmane (médresséh) si bien décrite par l'abbé Bargès, dans son ouvrage « Les Samaritains à Naplouse ».

« Qu'on se représente une grande pièce carrée, située au

rez-de-chaussée, sombre et obscure, ne recevant de jour que
par la porte qui donne sur la rue. Les murs et les plafonds
étaient noirs et couverts de toiles d'araignées; sur le sol
bas et humide, étaient étendus, près de l'entrée, des lambeaux de nattes en paille ou en feuilles de palmiers, et sur
ces lambeaux s'agitait une fourmilière de bambins qui
avaient la tête rasée, les pieds et les bras nus. Dans un coin
de cette espèce d'étable se voyait accroupi sur un petit tapis
un homme d'extérieur grave, muni d'une verge et d'un
fouet, à peu près comme se trouve représenté sur les monuments d'Égypte le grand Osiris, roi du ciel et de l'empire
des morts : c'était le magister ou l'un des magisters de la
localité. Les enfants, rangés autour de lui et à la portée de
ses coups qu'ils paraissaient redouter, lisaient sur des
tablettes qu'ils tenaient dans leurs mains des versets plus
ou moins longs du Koran, criant à tue-tête, psalmodiant
sur diverses intonations, et balançant leurs corps d'arrière
en avant avec une certaine cadence. Le maître vint au devant
de nous et nous fit l'accueil le plus aimable. Il nous montra
les tablettes sur lesquelles les enfants apprenaient à lire, et
poussa la complaisance jusqu'à appeler auprès de lui le plus
habile de ses élèves, pour lui faire réciter devant nous un
certain nombre de versets du Koran. Après cela, il nous conduisit vers le fond de la salle, où s'élevait à quelques centimètres au-dessus du sol un petit monument blanchi à la
chaux; il nous dit que c'était le tombeau du cheik vénérable
qui avait fondé l'école. Questionné sur la nature de ses
émoluments : « L'école, répondit-il, est soutenue par une
fondation; mais ce revenu est très modique et ne suffirait
pas à mon entretien, s'il ne venait s'y joindre un petit
casuel, provenant des cadeaux que me font les parents dans
de certaines circonstances, et s'il ne m'était pas permis de

RUE A NAPLOUSE PRÈS DE LA MOSQUÉE DES SAMARITAINS

CHAPITRE PREMIER

m'approprier le tiers du pain et des provisions, que les enfants apportent à l'école, pour leurs repas de la journée. »

Une ancienne basilique chrétienne à trois nefs, avec gros piliers carrés, sert aujourd'hui de mosquée (Djama el-Kebir). Son portail oriental, bien conservé, est très élégant, mais il a été recouvert de badigeon par les musulmans. Cette église était dédiée selon les uns à saint Jean-Baptiste, selon les autres à saint Jacques le Mineur. Certains auteurs la citent comme étant sous le vocable de la Passion et de la Résurrection du Sauveur.

Au sud de la ville, des ruelles en pente passent par endroits sous des arcades ou des voûtes obscures de l'effet le plus pittoresque. Nous arrivons par un labyrinthe de voies étroites à la petite mosquée, où les Samaritains conservent un exemplaire du Pentateuque, vénérable parchemin sur lequel sont écrits les livres de Moïse[1]. D'après ce qu'on nous dit, ces rouleaux seraient l'œuvre d'Abisué, fils de Phinées, arrière-petit-fils d'Aaron[2], et ils auraient plus de 3,000 ans. L'abbé Bargès croit qu'on ne peut pas leur donner plus de 1,000 ans d'existence. Le bord des feuillets est noirci et tout usé ; néanmoins, la précieuse relique est dans un état incroyable de conservation. Elle s'enroule autour de baguettes en argent auxquelles sont adaptés deux couvercles hémisphériques, qu'on rabat l'un contre l'autre pour recouvrir et protéger l'antique manuscrit.

Près de la mosquée des Samaritains, se dresse une vieille tour carrée d'un curieux aspect, à l'extrémité d'un jardin planté d'orangers énormes, dont les fleurs répandent une

---

[1] Les caractères de ce manuscrit sont samaritains.
[2] *I Paral*, VI, 4.

odeur si pénétrante que nous nous voyons forcés de quitter la place, sous peine de gagner un violent mal de tête.

Après que les tribus eurent été emmenées en captivité par Salmanasar (720 av. J.-C.), les colons, envoyés par Hasar-Haddon de la Chaldée, de la Mésopotamie et de la Perse pour repeupler le pays, s'établirent près de Sichem. Décimés par des lions, dit la Bible, par la peste, affirme Josèphe, un oracle leur annonça qu'ils ne verraient la fin de leurs maux, qu'en embrassant le culte du Dieu d'Israël. Ils prièrent donc le roi d'Assyrie de leur envoyer, pour les instruire, des prêtres exilés ; puis, leur demande ayant été agréée, ils adoptèrent le culte israélite, en le mêlant de pratiques idolâtres : telle fut l'origine de la religion samaritaine[1]. De nos jours encore, les Samaritains de Naplouse regardent le Garizim comme le lieu le plus saint du monde. Il est tout à la fois, à leurs yeux « l'emplacement du paradis terrestre, l'Ararat où l'arche s'est reposée, Béthel où Jacob vit l'échelle mystérieuse, l'endroit où Adam, Seth, Noé, sacrifièrent au Seigneur, l'autel où Abraham était venu pour immoler son fils, et l'on y montre jusqu'au buisson d'épines qui retint le bélier substitué à Isaac...[2] ». Chaque année ils continuent à célébrer sur le Garizim Pâques, la Pentecôte et la fête des Tabernacles ; ils égorgent au sommet sept moutons et se réunissent vingt par vingt pour les manger. Un petit trou, entouré de quelques pierres, indique le foyer où la victime est rôtie. Près de là, on voit également les Téna'cher Balathah (12 pierres plates), blocs énormes et frustes, placés par Josué, disent les Samaritains, d'après l'ordre du Seigneur, pour former un autel des

---

[1] V. Guérin. Ouvr. cit. *Samarie*, t. I, p. 416.
[2] C. Fouard. *Vie de N.-S. Jésus-Christ*, I Appendice, p. 500, 501.

CHAPITRE PREMIER

holocaustes. Il convient d'ajouter que la Bible indique cet autel sur le mont Ébal, et non sur le Garizim[1].

Du haut du Garizim, on jouit d'une vue splendide sur toute la Samarie, depuis les montagnes de Moab jusqu'à la Méditerranée. Au sud, les monts de Judée, au nord, ceux de la Galilée limitent l'horizon ; dans le lointain les cimes neigeuses du grand Hermon, puis, à l'orient, la vallée du Jourdain ; enfin Jérusalem, Biréh, Jaffa et le Saron. Entre ces limites s'étend tout un réseau de vallées et de plaines naturellement fertiles qui justifient, malgré la décadence complète du pays, les éloges pompeux de Flavius Josèphe.

Jadis, au sommet de la montagne, s'élevait un temple de Baal-Bérith, divinité phénicienne dont le culte avait été introduit par les Sichémites. On n'en voit plus trace aujourd'hui ; mais les ruines de l'église Sainte-Marie, fondée au même endroit par Zénon (ve siècle) et entourée d'une enceinte par Justinien, sont encore visibles. D'après M. de Saulcy les substructions appartiendraient à l'ancien temple samaritain de Sanaballète, fondé sous le règne d'Alexandre le Grand, et dédié plus tard, sous Antiochus Epiphane, à Jupiter Hellénien. Les fouilles, faites en ce lieu en 1867 par le capitaine Warren, ont mis à découvert les fondations d'une église octogone (sans doute celle de Zénon) avec quatre chapelles latérales à abside. Son entrée principale était à l'ouest ; deux portes s'ouvraient sur les côtés, l'une au nord et l'autre au sud. Cet édifice n'avait que 17 mètres de long en tout[2].

M. Guérin pense que l'enceinte en gros blocs à bossage est bien le *téménos* du temple bâti par Sanaballète, téménos res-

---
[1] Voir V. Guérin. Ouvr. cit. *Samarie*, t. I, p. 425.
[2] V. Guérin. Ouvr. cit. *Samarie*, t. I, p. 427, 428.

tauré ensuite par Justinien, à qui Procope en attribue la fondation. L'édifice octogone occuperait donc l'emplacement de l'antique sanctuaire des Samaritains. On distingue encore parfaitement deux enceintes : l'une en pierres sèches, l'autre en maçonnerie, et les arasements d'une ancienne forteresse que les naturels appellent *Ras-Kikos*. Quant à l'escalier gigantesque qui, du vestibule du temple du Garizim, descendait vers Sichem, d'après les médailles d'Antonin le Pieux frappées à Neapolis (Naplouse), il est entièrement détruit ; il subsistait encore en 333 de notre ère, car le

MÉDAILLE D'ANTONIN LE PIEUX FRAPPÉE A NAPLOUSE

Pèlerin de Bordeaux le mentionne dans sa relation et lui donne 300 marches : « Ibi est mons Garizim... et ascenditur usque ad summum montem gradibus, numero CCC. »

« Les fontaines abondent à Naplouse (*Nablous* en arabe). Cette abondance d'eau et l'heureuse position de cette cité dans une vallée fertile, près de la grande route de Jérusalem à Damas, ont toujours contribué à la maintenir dans un état de prospérité relative. Rien n'égale la fraîcheur et l'agrément des vergers qui l'entourent : on y voit confondus, avec le pêle-mêle ordinaire de la culture orientale, des orangers, des citronniers, des jujubiers, des grenadiers, des amandiers, des figuiers, des mûriers, des abricotiers et même des noyers, arbre assez rare en Palestine. Çà et là des vignes grimpantes s'enlacent autour de leurs troncs. A leurs pieds croissent diverses espèces de légumes... entre des ruisseaux murmurants... On y remarque pareillement de superbes plants de jasmins et de rosiers : leurs fleurs servent à fabriquer ces essences odorantes si chères aux Orientaux [1]... »

Sichem (en hébreu *Chekhem* : épaule, dos) tire son nom soit de Chekhem, fils d'Hémor, chef des Hevéens au temps de Jacob, soit de sa position sur le dos de la vallée entre l'Ébal et le Garizim [2]. Abraham y campa, lors de sa première migration en Chanaan. Jacob y dressa lui aussi ses tentes à son retour de Mésopotamie et acheta pour cent agneaux, aux enfants d'Hémor, la portion du champ où était son campement. Pendant ce séjour Dinah, fille de Léah, étant sortie pour aller voir les femmes du pays, fut enlevée par le fils du roi [3]. On sait la vengeance terrible que ses frères tirèrent de cet outrage. Selon les prescriptions de Moïse, Josué rassembla en ce lieu les tribus d'Israël pour anathématiser solennellement les transgresseurs de la loi et appeler les bénédictions de Jéhovah sur ses pieux observateurs ; c'est également là que, sur le point de mourir, il réunit le peuple de Dieu et le conjura de rester fidèle au Seigneur. Plus tard, nous voyons Sichem devenir ville lévitique, et l'une des trois villes de refuge situées sur la rive droite du Jourdain [4]. Elle resta enfin la capitale du royaume d'Israël

---

[1] V. Guérin. Ouvr. cit. *Samarie*, t. I, p. 398, 399.

[2] D'après d'autres auteurs, Sichem viendrait de l'hébreu « Shakar, s'enivrer ». Ce nom serait une allusion à l'ivrognerie que les Juifs reprochaient aux Samaritains. (Voir Munck et Reland.)

[3] Genèse, ch. XXXIV.

[4] Les deux autres étaient Kadès et Hébron.

jusqu'après la mort de Nadab, fils de Jéroboam : le siège du gouvernement fut alors transporté à Thirza, puis à Samarie.

Naplouse, appelée par Vespasien *Flavia Neapolis*, possédait sous les empereurs du Bas-Empire, une basilique qui était un des sanctuaires les plus vénérés de l'Orient. Chosroës II respecta la ville, mais Hackem la saccagea et détruisit ses églises. Ces dernières, relevées par les croisés, disparurent peu après la chute du royaume latin de Jérusalem, à l'exception de celle qui sert actuellement de mosquée aux musulmans. Il est juste d'ajouter que plusieurs tremblements de terre ont largement contribué à la ruine des édifices de cette antique cité.

CHAPITRE DEUXIÈME

Sébastiéh (Sébaste). — Sanour (Béthulie). — Djennim. — Plaine d'Esdrelon. — Zéraïm (Jezréel). — Sunam. — Endor. — Le petit Hermon. (Djébel ed-Dahy).— Naïm.

En sortant de Naplouse, la route de Caïffa serpente au fond de la vallée à travers un pays bien cultivé et planté d'oliviers. Nous la quittons bientôt pour nous diriger vers le nord en franchissant une longue série de mamelons incultes, et nous ne tardons pas à découvrir devant nous les ruines de Sébaste, jadis Samarie (en arabe Sébastiéh), appelée Samirina dans l'inscription de Sargon, roi d'Assyrie.

La ville ancienne recouvrait une colline isolée que des vallées profondes entourent de tous côtés. L'une d'elles, au nord-ouest, aboutit au Saron, tandis qu'à l'horizon brillent les flots bleus de la Méditerranée. De toutes les splendeurs de Sébaste, il ne reste plus que de longues rangées de colonnes monolithes se dressant çà et là. Elles sont espacées, en général, de trois mètres quarante centimètres et mesurent un mètre quatre-vingt-quinze centimètres de diamètre. Les unes, au nombre d'une soixantaine, sont encore debout, les autres sont couchées à terre. La longueur de la double colonnade est d'environ neuf cents mètres et sa largeur de quinze mètres. Les palais, les temples et les maisons, qui s'élevaient sur le plateau supérieur de la montagne et sur les magnifiques rampes qui y conduisent, ont fait place à des champs de blé ou à des plantations de figuiers et d'oliviers. Cette ville qui avait donné son nom à la Samarie n'est plus aujourd'hui qu'un simple village qui ne mérite quelqu'attention que par les ruines de ses colonnades, les restes de sa belle église et les nombreux souvenirs qu'elle évoque.

C'est Amri, sixième roi d'Israël, qui, après avoir régné six ans à Thirza [1], acheta la montagne de *Chômeron* pour deux kikars d'argent à *Chemer* à qui elle appartenait; il y bâtit une ville, bientôt capitale du royaume, qu'il appela également *Chômeron*. Ce nom (en grec Σαμάρεια et en latin Samaria) veut dire en hébreu : « garde, montagne d'où l'on observe [2] ».

Achab, fils d'Amri, épousa la fameuse Jézabel, fille d'Ethbaal, roi de Tyr, lequel avait été d'abord grand prêtre d'Astarté. Cette dernière fit élever à Samarie un sanctuaire en l'honneur de Baal et des faux dieux de son pays, sanctuaire que Jéhu détruisit de fond en comble en même temps qu'il fit mettre à mort les prêtres qui y étaient attachés. L'an 723 avant Jésus-Christ, Salmanazar investit cette opulente cité; à sa mort, le siège dégénéra en blocus, et ce fut son successeur Saryoukin (Sargon) qui s'en empara en 721. Ce dernier rasa la ville et emmena les habitants captifs dans ses États. Plusieurs fois réédifiée et ruinée dans la suite, Hérode la nomma Sébaste en l'honneur d'Auguste et lui rendit son ancienne splendeur. Après sa mort, cette ville rentra dans une complète obscurité.

---

[1] Thirza devait se trouver à l'orient de Sébaste, non loin de la vallée du Jourdain, dans le sud de Scythopolis.

[2] V. Guérin. Ouvr. cit. *Samarie*, t. II, p. 197.

Les restes de l'église de Saint-Jean-Baptiste, restaurée entièrement, sinon construite, par les croisés au xiie siècle, sont considérables. Une portion sert de mosquée aux musulmans qui habitent les misérables huttes en terre, bâties à la place des palais des rois de Samarie. On voit encore encastrées dans les murs, à l'intérieur, des plaques rondes en marbre blanc marquées d'une croix mutilée : c'est à cette place que les chevaliers de Saint-Jean, desservants de l'église, suspendaient leurs écus.

RUINES DE L'ÉGLISE SAINT-JEAN-BAPTISTE A SÉBASTE

L'édifice se composait de trois nefs d'égale longueur, de trois absides et d'un transept[1]. L'extérieur, du xiie siècle, est fort simple et sans ornements. De grands contre-forts peu saillants soutiennent l'église; les voûtes et les fenêtres étaient ogivales et, sans nul doute, ce sont des architectes latins qui ont construit ce que nous en voyons aujourd'hui. La crypte, surmontée d'une petite coupole, appartenait probablement à l'église primitive. Un escalier de vingt et une marches y donne accès; au bas se trouve un palier, jadis

---

[1] M. de Vogüé. *Les Églises de Terre Sainte*, p. 359 et suivantes.

fermé par une porte en pierre monolithe arrachée de ses gonds et gisant à terre. On descend deux autres degrés pour entrer dans la crypte proprement dite dont le pavé est formé de marbres de diverses couleurs. Là se trouve une chambre sépulcrale, partagée en trois caveaux cintrés et contigus, ayant renfermé les corps de saint Jean-Baptiste et des prophètes Abdias et Élysée.

Nous lisons, en effet, dans saint Jérôme que sainte Paule visita Sébaste « où sont enterrés les prophètes Élysée et Abdias, ainsi que saint Jean-Baptiste, le plus grand des enfants des hommes[1] ». Ailleurs, sainte Paule et sainte Eustochie, sa fille, écrivant à Marcella pour l'engager à quitter Rome et à venir les rejoindre en Palestine, s'écrient : « Quand donc viendra le jour où nous pourrons, avec vous, nous rendre à Samarie et y vénérer ensemble les cendres de saint Jean-Baptiste, d'Élysée et d'Abdias[2] ». Antonin de Plaisance, saint Willibad et les croisés ont recueilli cette tradition de saint Jérôme, et elle est venue sans interruption jusqu'à nous. On ignore la date de la destruction de l'église de Sébaste; on sait seulement qu'en 1330 elle était déjà en ruines. « En ce lieu même souloit avoir une belle église et plusieurs autres y avoit, mais elles sont toutes abatues, là étoit le chief sainct Jehan Baptiste enclos en bon mur[3]. »

A propos de cette église de Sébaste, remarquable par l'harmonie de ses lignes et la légèreté hardie de son vaisseau, qu'il nous soit permis de dire quelques mots sur les origines de l'ogive.

Les Francs de l'occident ont-ils transporté l'ogive en Pales-

---

[1] Œuvres de saint Jérôme, t. I, p. 889. (Édition Migne.)

[2] Œuvres de saint Jérôme, loc. cit., p. 491.

[3] Bibl. nat. Manus. dit Livre des merveilles, G. de Maundeville, folio 168, verso.

tine, ou l'ont-ils trouvée en usage dans le pays, lorsqu'ils y débarquèrent? Il est prouvé que plusieurs anciennes mosquées du Caire ont des arcades à arcs brisés qui datent d'une époque bien antérieure à l'arrivée des Latins en orient, et d'Égypte l'ogive a pu facilement se naturaliser dans la Terre Sainte, avant l'invasion arabe[1]. Il serait même téméraire de prétendre que l'antiquité ne la connut jamais, surtout lorsqu'elle est à peine accentuée et qu'elle se confond, pour ainsi dire, avec le plein cintre. Mais il y a loin de là à conclure que de la Palestine l'architecture gothique est venue en occident, et qu'on peut la regarder comme un produit des Croisades.

Elle était auparavant en usage en Europe et nous en citerons comme preuve l'abbatiale de la Charité-sur-Loire, achevée en 1104, le porche de Saint-Marc de Venise, du xie siècle, et les églises à coupole du Périgord qui datent des xe et xie siècles. L'ogive poussant moins au vide que le plein cintre, a été trouvée et adoptée à cause même de sa solidité pour les arcs à grande portée ou qui ont à soutenir de lourdes charges. Son emploi est devenu définitif en France pendant la seconde moitié du xiie siècle, mais elle était connue et souvent employée auparavant et elle est le complément, non la base, du système gothique dont la création appartient en propre à la France royale. C'est à la suite de nos artistes et de nos armées que l'architecture gothique a pénétré dans le monde du moyen âge : en Angleterre et en Suède, avec Guillaume de Sens et Pierre Bonneuil; en Palestine, avec les croisés[2]; dans le sud de

---

[1] El-Aksa et la mosquée d'Omar, où l'on remarque l'emploi de l'ogive, étaient déjà construites depuis longtemps lorsque les Francs s'emparèrent de Jérusalem. Rien non plus ne semble révéler l'influence européenne dans les petits édifices que Saladin fit élever au Haram ech Chérif.

[2] Saint-Sépulcre et mont Sion.

l'Italie, avec la maison d'Anjou ; dans l'île de Chypre, avec la maison de Lusignan.

Après la chute du royaume latin de Jérusalem, de la fin du XIVe siècle à la fin du XVe, il y eut dans l'architecture arabe comme une sorte de renaissance se distinguant par une rare élégance, une finesse extrême dans les contours, une grande délicatesse dans l'ornementation. De cette époque datent les ravissantes maisons de Damas, les mosquées, les fontaines et les remparts de la Jérusalem moderne. On ne peut contester que le séjour prolongé des croisés dans le Levant, les enseignements de leurs architectes, la vue de leurs monuments n'aient contribué au développement de l'architecture arabe qui s'est montrée alors hardie, svelte et brillante. On voit qu'une imagination puissante et créatrice la vivifiait; mais aussi, on peut dire qu'elle pèche souvent par l'ensemble. Pittoresque et irrégulière, généralement bien raisonnée, elle a presque toujours fait preuve d'une grande originalité [1]. Si la sobre harmonie de l'art antique et les grandes conceptions de l'art chrétien lui ont manqué, on ne peut lui contester le charme, qualité maîtresse en architecture comme dans tous les arts [2].

[1] Après et même pendant les Croisades, les Arabes au lieu de suivre l'exemple que leur donnaient les Francs dans leurs constructions ont partout continué de se servir de la *voûte d'arête*, vieille tradition byzantine et romaine qui s'est perpétuée jusqu'à nos jours. D'ailleurs, les orientaux n'ont jamais compris *l'arc brisé* comme les occidentaux : pour ces derniers, *l'arc brisé* est formé par l'opposition de deux étais de pierre qui se contre-butent, d'où un point vertical à la rencontre des deux arcs. L'Arabe, au contraire, a toujours conservé l'usage de la *clef*, et c'est par des *clefs* que sont fermées la porte et la fenêtre haute de l'église Sainte-Anne à Jérusalem. Cette différence dans le mode de construction peut servir *quelquefois* à distinguer certaines productions des croisés de celles des Arabes, mais il importe de ne jamais perdre de vue que les Latins ont souvent continué les pratiques locales dans les monuments qu'ils ont élevés en Terre Sainte.

[2] Consulter : M. de Vogüé. *Les Églises de Terre Sainte*, p. 366-394 et

Au sortir de Sébaste, la route de Djennim traverse une vallée profonde pour gravir ensuite les collines qui s'élèvent vers le nord. A peu de distance de la ville, huit colonnes monolithes se dressent au milieu d'un hémicycle évidemment creusé de main d'hommes; c'est, en effet, l'emplacement du théâtre de l'ancienne capitale des rois de Samarie.

Du haut de la montée, la vue s'étend au loin sur le territoire d'Éphraïm que nous allons quitter, sur le Garizim, les vallées qui aboutissent au Saron, les dunes et la mer. Du côté opposé, nous découvrons les collines de Manassé, dominées à l'extrême arrière-plan par le grand Hermon. A notre droite les pentes sont entièrement boisées d'oliviers et de figuiers, tandis qu'à nos pieds le blé déjà haut couvre les vallons d'un frais tapis de verdure qui vient jeter une note gaie au milieu des lignes sévères des montagnes qui nous entourent.

Nous dépassons Beït Imrîn. A ses belles sources nous trouvons en train de puiser de l'eau « des femmes à la peau brune, aux sourcils droits, aux yeux noirs et expressifs, aux traits fins et distingués, à la bouche dédaigneuse, véritables types que l'art de toutes les époques a essayé de reproduire. Elles sont vêtues de robes rouges ou blanches, et leurs cheveux noirs sont relevés par des chaînes d'argent[1] ».

La large vallée où nous chevauchons aboutit à un ouadi, bordé de villages bâtis sur les hauteurs environnantes : l'un d'eux est l'antique Béthulie, aujourd'hui Sanour, fameuse par le siège qu'elle soutint contre Holopherne et l'héroï-

---

suivantes. — V. Guérin. Ouvr. cit. *Judée*, t. II, p. 184, et t. III, p. 4. — Cartier. *L'Art chrétien*, t. II, ch. xix, p. 93.

[1] R. de Scitivaux. *Voyage en Orient*, p. 87.

que dévouement de Judith qui y mourut, dit-on, à l'âge de 105 ans. Plus loin, nous entrons dans une grande plaine que nous traversons du sud-ouest au nord-est. Les cailles se lèvent par bandes dans les jambes de nos chevaux ; leur nombre est vraiment prodigieux.

Les vallonnements que nous apercevions dans le lointain s'accentuent de plus en plus. Le paysage se resserre et le sentier s'engage dans une gorge étroite où à chaque détour le décor change, éclairé par les rayons du soleil couchant. Tout en admirant les beautés sauvages du ouadi que nous suivons, nous atteignons l'ancienne Engannim (fontaine des jardins) aujourd'hui Djennim, où Notre-Seigneur guérit dix lépreux. Les maisons du village se cachent au milieu de palmiers et de jardins touffus que surmonte un minaret d'une blancheur éclatante. Des eaux magnifiques traversent les rues en tous sens. Cet ancien bourg de la tribu d'Issachar, autrefois donné aux Lévites, est bâti dans une position charmante. Les quelques ruines informes qu'on y remarque n'offrent aucun intérêt.

Au moment où nous arrivons au campement, un convoi funèbre sort de Djennim, portant à sa dernière demeure le cadavre d'un homme assassiné la veille. Quand son corps eut été mis en terre, des femmes échevelées commencèrent à exécuter autour de la fosse à peine fermée une danse funèbre singulière. La veuve surtout semblait dans une exaltation voisine du délire ; par ses cris perçants, ses gestes et ses mouvements convulsifs, elle appelait une vengeance prompte et terrible sur la tête du meurtrier : les femmes qui l'entouraient redisaient à l'envi ses menaces et ses imprécations.

La belle et vaste plaine d'Esdrelon (*vallis Jezreel*, en hébreu

CHAPITRE DEUXIÈME

Yzrèel) commence à Djennim pour s'étendre d'un côté jusqu'aux montagnes de Nazareth et de l'autre jusqu'à la chaîne du Carmel. Longue de onze lieues et large de cinq, l'Écriture la cite fréquemment pour sa fertilité exceptionnelle[1]. Les

FEMME DE BEÏT-IMRÎN

Arabes l'appellent aujourd'hui Merdj ibn Amer (pâturages des fils d'Amer). Deux rivières la traversent : l'une, le Cison, dans lequel Élie fit précipiter les corps des prêtres de Baal, mis à mort à Mourahka, se jette dans la baie d'Acre après avoir contourné les contre-forts du Carmel ; l'autre, le Narh ed-Djaloud, va porter ses eaux au Jourdain et coule au fond de la vallée formée par les montagnes de Gelboé et le petit Hermon.

« La Judée n'est guère qu'une suite de collines courant du nord au sud à quelque distance de la Méditerranée. A l'occident, elles s'inclinent vers le rivage ; au levant, elles s'abaissent tout d'un coup pour donner passage au Jourdain resserré entre leurs murailles et les montagnes du Hauran... La seule vallée d'Esdrelon, s'étendant de la mer au fleuve, rompt la première chaîne en deux parties, dont l'une remonte vers le nord jusqu'au Liban : c'est la Galilée[2], et l'autre

---

[1] La célèbre place forte de Mageddo dont il est fait si souvent mention dans les grandes expéditions des anciens Pharaons d'Égypte et des rois d'Assyrie s'élevait dans la partie occidentale de la plaine d'Esdrelon.

[2] La Galilée (en hébreu : « *Gâlil* » cercle, circuit, district) était probablement le nom qui servait à désigner les vingt villes données par Salomon à Hiram en retour des bois de cèdre et de l'or fournis par ce roi pour le temple

s'étend vers le sud jusqu'au désert, c'est la terre de Juda[1]. »

Les collines galiléennes n'ont pas les gorges profondes du Liban, mais elles ont à leur pied et sur leurs flancs des tapis de verdure inconnus en Judée. Après avoir dépassé à notre gauche Dothaïn (les deux puits) où Joseph fut vendu par ses frères, nous arrivons à Zéraïm, l'ancienne Jezréel, de la tribu d'Issachar[2]. Là s'élevait, au pied des montagnes de Gelboé (Djébel Foquouâh), le palais d'Achab et de Jézabel, non loin de la vigne de Naboth, qui paya de sa tête sa résistance aux impérieuses volontés de cette reine impie[3]. C'est également en ce lieu que Jéhu fit périr Joram, Ochosias et Jézabel elle-même qui, précipitée du haut des fenêtres du palais[4], alors qu'elle insultait à l'entrée du vainqueur, fut foulée aux pieds des chevaux, puis mangée par des chiens affamés. De cette ancienne cité la vue s'étend sur la vallée du Jourdain, les montagnes de Galaad et sur Beisan, l'ancienne *Scythopolis*, qu'on distingue à peine à cause de l'éloignement[5].

Le Djébel Foquouâh, en partie cultivé, est divisé en plusieurs plateaux par des vallées profondes et de nombreux ravins. C'est contre cette montagne que David, après la mort de Saül et de Jonathas, prononça cette malédiction célèbre : « Montagnes de Gelboé que la rosée et la pluie ne tombent plus sur vous; qu'il n'y ait point sur vos coteaux

---

et les palais de Jérusalem. On sait que le roi de Tyr les rendit avec dédain à leur maître. (III Rois, IX, 11, 14.)

[1] C. Fouard. *Vie de N.-S. Jésus-Christ*, t. I, p. 105.

[2] Genèse, XXXVII, 14 et suiv.

[3] *III Rois*, XXI, 1, 16.

[4] *IV Rois*, IX, 21, 37.

[5] Dans la vallée qui s'ouvre à l'orient de Jezréel se trouve l'aïn Djaloûd, identifiée généralement avec la source où Gédéon fit boire les Israélites pour reconnaître ceux qu'il devait emmener dans son expédition contre les Madianites.

de champs produisant de riches prémices; car c'est là qu'a été jeté le bouclier des forts, le bouclier de Saül, comme s'il n'eut point été sacré de l'huile sainte...[1] »

En continuant notre route, nous faisons lever des gazelles qui s'enfuient au milieu des tiges desséchées des hautes herbes, tandis que des vautours et des aigles énormes planent au-dessus de nos têtes.

Nous nous dirigeons directement sur le petit Hermon, (Djébel ed-Dahy), couronné d'un ouéli qu'on voit de fort loin. « D'après une légende, Adam, ayant fait connaître aux descendants de Seth les délices dont il avait joui dans le paradis terrestre, fit naître dans leur cœur le désir de goûter le même bonheur. Pour porter Dieu à leur accorder ce qu'ils désiraient, ils se retirèrent sur le petit Hermon où, faisant pénitence, ils vécurent en chasteté et dans la crainte du Seigneur. Mais, voyant que Dieu ne daignait pas leur adresser la parole, et surtout étant fatigués du célibat, ils descendirent la montagne, traversèrent la plaine et se rendirent dans la terre de Naïd (entre le Carmel et Zéraïm, au sud du petit Hermon) où Caïn s'était réfugié après son crime et où il avait été tué par Lamech. Ils y trouvèrent les descendants du fratricide, en épousèrent les filles et eurent les géants pour postérité[2]. »

Au pied du Djébel ed-Dahy se trouvaient jadis trois villages célèbres : *Sunam*, aujourd'hui Soulam, patrie de la belle Abisag, où Élie ressuscita le fils d'une pieuse femme qui lui avait donné l'hospitalité ; *Endor*, où l'ombre de Samuel vint à la voix de la pythonisse converser avec Saül ; et entre les deux *Naïm* (en hébreu « la belle, la charmante »), où nous

---

[1] *II Rois*, I, 20-27.

[2] Frère Liévin de Hamme. *Guide indicateur de Terre Sainte*, IIIe partie, p. 73.

conduit un mauvais sentier. Sauf une construction carrée qui paraît peu ancienne, il ne reste aucun vestige de ce lieu si fréquenté au temps du Christ. C'est là que le Sauveur ressuscita le fils de la veuve.

« Notre-Seigneur parcourait la Judée, prêchant la paix et faisant entendre à tous la parole de Dieu, marquant partout son passage par des bienfaits et des miracles. Il arrive à une ville appelée Naïm que l'on connaît encore; là, il fut touché d'un spectacle déchirant; l'Évangile, si avare de détails, dit cette simple parole : « On portait un mort en terre et c'était un fils unique !... » Il y avait à ce convoi beaucoup de monde et la mère suivait le corps de son fils. Elle était veuve, n'avait qu'un fils, et ce fils venait de mourir; il ne lui restait rien sur la terre, et elle suivait ce fils chéri qu'on portait au tombeau. Notre-Seigneur sentit aussitôt son cœur attiré vers cette pauvre mère que ses amis, ses parents entouraient sans pouvoir la consoler. Peut-être, abîmée dans sa douleur, ne les entendait-elle même pas. Notre-Seigneur vint à elle et lui dit... « Ne pleurez pas !... » et tandis qu'elle le regardait avec étonnement, (ne comprenant pas que quelqu'un osât dire à une mère qui a perdu son enfant de ne pas pleurer), Notre-Seigneur fait arrêter les porteurs et, avec cette même puissance et cette même autorité, il dit au mort : « Jeune homme, levez-vous, je vous le commande ! » Et, au moment même, le mort se leva et se mit à parler; et l'Évangile ajoute dans sa sublimité ces simples mots : « et Jésus le rendit à sa mère ». Ensuite il s'éloigna, sans que peut-être la pauvre mère eût même songé à le remercier, et tout le peuple glorifiait... le Sauveur...[1] »

---

[1] *Conférences aux femmes chrétiennes* par Mgr Dupanloup, publiées par l'abbé Lagrange, p. 331.

C'est aussi à Naïm qu'une pécheresse versa sur les pieds de Jésus-Christ un vase rempli de parfums pendant qu'il était à table chez Simon le pharisien. De nombreux Pères regardent la pécheresse de Naïm, Marie de Magdala, et Marie, sœur de Lazare et de Marthe, comme la même personne. Les légendes du Talmud vantent sa beauté, sa chevelure fameuse, ses richesses et ses scandales. Pappus, son mari, docteur de la loi, poussait la jalousie jusqu'à l'enfermer lorsqu'il quittait sa demeure. La fière juive s'affranchit bientôt de cette contrainte, s'attacha à un officier de Magdala, le suivit dans cette ville et y étala de tels désordres qu'elle en garda le nom de « *la Magdeleine* ».

En face de Naïm se dresse, isolée, la masse imposante du Thabor : sur la gauche se développent les montagnes de Nazareth, celles du Carmel et la plaine d'Esdrelon. Nous dominons le champ de bataille de Déborah, où, en 1799, Bonaparte et Kléber défirent, avec 6,000 hommes, les 30,000 musulmans qui, sous le commandement d'Abdallah, venaient secourir Saint-Jean-d'Acre. Kléber, avec ses soldats disposés en carré, résista six heures à la furie de ses adversaires et laissa à Bonaparte le temps d'entrer en ligne. Celui-ci, débouchant des hauteurs de Nazareth, partagea ses troupes en deux corps qui s'avancèrent en silence, « de manière à former un triangle équilatéral avec la division Kléber et à mettre l'ennemi au milieu d'eux. Un coup de canon fut le signal de l'attaque : l'armée turque, surprise par un feu terrible, se mit à fuir en désordre dans toutes les directions... En un instant cette multitude s'écoula et la plaine ne fut plus couverte que de morts. Six mille Français avaient détruit cette armée que les habitants disaient innombrable comme les étoiles du ciel et les sables de la mer¹ ». Ce brillant fait d'armes est connu sous le nom de bataille du mont Thabor (16 avril 1799).

¹ Thiers. *Histoire de la Révolution française*, t. X, p. 405-407.

CHAPITRE TROISIÈME

Nazareth. — Plaine de Zabulon. — Le Thabor. — Montagne des Béatitudes. — Bataille d'Hattîn.

Lorsque nous quittons Naïm pour gagner Nazareth en traversant une portion de la plaine d'Esdrelon, la température est devenue excessivement élevée. Sous les rayons ardents du soleil, l'herbe altérée languit et se dessèche; « les nues stériles ne sont plus que des vapeurs enflammées : le ciel semble une fournaise; l'air est immobile; par instants seulement la dévorante haleine du vent du midi l'agite et l'enflamme encore davantage...[1] » La terre, surchauffée au delà de toute expression, nous renvoie des bouffées brûlantes. On étouffe littéralement.

Nous traversons à pied sec le lit du Cison[2], appelé par les Arabes « Narh el-Mekatta » (la rivière du carnage). Bon gré mal gré nous sommes forcés de nous arrêter sur les premières pentes des montagnes de Nazareth, sous peine de rendre fourbus nos gens et nos bêtes.

Le sentier serpente au milieu de gorges resserrées et abruptes, traversant des sites aussi pittoresques que sau-

---

[1] *La Jérusalem délivrée* du Tasse, traduction du prince Lebrun, chant XIII.
[2] Les pluies de l'hiver l'emplissent parfois en quelques heures.

vages. Çà et là une maigre végétation pousse à grand peine dans les anfractuosités des rochers. Après une descente longue et raide, nous entrons tout à coup dans une sorte de cirque formé par des collines assez élevées. La vallée s'élargit, et au nord-ouest, à cinq cents mètres devant nous, Nazareth (dont le nom veut dire « *Fleur* » en hébreu), s'étale en amphithéâtre. Des haies de cactus, des bouquets d'arbres verdoyants entourent la ville dont les rues étroites et tortueuses sont mal tenues. Les maisons s'étagent, à trois cents mètres au-dessus du niveau de la mer, sur les contre-forts des hauteurs qui les dominent : il n'y a point de remparts et seul, un minaret délabré, rappelle au voyageur qu'il est sur la terre de l'Islam.

Nazareth compte environ cinq mille habitants. Cette ville, où Jésus habita pendant toute sa jeunesse, est mentionnée pour la première fois dans saint Luc. Sainte Hélène, la pieuse impératrice dont on retrouve partout le souvenir en Terre Sainte, éleva une grande et belle basilique à l'endroit où l'ange Gabriel annonça à Marie qu'elle serait la mère du Sauveur. Tancrède embellit le monument de sainte Hélène qui fut détruit entièrement par Bibars en 1263. Le 10 mai 1291 la Santa Casa, l'ancienne demeure de la sainte famille, disparut de Nazareth. Retrouvée à Tersate en Dalmatie, puis portée miraculeusement à Recanati (10 décembre 1294), on la vit peu après sur une montagne voisine; enfin, elle se fixa à Lorette, où on la vénère aujourd'hui[1].

En 1620, les Franciscains, ayant obtenu de Fakr ed-Din la permission de reconstruire un sanctuaire à Nazareth, mirent au jour les fondations de la Santa Casa. L'église actuelle

---

[1] Frère Liévin de Hamme. *Guide indicateur de Terre Sainte*, IIIe partie, p. 84.

date de 1730 et n'offre en elle-même rien de remarquable; c'est une nef droite des plus simples avec deux rangées de piliers. Sous le chœur surexhaussé s'ouvre un escalier de quinze marches en marbre blanc conduisant à la grotte de l'Annonciation. La première pièce, à l'entrée, indique l'emplacement de la maison habitée par Joseph et Marie. C'est là

NAZARETH

que la sainte famille se tenait habituellement; là, par conséquent, que Notre-Seigneur passa une partie de sa vie. La chambre souterraine qui vient ensuite a environ six mètres de long sur deux de large et renferme l'autel de l'Annonciation : la Vierge se trouvait en ce lieu lorsqu'elle fut saluée par l'ange. Au-dessus de l'autel on lit ces mots : « *Hic Verbum caro factum est.* » Des lampes d'argent sans cesse allumées pendent au plafond. A gauche, d'après la tradition locale, une ancienne colonne, ayant sans doute servi à consolider la voûte, marque l'endroit précis où apparut l'ange Gabriel. Au fond, une porte mène à une autre pièce où se trouve un autel dédié à saint Joseph. Plus loin enfin, on arrive par un escalier à une arrière chambre appelée, on ne sait pourquoi : la cuisine de la Vierge.

L'église des Grecs schismatiques renferme de vieilles peintures et une fontaine « dite de la Vierge » dont les pèlerins, au moyen d'un petit seau en argent, puisent l'eau par une ouverture pratiquée dans la dalle. Ce serait à cette fontaine que l'ange salua une première fois Marie avant de lui apparaître dans sa maison[1].

L'ancienne synagogue juive, où Notre-Seigneur enseigna si souvent, existe encore, dit-on, et a été convertie en église : les Franciscains l'ont cédée aux Grecs Unis il y a quelques années. La voûte à berceau brisé est évidemment de très ancienne construction.

A quelque distance, au sud de Nazareth, se trouve le *Précipice*. C'est là, selon une vieille tradition, que les Juifs un jour de sabbat conduisirent le Christ pour le précipiter dans un gouffre formé par les parois élevées d'une vallée très encaissée. Cette tradition pourrait bien n'être qu'une simple légende. Il est difficile, en effet, de soutenir que le Précipice soit le lieu indiqué par l'Évangile comme témoin du fait dont il s'agit ; car, à supposer qu'à cette époque Nazareth se fût étendue beaucoup plus au sud qu'aujourd'hui, il aurait fallu faire au moins deux kilomètres pour se rendre à cet endroit. Or, le jour du sabbat, il n'était permis de s'éloigner de la ville que d'environ huit cents mètres, et les lois sabbatiques condamnaient à la lapidation quiconque les enfreignait. Il

---

[1] Légende du Protévangile de Jacques.

est donc peu probable que les Juifs contemporains de Notre-Seigneur aient transgressé volontairement des lois aussi strictes, sachant très bien à quel terrible châtiment ils s'exposaient.

Les cloches, condamnées au silence par la tyrannie musulmane, font entendre ici leur joyeux carillon. Elles rappellent aux chrétiens qu'à cette même place « le Verbe s'est fait chair et a habité parmi nous ».

> Dans un humble et lointain village,
> Sous un bel olivier au gracieux ombrage,
> Jouaient quelques enfants.
>
> Quels étaient leurs jeux innocents ?
> Pour vous le raconter, amis, je vous convie.
> Souvent, à ce jeune âge, on bâtit des châteaux ;
> Eux faisaient de jolis oiseaux.
>
> Imitant le grand Dieu qui nous donna la vie,
> Ils pétrissaient la terre, et, de leurs petits doigts,
> Donnaient, en s'égayant, à cette molle argile,
> Les contours délicats du léger volatile,
> Qui chante dans nos bois.
>
> Mais voici que, soudain, oh ! ravissant prodige !
> Chaque petit travail du plus charmant enfant,
> S'échappant de ses mains, autour de lui voltige
> Et va se balancer sur l'arbre en gazouillant. .
> C'est que ce jeune artiste à blonde chevelure
> Est celui qui d'un mot a créé la nature ;
> Son nom est l'Éternel et le Dieu des Vertus ;
> Pour nous, nous l'appelons l'aimable Enfant Jésus[1].

En 1855, quatre religieuses des Dames de Nazareth vinrent ici fonder un établissement. Elles instruisent gratuite-

---

[1] S. L. S. — A***. Légende citée par l'abbé de Saint-Aignan, dans la *Terre Sainte*, p. 400.

ment plus de deux cents enfants, aussi bien catholiques que schismatiques ou musulmanes, et s'efforcent de les former aux mille petits talents qu'exige l'entretien d'une famille. Partout, en Orient, les garçons ont des écoles où on leur apprend au moins à lire et à écrire; mais les filles! que peut-il y avoir pour elles dans un pays où l'on entend dire couramment : « C'est une femme, sauf votre respect! » et où un proverbe très répandu enseigne « qu'il est trois sortes d'êtres que l'on doit fuir avec soin : les chameaux, les ânes et les femmes ». Les Sœurs, en cherchant à relever le caractère de la femme à laquelle le Coran a fait ici-bas une si mauvaise part, accomplissent une noble mission, et il est juste de dire qu'elles y réussissent à merveille.

Nous passons toute une soirée à regarder les Nazaréennes venir prendre de l'eau à l'unique fontaine du village[1]. Les unes, la cruche vide placée en travers sur la tête, marchent d'un pas précipité; les autres, la cruche pleine, s'avancent avec cette souplesse de démarche qu'ont toutes les femmes d'Orient chargées de fardeaux. Rien de pittoresque comme leurs costumes bigarrés et brillants, leurs types aussi nobles que purs, leurs cris incessants; rien de comique comme leur ravissement à la vue des dessins crayonnés par nos compagnons et représentant leurs groupes mouvementés.

Sur un large pantalon bleu, blanc ou rouge, qui laisse passer le bout de jambes nerveuses et des pieds bien cambrés, elles portent, en général, une robe ouverte par devant

---

[1] C'est évidemment de cette fontaine que parle la *Citez de Jhérusalem* : « A Nazareth est li leus ou la virge Marie manoit, là est la fontaine dont ele aporta l'iaue dont elle nourrissoit Nostre Seigneur; au ruissel de cele fontaine lavait Nostre Dame les drapeles de coi ele envelopet Nostre Seigneur. De cele fontaine envoioit querre Nostre Dame par Nostre Seigneur quant il fu un peu grant et il y aloit volontiers, et l'en aportoit en pos ou en buires, ou en autres vessiaus et fu après quant ils furent revenus de la Terre d'Égypte. »

ou sur les côtés, robe qu'elles relèvent autour d'une ceinture, afin de pouvoir marcher plus librement et entrer dans l'eau sans mouiller leurs vêtements. « Leurs bras nus et chargés de bracelets laissent flotter de longues manches étroites du haut et fendues du bas... Leurs cheveux descendent en lon-

FONTAINE A NAZARETH

gues tresses garnies de monnaies et de rubans; quelquefois ils sont courts et bouclés sur le front [1]. » Leur tête est couverte d'une espèce de voile qui retombe sur leurs épaules; enfin, elles se teignent les ongles en rose avec du *henné* et se tatouent les lèvres et le visage en bleu.

[1] L'abbé de Saint-Aignan. *Terre Sainte*, p. 402.

Quand on considère la stabilité des us et coutumes en Orient, on peut supposer que la Vierge, elle aussi, s'habillait de la sorte.

Depuis fort longtemps les Nazaréennes sont citées pour leur beauté. « En la ville Nazareth ont si grant grâce les Juives que elles sont plus beilles que autres. Si Dieut que Nostre Dame leur otraia ce ; moult aimant les crétiens que les autres, ne font mie et sont plainnes de grant charité[1]. » « Les femmes de Nazareth, dit Antonin le Martyr, sont d'une grâce incomparable, et leur beauté, qui efface celle de toutes les filles de Juda, est un don de Marie. Pour ses vins, son miel, son huile et ses fruits, ce pays ne le cède même pas à la féconde Égypte[2]. » Ce riant tableau n'est plus exact de nos jours, bien qu'autour de Nazareth s'étendent encore des prairies et des jardins, où le figuier, l'olivier, l'oranger et le grenadier mêlent leurs fleurs et leurs fruits.

Au nord du massif montagneux au centre duquel s'élève Nazareth s'étend une des plaines les plus fertiles de la Galilée appelée el-Bathouf, anciennement « plaine de Zabulon ». La faible portion qui en est cultivée produit du coton, du sésame et des céréales. Plusieurs villages s'y trouvent bâtis sur l'emplacement de localités autrefois renommées : tels sont, *Kefr Kana*, l'antique Cana de l'Évangile, et *Séfouriêh*, l'ancienne Séphoris, patrie de sainte Anne et de saint Joachim.

De Nazareth au Thabor, la route traverse une série de vallons littéralement jonchés de fleurs dont les senteurs pénétrantes embaument l'air. M. Renan a exactement décrit l'aspect de la Galilée à cette époque de l'année. « Pendant les deux mois de mars et d'avril, dit-il, la campagne est un

---

[1] *Voyage d'outre mer de saint Antoine.* (vi[e] siècle). — Édition Tobler et Molinier, p. 384.

[2] Antonin le Martyr, *Itinerarium*, V.

tapis de fleurs d'une franchise de couleurs incomparable. Les animaux y sont petits, mais d'une douceur extrême. Des tourterelles sveltes et vives, des merles bleus si légers qu'ils posent sur une herbe sans la faire plier, des alouettes huppées qui viennent presque se mettre sous les pieds des voyageurs, des petites tortues de ruisseaux.dont l'œil est vif et doux, des cigognes à l'air pudique et grave, dépouillant toute timidité, se laissent approcher de très près par l'homme et semblent l'appeler. En aucun pays du monde les montagnes ne se déploient avec plus d'harmonie et n'inspirent de plus hautes pensées... »

Au delà d'un ravin profond, nous abordons directement le Thabor, immense cône tronqué qui se dresse isolé devant nous. Nous passons près du pauvre village de Dabouriêh où campèrent les vainqueurs de Sisara. Le sentier grimpe le long des pentes de la montagne à travers les caroubiers, les chênes nains, les pistachiers, les térébinthes, les lentisques, les mélias et les cistes. L'horizon s'élargit à mesure que nous nous élevons : à nos pieds, la belle plaine d'Esdrelon avec le Carmel et les montagnes de Nazareth; vers le nord le Grand Hermon et son blanc manteau de neige; au nord-est les vastes plateaux qui s'étendent jusqu'à Tibériade et aux Cornes d'Hattîn (montagne des Béatitudes). Il fait une chaleur torride, une atmosphère vaporeuse tamise les rayons du soleil comme le ferait une lentille, et le thermomètre atteint bientôt quarante-six degrés centigrades.

Arrivés en haut de la montagne, nous laissons à droite les ruines considérables d'un château fort, bâti par les croisés, probablement sur les substructions de la forteresse de Josèphe. On sait d'ailleurs que le Thabor, par sa position abrupte et isolée eut, dès les temps les plus reculés, le triste honneur d'être un observatoire de guerre et un lieu fortifié.

Dans le couvent grec schismatique le caloyer qui nous sert de guide nous montre, enclavés dans le chœur de l'église, les restes d'une abside construite en moyen appareil romain. M. de Vogüé y voit une ancienne chapelle du monastère de Saint-Élie[1].

Un peu plus loin au sud-est s'élève le couvent fransciscain. Tout auprès commencent des substructions et des ruines importantes, déblayées par les Pères depuis qu'ils ont acheté ce terrain (1873). En faisant ces fouilles, on a retrouvé les débris de deux chapelles : la première, avec abside à l'est, était pavée de mosaïques; la seconde, beaucoup plus grande, avait trois nefs, trente-six mètres de long et seize mètres de large. Une longue crypte, creusée dans le roc, s'étendait au-dessous; un escalier de douze marches y donnait accès; au fond se trouvait l'autel encore à moitié debout. Cette crypte doit remonter aux premiers siècles de l'ère chrétienne et avoir appartenu jadis à la basilique du Saint-Sauveur; si l'église bâtie au-dessus a été plusieurs fois détruite, la crypte du moins a toujours gardé son cachet primitif. Les fondations et les murs atteignent encore par place une assez grande élévation. Ces ruines, ensevelies sous une masse énorme de décombres, nous indiquent indubitablement l'endroit où les premiers chrétiens plaçaient la Transfiguration, et où se tenait le Christ lorsqu'il fit resplendir un rayon de sa gloire aux yeux de ses trois disciples éblouis. Toutes ces constructions faisaient partie d'un vaste couvent fortifié qui, au temps des Croisades, appartenait aux Latins[2].

[1] M. de Vogüé. *Les Églises de Terre Sainte*, p. 353.

[2] V. Guérin. *La Terre Sainte*, p. 302, 303. *Rapport sur une mission en Palestine*, p. 28.

Le mont Thabor (610 mètres), dont le nom hébreu veut dire hauteur, est appelé par les Arabes « *la Montagne* » Djébel et-Thour. Ce fut, nous dit la légende, le lieu qu'habita longtemps le saint roi Melchisédech. Il formait la frontière entre Zabulon et Issachar, et la Bible en parle à l'occasion de la mort des frères de Gédéon (1245 av. J.-C.). Polybe mentionne une ville fortifiée qui en occupait le sommet et dont Antiochus s'empara par surprise. En 70 après Jésus-Christ, Placide prit la montagne et ses forteresses.

LE MONT THABOR

Plus tard sainte Hélène y éleva, en l'honneur de la Transfiguration, une grande basilique qui, au viiie siècle, avait fait place à trois églises visitées par saint Arculfe et Bède le Vénérable. Sœwulf, en 1103, cite encore les trois monastères du Thabor dédiés au Christ, à Moïse et à Élie. Au temps des croisés, ces sanctuaires furent plus vénérés que jamais, jusqu'à ce que Bibars les eût détruits de fond en comble en 1263. Depuis dix ans seulement les Grecs et les Latins sont parvenus à acheter le sommet de la montagne pour y établir des chapelles qu'entourent des champs bien cultivés. Il est surprenant de voir la fertilité des terres à pareille hauteur et l'abondance des sources qu'on y rencontre.

De la terrasse du couvent latin la vue plane sur toute la Galilée. « On aperçoit à droite et dans le lointain, nous dit saint Jérôme, l'Hermon, point culminant de tout le Liban et où le Jourdain prend sa source au milieu des neiges éternelles. Le fleuve, courant du nord au sud, apparaît ensuite comme une ligne bleuâtre tracée à l'orient. A l'occident on peut distinguer la grande mer et suivre le cours du fleuve Cison qui s'y jette après de longs méandres à travers la plaine de Galilée qu'il coupe par le milieu. La campagne est parsemée de villes et de bourgades nommées dans l'Ancien ou le Nouveau Testament. Ici, c'est le lieu où la prophétesse Débora rendait la justice sous un palmier, et celui où, par ses conseils, l'armée de Sisara fut taillée en pièce; là, le bourg de Béthulie, patrie de Judith; plus loin, Endor avec son autre prophétesse et ses évocations magiques; enfin, au midi et sur la rive même du Cison, Naïm où Jésus ressuscita le fils de la veuve et qui était encore au IVe siècle une ville assez importante. Dans le récit malheureusement trop abrégé de ce voyage, Jérôme nous retrace cependant avec complaisance les grandes lignes de ce tableau, comme s'il avait encore vivantes dans sa pensée sa propre émotion et l'enthousiasme de sainte Paule[1]. »

Nous redescendons prudemment à pied l'affreux sentier que nous avions gravi quelques heures auparavant, puis nous nous dirigeons au nord-est à travers la forêt de chênes verts et ses fleurs aux mille couleurs. Presque à la lisière des bois nous rencontrons un campement de bédouins

---

[1] A. Thierry. *Récits d'histoire romaine.*

nomades; leurs tentes noires sont faites d'étoffes grossières en poils de chameaux. Les chiens hurlent après nous, les hommes se soulèvent à demi sur le coude pour nous regarder passer et admirer nos armes, tandis que les enfants courent dans la prairie et que les femmes vaquent tranquillement aux occupations du ménage. Ces fils d'Ismaël nous reportent aux temps bibliques, et c'est bien ainsi que nous les représentent les récits des Saintes Écritures. Sans demeures fixes, amants passionnés de la liberté et des vastes horizons, ils mettent constamment en pratique le précepte du Coran : « Voyage, il t'arrivera nouveau bonheur! »

La route que nous suivons traverse en droite ligne l'immense plaine d'Hattîn qui s'étend jusqu'à Tabarîêh (Tibériade). Pas un arbre à l'horizon pour égayer le paysage. Nous longeons les murailles du Kan et-Toudjar (Khan des marchands) bâti sous forme de forteresse en 1587 par Senan Pacha; ce n'est plus aujourd'hui qu'un amas de ruines où les bédouins des alentours tiennent tous les lundis un marché important.

Après une longue étape à travers des prairies sans fin nous arrivons à Kefr Sabt, pauvre village situé sur le bord d'un ouadi profond. A trois kilomètres devant nous se dresse la montagne des Béatitudes, appelée par les Arabes Koroun Hattîn ; c'est une légère éminence entièrement couverte de gazon où Notre-Seigneur prêcha l'évangile des Béatitudes.

Cette localité est tristement célèbre par la désastreuse bataille d'Hattîn qui mit fin au royaume latin de Jérusalem et où périrent le 4 juillet 1187 les derniers défenseurs de la Terre Sainte. L'élite des troupes du royaume se trouvait réunie au nombre de 50,000 hommes sous les ordres de Guy de Lusignan. Malgré l'avis de Raymond de Tripoli, dont la femme défendait encore la forteresse de Tibériade, le roi céda aux ardeurs exagérées des Templiers. On décida de s'emparer des hauteurs d'Hattîn pour acculer Saladin, campé près de Tabariéh, au lac de Génézareth. Celui-ci comprit le danger et s'avança au devant des chrétiens en s'établissant fortement dans la position qu'ils voulaient prendre.

La veille de la défaite (3 juillet), l'historien arabe Emad ed-Dîn, témoin de la bataille, nous dit : « Les Francs parurent supporter la soif avec constance et courage. Ils avaient bu toute l'eau des outres; ils avaient mis à sec leurs vases; ils avaient épuisé jusqu'à l'eau des larmes et déjà ils allaient succomber à leurs maux, lorsque la nuit survint. Ils passèrent cette nuit dans leur camp ne sachant ce qu'ils devaient faire. Cependant ils ne se laissèrent pas abattre et se dirent entre eux : « Demain nous trouverons de l'eau avec nos épées[1] ! »

Les croisés, étouffés par l'âcre fumée que produisaient les herbes des environs enflammées par les musulmans, mouraient littéralement de soif. Dans ces déplorables conditions, les infidèles attaquèrent brusquement l'armée chrétienne qui fut perdue avant d'avoir même combattu. Après des prodiges de valeur et des efforts héroïques, Guy de Lusignan accablé par le nombre, fut fait prisonnier, ainsi que les chevaliers de l'Hôpital et du Temple qui résistaient encore. La vraie croix tomba aux mains de Saladin, un nombre incalculable de croisés fut massacré[2], et un témoin oculaire put s'écrier « qu'en voyant le nombre des morts, on ne croyait pas qu'il y eût des prisonniers, et qu'en voyant les prisonniers on ne croyait pas qu'il y eût des morts ». Le

---

[1] *Bibliothèque des Croisades*, IVe partie, p. 193.

[2] Renaud de Châtillon, seigneur de Kérack, dont l'insolence avait été l'occasion de la guerre, fut décapité par Saladin lui-même.

comte de Tripoli parvint seul à se frayer un passage à la tête de quelques braves [1].

« C'est une tragique histoire, du reste, que celle de la plupart des souverains de Jérusalem. Baudouin II et Guy de Lusignan passent de longs mois dans les fers des Sarrazins. Baudouin IV voit tout son corps rongé par cette lèpre horrible qui lui valut le surnom de *Mesel* ou *Mesiaux*, et à laquelle il finit par succomber à peine âgé de vingt-cinq ans. Baudouin V, l'enfant-roi, Baudouin le Bambe des Chroniqueurs, meurt dans des circonstances si tragiques que le bruit public affirma qu'il avait été empoisonné par le comte de Tripoli son tuteur. Foulques périt de mort violente dans la plaine de Saint-Jean d'Acre sous les yeux de la reine Mélissende et de toute sa cour... Conrad de Montferrat, l'heureux défenseur de Tyr, le rival de Guy de Lusignan, tombe dans une rue de sa ville, frappé par le poignard d'un des fidèles du Vieux de la Montagne. Jean de Brienne, tour à tour roi de Jérusalem et empereur de Constantinople, voit partout la fortune adverse rendre inutiles ses plus courageux exploits. Henri de Champagne enfin, le souverain sans territoire, se tue en tombant d'une fenêtre de son palais à Saint-Jean d'Acre, où il faisait sa résidence [2].... »

Dans toute la contrée que nous traversons la terre est excellente; elle ne demanderait que peu de travail pour devenir d'une fertilité merveilleuse. Mais, en Palestine, la dépopulation, l'esclavage, l'administration turque, l'agitation intérieure, les rivalités, le manque de sécurité, enfin tout ce qui contribue au dépérissement des races, a condamné la plus grande partie du sol à la stérilité, et le reste à une culture

---

[1] C'est à peu près au même endroit que Junot, le 8 avril 1799, vengea la défaite des croisés au combat de Nazareth.

[2] *Les principautés franques du Levant*, par G. Schlumberger, p. 33.

très imparfaite. A l'exception de quelques champs d'oliviers et des jardins d'orangers qui entourent les villes, on ne rencontre plus de bois, et la disparition des forêts tient moins à la nature du climat et du terrain qu'à l'incurie et aux mauvaises passions des habitants qui, dans leurs luttes armées, commencent toujours les hostilités par couper les oliviers[1].

[1] M. de Vogüé. *Les Églises de Terre Sainte*, p. 13.

CHAPITRE QUATRIÈME

Tibériade. — Le Sanhédrin. — Lac de Tibériade. — Tell Houm (Chorozaïm). — Et-Tabigah (Bethsaïda). — Aïn et-Tin et Khan Miniéh (Capharnaüm). — Medjdel. — Grottes d'Arbel. — Plaine de Génézareth.

Au delà du ouadi Bésoum, la route monte insensiblement une longue pente douce qui se termine brusquement et presqu'à pic au-dessus de Tibériade. Rien de gracieux et de pittoresque comme la vue qu'on a sous les yeux des hauteurs où nous nous trouvons. A 300 mètres au-dessous de nous, la ville, dominée par son antique château fort et entourée de ses vieux remparts en ruine, semble se mirer dans les eaux bleues du lac qui la reflètent. Quelques palmiers, trop rares malheureusement, élèvent entre les pauvres maisons de l'ancienne cité d'Hérode leurs longs et tremblants rameaux. Les hautes montagnes du Haoûran et du Bazan se dressent sur la rive opposée, tandis que sur la gauche l'embouchure du Jourdain se devine dans la brume qui atténue les neiges éclatantes du Grand Hermon. A droite, de gracieuses ondulations de terrain nous cachent l'antique Tarichée et s'en vont, en s'étageant, se perdre insensiblement dans la grande vallée (el-Ghôr) qui conduit le Jourdain jusqu'à la mer Morte.

Nous descendons rapidement par un chemin rempli de cailloux, en passant devant un ouéli et une belle source dont l'eau claire et fraîche s'enfuit en murmurant. Notre campement est installé en dehors des murs de Tibériade, résidence habituelle du roi des Puces et de toute sa cour, selon le proverbe arabe. Mais si nous fuyons lâchement ces affreuses bêtes, il nous faut, en revanche, faire une guerre acharnée aux *scorpions* et aux *cent pieds* qu'on trouve par douzaines sous toutes les pierres ; leur piqûre n'est pas sans danger, paraît-il.

L'an 17 avant Jésus-Christ, Tibériade fut fondée par Hérode Antipas avec cette somptuosité dont le séjour de Rome lui avait donné le goût. Il l'appela du nom de son protecteur Tibère [1]. Nous voyons Flavius Josèphe la fortifier le premier, et Trajan en occuper la forteresse. La ville ayant été élevée sur un lieu de sépulture, les Juifs n'y pouvaient pas entrer sans se souiller et s'en écartèrent longtemps. Mais, après la destruction de Jérusalem, ils s'y réfugièrent en masse.

Le Sanhédrin qui s'était transporté successivement à Yabnêh, à Oucha, à Chéfaram (Séphoris), à Beth Chearim, se fixa enfin à Tibériade. C'est dans cette dernière ville que furent composées : la *Mischna* (répétition ou deuxième loi), recueil des lois traditionnelles des écoles pharisiennes (IIIe siècle), et la *Gémara* (complément), commentaire volumineux de la Mischna. Ces deux ouvrages constituent le Talmud (doctrine) de Jérusalem, qu'il ne faut pas confondre avec le Talmud de Babylone, écrit dans cette ville au Ve siècle. Enfin, au VIe siècle, l'école de Tibériade fit

---

[1] D'après saint Jérôme (*Onomasticon*), Tibériade occuperait l'emplacement de l'ancienne « Kennereth » ; M. de Saulcy voit cette dernière à Abou Chouchèh. (Plaine de Génézareth.)

CHAPITRE QUATRIÈME

paraître la *Masora* (tradition), texte hébreu de la Bible d'après les manuscrits les plus authentiques, avec indication de variantes et d'orthographe exacte.

Le grand Sanhédrin comptait soixante et onze membres tirés de toutes les classes de la société, y compris le président (*Nasi*, prince) et le vice-président (*Abbeth-din*, père du tribunal ou du jugement). Il siégeait tous les jours;

TIBÉRIADE

« son rôle était d'interpréter la loi, de juger les causes majeures et d'exercer sur l'administration des affaires une exacte surveillance. Il formait donc à la fois : le parlement, la haute cour de justice, et l'école supérieure de la Judée [1] ». Il avait à prononcer dans les délits religieux : blasphèmes, fausses prophéties; dans les causes intéressant le pontificat ou une tribu entière; enfin, il édictait la sentence capitale, confirmée et exécutée dans les derniers temps par le gouver-

[1] C. Fouard. *Vie de N.-S. Jésus-Christ*, t. I, p. 6.

neur romain. Sa juridiction était reconnue au delà de la Palestine[1].

Mais revenons à Tibériade. Sainte Hélène y fit bâtir une église dédiée au chef des Apôtres et Justinien travailla, plus tard, à l'entretien de ses fortifications; au commencement du VIIe siècle, Chosroës détruisit tous les monuments qui appartenaient aux chrétiens. A l'époque des Croisades, Tancrède fit de Tibériade sa capitale et ce n'est qu'après la bataille d'Hattîn que la comtesse de Tripoli rendit la ville aux musulmans. En 1833, Ibrahim Pacha répara les murs rétablis au XVIIIe siècle par Dahr el-Amr, pacha de Saint-Jean-d'Acre. Aujourd'hui tout tombe en ruines. La ville, dont la population est d'environ trois mille âmes, n'offre que peu d'intérêt. Ses rues étroites et désertes sont remarquablement sales; les monuments du temps d'Hérode n'existent plus, et les constructions anciennes que l'on rencontre remontent à peine aux Croisades. L'église des Franciscains est petite, voûtée en berceau et ses fenêtres sont percées en meurtrières; elle date vraisemblablement des croisés. L'enceinte, bâtie en gros blocs de basalte, était soutenue de loin en loin par des tours circulaires; à l'est, les vagues du lac viennent en battre le pied; le château fort n'est pas en meilleur état que les murs et ses nombreuses brèches accusent les ravages du temps.

Mais ce que l'on admire à Tibériade, c'est son lac, c'est sa situation merveilleuse. « Que l'on parcoure l'univers entier, dit M. de Saulcy, je défie qu'on trouve un panorama qui vaille celui-là. On se sent ravi, pénétré, et l'on contemple avec une émotion bien vive, je le déclare, cette belle œuvre de Dieu, ce coin de terre privilégié où le Messie a laissé à chaque pas un souvenir de son passage[2]. »

[1] Dollinger. *Judaïsme et Paganisme*, t. IV, p. 169.
[2] De Saulcy. *Voyage autour de la mer Morte*, t. II, p. 466.

De notre campement au bord de la mer de Galilée les eaux nous semblent de ce bleu limpide, reflet du beau ciel qui resplendit au-dessus de nous. Peu à peu elles deviennent d'un vert magnifique ; on dirait une immense émeraude et le regard charmé plonge avec délices dans ces profondeurs lumineuses. A mesure que le soir approche la couleur du lac se modifie par degrés; vers la fin de la journée un bleu sombre, tirant sur le violet, envahit toute sa surface. Au coucher du soleil, c'est une teinte entre le gris et le vert d'eau qui prédomine, teinte formant un contraste frappant avec les montagnes de la rive opposée enflammées des reflets du couchant. Enfin la nuit tombée, les eaux paraissent d'un noir merveilleux, reflétant comme un gigantesque et fidèle miroir les innombrables étoiles qui scintillent dans les cieux. « Si sceptique qu'il puisse être, si rebelle aux illusions que la vie moderne l'ait fait, il est impossible que le voyageur contemporain qui s'attarde longuement, le soir, sur les bords du lac de Tibériade, pour peu qu'il soit sensible aux séductions d'une nature sans égale et à l'incomparable poésie des souvenirs évangéliques, ne croie pas apercevoir parfois, au milieu des reflets d'étoiles, une forme plus brillante encore et ne s'imagine pas, ne fût-ce qu'une seconde, que Dieu va s'avancer vers lui... [1] »

Le lac de Tibériade est également appelé mer de Galilée ou lac de Génézareth, mot hébreu qui veut dire le « Jardin des Princes » et qu'on retrouve dans l'inscription de Toutmès III sous la forme : « Kennarut ». Sa longueur est de cinq lieues, sa plus grande largeur de deux

---

[1] G. Charmes. *Revue des Deux-Mondes*, juin 1882. — Au sud de Tibériade, à peu de distance, sont les bains chauds d'Emmaüs, situés au bord même du lac. La température en est fort élevée et ils combattent efficacement, dit-on, les rhumatismes, le scorbut et la lèpre.

lieues et demie et sa profondeur de cent cinquante pieds. De forme ovale, ses eaux claires et pures sont excessivement poissonneuses et son niveau est à deux cent trente mètres au-dessous de celui de la Méditerranée[1].

Les populations riveraines s'adonnaient jadis à la navigation et à la pêche ; c'est pourtant avec peine que nous parvenons à trouver les trois uniques barques du pays sur lesquelles nous nous embarquons. Nous rasons les anciennes fortifications de Tibériade contre lesquelles la vague vient mourir mollement. Au milieu des ruines, des femmes vêtues de rose, de blanc, de jaune, groupées sous les figuiers et sous les treilles qui garnissent les vieux remparts, lavent sur le bord de l'eau leur linge ou leurs enfants, tandis que çà et là des indigènes, drapés dans leur ample manteau, fument gravement leur narghilèh ou discutent vivement de leurs affaires. Il est impossible de trouver rien de plus pittoresque que cette portion de la vieille ville d'Hérode dont nous nous éloignons lentement aux sons du flageolet d'un de nos moukres qui donne la cadence aux rameurs.

Doucement bercés par les quelques rides que les derniers souffles de la brise font naître sur les eaux du lac, nous nous laissons aller naturellement à repasser dans notre mémoire les grands souvenirs qui se rattachent à tout ce qui nous entoure. Il est bien loin le temps où Notre-Seigneur marchait sur ces ondes, aujourd'hui si calmes, et apaisait d'un mot la tempête qui remplissait d'effroi le cœur de ses disciples ; le temps où Hérode et sa suite voluptueuse sillonnaient dans l'appareil des cours orientales ces flots bleus et limpides ; le temps où les Romains, maîtres de Tarichée, détruisaient entièrement la flottille qui portait les derniers Juifs com-

---

[1] M. de Bertou.

battant jusqu'à la mort pour l'indépendance de leur pays. « C'est alors, rapporte Josèphe, que les eaux devinrent rouges de sang et laissèrent flotter à leur surface six cent cinquante cadavres. »

FORTERESSE DE TIBÉRIADE. — (VUE DU LAC.)

Tout autour de nous de hautes montagnes couvertes d'herbes ou de broussailles terminent l'horizon. Après une navigation de trois heures, nous arrivons à l'embouchure du Jourdain. A l'est s'élevait Julias (Bethsaïda transjordanienne), ainsi nommée par son fondateur Philippe en l'honneur de Julie, la fille d'Auguste. C'est en ce lieu que Jésus-Christ rendit la vue à un aveugle et qu'il multiplia les cinq pains. Des bandes nombreuses d'oiseaux aquatiques s'ébattent près de l'endroit où le fleuve se jette dans la mer de Galilée; de graves pélicans glissent majestueusement sur les eaux à peu de distance du rivage, tandis que d'immenses touffes de lauriers roses en fleurs répandent dans l'air leur odeur forte et pénétrante.

En redescendant vers le sud, le long de la rive occidentale du lac, nous nous arrêtons à *Tell Houm*. A quelques mètres dans l'intérieur des terres, nous voyons des pans de mur construits en vieil appareil, des restes de sculptures, rosaces, raisins, fruits, fleurs, chapiteaux corinthiens, pilastres avec pieds droits de porte composés de blocs superbes. Par place se montrent d'antiques substructions hantées par de gros serpents fort venimeux dont le voisinage est peu aimable; nos bateliers refusent absolument de nous accompagner à terre tant ils redoutent la morsure de ces affreux reptiles.

Nous touchons ici à une des questions les plus délicates de la géographie ancienne de la Palestine, c'est-à-dire à la recherche de l'emplacement de Chorozaïm, de Bethsaïda et de Capharnaüm[1]. Dans l'énumération qu'ils font de ces villes, les évangélistes saint Mathieu et saint Luc[2] citent Chorozaïm, Bethsaïda et Capharnaüm comme se succédant du nord au sud sur les bords du lac. Saint Jérôme suit le même ordre lorsqu'il parle de ces villes dans l'*Onomasticon* et dans son *Commentaire sur Isaïe*[3]. Divers auteurs des premiers siècles et saint Willibad (723-726 ap. J.-C.), remontant vers le nord la rive occidentale du lac de Géné-

---
[1] Capharnaüm veut dire « lieu de consolation ».
[2] Saint Mathieu, XI, 20, 22. — Saint Luc, X, 13, 15.
[3] Saint Jérôme. *Commentaire sur Isaïe*, IX, 1.

BETHSAÏDA (LAC DE TIBÉRIADE)

zareth, mentionnent dans l'ordre où ils les visitent : Tibériade, Magdala, Capharnaüm, Bethsaïda et Chorozaïm, « où s'élevait autrefois une église chrétienne[1] ».

D'après ces indications, il nous semble que Tell Houm doit être identifié avec Chorozaïm, à cause des expressions même de saint Jérôme qui cite cette ville comme étant sur les bords du lac de Génézareth[2] : « In cujus littore... Chorozaïm... » Les ruines que l'on trouve en ce lieu sont apparemment les restes des synagogues et des maisons élevées par les Juifs du IIe au Ve siècle après Jésus-Christ.

De Tell Houm, le vent nous pousse rapidement vers le sud-ouest, et, grâce à sa grande voile, notre barque vole sur les flots. En peu d'instants nous atteignons et-Tabigah, l'ancienne Bethsaïda (maison de la pêche), patrie des apôtres Pierre, André et Philippe. Non loin de la côte jaillit, au pied de la montagne, une source extraordinairement abondante, recueillie dans un bassin maçonné en forme de tour et de construction probablement ancienne; elle alimentait, amenée par un vieil aqueduc, un moulin bâti sur le rivage de la mer de Galilée.

Tout, dans cette contrée, accuse l'action de forces volcaniques aujourd'hui éteintes. Le lac lui-même, au dire de plusieurs savants, ne serait qu'un ancien cratère. Des eaux chaudes à Tibériade, à Oumm Keïs, à et-Tabigah, prouvent un travail souterrain que de fréquents tremblements de terre sont venus trop souvent confirmer.

Nous abandonnons définitivement nos barques près de la source du Figuier (Aïn et-Tîn), à l'entrée de la belle plaine de Génézareth, appelée par les Arabes *el-Ghouëïr*

---

[1] Saint Willibad. Édition Toblër et Molinier, p. 261.
[2] Saint Jérôme. *Commentaire sur Isaïe*, IX, 1.

« la petite vallée », par opposition à *el-Ghôr*, la grande vallée du Jourdain. A quelques pas de là s'élève le Khan Miniéh, aujourd'hui abandonné et complètement en ruines. Le nom de ce Khan se présente sous diverses formes, selon les voyageurs que l'on consulte : Menich (Quaresmius), — Mini (Fürer), — Elmenie (Nau), — El Moinié (Van Egmond), — Almuny (Schulz).

A un demi-kilomètre à peine au sud de Aïn et-Tîn, et à deux cents mètres au plus du lac, on rencontre, à l'entrée d'une immense plaine, une position magnifique pour l'assiette d'une ville importante. Une vaste étendue de terrain, jusqu'auprès du ouadi el-Amoud, est entièrement recouverte d'amas de décombres et de restes informes, où l'on ne retrouve plus que des substructions méconnaissables. C'est là, croyons-nous, l'ancien site de Capharnaüm.

A trente minutes de marche au sud-ouest, le gros ruisseau qui tombe du moulin de *Chouchèh*[1] s'identifie parfaitement avec la source que Josèphe appelle *Capharnaüm* et qu'il ne dit pas sortir de terre dans la plaine de Génézareth, mais seulement l'arroser. Une autre source, citée par différents auteurs, se retrouve également dans l'Aïn Médaouarah (la source ronde); elle déborde d'un bassin disloqué où nagent de nombreux poissons[2].

Près d'Aïn et-Tîn, dans une des courbures du lac qui paraît plus accusée que les autres, une sorte d'avancée toute couverte de pierres et de débris ne serait-elle pas une des jetées du port de Capharnaüm que l'Écriture qualifie de

---

[1] M. de Saulcy regarde la colline d'Abou Chouchèh comme le site probable de l'ancienne « Kennereth ».

[2] M. de Saulcy voit dans l'Aïn Médaouarah la source de Capharnaüm de Fl. Josèphe. (*Voyage en Syrie et autour de la mer Morte*, t. II, p. 489, 492.)

maritime? Le nom même de Khirbet el-Miniéh signifie restes du petit port, *Miniéh* étant un diminutif de l'arabe *Minah*, port[1]. En 1620, Quaresmius nomme expressément Khan Miniéh comme voisin immédiat des ruines de Capharnaüm. Ce n'est qu'à la fin du XVIIe siècle que la tradition semble s'être perdue : nous voyons alors Nau (1674) commencer à identifier Tell Houm avec l'ancienne Capharnaüm[2].

Cette malheureuse cité, où le Christ habita si souvent et qu'il combla de ses bienfaits, où il guérit le fils du centenier et la belle-mère de saint Pierre, où il fit marcher le paralytique et ressuscita la fille de Jaïre, cette malheureuse cité que l'Évangile appelle *sa ville*[3], a mérité comme Jérusalem la malédiction du Sauveur pour l'ingratitude et l'endurcissement de ses habitants. L'oracle sacré s'est pleinement accompli, au point que l'on n'est point certain aujourd'hui de l'emplacement qu'elle occupait.

A l'autre extrémité de la plaine de Génézareth, vers Tibériade, se trouve Medjdel, jadis Magdala (de l'hébreu « Migdal-El » la tour de Dieu), assise sur le bord d'un petit golfe, à l'entrée du ouadi el-Hamam (vallée des Pigeons). « Ce village se compose d'une trentaine de maisons ; près du rivage, deux vieux pans de mur très épais semblent les restes d'une ancienne tour. Dans le cimetière, on remarque quelques traces de constructions rasées[4]. »

---

[1] A la fin du VIe siècle, Arculfe décrit Capharnaüm comme située « au bord du lac (maritimam) sur un espace étroit étendu de l'est à l'ouest, entre la montagne au nord et le lac au sud », indications qui s'accordent parfaitement avec la position de Khan Miniéh et dont on retrouve la confirmation dans plusieurs écrivains des siècles suivants.

[2] Consulter sur toute cette question Robinson. *Lat. Bibl. Res.*, p. 347-360.

[3] Saint Mathieu, IX, 1.

[4] V. Guérin. Ouvr. cit. *Galilée*, t. I, p. 203.

Vers le nord, un ruisseau traverse des prairies ininterrompues ; Medjdel est regardée comme la patrie de sainte Marie-Magdeleine.

C'est le long du ouadi el-Hamam que s'ouvraient les fameuses grottes d'Arbel[1], véritables repaires des brigands que le roi Hérode extermina non sans peine, ainsi que le rapporte Josèphe dans sa *Guerre des Juifs*. « Ces grottes, dit-il, sont situées sur le flanc de montagnes abruptes ; inaccessibles de toutes parts, on y pénètre seulement au moyen de sentiers très étroits ou obliques. Devant, les rochers offrent des pentes excessivement raides, et tels sont l'escarpement et la profondeur des précipices, que le roi (Hérode), déconcerté par la difficulté des lieux, hésita longtemps pour savoir quel parti il devait prendre. Enfin, il imagina un plan qui présentait beaucoup de dangers : les plus valeureux de ses soldats furent descendus du haut de la montagne dans des coffres jusqu'à la hauteur de ces cavernes où ils s'élancèrent, massacrant les brigands avec leur famille et les attaquant par le feu lorsqu'ils essayaient de résister. Hérode, voulant épargner quelques-uns de ces derniers, leur enjoignit par la voix d'un héraut de venir le trouver. Mais aucun ne consentit à se livrer volontairement, et beaucoup de ceux qui étaient contraints de le faire préférèrent la mort à la servitude. Un vieillard, père de sept enfants qui le suppliaient avec leur mère de leur permettre de sortir, les tua tous de la manière suivante : il leur ordonna de s'avancer successivement jusqu'au seuil où il se tenait lui-même, et, à mesure qu'ils s'avançaient, il les égorgeait. En vain Hérode qui l'observait de loin, ému à la vue d'un tel spectacle, le suppliait-il en lui tendant la main d'épargner ses

---

[1] Ces grottes sont habitées aujourd'hui par une quantité incroyable de pigeons qui ont donné leur nom à la vallée.

propres enfants. Inflexible à ses prières et reprochant au roi la bassesse de son origine, le vieillard, après avoir immolé ses enfants, tua également sa femme et jeta ensuite leurs cadavres du haut en bas ; puis il s'élança lui-même dans l'abîme[1]. »

Qu'elle devait être belle cette plaine de Génézareth, alors que de nombreux habitants la cultivaient avec soin ! Au dire de Josèphe, quinze villes s'élevaient sur les bords du lac, et rien n'égalait leur richesse. « Le noyer, dit-il, arbre des froides régions y pousse majestueux et le palmier se charge de fruits comme dans les zones torrides ; à côté d'eux croissent les produits des climats tempérés : la vigne, le figuier, l'olivier.... La terre est admirable par sa bonté et sa fécondité ; il n'y a pas de plantes qu'elle ne puisse produire. Il semble que la nature ait bouleversé toutes ses lois pour réunir en ce lieu ce qu'elle a de plus éclatant et de plus opposé. Les diverses saisons s'y disputent l'empire et exercent à la fois leur influence ; les fruits les plus savoureux s'y conservent si longtemps qu'on mange des raisins et des figues pendant dix mois, et des fruits pendant toute l'année[2]. »

Aujourd'hui, une solitude complète a remplacé la vie qui régnait jadis en ces lieux ; seuls, de temps à autre, les chants sauvages des bédouins et les clochettes aiguës de leurs troupeaux réveillent les échos endormis depuis des siècles. Au printemps, les fleurs couvrent la plaine, et les lauriers roses qui bordent les ruisseaux égaient un instant le paysage. Partout les herbes atteignent une hauteur extraordinaire ; les chardons ne mesurent pas moins de dix à douze pieds de haut et la température monte à un degré tel que déjà au

---

[1] Fl. Josèphe. *Guerre des Juifs*, liv. I, ch. xvi, § 4.
[2] Fl. Josèphe. *Guerre des Juifs*, liv. III, ch. x et xxxv.

mois de mars M. de Saulcy pouvait écrire dans ses notes :
« Chaleur atroce, plus cruelle que ne l'est celle de juillet en
France ! » Tout semble vouloir à chaque pas rappeler au
voyageur combien est lourde la malédiction de Dieu qui
continue à peser sur cette terre maudite. « Les épines et les
orties ont couvert ses palais; les chardons et les buissons
poussent dans ses forteresses devenues le repaire des serpents et le parvis des chats-huants. Les vautours et les
hyènes s'y répondent en hurlant; les oiseaux de nuit s'y
retirent et y dorment en paix; le milan lui-même y vient
prendre son repos [1]. »

Le soir, après notre dîner, tandis que nous causons assis
sur les bords de l'Aïn et-Tîn, la nuit nous surprend brusquement, noire à ne pouvoir distinguer quoi que ce soit.
Pas un souffle de brise pour tempérer l'atmosphère écrasante qui nous enveloppe. Le silence profond n'est interrompu que par les sourds gémissements des vagues qui
viennent mourir sur la rive. La plupart de nos compagnons
ne tardent pas à se coucher et à s'endormir profondément;
bientôt l'on n'entend plus que le ronflement sonore et régulier de nos moukres qui sont censés veiller à notre sûreté.
Dans le lointain des clameurs joyeuses, des battements de
mains, des sifflements aigus viennent par intervalles troubler
le calme de la nuit. Il est évident qu'il y a des campements
bédouins dans le voisinage.

Moustapha, envoyé en reconnaissance, ne trouve rien
de suspect et déclare qu'il n'y a pas lieu de craindre une
surprise nocturne : aussi, après une dernière ronde, imitons-nous la quiétude inconsciente de nos amis, depuis longtemps
déjà en plein royaume des songes. Tout à coup un cri stri-

---

[1] Isaïe, XXXIV, 13, 15.

dent poussé au milieu même de nos tentes nous réveille en sursaut. Plus de doute, nous sommes attaqués, et les bédouins sont sur notre dos sans que nous les ayons entendus venir. Chacun bondit hors de sa tente en armant son fusil; on s'appelle; on se rallie; Milhem est partout à la fois. Cependant, à la lueur vacillante du feu de bivouac

AÏN ET-TÎN

qui s'éteint, et au milieu de la bousculade générale, l'un de nous aperçoit un énorme chacal qui, traqué de toutes parts, ne sait plus où donner de la tête et va se jeter au devant de notre brave chien. En une seconde l'un et l'autre disparaissent dans les halliers environnants. Évidemment c'est cette maudite bête, attirée par l'odeur des restes de notre repas, qui est venue dans notre camp et a causé une telle alerte. Le calme rétabli, nous ne pouvons nous empêcher de rire follement de l'air peu rassuré de plusieurs des nôtres, auxquels nous avons de la peine à persuader qu'ils n'ont rien de mieux à faire qu'à se rendormir au plus vite, afin de réparer le temps perdu.

LA PALESTINE

LIVRE SEPTIÈME

CHAPITRE PREMIER

Safed. — Lac de Houléh. — Kédès. — Meïs ed-Djébel. — Hounîn (Castellum Novum). — Tell el-Khadi. — Es-Soubeibéh. — Banias.

Jusqu'au Khan Djoubb Yousouf, la route de Tibériade à Safed suit l'ancienne voie de Damas en Égypte. Ce khan, vaste construction délabrée, recouvre, selon une tradition musulmane, le puits d'où les fils de Jacob retirèrent leur frère Joseph pour le vendre.

Nous abandonnons en cet endroit la route directe de Damas qui se poursuit vers le nord-est, pour tourner à gauche et nous élever rapidement par d'affreux sentiers qui serpentent entre de véritables murs de rochers abruptes. Nous croisons au milieu d'un mauvais pas la litière d'un riche musulman revenant des bains chauds de Tarichée. Attaché à deux brancards flexibles venant s'atteler devant à un mulet et derrière à un autre, ce véhicule d'un nouveau genre, pour être pittoresque, ne doit pas laisser que de secouer fortement le patient qui y est étendu et qui semble sommeiller très tranquillement sous la garde de deux serviteurs armés jusqu'aux dents.

Du haut de la montée la vue est splendide ; au sud et à l'est les montagnes du Djaoulan n'ont plus les formes tourmentées des falaises qui bordent le lac Asphaltite. Le ouadi Férick en face de Tibériade et le ouadi es-Sémack devant nous coupent cette immense muraille en profonds ravins. Au nord-est on découvre le Jourdain et sa plaine alluviale; à l'ouest les montagnes de Safed qui s'élèvent à plus de mille mètres au-dessus du lac de Génézareth; à nos pieds, la plaine de ce nom entourée de collines à pentes douces, se reliant un peu avant Medjdel au ouadi el-Hamam qui s'ouvre entre deux piliers de roches horriblement déchirées. Au-dessus, des plateaux successifs s'étagent jusqu'au Thabor dont la masse arrondie domine le paysage au sud-ouest. Enfin c'est Tibériade qui semble sortir des eaux, et plus loin l'el-Ghôr, large vallée brûlée par le soleil, où le cours sinueux du Jourdain se poursuit jusqu'à la mer Morte.

Nous étions encore sous le charme de cet imposant panorama, lorsque Milhem, jusqu'alors resté en queue de la caravane, accourt au galop nous dire que nous avons complètement perdu la route. Un concert touchant de violentes récriminations accueille cette déclaration, et notre drogman part en quête du bon chemin qu'il ne tarde pas à retrouver; nous en sommes quittes pour descendre au fond d'une vallée fort creuse par un sentier qui ne peut avoir de nom dans aucune langue. Nous remontons presqu'à pic un ravin et nous arrivons à Safed dont les maisons, construites au sommet de la plus haute colline du pays, se voient de tous les environs.

Il est pour la première fois question de Safed sous le

CHAPITRE PREMIER

nom de Saphet dans l'Ancien Testament au livre de Tobie[1]. Carmoly, dans ses *Itinéraires de Terre Sainte,* rapporte la légende suivante au sujet de cette localité : « Un roi d'Égypte qui avait longtemps, mais en vain, assiégé Safed alors au pouvoir des chrétiens, prit un jour la résolution d'abandonner le siège et de retourner le lendemain dans son pays. La nuit, pendant que le prince dormait sur son lit, Jonathan, fils d'Uziel[2], qui est enterré à A'mouka, lui apparut et lui dit : « Tu te proposes de quitter demain matin le siège de Safed et de laisser cette belle place aux chrétiens : ne fais pas cela, mais attaque-la au contraire au point du jour avec ton armée; avant midi je te donnerai la ville. — Mais qui es-tu pour me parler ainsi? lui dit le roi. — Je suis le juif enseveli à A'mouka; sur mon tombeau s'élève un arbre majestueux dont les branches tout autour s'inclinent jusqu'à terre; mon nom est Jonathan, fils d'Uziel ». Le prince arabe, hésitant à son réveil, se décida bientôt après, attaqua la ville à la tête de toute son armée avec tant de courage et de bravoure qu'elle tomba immédiatement en son pouvoir. Transporté de joie par cette victoire due aux conseils de Jonathan, fils d'Uziel, il s'informa d'A'mouka, village à une parasange de Safed, s'y transporta et y rendit de grands honneurs au sépulcre de celui qui lui avait fait gagner une bataille inespérée[3] ».

Les croisés construisirent à Safed une forteresse qui fut démantelée par Saladin. Rendue plus tard aux chevaliers du Temple, ces derniers la rétablirent, et Bibars la conserva, après s'en être emparé de vive force et en avoir massacré les

---

[1] Tobie. Ch. I, v. 1.

[2] Jonathan, fils d'Uziel, célèbre auteur d'une version chaldaïque d'une portion de la Bible.

Carmoly. *Itinéraires de Terre Sainte*, p. 319 et 320.

défenseurs. Occupée un instant par Bonaparte en 1799, le moutsellim ou gouverneur turc y résida jusqu'au tremblement de terre de 1837 qui la ruina de fond en comble. Les fossés, quoiqu'éboulés, sont encore bien visibles : des citernes, des voûtes se rencontrent çà et là, supportant des débris informes de constructions habités par de nombreux serpents.

Safed compte aujourd'hui sept mille juifs et six mille musulmans. Son commerce est assez actif et ses cotons sont aussi blancs que ceux de Chypre. Bâtie au-dessous de la forteresse, la ville se compose du quartier musulman, propre et d'un aspect agréable, du bazar qui s'étend vers l'ouest, et du quartier juif dont les maisons grimpent littéralement les unes sur les autres. Lors du tremblement de terre de 1837, ce fut là une des principales causes des malheurs de cette ville, car les maisons supérieures, s'effondrant sur les maisons inférieures, en tuèrent tous les habitants : six mille personnes périrent de la sorte. De l'ancien château fort, la vue est incomparable de beauté et d'étendue. On aperçoit presque toute la haute et basse Galilée et, au delà des lacs de Houlèh et de Tibériade, une vaste étendue des contrées transjordaniennes.

Nous quittons Safed par une de ces splendides matinées qui n'existent que sous le beau ciel d'Orient. Le sentier que nous suivons vers le nord-est gravit un col d'où nous voyons le lac de Houlèh (anciennement les eaux de Mérom), le Grand Hermon et le Djébel Mackmel, un des sommets du Liban [1]. L'étape est dure, car nous ne cessons de monter et de descendre, souvent presqu'à pic.

---

[1] Josèphe appelle le lac de Houlèh « *Séméchonitis* » (de l'arabe Samack, poisson), le lac des Séméchonites ou des pêcheurs. Reland fait dériver ce nom du verbe arabe « Samaka : il a été haut, élevé », traduction de l'hébreu « Me Merôm : les eaux supérieures ». Ces eaux sont douces et très poissonneuses

Nous dépassons Alma, village situé au milieu d'une des nombreuses plaines cultivées qui régnent sur presque toutes les hauteurs en cette partie de la Palestine. Bientôt les plus intrépides sont forcés de mettre pied à terre pour atteindre le fond d'un ravin étroit et sauvage, sorte de gouffre des plus pittoresques qui a nom *le ouadi Hendadj*. Des roches étranges revêtent par place des formes bizarres, tandis qu'un maigre ruisseau se fraie à grand'peine un

VUE PRISE A SAFED

passage au milieu de ce chaos indescriptible. De l'autre côté de cette immense fissure, le sentier remonte tout droit et arrive au village de Deshnoud, planté sur une colline escarpée. Plus loin nous traversons une série de plateaux séparés les uns des autres par des ondulations de terrain plus ou moins accusées. De temps en temps l'Hermon nous apparaît brusquement et toujours sous des points de vue différents.

Enfin nous atteignons Kedès, l'ancienne Kédesch Nephtali. C'était la résidence des rois chananéens dépossédés par Josué; plus tard elle devint ville de refuge. Barack, sous la conduite de Déborah, ayant battu près du Cison, Sisara, général de Jabin, ce dernier se réfugia à Kédesch où Jahel, femme de Haber le Cinéen, lui enfonça un clou dans la tempe[1].

Kédesch couvrait jadis la colline où s'élèvent aujourd'hui les quelques maisons du village de ce nom. Les matériaux antiques abondent partout; près de l'abreuvoir, des sarcophages anciens servent d'auges. Dans la plaine, vers l'Orient, s'étendent des ruines considérables et des substructions importantes. A l'extrémité d'un petit plateau, nous visitons les restes d'un temple païen, autrefois précédé d'un portique à colonnes avec chapiteaux corinthiens, dont les débris couvrent le sol environnant. On y remarque une grande porte rectangulaire avec deux plus petites de chaque côté. L'édifice, d'un style à la fois ferme et large, devait être considérable à en juger par les fondations que l'on suit encore facilement au travers des décombres de toutes sortes. Le tour de la grande porte est agrémenté de fines sculptures, ainsi que le linteau actuellement sur le sol. L'architrave, également à terre, est ornée de rosaces, de fleurs, de grappes de raisin et d'un grand oiseau dont on ne distingue que les ailes déployées. L'un des montants de la porte est monolithe et mesure environ quatre mètres de haut : à gauche, se trouve une niche contenant les restes mutilés d'une divinité inconnue.

L'an 144 avant Jésus-Christ la plaine de Hazor, située un peu au sud de Kédès, fut le théâtre d'une bataille entre Jonathas Macchabée et les généraux de Démétrius. Jonathas

---

[1] Juges, IV, 17-23.

CHAPITRE PREMIER

avait campé pendant la nuit dans un endroit appelé « les *Eaux de Gennésar* », c'est-à-dire près du lac de Tibériade. Le lendemain, avant le lever de l'aurore, il se rend dans la plaine de Hazor où il rencontre les troupes de Démétrius. Ses soldats, surpris par une embuscade placée dans les montagnes qui bordent la plaine vers l'ouest, sont d'abord en proie à une telle panique qu'ils prennent la fuite ; mais, à la vue de Jonathas combattant intrépidement l'ennemi à la tête d'une poignée d'hommes, ils reviennent à la charge et poursuivent victorieusement leurs adversaires jusqu'à leur camp de Kédès [1]. M. V. Guérin croit avoir retrouvé l'ancien emplacement de la ville de Hazor au Tell el-Harrraouèh [2] : c'est aussi l'opinion du capitaine Wilson.

En quittant Kédès, le chemin traverse un plateau en vue de l'Hermon. A l'entrée d'un ouadi dénudé se trouve une citerne à ciel ouvert dont la construction paraît ancienne. L'eau est à sept ou huit mètres de profondeur et les bédouins la puisent au moyen d'une outre attachée à l'extrémité d'une corde. Nous gravissons, sans nous y engager, le versant nord-est du ravin, puis nous traversons des champs de blé superbes jusqu'au village de Meïs ed-Djébel, habité par des Métoualis hospitaliers adonnés à l'agriculture. Les maisons du village sont groupées en deux quartiers, séparés par un petit vallonnement, au milieu d'une plaine remarquablement fertile, entourée de collines peu élevées. Les produits renommés de la localité sont les figues et le tabac.

Nous quittons Meïs de bonne heure. L'aspect du pays avec ses bois et ses accidents de terrain est charmant ; au bout d'une longue montée, le coup d'œil est féerique : der-

---

[1] Macchabées, liv. I, ch. xiv, 63-74. Josèphe mentionne également ce fait d'armes dans ses *Antiquités Judaïques*.
[2] V. Guérin. *Rapports*, p. 57-58.

rière nous s'étend la contrée que nous venons de parcourir. Vers le nord-est, nous dominons à une très grande hauteur la belle et large vallée de Banias; mille ruisseaux la sillonnent en tous sens avant de se jeter dans les marais de Houléh dont nous voyons briller la nappe d'eau à notre extrême droite. En face de nous se dressent, comme une longue muraille, les derniers contre-forts de l'Hermon; mais ce mur naturel est brusquement divisé par deux déchirures perpendiculaires, si rapprochées l'une de l'autre qu'il ne reste debout entre deux profonds ravins qu'un cône de trois

LE JUGEMENT DU KHADI. — VUE PRISE A MEÎS ED-DJÉBEL.

cents mètres au moins, couronné par le château fort de Soubeïbéh.

C'est au pied de ce cône que Banias est bâtie sur une terrasse naturelle découpée et arrosée par des filets d'eau qui tombent en cascades. Vers le nord s'étend le ouadi et-Teîm, étroit et encaissé, peuplé de nombreux villages, et dominé par les hauts sommets du Liban; puis c'est l'antique forteresse de Bedfort et presqu'à nos pieds les restes imposants de l'ancien « Castellum Novum », planté comme un nid d'aigle, observatoire merveilleux pour surveiller tout le pays environnant. Hounîn, pauvre village bédouin, élève ses misérables masures contre les murailles démantelées du vieux château ; un fossé entièrement creusé dans le roc vif entoure ces ruines où l'on retrouve de curieux spécimens de constructions de toutes les époques : phéniciennes, romaines, sarrasines et des Croisades. L'espace qu'occupait le « Castellum Novum » est immense et rien n'est curieux comme de visiter ces gigantesques salles, ces murs d'une épaisseur étonnante, qui font rêver lorsqu'on songe à ce qu'il a fallu d'énergie persévérante pour mener à bien de semblables travaux [1].

En quittant Hounîn, nous nous engageons bravement dans une descente qui relie le sommet de la montagne au fond de la vallée. On n'imagine pas comment des chevaux peuvent arriver sans se tuer au bout de pareils casse-cou. Nous atteignons le lit du Narh Hasbani au milieu d'énormes blocs de rocher, et d'une quantité incroyable de grosses pierres roulantes en basalte noir. Le Djissr er-Rhadjar, vieux pont sarrazin à trois arches, unit les deux rives. Au delà, la montée est raide. Deux sources, que nous dépassons, en précèdent une troisième qui sort à gros bouillons de dessous un figuier, et forme immédiatement une petite rivière. Plus loin, une quatrième source aussi abondante vient passer près de deux térébinthes séculaires, arbres vraiment gigantesques, qui abritent la tombe du vénérable santon Cheik Azreick : les loques sans nombre pendues aux branches témoignent de la sainteté du lieu.

L'endroit porte le nom de *Tell el-Khadi,* c'est-à-dire « col-

---

[1] A l'époque des Croisades, le Castellum Novum fit partie des possessions des seigneurs de Toron et fut remis en 1185 par Omfroi IV au roi Baudouin IV, qui donna ce château ainsi que *le Maron* à Josselin III, dernier comte d'Édesse. (G. Rey.)

line du Juge», khadi étant synonyme en arabe du mot hébreu *dan* qui veut également dire *juge*. Nous nous trouvons en effet sur l'emplacement de l'ancienne Laïs, plus tard appelée Dan, extrême frontière nord des Israélites, d'où l'expression proverbiale, rapportée dans les Juges : *De Dan à Bersabé*, signifiant d'un bout à l'autre de la contrée, du nord au sud [1]. C'est en cet endroit qu'Abraham, uni aux rois confédérés de la Pentapole, remporta, dans une surprise nocturne, une victoire complète sur Chodorlahomor, roi d'Élam. De la vieille ville il ne reste que quelques monticules, débris informes de pierres de toutes sortes, décombres marquant bien la place de l'antique cité où Jéroboam ne craignit pas d'élever un temple au veau d'or, temple qui fut célèbre pendant de longues années. Les eaux merveilleuses qui surgissent de toutes parts autour de nous sont regardées comme une des trois sources du Jourdain : le ruisseau qu'elles forment porte le nom de Narh el-Ordan.

Le Jourdain, l'un des fleuves les plus petits du monde, arrose en entier la Palestine du nord au sud sur une longueur de soixante lieues. Appelé par les Arabes Narh el-Ordan dans son cours supérieur, et Shériat el-Kébir (le grand rapide) entre le lac de Tibériade et la mer Morte, il est formé de la réunion de trois rivières : le Narh Hasbani qui descend de l'Anti-Liban (Djébel ech-Charki), au pied du Grand Hermon, non loin de Hasbeya; le Narh Banias, qui sort de terre auprès de l'ancienne Césasée de Philippe, devant la grotte célèbre jadis consacrée à Pan (Panæas Cœsarea), et le Narh Dan. Saint Jérôme[2] veut que ce soit ce dernier affluent qui

---

[1] Josué. XIX, 47. — Juges. XVIII, 2, 7, 10, 27, 29. — III Rois. IV, 25. — Bersabé, en hébreu : *Puits du Serment*, était la dernière ville des Israélites au sud sur les confins du désert.

[2] Saint Jérôme. *De situ et nominibus locorum Hébraïcorum*.

CHAPITRE PREMIER

ait donné son nom au fleuve tout entier : « Jeor-Dan » en hébreu « fleuve de Dan ». Le Père Hardouin[1] donne comme racine du mot Jourdain : « Jor Eden » fleuve de délices. Les orientalistes modernes le font dériver de l'hébreu Yarden, (de la racine Yarad, *descendre*), à cause de sa pente rapide jusqu'à la mer Morte.

Des eaux de Mérôm (lac de Houléh actuel), fort étendues au moment de la fonte des neiges, mais au contraire peu considérables après les chaleurs de l'été, le fleuve va se jeter dans le lac de Tibériade, non loin de l'ancienne Bethsaïda Julias. A sa sortie de la mer de Galilée et jusqu'à la mer Morte, des rapides nombreux en rendent impossible la navigation; son cours est sans cesse encombré de rochers, de bancs de sable, d'îlots ou d'îles, écueils redoutés des navigateurs assez hardis pour se confier à ses ondes dangereuses. « Les sources du Jourdain sont à plus de huit cents pieds au-dessus du niveau de la Méditerranée, et son embouchure dans le lac Asphaltite est à treize cent quarante et un pieds au-dessous, ce qui donne une pente totale de deux mille cent quarante et un pieds[2]. »

De Tell el-Khadi à Banias, la route traverse une contrée bien cultivée, couverte de chênes, d'yeuses, de térébinthes, d'arbousiers et coupée en tous sens par mille ruisseaux limpides. Devant nous, la forteresse d'es-Soubeïbéh se dresse au sommet d'une colline qu'elle recouvre de ses murs démantelés et de ses tours à créneaux. Nous franchissons le Narh Banias sur un vieux pont mulsulman flanqué à droite de ruines anciennes, et, au delà du village, un sentier, sorte d'escalier qui serpente au milieu de roches aiguës et glissantes, nous conduit au château de Soubeïbèh. Pendant trois

---

[1] P. Hardouin. *Traité géogr. et hist.*, t. I, p. 46.
[2] L'abbé de Saint-Aignan. *Terre Sainte*, p. 422.

grands quarts d'heure, nos chevaux se livrent à une gymnastique effrénée; enfin nous arrivons au pied des glacis. Près d'une magnifique tour à appareil à bossage et à encorbellement fort curieux (probablement du temps d'Hérode), une porte en ogive donne accès dans une cour intérieure. Vers le nord, la citadelle proprement dite, entièrement séparée du reste du château par un large fossé et des murs indépendants, étage sur les rochers qui nous dominent le vaste développement de ses fortifications. Des trois autres côtés ses murailles reposent sur le roc même, s'élevant à pic au-dessus de profondes vallées qui en rendent l'approche absolument impossible. Çà et là s'ouvrent de grandes citernes; plus loin une longue inscription arabe en magnifiques caractères coufiques prouve que les musulmans ont restauré cette forteresse. Ils ont dû d'ailleurs construire à nouveau ou consolider la bâtisse primitive à l'aide des matériaux antiques déjà tout portés en cet endroit, car ce ne sont pas eux qui ont pu tailler les immenses blocs que l'on remarque par place, notamment dans les assises des trois grandes tours.

Une ancienne porte, encombrée de grosses pierres, nous permet de gagner les fossés du sud en passant sur des monceaux de ruines. De la contrescarpe on a devant soi toutes les fortifications de cette partie du château : des murs éventrés laissent apercevoir des salles voûtées auxquelles on ne peut plus arriver; des fondations obliques à bossage rappellent l'appareil de la tour de David à Jérusalem. Vers le sud-ouest la vue s'étend au loin sur la vallée de Banias, le lac de Houléh et Bedfort.

La source du Narh Banias, située à quelques centaines de mètres à peine du village, mérite bien sa réputation : l'eau sort sur un espace circulaire de plusieurs mètres, au pied d'une forte colline calcaire à paroi verticale, et forme immédiatement un petit torrent qui gagne la plaine et les eaux de Mérôm en bondissant à-travers les rochers. Rien n'égale la fraîcheur de cet endroit charmant, ombragé d'arbres de toute espèce.

ARRIVÉE A BANIAS

Au dessus du Raz en-Néba (tête de la source), on remarque plusieurs inscriptions grecques et des sculptures gréco-romaines creusées dans le roc. Une large caverne naturelle, aux trois quarts obstruée s'ouvre en ce lieu; c'était le *Panium* ou *Grotte de Pan* qu'Hérode Agrippa avait magnifiquement décoré en y établissant un temple en l'honneur d'Auguste. Il ne reste plus trace de ces splendeurs. M. V. Guérin pense que le culte de Pan en cette localité doit remonter aux Chananéens primitifs ; en tout cas, c'est là l'origine du nom de *Panœas Cœsarea* (aujourd'hui *Banias,* par corruption), que porta jadis cet endroit célèbre.

Le village a un aspect étrange; une quarantaine de maisons basses et carrées s'échelonnent sur les rochers et presque toutes portent sur leur toit plat un gourbi rougeâtre, bâti en branchage de bois mort, et juché comme sur des échasses. C'est là que la famille se réfugie durant les nuits d'été pour échapper à l'étouffante atmosphère de l'intérieur et surtout aux scorpions, aux cent-pieds, aux insectes innombrables qui y fourmillent.

Des débris de colonnes ou des ruines insignifiantes se rencontrent par place au milieu des habitations. La citadelle s'élevait sur un triangle compris entre deux torrents : ses murs croulent de toutes parts; vers le sud on peut voir encore deux tours et un pont. Les fondations à bossage indiquent une haute antiquité, mais les parties supérieures ne doivent pas remonter au delà des Sarrasins, à en juger par la forme ogivale des arcs et des portes, par les matériaux anciens réemployés à la construction actuelle, et par une inscription arabe placée au-dessus de la porte d'entrée.

En 1132, pendant l'absence du chevalier Rayner Brus, seigneur de Banias et d'es-Soubeïbeh, cette ville et sa forteresse furent prises par Ismaël, sultan de Damas, qui emmena captive la femme du gouverneur ainsi qu'une partie de la population. Deux ans après les Damassins, à la conclusion de la paix, rendirent à Foulques, roi de Jérusalem, des prisonniers parmi lesquels se trouvait la femme de Rayner Brus. « Ce chevalier, s'étant aperçu qu'elle l'avait trompé pendant sa captivité, la renvoya. Elle avoua sa faute et se retira pour l'expier dans un couvent à Jérusalem[1]. »

Banias n'a plus d'autre célébrité aujourd'hui que le brigandage trop réel de ses habitants. Quelques heures avant notre arrivée un Druse avait assassiné par vengeance un musulman du pays, puis, la *vendetta* accomplie, le meurtrier s'était enfui vers le Haoûran. Rien n'est d'ailleurs curieux comme le code criminel en Syrie : le talion en est la base. Celui qui tue exprès et sans motif de légitime défense doit mourir ; il peut cependant se racheter moyennant la somme d'environ trente-trois mille piastres[2]. La loi est moins sévère pour celui qui tue en se défendant ou en ne voulant que frapper. Enfin elle excuse celui qui tue le voleur pris sur le fait. C'est le Khadi (juge) qui rend la justice ; lorsqu'un délit lui est dénoncé, il fait arrêter le coupable ; puis il avertit la famille de la victime pour qu'elle décide ce qu'elle veut qu'on fasse et, si on ne peut la découvrir, il poursuit au nom du gouvernement qui profite de l'amende, s'il y a lieu d'en imposer une.

Le pays n'étant pas sûr, nous prenons nos précautions pour bien nous garder pendant la nuit. Il est huit heures du soir lorsque plusieurs coups de revolver nous font bondir : c'est Moustapha qui a dû tirer sur des rôdeurs de mauvaise mine s'approchant trop près de nos bêtes de somme. Vers dix heures, Milhem, en faisant une ronde, tombe sur des voleurs en train de s'introduire sous la tente de deux de nos compagnons qui ronflent à qui mieux mieux : les pillards

---

[1] V. Guérin. Ouvr. cit. *Galilée*, t. II, p. 319.
[2] La piastre vaut vingt-deux centimes.

détalent grand train sans que nous puissions les saisir. A minuit l'un de nous, entendant du bruit dans les broussailles, voit une ombre suspecte se glisser du côté de nos bagages ; il tire dessus, après l'avoir interpellée : le traînard, trouvant sans doute peu de son goût ce genre de conversation, se sauve à toutes jambes, en essuyant encore deux ou trois coups de feu. Convaincus alors de notre vigilance, les maraudeurs nous laissent en repos et la nuit s'achève sans autre alerte. Quelque délicieux que soit le site de Banias, plusieurs de nos compagnons en gardent pourtant un bien mauvais souvenir, n'ayant pu fermer l'œil de la nuit, persuadés qu'ils étaient que nous allions d'un moment à l'autre être attaqués par des nuées de brigands.

CHAPITRE DEUXIÈME

Racheyet el-Fouckar. — Hasbeya. — Rascheya. — Le Grand Hermon. — Rackléh. — Deïr el-Achayr. — Khan Meitheloun. — Ouadi Barada. — Arrivée à Damas.

De Banias à Hasbeya le chemin suit le pied des contreforts du massif du Grand Hermon. A chaque instant nous traversons des ruisseaux limpides et de jolies prairies semées de fleurs et entrecoupées de bouquets de chênes verts. Bientôt les arbres deviennent plus rares et nous atteignons une gorge resserrée où il fait une chaleur excessive. Nous franchissons un ouadi profond tandis que la température monte toujours; nous étouffons positivement en traversant une petite plaine entièrement nue qui s'étend au-dessous du village de Racheyet el-Fouckar (l'argile), dont les habitants ont la réputation d'être d'habiles potiers; puis nous redescendons dans la vallée du Narh Hasbani par une route en corniche, encombrée de pierres roulantes.

Nous dépassons Khan es-Souck (le marché) près duquel se détache la route directe de Saïda, puis nous atteignons un vieux pont sarrasin de deux arches ; de beaux arbres répandent aux alentours une fraîcheur délicieuse. A gauche, sur la hauteur, nous apercevons Hawkaba, village au pied duquel se trouve l'entrée de galeries souterraines menant à des puits de bitume fort riches, paraît-il.

Au delà d'un grand bois d'oliviers, nous tournons brusquement à droite et nous traversons à gué le Narh Hasbani ; nos pauvres chevaux, fatigués de l'extrême chaleur de la journée, se désaltèrent longuement à ces eaux fraîches et claires, et, si nous n'y prenions garde, ils ne tarderaient pas à se coucher, avec nous sur leur dos, au milieu de la rivière.

Hasbeya (peut-être le Baal Gad des Écritures[1]) est située à vingt minutes de là, dans une gorge sauvage. Cette localité n'a pas d'histoire dans l'antiquité : les maisons s'élèvent en amphithéâtre autour et au-dessus de l'ancien palais des Émirs, vaste demeure, actuellement très délabrée, construite au commencement du XVIIe siècle. C'est dans sa cour qu'eut lieu, en 1860, le massacre des chrétiens par les Druses. Nulle part ces derniers n'agirent avec une plus froide cruauté. La garnison turque, composée de deux cents hommes commandés par le colonel Osman Bey, occupait la citadelle, quand les Druses, au nombre de mille environ, attaquèrent à l'improviste les quatre mille Maronites de l'endroit à peine armés de quelques vieux fusils. Ces malheureux se retranchèrent dans leur quartier et se défendirent vaillamment ; mais, après avoir vu succomber un quart des leurs, ils s'adressèrent au commandant turc qui leur promit par écrit la vie sauve s'ils s'en remettaient entièrement à sa discrétion. Croyant à la parole donnée, ils se laissèrent désarmer et interner dans la citadelle où, après les avoir laissés sans nourriture pendant plusieurs jours, les Druses les massacrèrent tous sans qu'ils pussent tenter la moindre résis-

---

[1] Josué, XI, 17.

tance. Le commissaire anglais obtint plus tard la tête du colonel qui avait laissé commettre une pareille atrocité.

En quittant Hasbeya, la route de Rascheya passe près de la source du Narh Hasbani, la plus septentrionale du Jourdain. Un gros ruisseau s'élance en bouillonnant du pied d'une falaise et remplit un vaste bassin formé par une

RASCHEYA

digue de trois mètres d'élévation. C'est le dernier cours d'eau que nous verrons avant le Narh Barada (la rivière de Damas), tous les torrents que nous trouverons d'ici là étant à sec.

Pendant trois longues heures nous franchissons sans discontinuer des vallons et des collines aussi tristes que monotones; à notre gauche de hauts sommets nous séparent de la vallée du Lytanée, l'ancien Léontès. A droite, à l'extrémité des ouadis que nous coupons perpendiculairement et au sommet des cols que nous passons les uns à la suite des autres, nous avons de belles échappées sur l'Hermon, ses immenses nappes de neige et ses belles lignes de crête. A dix heures du matin, nous tombons par quarante degrés de chaleur dans une plaine assez bien cultivée. Au delà, le chemin s'éloigne un peu de la montagne pour gravir pendant plus d'une heure le Djébel er-Rascheya. A mesure que nous nous élevons, la vue s'agrandit; au fond du ouadi et-Teîm le massif imposant du Djébel Sunnim se dresse dans la brume tout coupé de longues traînées de neige.

Les maisons de Rascheya s'étagent d'une façon très pittoresque sur le versant oriental de la colline de ce nom, dominées par le Seraïa ou citadelle qu'habitent le Kaïmakam (gouverneur) et soixante-dix soldats turcs. Ce vaste bâtiment tombe en ruine; il date de deux cents ans et renferme des appartements, une mosquée, une caserne, des écuries, une place d'armes, des prisons, des citernes, etc.... En 1860, il y eut dans ce seraïa, comme dans celui de Hasbeya, un massacre des chrétiens de la localité.

Près de notre campement, à quelques centaines de mètres seulement des dernières maisons de Rascheya, coule une fontaine de cette eau claire comme le cristal qu'on ne trouve que dans les pays de montagnes. A la fin du jour, les femmes viennent faire leur provision dans des cruches en terre fort originales. Elles se groupent pour nous examiner curieusement et se font part bruyamment de leurs observations sur nos personnes. Plusieurs offrent des types remarquables au point de vue de la pureté et de la rectitude des lignes. L'une d'elles surtout resta vivante dans nos souvenirs, et cependant nous l'avions vue si peu de temps!

Je ne puis « comparer ce lointain souvenir
Qu'à ces brouillards légers que l'aurore soulève
Et qu'avec la rosée on voit s'évanouir !... [1] »

Sous les derniers rayons du soleil couchant, les neiges éclatantes de l'Hermon revêtent des teintes rosées admirables; bientôt, tout pâlit insensiblement et, après un court crépuscule, la nuit nous enveloppe de son noir manteau tout constellé d'étoiles.

FONTAINE A RASCHEYA

Dès quatre heures du matin nous sommes en route pour faire l'ascension du Grand Hermon, nom que les Hébreux, dit-on, avaient donné au Djébel ech-Cheik à cause de son altitude et de sa masse imposante. Les Sidoniens appelaient cette montagne Chirion de « *charah*, briller ». Les Arabes de nos jours l'appellent tantôt Djébel et-Teldj à cause de la neige qui la recouvre, tantôt Djébel ech-Cheik, parce que c'est le plus haut sommet de l'Anti-Liban.

Après avoir traversé, au milieu d'un silence profond et

---

[1] A. de Musset.

d'une obscurité complète, un des faubourgs de Rascheya, nous entrons dans un ouadi très encaissé. Une vallée s'ouvre bientôt sur notre droite et aboutit à une petite plaine. L'horizon blanchit par degrés; des cigales saluent de leurs chants le soleil qui se lève et les vers d'Anacréon nous reviennent à la mémoire : « Que tu es heureuse, ô cigale, toi qui sur la cime des arbres, après avoir bu quelques gouttes de rosée, chantes comme une reine... Douce messagère de l'été, tu es chère aux Muses, chère à Apollon lui-même qui t'a donné une voix mélodieuse... » Mais les rêveries anacréontiques sont ici hors de saison, car nous voici au pied même de l'Hermon. Nous quittons les sentiers bordés de chênes verts et d'aubépines pour nous engager sur des pentes de plus en plus raides, au milieu de rochers dénudés et d'éboulis de toutes sortes. Nous arrivons par de vrais chemins de chèvres devant un large banc de neige qui nous barre complètement le passage. Nous contournons la difficulté, mais, au bout d'un quart d'heure de marche, nous sommes de nouveau arrêtés par une muraille de granit, haute de quinze mètres, qui paraît infranchissable.

Obligés d'abandonner là nos montures que nous laissons sous la garde du fidèle Bacri et de son inséparable narghilèh, nous nous mettons bravement, à la suite de notre guide indigène, à grimper comme des singes des pieds et des mains après les aspérités du rocher qui s'effrite sous nos efforts. Arrivés en haut sans accidents, nous franchissons, un kilomètre plus loin, un second mur naturel pareil au premier, et c'est au travers d'un immense tapis de neige éblouissante que nous atteignons l'extrême sommet du Djébel ech-Cheik (2,800 m.).

Mais hélas! quelle déception! une brume épaisse nous permet à peine de distinguer les montagnes les plus rapprochées de nous. Nous devinons le ouadi et-Teîm, les collines qui nous séparent de la vallée du Lytanée, le Djébel Sunnim; mais nous ne découvrons ni la Cœlésyrie avec ses deux grandes chaînes de montagne, ni les contrées en deça et au delà du Jourdain, ni l'immense plaine de Damas, ni la verdoyante ceinture des admirables jardins qui entourent cette vaste cité, ni le désert enfin, ni la Méditerranée! Il y a bien de quoi se désespérer, car cette vue est partout citée

LE GRAND HERMON VU DE RASCHEYA

comme la plus belle et la plus étendue de toute la Syrie et de la Palestine.

Un plateau, relativement assez grand, relie le sommet de l'Hermon à un autre point culminant un peu moins élevé. C'est là que se trouvait jadis un temple dont les substructions sont encore visibles aujourd'hui, et qui devait être le temple de Baal Hermon, cité dans l'Ancien Testament[1]! Les Arabes appellent ces ruines: « *Kasr Antar* », le château d'Antar. On distingue encore les arasements d'une enceinte en pierres de taille (dont quelques-unes à bossage),

[1] I Chroniques, V, 23.

au centre de laquelle il y avait une chambre à ciel ouvert creusée dans le roc; près de là sont les débris informes d'un sanctuaire. Toutes ces ruines sont sous la neige pendant les trois quarts de l'année, et c'était assurément le haut lieu de l'accès le plus difficile, fréquenté par les anciens Chananéens.

L'auteur du livre apocryphe d'Énoch raconte, dans son chapitre premier, que les anges qu'il nomme « Egregori », c'est-à-dire « *les Veilleurs* », voulant prendre femmes, s'assemblèrent sur le mont Hermon au temps du patriarche Jared, et s'engagèrent par serment à ne point se séparer qu'ils n'eussent exécuté leur résolution. « Les anathèmes auxquels ils se dévouèrent, s'ils manquaient à cette promesse, firent donner à cette montagne le nom d'Hermon c'est-à-dire *Anathème* ». (?)

Quelques auteurs modernes placent sur l'Hermon la Transfiguration de Notre-Seigneur et non sur le Thabor. Le Nouveau Testament dit seulement que le Christ, après avoir, à Césarée de Philippe (Banias), établi Pierre chef de ses Apôtres et de son Église, monta avec lui, ainsi qu'avec Jacques et Jean, sur une haute montagne; où il fut transfiguré devant eux. La tradition a toujours indiqué le Thabor comme étant la montagne dont il est fait mention à cet endroit des Évangiles.

N'ayant pas la prétention d'attendre que le temps s'éclaircisse avant de nous en aller, nous redescendons d'assez méchante humeur. En traversant un couloir encombré de neige, nous nous trouvons tout à coup face à face avec deux grands ours bruns, mâle et femelle, en train de se désaltérer tranquillement à un petit ruisseau. Le mâle étonné lève vers nous son énorme tête, pousse un grognement aussi significatif que peu aimable et s'éloigne avec sa compagne, non sans se retourner souvent pour bien se rendre compte sans doute de ce que pouvaient être ces inconnus qui venaient ainsi interrompre ses libations frugales. Quel dommage de n'avoir pas de balles à envoyer à ces hôtes inhospitaliers du Djébel ech-Cheik!

RUINES D'UN ANCIEN TEMPLE A RACKLÈH

En quittant Rascheya, nous abandonnons la route de Kuneiyisèh, pour monter à droite (O.) sur une colline rocailleuse couverte de vignes plantées en terrasses. A mi-côte, auprès d'un petit village, un arbre énorme abrite le tombeau d'un santon. Plus loin nous nous engageons dans un ouadi étroit, resserré entre de hautes parois de rocher qui interceptent complètement la vue. La route s'élève toujours; le temps s'est couvert; la bise souffle rude et glacée, et nous sommes transis lorsque nous arrivons, après une grande heure, à un point culminant d'où la vue s'étend sur le massif du Grand Hermon.

A peine descendus, à travers des roches pointues et glissantes, au fond d'une vallée sauvage, il nous faut remonter le long de la montagne un sentier à faire dresser les cheveux sur la tête. A un certain endroit nous passons à cheval sur une pierre plate, inclinée du côté du vide et taillée en gradin, n'ayant pas plus de deux pieds de large, le roc se dressant vertical à notre gauche. Pour nous remettre, Milhem nous prévient tranquillement que nous en verrons bien d'autres dans le Liban.

La contrée prend un aspect de plus en plus sombre; le sol est jonché de pierres noires et brisées, et les troupeaux semblent paître dans des volcans éteints. Au milieu de ce pays tourmenté, se trouve assis au fond d'une gorge le village druse de Rackléh, près duquel s'étendent les ruines considérables d'un ancien temple. Sa longueur était de trente et un mètres et sa largeur de dix-sept. La façade occidentale était percée de trois portes : une grande au milieu et deux plus petites de chaque côté. Les pilastres des angles supportaient des espèces de chapiteaux ioniques. Malheureusement colonnes et murailles sont presqu'entièrement renversées et gisent à terre dans un chaos indescriptible. Près de l'angle sud-ouest des ruines, nous remarquons sur le linteau de la grande porte un aigle à ailes déployées ayant dans son bec une couronne; tout auprès, dans le mur même, se trouve une inscription presqu'illisible. Enfin, vers l'angle sud-est, nous relevons un grand médaillon taillé en bosse, renfermant une belle figure très mutilée et plus grande que nature. Haute de quatre-vingt-deux centimètres sur soixante-cinq dans sa plus grande largeur, c'est assurément un des plus beaux échantillons de sculpture antique que nous ayons encore vu en Palestine. Le temple se termine par une sorte d'abside demi-circulaire et devait être orienté est et ouest. Des débris de toutes sortes couvrent un espace de terrain très étendu.

Un second temple accompagnait celui que nous venons de décrire, et, au milieu même du village, nous voyons les

DEIR EL-ACHAYR

restes informes d'un troisième petit temple. Plusieurs excavations s'ouvrent à droite et à gauche dans les flancs des collines environnantes. Ne serait-ce pas là un de ces hauts lieux de Baal si célèbres dans l'antiquité et que les prophètes ne cessaient d'accabler de leurs malédictions ? Ne peut-on pas voir la tête même du dieu dans cette belle figure qui regarde le Grand Hermon ?

Au sortir de Racklêh nous nous dirigeons au nord en suivant un ravin très accidenté, puis nous descendons à pic dans une petite vallée. A peu de distance, des rochers de formes bizarres s'entassent les uns au-dessus des autres dans un désordre singulier. Nous atteignons Deïr el-Achayr, et les ruines intéressantes de son vieux temple, construit sur une plate-forme en maçonnerie dominant la plaine. De belles moulures ornent ses faces latérales; deux chapiteaux dont l'un est à terre et l'autre encore en place ont des formes curieuses et sont finement fouillés. Les murailles presqu'intactes sont toujours debout. L'intérieur du temple est complètement nu. De loin, l'aspect de ces ruines qui couronnent un contre-fort avancé de la montagne est des plus pittoresques : juste en face, à un kilomètre, un lac en miniature reflète dans ses eaux tranquilles la silhouette des hauteurs voisines.

La large vallée qui s'étend devant nous nous conduit au Khan Meitheloun, bâti sur le bord de la grande route de Beyrout à Damas. Vers le nord, Dîmas s'élève sur les dernières pente de l'Anti-Liban. Notre campement du soir est établi près de la source et des arbres qui entretiennent au Khan Meitheloun une fraîcheur délicieuse. Pendant que nous nous reposons des fatigues de la journée, la lune se lève brillante et majestueuse au-dessus des collines qui nous séparent de Damas. Au loin des clochettes se font entendre : ce sont des troupeaux qui regagnent leurs étables, ou un voiturier en retard qui presse ses chevaux. Tandis que nous nous laissons aller, silencieux, au gré de nos rêveries, une voix étrangement belle entonne dans la montagne un prélude sur une note unique, pénétrante, indéfiniment prolongée; il semble que tout se tait autour de nous : la nature elle-même écoute avec recueillement. Au prélude succède une chanson lente, mélancolique, bizarrement modulée; presqu'aigüe aux premières syllabes du vers, la mélodie descend par transition et se termine par un long point d'orgue.

CHAPITRE DEUXIÈME

Milhem nous traduit à mesure :

« Le printemps vient, la fille s'en va aux champs !
Dans sa poitrine chante un oiseau prisonnier !
Où es-tu mon ami ? En Égypte ou à Bagdad ?
J'ai cueilli une azalée au lever du soleil !..... »

Peu à peu la voix s'éloigne et s'affaiblit; bientôt elle se

CAMPEMENT A KHAN MEITHELOUN. (ROUTE DE DAMAS)

confond avec le bruit du ruisseau dont les eaux murmurantes, qui s'enfuient en se pressant, sont bien l'image du monde d'idées où nous plonge ce gracieux incident.

La route excellente de Beyrout à Damas (semblable à nos meilleurs chemins d'Europe) est l'œuvre d'une compagnie française qui l'entretient avec le plus grand soin. En quittant Meitheloun elle s'engage dans un défilé, puis traverse une immense plaine, sorte de désert brûlé par le soleil, que les Arabes appellent *Sahara*. Des roches à fleur de terre et quelques maigres broussailles couvrent ce plateau aride que bornent de tous côtés des montagnes sans végétation. Le chacal, la hyène et quelques rares kattas (sorte de perdrix de couleur cendrée) sont les seuls êtres animés que l'on rencontre en traversant cette contrée désolée.

Après deux heures de marche sous un ciel de feu, nous nous trouvons tout à coup, et sans la moindre transition, dans la belle vallée du Barada dont on nous a tant et si souvent vanté les charmes.

Le Narh Barada, ancien Chrysorrhoas, roule en mugissant ses eaux écumantes et fraîches parmi les rochers sans nombre qui obstruent son lit. Constamment nous le perdons de vue au milieu des ombrages touffus qui encadrent gracieusement ses rives, et c'est toujours sous un aspect nouveau qu'il reparaît un peu plus loin. Autour de nous de beaux arbres nous abritent contre les rayons brûlants du soleil, tandis que, de chaque côté de la vallée, large à peine d'un kilomètre, des falaises élevées dressent vers le ciel leurs roches bizarrement découpées. C'était bien ainsi que notre imagination s'était complue à nous représenter l'arrivée à Damas, au milieu de sites merveilleux que Mahomet lui-même regardait comme un coin du paradis terrestre. A cinq ou six kilomètres de cette cité célèbre, des canaux dérivent une partie des eaux du Narh Barada qui vont alimenter le nombre incalculable de fontaines publiques ou particulières dont la ville est pourvue.

Tout à coup, les collines qui encaissent la rivière cessent brusquement, laissant devant elles une immense plaine dont nous n'apercevons pas les limites vers l'orient. C'est

CHAPITRE DEUXIÈME

là, au milieu d'un oasis unique au monde et parmi la végétation la plus exubérante, que s'élève, perdue dans un océan de verdure, la célèbre cité de Damas (*ech-Châm*), l'une des villes saintes des musulmans.

CHAPITRE TROISIÈME

Histoire et description de Damas. — Ses habitants et ses bazars. — Arc de triomphe romain. — Le Tekkièh des Pèlerins. — Faubourg d'el-Meïdan. — Les remparts. — Grande Mosquée. — Voie droite (Via Recta).

Damas, « la perle de l'Orient », déjà considérable au temps d'Abraham et citée par la Genèse, a conservé son nom à travers trois mille huit cents ans. Fondée, dit-on, par Us, petit-fils de Sem, c'était la capitale de la Syrie lorsque David s'en empara et y mit garnison : sur les monuments assyriens on la trouve mentionnée sous les deux formes : « Di-ma-as-ki » et « Di-mas-ka[1] ». Possédée successivement par les Babyloniens, les Perses, les Macédoniens, les Romains et les Byzantins, elle se soumit, dès 633, aux Arabes et devint la résidence du Khalife Moawiah, fondateur de la dynastie des Ommiades. Cette époque est la plus brillante de son histoire au point de vue de la richesse, des arts, du commerce et des sciences. En 1148, les croisés,

---

[1] *Inscription de Khorsabad* dans Rawlinson.

CHAPITRE TROISIÈME

sous la conduite de Louis VII et de Conrad, furent obligés d'en abandonner le siège à cause des dissentiments qui s'élevèrent entre les seigneurs français et allemands. En 1401, Tamerlan saccagea Damas et en massacra les habitants. Sélim, en 1516, la prit aux Mamelucks et la réunit à l'empire ottoman dont elle a toujours fait partie depuis lors, à l'exception des huit années (1832-1840) où Ibrahim Pacha la tint en son pouvoir. Les Turcs l'appellent : *Demeck*, et les Arabes, *ech-Châm*, mot qui signifie également *Syrie*[1].

Damas est aujourd'hui la ville la plus importante de la Turquie d'Asie; on y compte cent dix à cent vingt mille habitants. Résidence du commandant en chef de l'armée de Syrie, elle sert d'entrepôt aux produits de la Perse et de l'Inde, apportés de Bagdad à dos de chameaux, pour être réexpédiés en partie par la caravane annuelle de la Mecque. Le commerce actif de cette grande cité consiste principalement en cuir pour les harnais et les chaussures, savons, confitures de fruits, parfums, soieries dites de Damas, et étoffes spéciales pour *abayèh*, sorte de manteau indigène tressé avec du poil de chameaux.

L'entrée de Damas du côté du ouadi Barada est loin de répondre à notre attente. A droite de la rivière une grande mosquée tombe en ruines et à gauche des masures alternent avec des cafés sans caractère. Nous traversons toute la ville pour atteindre notre campement établi au milieu des jardins de *Manharhk*, près de Bab Touma (porte Thomas). A première vue, les rues bordées de maisons à murs pleins et pavées de cailloutis glissant, ont un aspect vraiment triste.

Nos tentes sont dressées dans une espèce de parc, sous de

---

[1] La Syrie s'appelle *ech-Châm*, pays de la gauche, par opposition avec l'*Yémen*, pays de la droite, en prenant pour centre de l'Asie la Kâaba de la Mecque.

grands arbres dont les ombrages touffus entretiennent aux alentours une fraîcheur inappréciable. Près de nous, le Narh Barada roule ses belles eaux, tandis que mille ruisseaux circulent de tous côtés sous cette végétation exubérante. De nombreux curieux viennent voir notre campement et rendre visite à Milhem Ouardy. La population de Damas se distingue entre toutes par la beauté de ses traits, la noblesse de ses formes, la pureté de son sang et la blancheur de son teint. Les Damassines sont presque toutes jolies; le grand voile blanc dont elles s'entourent et qui encadre leur visage est fort original. Jusqu'à vingt ans, elles conservent une démarche gracieuse et une taille svelte; plus tard elles deviennent obèses, et dès lors acquièrent aux yeux des musulmans un cachet particulier de beauté qu'ils prisent par dessus tout. Dès qu'elles font un pas, elles mettent à leurs pieds (au risque de se casser le cou) des patins de bois, sorte de semelles installées sur deux montants. Leurs sourcils sont soigneusement rasés et remplacés par une ligne arquée, très longue, d'autant plus noire qu'elle est peinte. Seules, les jeunes filles portent leurs cheveux; en se mariant il est d'usage qu'elles les coupent. Les femmes du peuple ont pour habitude de mettre à une de leurs narines un bouton en or souvent orné d'une turquoise. Cette coutume remonte à la plus haute antiquité, car nous lisons dans la Bible que le serviteur d'Abraham, venu en Mésopotamie pour chercher une femme à Isaac, « lui mit le *nazem au nez* et les bracelets aux mains [1] ».

En entrant en ville par la porte Thomas, on se trouve de suite en plein quartier chrétien, à l'endroit même des affreux massacres de 1860. La rue principale, glissante et

---

[1] Genèse. XXIV, 47.

sale, est aussi peu animée que les voies adjacentes ; la plupart se terminent par de massives portes en bois, très disgracieuses, qu'on ferme pendant la nuit. Nous arrivons bientôt à l'habitation du célèbre Abou Antiqua (père des antiquités), marchand de curiosités connu de tous les voyageurs et qui semble avoir pris à tâche de prouver aux étrangers la vérité du proverbe arabe : « Schâmi schoumi », *damassin coquin*. Sa maison, entièrement remplie d'objets

FEMMES DE DAMAS

d'art de toute espèce, renferme un mélange étonnant d'affreux bibelots et de choses d'une réelle valeur. Il y a surtout des collections d'armes remarquables. Le vieux roué a soin de demander en arabe à notre drogman combien de jours nous devons rester à Damas afin de nous tenir la dragée haute jusqu'à l'heure de notre départ. A son grand étonnement nous comprenons sa question et nous lui répondons nous-mêmes, en l'avertissant charitablement que nous n'achèterons absolument rien chez lui s'il ne baisse ses prix des deux tiers. Chaque fois qu'il vient à notre campement, nous apportant toujours quelque trouvaille merveilleuse à son dire, ce sont des scènes de haute comédie. Aux prix insensés qu'il nous demande, nous le prions de nous dire si Allah et Mahomet ont recommandé le vol ; à ces mots il bondit, saute sur une chaise ou sur une table, puis entre dans une épouvantable colère, gesticulant en tous sens et prenant le ciel à témoin de son entière probité. Mais, voyant de suite combien sa sortie nous égaie, « il dompte sa langue », se souvenant du proverbe : « Quand on parle trop, on répand des flots de paroles sans une goutte de bon sens[1] ». Sur-le-champ il redevient lui-même, et nous prouve la beauté aussi bien que la rareté de sa marchandise, en empruntant tous les adjectifs qualificatifs de la langue arabe. Quoi qu'il fasse, il ne peut parvenir à nous en imposer, ce qu'il avoue du reste naïvement, et non sans un profond étonnement mêlé de beaucoup d'estime.

A quelques pas de là se trouve la maison d'Ananie, ce pieux disciple du Christ qui guérit et baptisa saint Paul. On y descend par un escalier de quinze marches ; les chrétiens, à qui elle appartient, l'ont depuis longtemps convertie en chapelle.

Dans le quartier juif, nous visitons deux de ces anciennes et luxueuses demeures, derniers vestiges des antiques splendeurs de Damas ; elles datent de deux cents à deux cent cinquante ans environ. De la rue, on pénètre par un couloir tortueux dans une vaste cour dallée de marbre, plantée d'orangers et de rosiers : au centre, une belle fontaine d'eau courante répand une délicieuse fraîcheur, semblant inviter par son doux murmure aux langueurs du kief. Sur une des

[1] Proverbe arabe.

faces de la cour se voit une grande baie ogivale (eyouân), sorte de portique entouré de divans où l'on se tient l'été. A droite et à gauche s'ouvrent des pièces habitées pendant la saison froide, car il y a parfois de la neige à Damas. Dans la principale de ces chambres le plancher est formé de deux plans d'inégale hauteur : le premier, de plain pied, supporte un bassin avec jet d'eau posé au milieu d'un pavage en mosaïque ; le second, exhaussé de plusieurs

COUR INTÉRIEURE D'UNE ANCIENNE MAISON A DAMAS. D'après une sépia de A. Dauzats.

marches, est recouvert de nattes et entouré de moelleux divans. Les poutres apparentes sont peintes avec goût, tandis que les murs sont revêtus de boiseries finement sculptées ou de plaques de marbre de diverses couleurs.

Extérieurement, des bandeaux de pierre ou d'albâtre sont ornés de capricieuses arabesques ou de raies multicolores. Dans un coin de la cour, un escalier de bois mène au premier étage et, plus haut, sur le toit en terrasse. Ce sont là, il faut en convenir, de vrais palais princiers, souvent habités par d'anciennes familles qui, n'ayant plus assez de fortune pour entretenir la demeure de leurs ancêtres, la laissent tomber en ruine. Tel est le sort de la belle maison d'Assad Pacha, près de la grande mosquée : on ne peut s'empêcher d'admirer ce qui reste encore des plafonds à caissons, des mosaïques, des pavages en marbres rares, de la belle fontaine du salon, du hammam établi dans les dépendances, des bassins et des fontaines de la grande cour ombragée d'arbres superbes et bordée par une colonnade. Lorsque mourut Assad Pacha, ses fils s'étaient établis ailleurs, et aucun n'a voulu revenir dans cette splendide habitation qui s'achemine chaque jour vers une destruction complète.

On compte à Damas trente et un bazars principaux. S'ils ne sont pas encombrés, comme au Caire, d'une foule compacte et pittoresque, ils ne laissent pas cependant que d'être très vastes et bien fournis; en général, les marchands sont riches et les boutiques propres. Nous traversons successivement le bazar aux chaussures, le bazar aux sabots incrustés de nacre, le bazar aux orfèvres (très pittoresque), et nous atteignons khan Assad Pacha, sorte de marché et de bourse, dont la porte sarrasine à pendentifs de pierre est d'un charmant effet.

Un peu plus loin nous arrivons par un dédale de rues sordides à un ancien arc de triomphe dont la partie supérieure domine seule les constructions environnantes. Nous grimpons sur les toits pour admirer de près ce précieux vestige de l'occupation romaine. Les sculptures en sont fort belles, et les lignes harmonieuses : c'est un vrai malheur de ne pouvoir contempler dans son entier ce beau monument. Le tombeau de Saladin est à quelques minutes de là, renfermé dans une mosquée où l'on ne peut entrer[1]. Tout auprès commence le bazar grec, le plus riche de Damas : on y voit côte à côte des bijoux, des soieries, des antiquités de grande valeur et des marchandises communes du plus mauvais goût.

La citadelle, curieux spécimen d'architecture militaire, n'a de remarquable que ses murailles crénelées, flanquées de douze tours à machicoulis. Antérieure aux Romains, au moins dans ses fondations, cette vieille forteresse fut sans doute réédifiée par eux, puis par les Byzantins, et plus tard par les musulmans, l'an 580 de l'hégire (1219).

Nous quittons à cheval notre campement des jardins de Manharhk pour faire extérieurement le tour des remparts de Damas. Laissant à droite la route d'Alep, nous passons près d'un immense platane qui mesure seize mètres de circonférence, et nous traversons le marché aux chevaux, accompagnés d'une nuée de chiens, tout occupés à faire, s'ils le peuvent, un mauvais parti à notre fidèle Baroud qui nous a suivis malgré nous. Nous le confions, complètement affolé, à un indigène qui l'emporte dans ses bras, et la meute se disperse, non sans nous saluer une dernière fois de ses aboiements peu hospitaliers. Nulle part en Orient nous n'avons vu les chiens aussi nombreux qu'à Damas. Ils élisent domicile au milieu des rues, n'appartenant à personne, mais ne changeant jamais de quartiers. « On les voit naître, grandir, manger, dormir dans la rue, mais surtout dormir et se battre... Ils sont presque tous de la race chien renard ; il en est d'un gris noirâtre, mais le jaune fauve domine. Pour dernier mot sur ces tyrans à

---

[1] Cet arc de triomphe était, dit-on, l'entrée ouest de l'ancien temple dont la grande mosquée occupe l'emplacement : il devait s'y rattacher par une double colonnade d'environ soixante mètres de long.

quatre pattes, qui se détestent entre eux autant qu'ils détestent les infidèles, et se pourchassent quand les uns envahissent les quartiers des autres, il est bon d'ajouter que la tolérance accordée à leurs excès est justifiée en quelque sorte par le service qu'ils rendent en faisant disparaître les immondices de toutes natures qui, sans leur voracité, encombreraient la voie publique, où l'on a coutume de les jeter sans cérémonie[1]. »

Sur les bords du Barada, qui va se perdre à quelques lieues au-dessous de la ville dans des étangs appelés Barh el-Merdj, (lac des Prairies), nous visitons le Tékkièh (hôpital), que nous avons laissé sur notre droite en arrivant à Damas. Les bâtiments considérables qui en dépendent sont dans le plus misérable état : fondés au XVIe siècle par Sélim, ils étaient destinés à loger les pèlerins pauvres qui se réunissent en ce lieu chaque année pour se joindre au grand pèlerinage de la Mecque. Une porte donne accès dans une vaste cour, entourée de galeries couvertes soutenues par de gracieuses colonnes mauresques et aboutissant au perron d'une mosquée dominée par deux légers minarets. Des faïences bleues relèvent la monotonie de ton des murs, tandis que la terre disparaît sous un beau pavé de marbre de diverses espèces. Outre cet hôpital des Pèlerins, il y a plusieurs établissements du même genre à Damas, mais tous aussi mal organisés. Seuls, les fous sont dotés de maisons spéciales fort bien entretenues : en Orient on les regarde comme inspirés d'Allah, on prévient leurs besoins et l'on va jusqu'à satisfaire tous leurs caprices.

Cela est si vrai qu'à un moment donné l'influence aveugle exercée par ces malheureux sur les masses musulmanes

---

[1] F. Schickler. *En Orient*, p. 37 et 38.

peut tourner au tragique pour le chrétien ghiaour. M. V. Guérin, raconte à ce sujet, une aventure qui lui arriva lors de son exploration de la Judée : « Un vieux derviche errant tout déguenillé, à peine couvert de sales haillons, la tête coiffée d'un bonnet pointu de couleur verte, la main droite armée d'une lance, vint s'accroupir devant ma tente. Il était escorté d'une troupe assez considérable d'hommes, de femmes et d'enfants qui faisaient cercle autour de lui et qui paraissaient professer pour sa personne la plus grande vénération. Bientôt il se leva et commença une danse sauvage;... ses yeux étincelaient... et les hurlements qu'il poussait étaient ceux d'un véritable possédé. Au milieu des cris inarticulés qu'il faisait entendre, je distinguai bientôt ceux-ci : « Kelb Djiaour (chien d'infidèle), Kelb Nesrani (chien de chrétien) ». Ces insultes ne s'adressaient évidemment qu'à moi. Déjà la foule qui l'entourait,... auparavant... pacifique, applaudissait à ses paroles : déjà même les enfants répétaient en chœur : «Kelb Djiaour, Kelb Nesrani». J'appelai alors mes deux bachibouzoucks et je leur demandai si, chargés qu'ils étaient de ma défense, ils toléreraient plus longtemps un pareil désordre. Ils me répondirent avec embarras qu'il leur était impossible de faire taire le derviche; que c'était un fou et par conséquent un saint, et qu'ils s'attireraient toutes les malédictions du ciel et de la terre s'ils osaient porter sur sa personne sacrée une main téméraire; qu'en outre, ils seraient eux-mêmes massacrés par les habitants; que le plus prudent était d'aller camper dans une autre localité. Quand je vis qu'il fallait peu compter sur eux,... je me rendis, accompagné de mon drogman,... à la maison du Scheikh. Je lui dis qu'il devait entendre les vociférations du derviche et de ceux qui l'entouraient et que, si ces menaces et ces outrages continuaient, je l'en rendrais lui-même responsable auprès du pacha de Jérusalem... Il me donna les assurances les plus formelles que tout ce tumulte allait cesser, et... il fit dissiper la foule par les anciens du village qui calmèrent peu à peu le vieux mendiant, et l'engagèrent à venir dans la maison du Scheikh se reposer des fatigues de sa danse. Bientôt après tout était rentré dans l'ordre[1]. »

Au delà de l'hôpital ou Tekkièh des Pèlerins, nous nous engageons dans d'affreux chemins bordés d'arbres et de champs bien cultivés. A chaque instant il nous faut traverser des ruisseaux d'eau courante qui portent de tous côtés la fraîcheur et la fertilité. Nous atteignons l'extrémité du grand faubourg d'*el-Meïdan* que nous parcourons en entier. Là s'élèvent les vastes bâtiments où l'on emmagasine les blés du Haoûran, apportés à dos de chameaux. La rue que nous suivons est large, mais les maisons qui la bordent sont sans aucun cachet; de temps en temps une ancienne mosquée ou des ruines peu importantes donnent quelque intérêt à notre course qui devient fastidieuse sous un soleil de plomb.

Nous arrivons enfin à un cimetière d'où la vue s'étend sur Damas, dont les toits plats sont dominés par un nombre incalculable de minarets et la masse imposante de la grande mosquée. Près de nous, se trouvent les tombeaux de Moawiah, des trois femmes du Prophète et de sa petite fille Fathma. Plus loin est la tombe de l'assassin de la famille de Mohammed; elle disparaît littéralement sous les pierres qu'en passant tout bon musulman ne manque jamais d'y jeter. Vers le sud-est, un reste de voie romaine est désigné par la tradition locale comme le lieu de la conversion de

---

[1] V. Guérin. Ouvr. cit. *Judée*, t. II, p. 91 et suiv.

UNE RUE A DAMAS PRÈS DE LA GRANDE MOSQUÉE

saint Paul¹. C'est là que furent enterrés, sous un modeste monument, les corps des chrétiens massacrés en 1860.

Nous longeons l'enceinte jusqu'à la porte orientale (Bab ech-Charki). De construction romaine, cette dernière avait jadis trois arcs reposant sur de forts piliers ; celui qui est le plus au nord, sert aujourd'hui de passage ; les deux autres sont murés. Les remparts, très élevés en cet endroit, sont en mauvais état et d'un vilain appareil, bien que bâtis sur d'antiques substructions. Quelques tours carrées se dressent de loin en loin². C'est près de Bab ech-Charki que les fidèles firent descendre saint Paul dans un panier pour le soustraire à la fureur de ceux qui le cherchaient. Un peu plus loin on montre l'emplacement de la maison de Naaman, général des armées du roi de Syrie, qui fut guéri de sa lèpre par le prophète Elisée³, après s'être lavé sept fois de suite dans les eaux du Jourdain.

La grande mosquée de Damas, « Djami el-Amwi » ou mosquée des Ommiades, n'est autre qu'une ancienne basilique chrétienne dédiée autrefois à saint Jean-Baptiste. Les indigènes maronites l'appellent même encore : *Mar Joanna*, Saint-Jean. Cette basilique a dû succéder à un temple dédié à la déesse ou au dieu *Rimmon*⁴, mot qui, en phénicien, veut dire « grenade », fruit consacré à Vénus, d'où l'on a conclu que cette déesse était ainsi appelée à Damas ; selon d'autres écrivains, *Rimmon* vient de *Roum*, être haut, et signifie « le plus élevé », le très-haut, le dieu par excel-

---

[1] Cette tradition est relativement récente ; d'après une autre beaucoup plus ancienne et plus respectable, l'endroit où Saul entendit la voix du Seigneur, se trouve à Kaukab, village situé à 12 kil. sud-ouest de Damas.

[2] Les premières assises seulement des murs et des tours sont romaines ; tout le reste est de construction byzantine ou musulmane.

[3] *IV Rois*. V, 1, 15.

[4] *IV Rois*. V, 18.

lence. Quoi qu'il en soit, la Djami el-Amwi est de nos jours un des sanctuaires les plus vénérés de l'islamisme. Longtemps un fanatisme jaloux en interdit formellement l'entrée aux ghiaours ; aujourd'hui encore on ne peut la visiter que sous la protection des cawas du consulat, en allant très vite, et en veillant soigneusement sur ses moindres gestes.

De magnifiques portes en bronze, ornées de calices et de croix mutilées, sont d'un style archaïque byzantin et ont évidemment appartenu à l'ancienne église ; elles donnent accès dans une longue galerie. A gauche nous entrons de plain pied dans une immense nef de cent quarante mètres de long sur quarante mètres de large, pavée de marbre et divisée par deux rangées parallèles de piliers à chapiteaux corinthiens de sept mètres de haut. Le plafond est formé par les poutres qui soutiennent le toit plat de la mosquée. Au milieu de l'édifice, une galerie élevée, sorte de transept, avec dôme et coupole reposant sur huit gros piliers, coupe perpendiculairement la nef, et correspond par un portail avec la grande cour intérieure. Ce portail est formé de trois portes, celle du milieu plus haute que les deux autres ; au dessus, trois fenêtres, soutenues par des colonnes de marbre, s'ouvrent intérieurement au milieu d'une des plus belles mosaïques que nous ayons encore vues représentant des arbres et des palais sur fond or. Dans le bas côté sud s'élève un édicule au-dessus d'un caveau où, d'après les musulmans, reposeraient le corps de Zacharie et le chef de saint Jean-Baptiste. Nous remarquons encore un joli mirhab et un membèr en chêne orné de fines sculptures.

Autrefois, à l'extérieur comme à l'intérieur, tous les murs disparaissaient sous de magnifiques mosaïques. Lorsque les musulmans convertirent en mosquée la vieille basilique chrétienne, ils les détruisirent pour la plupart ou les recouvrirent d'une épaisse couche de badigeon : elles ne subsistent plus aujourd'hui qu'en deux endroits, mais leur finesse et leurs tons harmonieux témoignent du talent remarquable de leurs auteurs.

La cour intérieure, avec les galeries qui l'entourent supportées par des piliers de marbre ou de granit tous de formes différentes, offre un bel aspect. Dans l'angle nord-ouest, un monument isolé nous est signalé comme un reste de l'ancien temple païen jadis bâti en cet endroit. Ce *Koubbet el-Khaznèh* (dôme du trésor) était peut-être le baptistère de la basilique chrétienne; il se compose d'une coupole soutenue par huit colonnes corinthiennes. Trois minarets, le mâdinet el-Arous (de la Fiancée), mâdinet el-Rharbièh (de l'occident), mâdinet Yça (de Jésus), dressent leurs flèches élancées dans les cieux. De ce dernier, la vue plonge sur toute la ville, les montagnes de l'ouest, le Grand Hermon, la chaîne du Haoûran et le désert sans borne.

A l'extérieur de la grande mosquée, du côté du bazar, on peut lire, au-dessus d'une belle porte à moitié ensevelie et richement décorée, l'inscription grecque suivante : « Ta royauté, ô Christ, est une royauté qui embrasse tous les siècles; et ta domination s'étend à tous, de génération en génération ». « Cette inscription est probablement contemporaine de la fondation même de la basilique, édifiée ou tout au moins restaurée par Arcadius, fils de Théodose : elle date par conséquent de la fin du IVe siècle ou des premières années du Ve. Si elle a été respectée jusqu'à présent dans une ville aussi fanatique que Damas, c'est d'abord que les musulmans ne la comprennent pas, et qu'ensuite il faut, pour la voir, monter au moyen d'une échelle sur les terrasses d'un bazar[1] ».

[1] V. Guérin. *Rapports*, p. 61.

Parmi les deux cent cinquante mosquées que possède Damas, celle des derviches, située près de la citadelle, se fait remarquer par les splendides faïences qui en ornent l'intérieur. La mosquée es-Sananyièh est également décorée de belles faïences et de jolies colonnes en marbre; son minaret, entièrement construit en briques vertes vernies, fait un singulier effet. L'entretien des écoles (médressèhs), presque toujours dépendantes de ces mosquées, est assuré par d'abondantes donations. C'est à es-Sananyièh que commence la rue droite (es-Soultani), l'ancienne *Via Recta* des Romains, l'une des principales et des plus riches artères de Damas. Longue de seize cents mètres, elle était autrefois ornée de colonnades comme les rues de Palmyre et de Djérach; elle partage la ville en trois quartiers : celui des chrétiens au nord-est, celui des juifs au sud, celui des musulmans au nord-ouest. Ce dernier est de beaucoup le plus important. La maison de Jude, située dans la rue droite et en dehors du quartier chrétien, a été transformée en oratoire musulman par les Arabes.

CHAPITRE QUATRIÈME

Faubourg de Salayièh. — Le Kief des Musulmans. — Un bain au Hammam. — Une soirée de chanteuses. — Naissance et premières années d'Abd-el-Kader. — Massacres de 1860 à Damas. — Une entrevue avec Abd-el-Kader.

A la fin d'une belle journée, nous allons visiter l'un des plus importants faubourgs de Damas appelé *Salayièh,* et nous montons sur le Djébel Kasioûm qui le domine au nord-ouest. Il est cinq heures et demie du soir; le soleil descend lentement derrière nous, embrasant la ville de ses derniers rayons.

« Le regard plonge sur le plus magnifique et le plus étrange horizon qui ait jamais étonné un regard d'homme... La ville, entourée de ses remparts, flanquée de distance en distance de ses innombrables tours carrées, couronnée de ses créneaux sculptés, dominée par sa forêt de minarets, sillonnée par les sept branches de son fleuve et ses ruisseaux sans nombre, s'étend à perte de vue dans un labyrinthe de jardins en fleurs,... partout pressée par la forêt de ses abricotiers, de ses sycomores, de ses arbres de toutes formes... Les murs des faubourgs, entourés de charmants kiosques et de maisons de campagne d'architecture des plus orientales, brillent comme une ceinture d'or autour de Damas.

Les cimes des cyprès et des autres grands arbres qui s'élèvent des jardins et de l'intérieur de la ville s'élancent au-dessus des murailles et des tours et les couronnent d'une sombre verdure. L'horizon est sans bornes comme la mer, il se confond avec les bords pourprés de ce ciel de feu qu'enflamme encore la réverbération des sables du grand désert... Sur la droite, les larges et hautes croupes de l'Anti-Liban fuient comme d'immenses vagues d'ombre les unes derrière les autres, tantôt s'avançant comme des promontoires, tantôt s'ouvrant comme des golfes profonds.. A notre gauche la plaine est plus évasée, et ce n'est qu'à une distance de douze à quinze lieues qu'on retrouve des cimes de montagnes blanches de neige qui brillent dans le bleu du ciel comme des nuages sur l'océan[1] ».

Quelqu'exagérée que puisse paraître cette description elle est pourtant strictement vraie. On rapporte que Mahomet, contemplant Damas du haut des collines où nous sommes, refusa d'y entrer en s'écriant : « On ne peut avoir qu'un seul paradis, et le mien est au ciel ». Au moment où le soleil quitte l'horizon enflammé, les dernières franges du ciel s'éclairent de ces teintes rouges, vertes, violettes, dorées, multicolores que le soleil d'Orient laisse derrière lui en disparaissant. L'immense plaine qui s'étale devant nous semble noyée dans une poussière lumineuse d'une douceur infinie. Nous ne songeons à regagner nos tentes qu'après avoir vu notre vision s'éteindre dans la nuit qui s'avance rapidement, illuminée des mille feux de ses étoiles brillantes.

Les musulmans ne pouvant boire ni vins, ni liqueurs fermentées, d'après les préceptes du Coran, il n'est pas étonnant qu'ils aiment aussi passionnément le café et le tabac.

---

[1] Lamartine. *Voyage en Orient*, t. II.

Il y a à Damas plus de cent cinquante cafés toujours remplis d'une foule bigarrée. C'est là, à l'abri du soleil, sous de frais ombrages, que la sensualité paresseuse des orientaux aime à venir se livrer au *Kief*, mot intraduisible qui signifie à peu près : bonheur intime et inaction. Lorsqu'un musulman a terminé sa journée, il s'habille à la légère, prend son narghilèh, s'établit nonchalamment sur un divan dans son harem ou dans un café, puis se plonge dans un état indes-

DAMAS VUE DES HAUTEURS DE SALAYIÈH. D'après une sépia de A. Dauzats.

criptible qui n'est ni sommeil, ni veille. Personne en ce moment, pas même sa femme, n'a le droit de le troubler. Il semble réaliser la maxime arabe : « Mieux vaut être assis que debout, couché qu'assis, endormi que couché, mort qu'endormi ». Il existe à la manière des plantes, et se regarde comme dans un état voisin de celui que lui procurera le paradis de Mahomet. C'est ce qui s'appelle : faire le kief.

Il est peu de villes au monde, et il n'en existe pas en Orient, qui soit aussi largement et aussi libéralement pourvue d'eau que Damas. Mais il n'en est pas non plus où il y ait à cet égard des règlements de police plus méticuleux et plus scrupuleusement observés. Partout on rencontre des fontaines dont les passants peuvent boire la belle eau limpide au moyen d'un gobelet attaché à une chaîne.

Une des plus grandes jouissances des Arabes est le bain oriental et c'est à Damas que se trouvent les *Hammams* les mieux tenus de Syrie. En entrant, on pénètre dans une grande salle pavée de marbre; les fenêtres laissent passer au travers de vitraux de diverses couleurs une lumière douce et tranquille. Tout autour règnent des divans élevés où le baigneur se dépouille de ses vêtements. Après s'être entouré les reins d'une longue écharpe de toile et avoir mis à ses pieds de hauts sabots de bois, il passe successivement dans une série de salles où la température est de plus en plus élevée, et où, sans prendre de mouvements, le corps arrive peu à peu à une complète transpiration. La dernière salle est chauffée à la vapeur : on y ruisselle littéralement. C'est le moment psychologique où l'on devient la chose d'un des hommes de l'établissement. Celui-ci conduit sa victime dans une petite chambre à température mixte et la fait étendre sur une grande dalle en marbre blanc, la tête appuyée sur des nattes de jonc. Alors, pendant un grand quart d'heure, il masse les chairs avec une adresse merveilleuse, et fait craquer les jointures, distendant les muscles et assouplissant la peau. Les Arabes adorent cette première partie du bain, les Européens lui préfèrent la seconde. Un jeune garçon apporte de grandes écuelles contenant une eau mousseuse, tiède, savonneuse, couleur de lait. On disparaît sous cette écume bienfaisante à odeur de rose; le corps revit; il a bientôt déposé toute sa poussière, toutes ses impuretés;

aussi est-ce avec volupté qu'on se sent envahi d'une douce fraîcheur. Puis, en un instant on est séché, parfumé, et enroulé dans des serviettes comme une véritable momie. Étendu sur de vastes sofas, l'on jouit vraiment d'un bien-être indicible en dégustant, entre deux bouffées d'exquises cigarettes de Latakié, des boissons à la glace et du café bouillant, corollaire obligé du bain oriental.

Si le Hammam est une passion chez les Arabes, peut-être

DJÉMILÈH, CHANTEUSE DE DAMAS

faut-il l'attribuer aux prescriptions de leur religion. Le Coran, en effet, ordonne de fréquentes ablutions, et il est défendu d'entrer à la mosquée, ou de faire ses prières, sans s'être purifié auparavant et sans avoir secoué la poussière de la route, considérée comme une souillure. C'est pour cette raison qu'il y a toujours une fontaine dans la cour des mosquées.

Il est d'usage à Damas, comme en général dans tout

l'Orient, lorsqu'on se réunit le soir entre amis, de faire venir des chanteuses qui, pendant des heures entières, égrènent des airs de toute sorte sur des rhytmes originaux, mais singulièrement monotones. Ces femmes remplacent en Syrie, les ghawazzis de l'Égypte. L'orchestre se compose ordinairement d'un musicien jouant d'une harpe horizontale avec des ongles en métal qu'il entre comme des dés à coudre au bout de deux de ses doigts, et de trois chanteuses, dont l'une joue de la mandoline, et les deux autres frappent à contre-temps sur de petits tambourins. Tout ce monde est assis à terre, tandis que les auditeurs se placent sur les divans et semblent prendre le plus vif intérêt aux mélodies qui se succèdent presque sans interruption, soulignant certains passages par des exclamations bruyantes et prolongées, ou accueillant la fin des couplets par des signes non équivoques d'admiration. Souvent, il y a comme des récitatifs en mineur, puis une reprise en chœur à l'unisson, chantée avec cette voix perçante et nasillarde si goûtée des Orientaux. Vers la fin de la soirée les chanteuses exécutent des danses caractéristiques,

« Faisant de leurs pieds nus craquer les anneaux d'or ».

Ce sont des contorsions du torse, des déhanchements qui se font presque sans changer de place. Il n'y a là rien de vif, rien d'alerte, et ce n'est pas ainsi que l'imagination aime à se représenter les exercices chorégraphiques des almées.

Vers minuit la séance est levée; chacun avale force sirops, confitures à la rose, misch-misch (compote d'abricots), racki, gâteaux étranges qui portent le nom non moins étrange de *ratlekoum*, gelées plus extraordinaires encore, sorte de colle décorée du nom gracieux de *kab el-gazel* (pied de gazelle), en un mot toutes les drogues qui accompagnent inévitablement les fêtes arabes. Rien n'est pittoresque comme de voir les invités s'en allant par les rues sombres et désertes de la ville, à la clarté de lanternes vénitiennes attachées au bout de longs bâtons. L'on ne saurait circuler la nuit sans lumière dans Damas sous peine d'amende; c'est là un règlement de police, l'éclairage étant une chose absolument inconnue dans les villes d'Orient.

Comment parler de Damas sans rappeler Abd-el-Kader et sa belle conduite au moment des massacres de 1860 ? L'émir est né vers la fin de l'année 1806 à la Ghetna de Sidi Mahiddin, auprès de Mascara, sur le territoire des Hachem (plaine d'Éghris), province d'Oran (Algérie). « Doué d'une singulière énergie, d'une éloquence et d'une puissance d'attraction à laquelle il était difficile de résister, il n'eut qu'à paraître sur la scène pour dominer les volontés et subjuguer les cœurs. Il était de petite stature, bien proportionné, et excellait dans tous les exercices du corps. Son regard perçant et doux était difficile à supporter. « Le père d'Abd-el-Kader, le marabout Mahiddin, de la tribu des Hachem, était très vénéré des Arabes et jouissait d'une grande réputation de sainteté[1]. » Disciple fervent de Mahomet, qu'il comptait d'ailleurs parmi ses ancêtres, il envoya son fils faire le pèlerinage de la Mecque (1827). Au retour de ce voyage qui le conduisit jusqu'à Bagdad, Abd-el-Kader épousa sa cousine Kheïra (1830). La même année Alger tombait au pouvoir des Français.

En 1832, les tribus voisines de Mascara, voulant reconnaître Mahiddin pour chef suprême, le marabout refusa cet honneur

[1] *Le maréchal Bugeaud*, par le comte H. d'Ideville, t. II, p. 7 et 8. Note.

et offrit à sa place son jeune fils qui partageait déjà sa popularité. Les Arabes, résolus à défendre jusqu'au bout leur indépendance, proclamèrent donc sultan le fils de Mahiddin qui n'avait que vingt-quatre ans (22 novembre 1832). Dès lors, la vie d'Abd-el-Kader s'identifie avec l'histoire de la conquête de l'Algérie. Pendant ces longues années, lui seul tint en échec nos troupes ; tour à tour prophète et guerrier, il proclama la guerre sainte dans la mosquée de Mascara dont il avait fait sa capitale, et lutta pendant quinze ans contre l'armée française. Jugeant enfin sa cause perdue, il se rendit entre les mains du général Lamoricière, le 22 décembre 1847. D'abord interné à Pau, puis à Amboise en 1848, Abd-el-Kader fut rendu à la liberté par le prince Président, le 16 octobre 1852.

A la fin de la même année, l'émir partit avec sa famille pour Constantinople. Échappé à l'affreux tremblement de terre de Brousse, il revint à Paris en 1855 pour solliciter de l'Empereur son changement de résidence : l'ayant obtenu, il s'établit à Damas en décembre de la même année. Quelques centaines de Maugrebins (Algériens) vinrent plus tard l'y rejoindre.

Ce fut en 1860, lors des horribles massacres des chrétiens, que le dévouement d'Ab-el-Kader mérita cet éloge de la part d'un archevêque français : « Oui, pauvre musulman, ta générosité si ce n'est pas encore la charité, sa divine sœur, t'a fait plus grand en un jour que toutes les gloires du champ de bataille ; ton nom est dans toutes les bouches ; il n'est pas de lèvres chrétiennes qui ne demandent à Dieu de te faire entrer dans la famille catholique dont tu t'es fait déjà un des plus vaillants soldats ![1] »

Le 9 juillet 1860, Ahmed Pacha, gouverneur de Damas,

[1] Discours de Mgr le cardinal Donnet au concours agricole de Lauden, 22 août 1860.

à la suite de plaintes formulées par des chrétiens, prit un arrêté où il était dit : « d'une part, que les musulmans qui s'étaient livrés sur des chrétiens à des voies de fait condamnables seraient punis de la bastonnade; de l'autre, qu'une insulte publique ayant été faite à une religion protégée par un décret impérial (le Hatti-Humaïoun), une réparation publique lui était due, et qu'en conséquence *les rues salies par les ordures lancées sur les croix seraient lavées par des musulmans* ». Une telle proclamation était un chef-d'œuvre d'infernale habileté. Conformément à cet ordre, quelques individus furent arrêtés et soumis au bâton. Aussitôt la populace fanatisée s'assembla de toutes parts : « Aux armes ! Mort aux chrétiens ! » fut le cri de ralliement.

Il était environ midi, heure habituelle de la sieste, lorsque tout à coup des clameurs retentirent dans la direction du quartier chrétien près de Bab Touma. De tous côtés on entendait les pas précipités des malheureux qui cherchaient à gagner soit un consulat, soit la maison d'Abd-el-Kader, comme s'ils prévoyaient le rôle qu'il allait jouer pendant le massacre.

Aux premiers cris d'alarme, l'émir envoya une poignée de Maugrebins, sous la conduite de son fidèle Kara Mohammed et de Mohammed bel Kheïr, pour défendre jusqu'à la mort le consulat de France. Lui-même tenta de parvenir jusqu'au Muphti pour faire auprès de lui une suprême tentative en faveur des chrétiens. Mais le Muphti dormait, ou du moins c'est la seule réponse qu'on put obtenir.

Cependant, Abd-el-Kader recevait des renseignements de plus en plus effrayants; il ne s'agissait pas d'une simple émeute, mais d'un égorgement général auquel l'autorité prêtait la main. Qu'allait-il faire avec ses onze cents hommes ? N'était-ce pas folie que de prendre l'offensive contre les assassins avec une telle poignée de soldats ? Cette folie tenta son grand cœur.

A la tête de trois cents des siens et suivi de ses deux fils, il s'enfonça résolument dans les quartiers où sévissait la révolte, précédant de quelques pas son escorte, suppliant les musulmans de lui prêter assistance, conviant les chrétiens à se confier à lui. « Oh ! les chrétiens ! s'écriait-il. Oh ! les malheureux ! Venez à moi, je suis Abd-el-Kader, fils de Mahiddin le Maugrebin. Ayez confiance en moi et je vous protégerai ! » A ces paroles d'espérance, chacun se précipitait vers le sauveur inattendu que le ciel lui envoyait. Les pères Franciscains refusèrent seuls de se remettre entre ses mains : à peine eut-il disparu qu'ils furent attaqués et brûlés vifs dans leur retraite.

L'établissement des Lazaristes et des sœurs de saint Vincent de Paul, renfermant quatre cents enfants des deux sexes, préoccupait surtout Abd-el-Kader. L'insurrection n'était pas encore parvenue jusque-là et il put sauver les pères, les sœurs et leurs enfants. Ce dut être assurément un grand et magnifique spectacle que le passage à travers les rues ensanglantées de Damas de ce descendant du Prophète, entouré de prêtres, de religieuses, d'enfants qu'il venait d'arracher à la mort. Ses soldats, anciens combattants de la guerre sainte, conduisaient d'une main de pauvres orphelins dont ils étaient devenus les protecteurs, et repoussaient de l'autre à coups de crosse les égorgeurs qui s'efforçaient de leur arracher le dépôt confié à leur fidélité. Et cependant protecteurs et assassins appartenaient au même culte ! Seulement, il s'était trouvé d'un côté un homme de cœur et d'énergie qui avait su exalter une poignée de braves par le sentiment d'un devoir à remplir.

A la nouvelle de la conduite d'Abd-el-Kader, une vive

agitation se produisit parmi la multitude et il fut décidé, dans la nuit du 9 au 10, qu'on tenterait le lendemain de lui enlever les malheureux qu'il avait recueillis. En effet, le 10 au matin un parti nombreux vint entourer sa maison et réclamer avec insolence qu'on lui livrât les chrétiens. Les clameurs devenant de plus en plus menaçantes, l'émir se détermina à aller sans armes haranguer la foule. Il fut salué par une explosion de cris désordonnés réclamant ses pro-

FEMMES DANS LES JARDINS DE DAMAS

tégés. Lorsque le calme fut un peu rétabli: « O mes frères, dit Abd-el-Kader, votre conduite est impie! » Puis se tournant vers Kara Mohammed : « Kara! mon cheval, mes armes! » A cet appel de leur ancien sultan, il s'éleva des rangs des Algériens une immense acclamation et la foule, croyant à une attaque, se rua comme un troupeau vers toutes les issues.

A partir de ce moment, des colonnes de cent à deux

cents Maugrebins parcoururent la ville, et bientôt ils surent inspirer une telle terreur que, négligeant de recourir à leurs armes, ce fut à coups de bâtons qu'ils s'ouvrirent le chemin jusqu'aux victimes. Au bout de trois jours, quatre mille chrétiens étaient réunis dans les habitations d'Abd-el-Kader et de ses proches, ainsi que les consuls de France, de Russie, d'Amérique et de Grèce; ces derniers décidèrent alors d'envoyer une députation au gouverneur, sous la protection d'une escorte, pour le mettre en demeure d'aviser.

Ahmed Pacha, effrayé de la responsabilité qu'il avait encourue et du langage ferme des consuls, déclara que, si ses troupes étaient demeurées consignées, c'était à cause de leur mauvais esprit, (bien connu d'ailleurs). Puis il offrit de recevoir dans la citadelle les malheureux réfugiés chez Abd-el-Kader, ce qui fut accepté, en stipulant toutefois que la garde en serait confiée à un corps de Maugrebins. Restait à décider les chrétiens à accepter ce nouveau refuge; ce fut une scène déchirante. « Ah! tue-nous! s'écriaient-ils, tue-nous toi-même! car, au moins, toi qui nous as donné asile, tu auras la pitié de ne point nous faire souffrir. Mais ne nous laisse pas tomber vivants entre les mains de nos bourreaux; ne livre pas nos femmes et nos filles à leur brutalité. Tue-nous! de grâce, tue-nous! » Cette scène dut impressionner vivement l'émir, car, la racontant quelques mois plus tard à un officier français, des larmes brillaient dans ses yeux. « Les malheureux, lui disait-il, malgré tout ce que j'avais déjà fait, ils me croyaient capable de les envoyer à ces bouchers de chair humaine. Et cependant, bien que mon cœur saignât d'un pareil soupçon, je ne leur en voulais pas.... Ils souffraient tant! »

Toute résistance cessa lorsqu'on apprit que le premier convoi, accompagné du consul de Russie et d'un de ses confrères, était arrivé sain et sauf à la citadelle. Abd-el-Kader, débarrassé de ce souci, continua sa mission de salut. Assis sous le vestibule de sa maison, entouré de ses fils qui transmettaient ses ordres, il présidait à la réception des chrétiens qu'on lui amenait vivants, payant chacun d'eux cinquante piastres. Pendant cinq jours, au bout desquels arrivèrent enfin de Beyrout mille hommes de renfort, tel fut le rôle glorieux du fils de Mahiddin. Les armées de la civilisation étaient absentes, il se donna la mission de les remplacer; un pacha criminel, auquel était confié le maintien de l'ordre, avait laissé tomber son épée dans une boue de sang, l'émir la ramassa aux acclamations de l'Europe reconnaissante et, grâce à lui, douze mille cinq cents chrétiens échappèrent à la fureur de l'islamisme déchaîné [1].

Rien ne prouve malheureusement que de pareilles scènes de carnage ne se renouvelleront plus, tant est grande et profonde la haine des disciples de l'Islam contre les chrétiens : « Jamais, dit le *Times*, le mahométisme ne renoncera à ses haines cruelles, jamais il ne rejettera la pierre angulaire de son édifice, laquelle n'est autre que la destruction des infidèles (les chrétiens). Si vous en doutez, lisez cette prière qui est récitée tous les vendredis dans toutes les mosquées et même dans celle de Tippou à Calcutta : « O Allah ! sauve le Sultan et détruis les infidèles ! Amène la honte sur leurs femmes, rends leurs enfants orphelins et fais-les dépérir de chagrin, eux et leurs descendants, et leurs femmes, et leurs bestiaux, afin qu'ils deviennent la proie des musulmans ! » Tels sont les sentiments dans lesquels sont nourris les sectateurs de Mahomet. On comprendra qu'avec cela ils soient

---

[1] Tous les détails qui précèdent sur les massacres de Damas sont extraits presque textuellement de l'ouvrage de M. Alex. Bellemare intitulé *Abd-el-Khader*, ch. xx.

peu disposés à supporter les chrétiens, lorsqu'ils se sentent les plus forts ».

Le temps d'Abd-el-Kader à Damas est réglé heure par heure. Au premier appel du muezzin [1], il se rend à la mosquée et il ne la quitte que pour retourner à ses livres, pour conférer avec les *tholbas* (lettrés) ou s'occuper de ses enfants. Doué d'une érudition des plus vastes, connaissant tout ce qui touche au Coran et à la Tradition (Hadits), il possède une influence énorme sur ses coreligionnaires en raison de sa triple qualité de descendant de Mahomet, de chef de la guerre sainte et de lettré de premier ordre.

Grâce à des circonstances particulières, nous obtenons une entrevue de l'émir, privilège assez rarement accordé maintenant aux voyageurs qui traversent Damas. Nous arrivons au rendez-vous, accompagnés d'un cawa [2] du consulat de France et de Milhem qui nous sert d'interprète.

Un Algérien nous fait traverser une cour et nous introduit dans un salon orné dans le goût oriental. Une porte donne sur un magnifique jardin rempli de fleurs, surtout de roses blanches, particulièrement affectionnées par le maître de la maison qui vient à notre rencontre avec beaucoup d'affabilité.

Abd-el-Kader est le type parfait de la race arabe : visage ovale, front large, yeux gris bleu intelligents et doux, nez aquilin et menton garni d'une barbe peu fournie, noire comme l'ébène. Il est admirablement conservé pour ses soixante-dix ans. Vêtu d'une robe grise, il porte sur la tête

---

[1] Les muezzins appellent cinq fois par jour les fidèles à la prière du haut des minarets des mosquées.

[2] Ces cawas sont des espèces de gendarmes consulaires, aux gages des consuls, qui les prêtent à leurs nationaux comme porte-respect dans certaines circonstances : chaque consulat a ses cawas particuliers.

un tarbouche rouge et ses pieds sont chaussés de babouches de même couleur. Ses traits respirent la méditation ; mais lorsqu'il s'anime, sa voix devient harmonieuse et sympathique, et sa figure des plus expressives. L'émir ne parle pas français. Nous lui témoignons notre reconnaissance pour l'honneur qu'il veut bien nous faire en nous recevant ; il nous répond en nous disant quelques mots aimables sur les amis qu'il a laissés en France. L'un de nous lui fait

INTÉRIEUR DE CAFÉ PRÈS DU NARH-BARADA A DAMAS

demander s'il ne reviendra pas à Paris ; il élude à moitié la question et nous donne à entendre qu'il trouve la France par trop révolutionnaire. Lui, l'ancien chef autoritaire et tout puissant de l'Algérie, ne peut comprendre le régime républicain, la souveraineté de tous.

Pendant la conversation, on nous passe du café, des sorbets et des confitures ; puis Abd-el-Kader nous offre des cigarettes. Après avoir causé avec nous pendant un grand quart d'heure de la façon la plus gracieuse, il lève la séance et, nous accompagnant jusqu'au seuil de sa demeure, il nous offre cordialement la main, en nous souhaitant un heureux et prompt retour au milieu des nôtres.

Abd-el-Kader est l'idéal du musulman convaincu et intelligent. « Ceux qui ont été à même de l'approcher, de vivre de sa vie intime, peuvent dire avec quelle foi, quel recueillement, quelle scrupuleuse exactitude l'émir accomplit non seulement les prescriptions de sa loi religieuse, mais encore les prières ou les actes de dévotion simplement conseillés comme œuvres surérogatoires[1] ». Plein de modestie, il répond toujours aux éloges qu'on lui prodigue pour sa belle conduite aux massacres de Damas : « J'ai fait mon devoir et je ne mérite pas d'éloges pour cela. Je suis seulement très heureux qu'en France on soit content de ce que j'ai fait ! » En voyant son zèle pour protéger les chrétiens, on a dit parmi les musulmans, qu'il l'était lui-même. C'est là la cause de son dernier pèlerinage à la Mecque, car Abd-el-Kader tient avant tout à préserver son nom du titre d'infidèle, si flétrissant aux yeux des disciples fervents de Mahomet.

« Ce n'est pas seulement le guerrier, le saint légendaire, le Jugurtha insaisissable, le chef héroïque à la parole duquel se levaient cent tribus et qui brava mille morts, qu'on admire dans Abd-el-Kader. Il existe, selon nous, en lui un côté plus curieux et plus étrange qui n'a pas été assez relevé : c'est la résignation admirable de ce grand vaincu; c'est sa fidélité inébranlable à la parole, au serment; c'est la foi gardée. Malgré les occasions propices, malgré les excitations incessantes dont il fut depuis plus de trente ans l'objet de la part de ses coreligionnaires,

---

[1] A. Bellemare. *Abd-el-Khader*, p. 451.

> Lui, le Sultan né sous les palmes,
> Le compagnon des lions roux,
> Le Hadji farouche aux yeux calmes,
> L'émir pensif, féroce et doux,

s'est refusé à reprendre la lutte contre la France. Dieu n'ayant pas permis qu'il fût vainqueur, le musulman a brisé son épée, le fidèle croyant, devant l'arrêt fatal, a courbé la tête et s'est agenouillé [1] ».

[1] *Le Maréchal Bugeaud,* par le comte H. d'Ideville, t. II, p. 7 et 8. Note.

LA PALESTINE

LIVRE HUITIÈME

CHAPITRE PREMIER

Départ de Damas. — Aïn Fidjèh. — Souk ouadi Barada. — Sourghaya. — Yafoufèh. — Baalbeck.

Plus l'heure de quitter Damas approche et plus nous voudrions prolonger notre séjour sous les ombrages de ses jardins embaumés. Pourtant il faut partir. Nous traversons encore une fois toute la ville pour rejoindre la grande route de Beyrout, et nous saluons d'un dernier adieu la merveilleuse cité dont les maisons disparaissent bientôt au milieu des arbres.

Nous ne tardons pas à atteindre Doummar, où nous abandonnons le ouadi Barada pour nous enfoncer au nord dans un désert dont le sol blanchâtre, brûlé par le soleil, fatigue les yeux au delà de toute expression. Le contraste est saisissant entre la vallée et la plaine absolument nue qui s'étend indéfiniment devant nous : d'un côté, des terres d'une fertilité proverbiale, et, de l'autre, à cent pas de distance sans aucune transition, un sable dénué de toute végétation Rien de brutal comme ces trois notes qui tranchent les unes sur les autres : le bleu du ciel, les crêtes dorées des collines du désert, et le vert cru des arbres.

Après une heure de marche nous arrivons à de magnifiques rochers rouges entre lesquels s'ouvre un ravin qui nous ramène au ouadi Barada, et nous retrouvons avec bonheur les sentiers bordés de peupliers, de noyers, de platanes, au milieu desquels la rivière roule avec fracas ses ondes limpides. Non loin de Bessimah, la route passe dans un ancien lit d'aqueduc attribué sans doute à tort à Zénobie[1]. Par instants, la vallée se resserre en gorge étroite, bordée de hautes falaises et de roches immenses qui surplombent le lit du torrent. Nous traversons un gros village dont le cimetière est rempli de tombes ressemblant assez à des jonques chinoises très relevées des deux bouts, puis nous nous arrêtons quelques heures à Aïn Fidjéh, l'une des plus belles sources de la Syrie. Au milieu de jardins en terrasses, au pied d'un temple antique ombragé d'arbres magnifiques, l'eau sort de terre en bouillonnant et sous un tel volume qu'elle pourrait faire marcher une usine. On ne saurait imaginer la fraîcheur de ces lieux ; une lumière douce et calme y repose la vue, tandis que les rayons du soleil, se jouant au travers des feuillées, nuancent de mille couleurs la rivière écumante[2].

Pour l'arabe qui sort haletant du désert, le charme de ces gorges verdoyantes est incomparable ; il s'y attarde pour

---

[1] Personne n'ignore que Zénobie était reine de Palmyre, et que Palmyre avait été fondée par le grand roi Salomon.

[2] Les ruines anciennes que nous relevons à deux endroits différents semblent de construction phénicienne et peuvent avoir appartenu à un sanctuaire de Vénus Astarté ou à un temple dédié au dieu Pan et aux Nymphes.

rêver d'amour. « Dans les jardins ombreux, il y a une fleur que le rayon du soleil cherche à travers les feuilles. Cette fleur a les yeux plus doux que la gazelle, des yeux qui ressemblent à une goutte d'eau de la mer dans un coquillage. Cette fleur a un parfum si enivrant que le cheik qui s'enfuit devant la lance d'une autre tribu sur sa jument plus rapide que la chute des eaux, la sent au passage et s'arrête pour la respirer. Le vent du simoun enlève des habits du voyageur tous les autres parfums, mais il n'enlève jamais du cœur l'odeur de cette fleur merveilleuse. On la trouve au bord d'une source qui coule en murmurant à ses pieds. Jeune fille, dis-moi le nom de ton père, je te dirai le nom de cette fleur. »

A peu de distance d'Aïn Fidjèh, la route passe sur la rive droite de la rivière, dominant la vallée et ses villages perdus au milieu des arbres. Nous parvenons à Souk ouadi Barada, (le marché de la vallée du Barada), dont les maisons à toits plats s'étagent au-dessus des profondeurs où gronde le torrent, dominées elles-mêmes par de hautes collines rocheuses qui ne laissent entrevoir aucune issue. Nous sommes sur l'emplacement de l'ancienne Abila. Lysanias, fils de Ptolémée, roi de Chalcis, y avait établi sa résidence, d'où son nom de Abila de Lysanias. Lorsque Cléopâtre eut fait assassiner ce prince, elle toucha pendant plusieurs années les revenus de l'Abilène qui fut plus tard gouvernée par Philippe le Tétrarque, par Agrippa, et enfin par Hérode Agrippa. Deux inscriptions latines du temps de Marc Aurèle, des aqueducs ruinés, des tombeaux creusés dans le roc, sont les seuls restes des anciennes splendeurs d'Abila.

Ce village prit le nom de Souk ouadi Barada après que les Sarrasins, en 634, s'en furent emparés par surprise le jour où il s'y tenait un marché important. A cette époque vivait à Deïr Abila « un prêtre dont la réputation de piété, de science et d'austérité était telle qu'on venait de fort loin s'incliner devant lui et demander ses conseils. Chaque année, les alentours du couvent qu'il habitait servaient de champ de foire à de nombreux marchands qu'attirait le concours de pèlerins rassemblés pour les solennités de Pâques. L'an 634, les fêtes furent célébrées avec une magnificence inusitée : le préfet de Tripoli avait amené sa fille, fiancée à un seigneur de la cour d'Héraclius, pour recevoir avant son mariage la bénédiction de l'anachorète. Le marché avait commencé : près des chameaux déchargés s'étalaient les soieries, le satin, les bijoux précieux. Un peuple immense encombrait les abords du couvent, écoutant le sermon du religieux auquel la jeune fiancée assistait de l'intérieur du monastère ; soudain retentit le cri d'Allah Akbar, suivi des exclamations de terreur de ceux qui se trouvaient inopinément cernés par les musulmans. Abou Obéïdah, conquérant de Damas, avait envoyé un de ses plus hardis capitaines, Abdallah ebu Jaezer surprendre les chrétiens. Il s'ensuivit une mêlée sanglante où les sarrazins profitèrent des premiers moments pour faire de nombreuses victimes ; mais les pèlerins s'apercevant bientôt de leur supériorité numérique (plus de dix mille contre cinq cents) surmontèrent leur panique et se tournèrent contre les assaillants. La position d'Abdallah devint des plus critiques : « lui et ses hommes, dit le récit arabe, étaient comme une tache blanche sur la peau d'un chameau noir ; » beaucoup de ces courageux guerriers, dont tous avaient contribué à plusieurs victoires, trouvaient ici le terme de leur héroïque carrière, lorsque Kaled, « une des épées de Dieu », arrivant à leur secours, fendit les rangs ennemis, releva le courage des siens et assura leur triomphe. Un effrayant massacre de chrétiens souilla ce jour de fête ; les richesses des marchands devinrent la proie des agresseurs, et quarante jeunes filles furent emmenées captives à Damas avec la jeune fiancée. Le préfet de Tripoli périt dans la lutte; sa fille fut la récompense d'Abdallah[1]. »

Au sortir de Souk ouadi Barada, la route s'engage dans un défilé très resserré, dominé à droite par le mont Abila au sommet duquel les musulmans vénèrent le Kobr-Habil, prétendu tombeau d'Abel. La légende raconte que « Caïn, après avoir tué son frère, fut pris de remords terribles; il transportait son corps d'un endroit à l'autre, ne sachant ce qu'il devait en faire. Arrivé au pied du mont Abila, il s'arrêta, épuisé de fatigue, se demandant si la présence du corps d'Abel n'était pas la cause de ses souffrances : dans ce moment, deux corbeaux se livraient près de lui un combat acharné. L'un d'eux ayant tué son rival se mit à creuser une fosse avec son bec, l'y déposa et le recouvrit de terre. Caïn comprit qu'il devait agir de la même manière, et c'est ainsi que la montagne devint le tombeau d'Abel dont elle prit le nom[2]. » (Abila, corruption d'Abel.)

Après avoir traversé un vieux pont, nous entrons dans la plus belle et la plus riche vallée de l'Anti-Liban, longue de dix à douze kilomètres et large de quatre environ. A droite, de hauts sommets encore couverts de neige détachent leurs crêtes déchiquetées sur l'azur foncé du ciel; à gauche, de fortes collines nous cachent la vallée du Léontès; au sud enfin se dressent les cimes éclatantes du Grand Hermon.

Nous dépassons Zebdâni, gros village bâti sur une hauteur près de laquelle Adam fut enseveli et où l'arche s'arrêta, si l'on en croit la tradition musulmane. Le Narh Barada

---

[1] Ockley, cité par F. Schickler. *En Orient*, p. 92, note 2.
[2] Caravane française de 1873, *Terre Sainte et Liban*.

prend sa source non loin de là et sort d'un lac situé sur un plateau inculte et sauvage. La route est bordée de haies de rosiers entremêlés de jasmins, qui répandent au loin leurs parfums, tandis que des milliers d'oiseaux font retentir les airs de leurs joyeuses chansons. Au delà de l'Aïn Haward, nous franchissons la ligne de partage des eaux de l'Anti-Liban : au nord, les ruisseaux coulent vers le Narh Yafoufèh, le Léontès et la Méditerranée, au sud, vers le Narh Barada et les lacs qui s'étendent à l'est de l'oasis de Damas.

Pendant une halte que nous faisons à Sourghaya, jolie bourgade assise dans un frais vallon, Moustapha nous dévoile toute la galanterie du caractère arabe. Dans un de ses précédents voyages il avait été frappé de la grande beauté d'une toute jeune fille de l'endroit et lui avait promis un cadeau à sa prochaine visite. Fidèle à sa parole, il lui apportait une superbe écharpe en soie multicolore. Aussi quelle joie, quels transports à la vue de ce somptueux présent! Cette enfant a le vrai type des femmes de ce pays : dents merveilleusement belles, grands yeux noirs profonds qui animent la physionomie, cheveux d'ébène, turquoise plantée dans une des narines. On dirait une de ces vierges que le Coran promet aux élus, « vierges au regards modestes, aux grands yeux noirs, dont le teint a la couleur des œufs de l'autruche. » Toute à son bonheur, notre héroïne cache son trésor dans son sein, remercie Moustapha en empruntant à la langue arabe ses plus gracieuses épithètes, puis disparaît au travers des rosiers, en nous laissant sous le charme de sa beauté.

Lorsque la grosse chaleur du jour est passée nous nous remettons en route. Moustapha, absorbé par le souvenir de la jeune fille de Sourghaya, chante lentement : « Vois-tu cette neige? — Plus blanc est le teint de mon amie. — Vois-tu le sang qui découle de cet agneau ? — Ses joues sont plus vermeilles. — Vois-tu ce tronc d'arbre brûlé ? — Ses cheveux sont plus noirs. — Sais-tu avec quoi écrivent les mollahs de notre khan ? — Ses sourcils sont bien plus noirs encore. — Vois-tu ces charbons enflammés ? — Ses yeux brillent d'un éclat plus vif. »

Nous abandonnons la vallée assez large qui se continue vers le nord-est pour nous engager à la suite du Narh Yafouféh dans un ouadi étroit. De belles montagnes nous enserrent de toutes parts et le sentier, d'ailleurs détestable, change constamment de direction; peupliers, saules, platanes, sycomores se pressent le long des prairies que traverse la petite rivière.

Nous voici à Yafouféh, site pittoresque et charmant. Un pont à moitié ruiné, encadré de verdure, forme à lui seul un délicieux tableau. Au delà, le chemin gravit de fortes pentes pour gagner les hauts plateaux de l'Anti-Liban, puis redescend lentement vers la Békâa ou plaine de Cœlésyrie; cette dernière, bordée à l'ouest par le Liban dont les deux sommets principaux, le Djébel Sunnim et le Djébel Mackmel, se dressent devant nous, est arrosée en entier par le Léontès. Un grand nombre de villages s'élèvent çà et là; plusieurs viennent d'être ravagés par la fièvre d'une façon terrible. Dans l'un où il ne reste que trente-deux habitants sur trois cents, le gouvernement, sous prétexte de purifier l'air, n'a trouvé rien de mieux que de faire mettre le feu aux quatre coins.

Nous dépassons le petit hameau de Douris, et nous découvrons tout à coup « les ruines gigantesques de Baalbeck qui nous apparaissent avec une majesté que leur état de délabrement ne leur enlève point. Les énormes colonnes, les temples se mêlent à la verdure des peupliers,

CHAPITRE PREMIER

et à côté les maisons du village s'adossent au pied de l'Anti-Liban[1] ».

Sur notre route nous visitons les antiques carrières qui ont fourni les matériaux de la ville du Soleil. Des

VUE PRISE A YAFOUFÈH

pierres énormes, gisant près de leur ancien lit, mesurent jusqu'à vingt-trois mètres de long sur cinq mètres de hauteur et autant de largeur. Il fallait que les ingénieurs phéniciens fussent remarquablement adroits pour pouvoir

---

[1] L'abbé de Saint-Aignan. *La Syrie*, p. 89.

amener de telles masses d'un point à un autre. De quel procédé se servaient-ils ? Peut-être, aucun rouleau n'étant assez solide pour résister à une pareille pression, employait-on des plans inclinés et dallés. Mais alors, que d'hommes devaient être nécessaires pour faire avancer de si énormes poids ? M. de Pontécoulant explique ainsi la façon dont on transportait ces pierres colossales : « Quand les Égyptiens voulaient mener d'un point à un autre ces gigantesques monolithes dont les proportions nous étonnent et nous effrayent, ils les chargeaient sur un assemblage de chariots ; on y attachait des esclaves, non par centaines, mais par milliers ; et, pour animer tous ces gens et leur donner la même impulsion, un homme montait sur le monolithe ; il chantait en battant le rhythme avec ses mains ; c'est ainsi que l'on voit ce travail représenté sur leurs anciens bas-reliefs[1]. » Quoiqu'il en soit, on se figure difficilement un assemblage de chariots assez forts pour ne pas être écrasés complètement sous de semblables fardeaux.

En entrant dans le village de Baalbeck, nous tombons au milieu d'une noce joyeuse qui remplit l'air de ses chants aigus et les rues d'un bruit infernal. On danse au milieu de la place publique au son du tambourin et de divers instruments de musique. Des ruelles tortueuses nous amènent au pied de l'enceinte des ruines. Après avoir franchi une jolie rivière ombragée de peupliers élancés, nous nous engageons dans une immense galerie souterraine, longue de trois cents mètres, à l'extrémité de laquelle nous voyons se dresser en face de nous la grande colonnade et le temple de Jupiter.

Baalbeck veut dire « *ville de Baal* ». Les Syro-Phéniciens

[1] M. de Pontécoulant. *Des phénomènes de la musique*, p. 129.

appelaient Baal le soleil qu'ils honoraient d'un culte tout particulier. Baal était donc un titre, un nom d'honneur ; il signifiait : « *le maître, le seigneur* », et c'est dans ce sens qu'on le préposait au nom particulier d'un grand nombre de divinités, surtout célestes, car on peut remarquer la rareté de cette appellation quand il s'agissait de divinités terrestres ou ténébreuses. Plus tard seulement, et lorsque le sens de la religion antique se fut perdu, on put considérer Baal comme un dieu distinct, objet d'une religion étrangère et abhorrée par les Juifs. Sous les Séleucides, puis sous les Romains, l'antique cité devint Héliopolis, la *ville du soleil*. Au dire de Macrobe, le culte du soleil et des astres y avait été importé par des prêtres venus d'Héliopolis d'Égypte, et c'est à cette époque que s'étendit au loin la renommée de l'oracle de ce temple fameux. La statue en or du dieu, représenté sous les traits d'un jeune homme et porté sur les épaules des prêtres, était interrogée par le pontife et répondait affirmativement ou négativement selon que ceux qui la portaient lui imprimaient un mouvement en avant ou en arrière[1].

Du reste, « dans ces contrées où le ciel est si pur, où les globes célestes se rapprochent pour ainsi dire de l'homme à travers l'atmosphère diaphane et frappent d'un magique et éblouissant éclat celui qui les contemple, les esprits, une fois imbus des idées païennes sur la déification de la nature, ne devaient-ils pas être naturellement portés à voir, à adorer dans les astres, des puissances célestes ayant conscience d'elles-mêmes, et décrivant librement leur orbite? Ce culte devait être bien séduisant, puisque le législateur hébreu adresse à son peuple ce solennel avertissement :

---

[1] Luc. De Deâ Syriæ, 36. — (Voir Dollinger. *Judaïsme et Paganisme*. t. III, p. 280).

« Ne levez pas les yeux au ciel pour contempler le soleil, la lune, les étoiles et l'armée céleste; craignez de prévariquer, de leur adresser vos hommages[1] ».

La Bible nous dit que Baalbeck, qu'elle nomme *Baalath*, fut agrandie par Salomon[2]. Cette ville, où venait se croiser le commerce de Tyr, de Sidon, de Palmyre, de l'Égypte et de la Babylonie, était une des plus riches cités de la Syrie lorsque Jules César la réduisit en colonie romaine : elle porte sur les médailles de ce temps le nom de Colonia Julia Augusta Felix Heliopolis. Plus tard, Antonin le Pieux y éleva un sanctuaire en l'honneur de Jupiter, ainsi que le rapporte Jean d'Antioche, surnommé Malala, écrivain du VIIe siècle. Puis Constantin y construisit une grande basilique, après avoir fermé ses temples que Julien l'Apostat rouvrit plus tard[3]. Théodose les détruisit en partie, selon la Chronique Pascale, et convertit en église le fameux sanctuaire de Balanios[4], appelé Trilithon (les trois pierres). En 636, Omar s'empara de Baalbeck ; il en fit une place forte et se servit des matériaux arrachés aux anciens monuments pour construire les remparts et les tours[5].

L'acropole de Baalbeck, nom généralement donné à l'ensemble de ses antiques sanctuaires, renferme le temple de Jupiter, la grande colonnade, la cour rectangulaire, la cour hexagonale, les propylées et de vastes souterrains.

En suivant extérieurement l'enceinte de l'acropole, on

---

[1] Deut. IV, 19. — Dollinger. *Paganisme et Judaïsme*, t. II, p. 235.
[2] *III Rois*. IX, 18.
[3] Joannis Malalæ *Chronographia*, liv. XI. — Eusèbe. *Vie de Constantin*, III, LVIII.
[4] On retrouve dans le mot *Balanios* les deux noms de Baal et de Hélios (soleil) réunis et fondus ensemble.
[5] Callinique, qui au VIIe siècle inventa le feu grégeois, était originaire de Baalbeck.

voit d'abord, à l'occident, une inscription indéchiffrable gravée sur une belle table de marbre blanc ; puis on arrive aux blocs de la muraille cyclopéenne ou phénicienne. Il en est trois monstrueux ; longs de plus de vingt mètres sur cinq de haut et cinq d'épaisseur, ils supportent d'autres pierres énormes, mais de moindre dimension. Près de là, une large brèche laisse apercevoir dans toute sa hauteur la grande colonnade. Plus au nord, se trouve un second mur phénicien aussi puissant, mais haut seulement de six mètres : chose bizarre, les gros blocs sont en dessus et les plus petits en dessous.

Toujours sur la face nord se voit l'ouverture du grand souterrain parallèle à celui du sud par lequel nous avons pénétré dans les ruines. La voûte, de belle construction, semble l'ouvrage des Romains, et M. de Saulcy y a lu des inscriptions latines. Il a reconnu également, à la couleur des pierres et à la courbe des voussoirs qui diffèrent de l'appareil romain, des murs et des arceaux de l'époque cyclopéenne. Une longue galerie transversale va rejoindre le souterrain du sud. Plusieurs chambres donnent sur ces corridors ténébreux, et l'on y remarque aussi d'anciennes portes aujourd'hui mûrées. Il est évident, dit M. de Saulcy « que les temples d'Héliopolis dont nous admirons les ruines ont été élevés sur les restes d'un temple bien plus antique et bien autrement important par l'énormité des matériaux qui y furent mis en œuvre ».

Jadis, l'entrée de l'acropole regardait l'orient. On y accédait par un escalier grandiose, disparu actuellement, mais indiqué par deux piédestaux engagés dans le mur. M. de Saulcy y a relevé des inscriptions du temps de Septime Sévère, et Volney a distingué sur le bord de la terrasse les bases des douze colonnes qui en faisaient un portique comme aux propylées d'Athènes. Cette petite plate-forme est complètement obstruée de blocs de pierres énormes. A droite et à gauche s'élevaient deux ailes, formant des chambres décorées dans le style corinthien. La place de l'entrée principale, flanquée de deux baies latérales, est clairement marquée par deux gros pilastres auxquels la frise vient aboutir : la petite porte sud, seule accessible, s'ouvre sur la cour hexagonale.

Cette cour, comme son nom l'indique, était un hexagone régulier de soixante mètres de diamètre, entouré de constructions symétriques. Il n'en reste plus que les murailles où l'on voit des traces de niches alternativement cintrées et à frontons, dont le fond était couvert de sculptures et le haut avait la forme de coquille ; au-dessus régnait une frise surmontée d'une corniche, ornées toutes deux de fleurs ou de fruits. Derrière ces murs se trouvaient des chambres, peut-être destinées aux prêtres. Une grande porte mène dans la cour rectangulaire.

Cette dernière est longue de cent-vingt-cinq mètres et large de cent-douze. Des édifices richement décorés l'entourent, « formant une espèce de galerie distribuée par chambres, dont on compte sept sur chacune des grandes ailes, savoir : deux en demi cercle et cinq en carré long[1]. » Les premières se composaient d'édifices à pilastres corinthiens avec deux étages de niches ; les secondes contenaient des niches, dont les colonnettes et les pilastres sont tombés, mais dont les frontons sont encore intacts. Dans l'angle nord-ouest, une porte merveilleusement sculptée semble avoir été édifiée en pleine Renaissance ; au centre de la cour un monticule devait autrefois supporter un autel. Entre cet

[1] Volney, *Etat politique de la Syrie*, ch. viii.

endroit et la grande colonnade s'élevait l'église de Théodose, dont il n'y a pour ainsi dire plus de trace.

Six colonnes colossales, debout sur une puissante muraille, sont les seuls restes du grand temple de Baal-Soleil. Elles se dressaient sur la face sud de l'édifice dont on ne retrouve plus que des substructions, et supportent sur leurs chapiteaux corinthiens une frise et un entablement gigan-

BAALBECK. GRANDE COLONNADE DU TEMPLE DE BAAL-SOLEIL

tesques (vingt-trois mètres de hauteur totale). Du côté du nord, quatres fûts engagés dans la maçonnerie, et encore sur leurs bases, déterminent l'emplacement de la face latérale du temple. Un massif déblayé à l'est semble indiquer la place occupée par le *pronaos*[1]. Il ne reste rien de l'intérieur, mais,

---

[1] Le pronaos était comme le vestibule extérieur des temples. Les fûts des six colonnes du grand temple de Baal-Soleil sont tout unis.

si l'on en juge par des traces de marches transversales découvertes au fond des ruines à l'ouest, le sanctuaire devait être surélevé. Autant qu'on peut s'en rendre compte, ce magnifique édifice mesurait soixante-dix-neuf mètres de long sur quarante-cinq de large : il devait avoir dix colonnes à chaque extrémité est et ouest, et dix-sept sur chacun des côtés nord et sud : en tout cinquante-quatre colonnes. Au sud-ouest, le terrain va en s'abaissant et disparaît sous un amas de débris antiques, et de ruines ogivales relativement modernes.

Le temple de Jupiter, appelé aussi le petit temple malgré ses grandes proportions, domine l'enceinte vers le midi. L'édifice entier est du style corinthien le plus pur; quarante-deux colonnes l'entouraient; dix-neuf sont encore en place. Du côté sud elles sont tombées dans le fossé, et, sur les quatre qui restent debout, l'une, appuyée sur le mur de la *cella*[1], demeure dans un équilibre effrayant : ainsi dégagé, le monument offre des lignes architecturales superbes. Le chevet du temple est encombré par d'immenses fûts monolithes, et par des fragments énormes de l'architrave, de la frise, de la corniche, et du plafond sculpté du péristyle. La face nord est la mieux conservée : neuf colonnes à chapiteaux corinthiens supportent une frise et une corniche de la plus grande richesse. Le plafond de la colonnade est divisé en caissons et contient des figures en haut relief, représentant des empereurs et des divinités.

A l'est, s'étendait le pronaos : il en reste encore deux belles colonnes cannelées. Là se trouvait la grande entrée du temple dont la porte, large de six mètres, avait douze à quinze mètres de haut. Ses montants monolithes, sa riche

[1] La cella était la salle intérieure, le corps de bâtiment des anciens temples.

CHAPITRE PREMIER

ornementation formée d'une bordure de fruits, de fleurs, de feuilles de vigne, les sculptures de la face antérieure du linteau, concourent à en rendre l'aspect grandiose. La clef de voûte, détachée par le tremblement de terre de 1759, est supportée aujourd'hui par un mur qui cache malheureusement un aigle[1] aux ailes déployées, ayant dans ses serres un caducée et dans son bec une guirlande de fleurs, dont l'extrémité est tenue par un génie ailé affreusement mutilé.

L'intérieur du temple de Jupiter (quarante-neuf mètres sur vingt-six) se composait d'une sorte de nef avec deux bas côtés et d'un chœur. A droite et à gauche se trouvaient sept colonnes engagées et trois pilastres surmontés d'une frise formée de guirlandes, de têtes de satyres, de chevaux, de taureaux, etc. L'entre-colonnement était partagé en deux étages par une frise à mi-hauteur, et à chaque étage s'ouvraient des niches richement ornées. La nef était soutenue, dit-on, par un double rang de colonnes corinthiennes isolées, au nombre de douze, six de chaque côté. Le chœur, plus élevé que la nef, en était séparé par deux gros piliers carrés, ornés de colonnes et de pilastres ; des degrés de marbre occupant l'entre-deux des piliers y donnaient accès. Il est probable que la voûte hardie de l'édifice était à caissons, et qu'au milieu un espace vide avait été ménagé pour donner de l'air et de la lumière[2].

Actuellement, le fond de la cella est formé par un mur plat sur lequel se détachent deux pilastres et la continuation de la frise du pourtour ; le milieu de l'enceinte est encombré des fragments de la voûte complètement écroulée ; et on ne

---
[1] L'aigle dont on retrouve sans cesse la figure ici aussi bien qu'à Palmyre, n'est pas l'aigle romain, mais l'aigle oriental, oiseau consacré au soleil.

[2] D'Herbelot. *Bibliothèque orientale*. Paris, 1697, in-fol.

retrouve plus que les soubassements des deux murailles parallèles qui, partant de la porte, partageaient l'édifice en trois nefs. Sous le chœur et sous le temple s'étendent des salles voûtées aux trois quarts obstruées. De chaque côté de l'entrée, de gros piliers renferment des escaliers qui menaient au sommet; l'un est intact, mais il est impossible d'en trouver l'entrée, l'autre, à moitié ruiné, renferme une pierre assez énorme pour qu'on ait pu y tailler vingt-neuf marches, à ce que rapporte d'Herbelot[1].

Les inscriptions qu'on lit partout montrent que, jadis comme de notre temps, certains hommes ont eu la manie de graver pour l'avenir des noms inconnus et d'immortaliser leur obscurité.

Construit à l'époque des Antonins, le temple de Jupiter par ses dimensions et sa riche décoration est un des plus remarquables monuments de l'antiquité. On lui reproche, non sans raison, la profusion d'ornementation qui alourdit ses lignes architecturales. Mais les sculptures sont si fines, si gracieuses, si bien disposées, qu'on sait gré malgré tout aux hommes de génie qui ont présidé à l'édification de ce magnifique sanctuaire de les avoir prodiguées avec autant de complaisance.

En dehors de l'acropole, à trois cent mètres vers le village, s'élève, au milieu de quelques maisons arabes, un troisième temple connu sous le nom de *temple circulaire* : ce sanctuaire passe pour avoir été consacré à Vénus dont on célébrait à Baalbeck les dégradants mystères. Il y a cent ans à peine, c'était une église chrétienne dédiée à sainte Barbe et appartenant aux Grecs; aujourd'hui ces ruines sont la propriété d'une famille musulmane. La porte et la colonnade

---

[1] D'Herbelot, loc. cit.

extérieures formaient un pan coupé qui interrompait la circonférence de la cella dont les deux tiers environ sont encore debout. A l'intérieur règne tout autour une sorte de banc tandis qu'au dessus d'un bandeau sculpté, et entre des colonnettes, s'ouvrent cinq niches à frontons alternativement plein cintre et triangulaires. La corniche, surchargée de sculptures, est couronnée par des pierres

BAALBECK. — NOTRE CAMPEMENT PRÈS DU TEMPLE DE JUPITER

saillantes indiquant que le bâtiment était couvert d'une coupole.

A l'extérieur se trouvaient quatre niches de style corinthien, séparées par des pilastres, et surmontées d'une frise et d'une corniche formant des arcs de cercle rentrants avec une colonne à chaque brisure. Il n'y a plus que trois de ces niches, et quatre des cinq colonnes du péristyle; l'édifice penche d'ailleurs d'une façon fort inquiétante pour sa solidité. Ce petit temple serait un modèle unique en son genre, si l'extrême profusion des ornements ne venait en gâter l'ensemble d'une façon déplorable [1].

Quels sont les auteurs de ces temples merveilleux qui par leur grandeur égalent presque ceux de l'Égypte et qui sont comparables à ceux de la Grèce par la perfection de leur style ? L'histoire est muette à cet égard. Ce qu'il y a de certain, c'est qu'on croit rêver en présence de ces masses formidables, pesant un million cinq cent mille kilos, dont les joints se raccordent avec la même précision que s'il s'agissait de pierre d'un ou deux mètres cubes. « Je crois, dit M. de Lamartine, que ces pierres gigantesques ont été remuées soit par ces premières races d'hommes que toutes les histoires primitives appellent *Géants*, soit par les hommes antédiluviens. » Les habitants du pays nous disent gravement qu'un si prodigieux travail est l'œuvre des génies qui sous les ordres de Salomon vinrent fonder Baalbeck. Le champ reste ouvert à toutes les suppositions.

[1] Consulter sur Baalbeck, l'*Itinéraire en Orient. — Syrie et Palestine —* par MM. A. Chauvet et E. Isambert. *Route 59*, p. 610.

CHAPITRE DEUXIÈME

*Une noce à Baalbeck. — Dîner arabe. — Aïn Ata. —
Passage du Liban. — Les Cèdres.*

Invités à la noce que nous avions rencontrée le matin dans les rues de Baalbeck, nous arrivons vers huit heures à la maison du futur, devant laquelle une vingtaine de jeunes gens dansent en s'accompagnant de chants joyeux. Notre entrée fait sensation dans la grande salle où les invités sont assis sur de larges divans. L'évêque vient au devant de nous et nous fait mettre à ses côtés; âgé d'une quarantaine d'années et portant une longue barbe noire qui encadre bien sa figure fine et intelligente, ce prélat est vêtu d'une soutane violette sur laquelle se détache une superbe croix ornée d'émeraudes et de diamants; à son doigt brille un gros saphir; il parle admirablement le français. On nous présente le futur qui est fort laid et plusieurs de ses amis sachant assez couramment notre langue.

Bientôt l'évêque nous quitte pour se rendre directement à l'église, tandis que le cortège, auquel nous nous joignons, se met en marche pour la maison de la fiancée où nous trouvons tout le monde en fête. L'avant-veille on a mené la future au bain en grande cérémonie; puis on a tressé ses cheveux en les ornant de bijoux et on a répandu des parfums sur tous ses vêtements. La jeune fille habillée de blanc disparaît sous un long voile rouge couvert d'étoiles d'or qui l'enveloppe entièrement ; deux de ses proches guident ses pas en lui donnant la main.

Les familles se mêlent, et nous repartons précédés par les jeunes gens qui ne cessent de chanter et de danser. Nous suivons des rues étroites, longeant le quartier musulman ; par moments, tout le monde s'arrête pour donner une aubade à ces concitoyens qui n'ont cependant pas les mêmes croyances religieuses. Nous avançons lentement, tandis que de toutes les fenêtres on nous couvre d'eau de rose. Ici on brûle de l'encens ; là on tire des pétards ; en un mot, rien de primitif, rien de pittoresque comme ce cortège joyeux où chacun est admis, sans distinction de caste ni de rang.

Enfin, nous atteignons l'église, modeste monument qui appartient aux Grecs Unis. L'évêque nous fait monter dans le chœur et prendre place près de lui. La nef est mal éclairée par deux ou trois lustres qui répandent autour d'eux une lumière vacillante ; mais bientôt le garçon d'honneur donne à chaque assistant un cierge, et, en un instant, toute l'église se trouve illuminée. Deux prêtres officient, tandis qu'un chœur d'enfants exécutent des mélodies plaintives et douces ; ces rhythmes arabes paraissent d'abord étranges, mais bientôt on y trouve un charme indéfinissable. L'évêque, après diverses cérémonies, bénit l'anneau que les époux passent à leur doigt à trois reprises différentes. Il pose ensuite sur leurs têtes deux bracelets, image du diadème, destinés à rappeler aux mariés qu'ils devront gouverner avec fermeté et sagesse la famille dont ils deviennent les chefs. On leur offre alors une coupe remplie de vin où ils trempent leurs lèvres. A ce moment, la jeune fille est obligée de soulever son voile un instant et nous avons juste le temps de l'entrevoir; elle est jeune et assez jolie, mais l'épouvantable chaleur qu'elle éprouve sous l'espèce d'éteignoir qui l'enveloppe, la rend cramoisie. Son corsage est en soie jaune ; ses cheveux sont ornés à l'extrémité des nattes de nombreuses pièces d'or : elle a au cou et aux bras un collier et des bracelets fermés et terminés par de larges monnaies, parmi lesquelles se trouvent de ces pièces autrichiennes qui remontent à deux cents ans et qui sont si appréciées dans le pays. L'évêque achève la cérémonie en donnant aux assistants sa bénédiction. Nous laissons alors nos amis aux réjouissances qui vont durer chez les époux jusqu'au matin, et nous reprenons le chemin de nos tentes.

Sur cette terre d'Orient où tout est immuable, où rien ne semble avoir changé malgré tant de bouleversements plus apparents que réels, n'est-il pas curieux d'observer l'analogie frappante de ces cérémonies du mariage telles qu'elles se célèbrent aujourd'hui, avec les cérémonies du mariage sous l'ancienne loi. A ces époques reculées, « l'épouse se préparait soigneusement à ce grand jour. Baignée dès la veille, elle répandait sur elle des parfums en telle profusion que Salomon la compare, enveloppée de ses longs voiles, à un nuage d'encens flottant sur la terre. Signe distinctif de la fiancée, ces voiles couvraient non seulement la tête mais tout le corps, et cachaient aux regards la blanche robe brodée d'or, les riches bijoux, la ceinture de la vierge que l'époux seul devait délier, et la couronne de myrte qui ceignait son front. Ainsi parée de la main de ses amies, la jeune fille attendait l'arrivée du cortège. Près d'elle, veillait le Paranymphe et dix vierges qui devaient l'accompagner la lampe à la main. C'était à une heure assez avancée que retentissait le cri : « Voici l'époux, sortez au devant de lui. » Dans ces belles nuits d'Orient qui disputent avec nos jours d'éclat et de douceur, la procession s'avançait, conduite par une troupe de chanteurs qui mêlaient leurs voix aux sons des flûtes et des tambourins.

« Derrière eux venait l'époux richement vêtu, le front ceint d'un turban doré qu'entouraient des guirlandes de myrte et de roses. Près de lui dix amis, appelés « fils de l'époux », tenaient en main des rameaux de palmiers ; les parents l'escortaient, portant des torches allumées, et les filles d'Israël le saluaient de leurs acclamations. Suivi de ses compagnons, l'époux pénétrait vers la jeune fille et, la prenant par la main, l'amenait au seuil de la demeure ; là, il recevait les tables de pierre où le douaire était marqué, et la suite des conviés reprenait sa marche vers la maison du fiancé. Un repas y était préparé et durait de longues heures, égayé par des énigmes et d'autres jeux d'esprit. Une semaine entière, deux mêmes quelquefois, s'écoulaient dans ces réjouissances ; aussi, pour modérer l'excès du plaisir et ramener les esprits aux graves pensées, était-il d'usage de briser de temps en temps le verre des fiancés. C'était mettre en action la pensée du mime antique : « *Fortuna vitrea est, tum quum splendet frangitur* [1] ».

> Toute notre félicité,
> Sujette à l'instabilité,
> En moins de rien tombe à terre ;
> Et, comme elle a l'éclat du verre,
> Elle en a la fragilité [2].

« .... Les convives conduisaient enfin la fiancée à la chambre nuptiale où sa couche était préparée sous un dais, quelque-

---

[1] Publius Syrus.
[2] Corneille. *Polyeucte*, acte IV, sc. II.

fois même, si nous en croyons les interprètes juifs, sous un berceau de fleurs¹. »

Le lendemain, nous allons faire une visite à l'évêque ; il nous montre en détail sa maison et sa bibliothèque. Puis, vers six heures et demie du soir, nous nous rendons avec Ouardy chez le médecin de la localité qui nous avait conviés à venir dîner chez lui. La femme de cet estimable effendi avait fait dans la journée une apparition au milieu de notre campement, vêtue d'une robe de satin rose tendre, rappelant les modes de 1830, et du plus grotesque effet. Pour nous recevoir, notre amphytrion a mis ses plus beaux habits dont l'assemblage est légèrement disparate : sur une grande robe de soie à raies rouges et blanches, il a passé une veste rose pompon ; sa tête est coiffée d'un fez, et ses pieds disparaissent dans des babouches jaunes.

Nous sommes huit convives ; point de femmes naturellement, car elles sont toujours exclues des réceptions de ce genre. Après une grande demi-heure employée à faire connaissance avec les invités et à absorber un nombre incalculable d'apéritifs, nous passons dans la salle à manger. Nous nous asseyons par terre sur des nattes, les jambes croisées, devant une table ronde haute d'environ deux pieds qui disparaît sous les mets les plus divers et les plus étranges. De couteaux, d'assiettes, de fourchettes, il n'en est pas question ; nous nous en consolons en songeant à cette aventure d'un grand fonctionnaire turc qui, « dans un dîner diplomatique, exprimait son goût pour les repas à l'européenne, son mépris pour ses compatriotes qui ne savaient pas se servir de leur fourchette, et, ce disant, se servait de la sienne pour peigner sa barbe² ».

[1] C. Fouard. *Vie de N.-S. Jésus-Christ*, t I, p. 186 et suiv.
[2] Ampère. *Voyage en Égypte et en Nubie*, p. 263.

Nous mangeons à l'arabe. Un énorme tas de riz occupe le milieu de la table, tandis que tout autour on a disposé dans des écuelles des poulets, du gibier noyé dans une sauce extraordinaire, de la salade, des hachis singuliers, des gâteaux de viande et de biscuit mélangés, enroulés dans des feuilles de vigne, etc., etc... Sous la table, il y a une quantité de pains arabes, sorte de crêpe molle d'un goût plus que fade. Chacun prend avec ses doigts à droite, à gauche, sans s'occuper de son voisin, mélangeant au besoin tous les aliments. L'eau est la seule boisson que l'on nous serve, et les convives sont d'une adresse surprenante à recevoir dans leur bouche, sans faire la moindre éclaboussure, le contenu de la cruche qu'ils tiennent en l'air à bras tendus.

A la fin du repas, les invités sortent de table isolément, quand bon leur semble. Dans une salle voisine un serviteur verse de l'eau dans une aiguière, où tous viennent successivement se laver les doigts avant de retourner au salon. Là, étendus sur de moelleux divans, faisant succéder les unes aux autres d'excellentes cigarettes orientales, nous passons le reste de la soirée à entendre de la musique et à voir exécuter des danses caractéristiques. Vers onze heures, Milhem transmet à notre hôte tous nos remercîments pour les bons moments qu'il nous a procurés, et nous prenons congé de la société.

Nous rejoignons notre campement par un clair de lune splendide qui donne un aspect magique aux masses énormes de ruines qui nous environnent. Tout paraît plus grand que nature et revêt des proportions gigantesques : les colonnes s'allongent indéfiniment, les blocs de pierre prennent des formes fantastiques ; les ombres portées tracent de longues traînées noires à côté des murs et des édifices qu'éclaire vivement la lune dans son plein. Il semble que l'on va découvrir quelque part des esprits voltigeant d'un temple à un autre, et, lorsque le chant des chouettes se mêle aux cris des engoulevents, on croit entendre comme un écho éloigné de la voix de Baal, revenant un instant au milieu de ses sanctuaires.

Nous quittons Baalbeck par un soleil resplendissant et nous nous dirigeons au nord-ouest, à travers la plaine de Cœlésyrie (Békaâ)[1]. La large vallée que nous coupons perpendiculairement présente de beaux points de vue sur les deux chaînes de montagnes qui l'enserrent. Son sol serait d'une grande fertilité si l'on y tentait la moindre culture; mais de Baalbeck à Deïr el-Akmar, village maronite bâti sur les derniers contre-forts du Liban, ce n'est qu'une vaste solitude, au milieu de laquelle se dresse isolée, une colonne haute d'une dizaine de mètres.

Le mot Liban, qui veut dire « *blanc* », est souvent écrit dans les inscriptions cunéiformes : Lab-na-na et Lab-na-a-ni[2]. Cette appellation a sans doute été donnée à cette région à cause du manteau de neige qui en recouvre les sommets. L'Écriture, qui cite ce nom jusqu'à soixante-sept fois, l'emploie comme synonyme de la beauté majestueuse. Les montagnes libanaises, dont les pics les plus élevés sont le Djébel Sunnîm (6,800 pieds) et le Djébel-Mackmel (8,800 pieds), « présentent quatre zônes bien distinctes : le sol de la plus basse abonde en grains aux épis dorés; la seconde est couverte en plusieurs endroits de beaux arbres fruitiers; la troisième offre aux yeux des sapins toujours verts; la quatrième, se confondant avec les nuages, est composée de rochers nus et stériles qui renferment des amas de

---

[1] Békaâ veut dire « plaine » en arabe et Cœlésyrie signifie la « Syrie creuse ».

[2] Textes d'Assurbanipal et de Assarhaddon.

neige dans leurs cavités inaccessibles. C'est ce qui a fait dire à des poètes arabes que le Liban porte l'hiver sur sa tête, le printemps sur ses épaules, l'automne dans son sein, tandis que l'été sommeille à ses pieds[1] ».

Le Liban est divisé en cantons et les différentes races qu'on y rencontre sont assez mêlées. Il y a pourtant des endroits où l'on ne trouve groupés ensemble que des individus ayant la même croyance. C'est ainsi que le Kesrouan, la plus riche

HALTE AU PIED DU LIBAN A AÏN ATA

portion de cette région, est habité exclusivement par les Maronites, les Grecs et les Arméniens catholiques. Cette province, qui compte à peine douze lieues de long sur autant de large, nourrit plus de cent mille habitants : elle s'étend jusqu'à Djébaïl et Baalbeck.

Depuis les traités de 1860, le Liban paie à la Porte un impôt annuel de sept mille bourses[2], couvert par la capi-

---

[1] L'abbé de Saint-Aignan. *Syrie*, p. 39.

[2] *La bourse* vaut 500 piastres, *le talari* ou *medjidié* 20 piastres, *la piastre* 22 centimes.

tation, par les taxes sur les immeubles et sur les têtes de bétail, enfin par certains revenus particuliers. Toutefois les démêlés entre les autorités ottomanes et les Libanais se renouvellent sans cesse et il convient d'ajouter que l'influence française, legs précieux de la monarchie des Bourbons, tend à disparaître dans le Liban comme en Syrie. Le gouverneur Moustapha Rustem Pacha n'aime pas les Français ni les Maronites. Il y a quelques années, il parvint à faire exiler l'un des prélats les plus vénérés du Liban, Mgr Bostani, archevêque de Tyr et de Sidon. Sous prétexte qu'il préparait une insurrection dans la montagne, Mgr Bostani fut enlevé tout à coup de son palais par des dragons turcs et conduit à cheval à Jérusalem malgré son âge. Sans la prudente circonspection du clergé maronite, cet événement aurait pu soulever tout le Liban. M. Fournier, alors ambassadeur de France à Constantinople, essaya de réparer une aussi grosse faute en envoyant une frégate française prendre à Jaffa Mgr Bostani pour le ramener à Beyrout; mais le mauvais effet n'en était pas moins produit [1].

Les puissances européennes et le Sultan feront bien de ne pas perdre de vue que les Orientaux chrétiens ont coutume de regarder leurs évêques comme leurs représentants auprès du gouvernement, et que ces sages intermédiaires ont toujours usé de leurs privilèges avec un esprit de conciliation et de douceur remarquable. La nationalité ne consiste en Syrie ni dans la patrie, ni dans la langue, mais uniquement dans la hiérarchie religieuse qui tient lieu d'organisation sociale : ce n'est pas en persécutant leurs pasteurs qu'on gagnera l'affection des Libanais.

Mais revenons à Deïr el-Akmar. Au delà des misérables

---

[1] Consulter la *Gazette de France*, numéro du 19 octobre 1882.

maisons du village, la route commence à gravir les premières pentes de la montagne et s'engage dans un étroit vallon. A droite et à gauche des buissons d'épines et des chênes verts poussent entre les rochers qui couvrent le sol. Parvenus au sommet d'un col dénudé, nous redescendons sur un vaste plateau inculte, dominé directement par le Djébel Mackmel et nous arrivons au pauvre hameau d'Aïn Ata. Le vent souffle avec une telle violence qu'on peut à peine se tenir en selle. Des huttes et des abris en pierres sèches s'élèvent au bord d'une immense fissure naturelle s'ouvrant dans la roche vive et allant rejoindre vers le sud le lac de Yamounèh, dont nous apercevons les eaux bleues à une lieue de distance.

Les rafales sont si fortes que nous avons bien du mal à dresser nos tentes. A la fin de la journée nos moukres ébauchent une demi baroufle[1] avec les indigènes de l'endroit, à cause de nos chevaux, qui, paraît-il, paissent en liberté l'herbe d'autrui. On crie, on gesticule, l'un de nous appuie ses arguments par de grands coups de courbache, puis tout se calme, et l'on finit par s'embrasser, en se disant les larmes dans la voix que les hommes sont frères, principalement les Français et les Maronites. Le soir, le curé d'Aïn Ata vient nous voir et nous demande le denier à Dieu pour ses ouailles. Ce bon vieillard n'a pas dû faire vœu de propreté, à en juger par son extérieur : il est vêtu d'une robe jadis bleu foncé et coiffé d'un bonnet noir, renflé au milieu, ayant un faux air de marmite renversée. Nous lui remettons notre aumône en y joignant du tabac; et il paraît tout réjoui à la pensée qu'il va pouvoir se servir du long tchibouk qu'il porte avec lui.

---

[1] « Baroufle » en arabe veut dire une dispute avec coups.

LES CÈDRES

Vers trois heures du matin, le vent diminue peu à peu et finit par tomber complètement. Dès l'aube, tout le monde est debout et nous commençons à gravir en zigzag le Djébel Mackmel, après avoir dépassé l'Aïn Ata; nous nous élevons lentement au travers de roches entremêlées d'arbustes rabougris et de touffes d'herbes en fleurs. Bientôt nous atteignons les neiges, et le froid devient très vif.

De l'extrême sommet de la montagne, nous embrassons la belle plaine de Cœlésyrie, bordée par les cimes déchiquetées de l'Anti-Liban. Au loin se dressent Baalbeck et ses ruines : à droite le Léontès fuit dans la direction du Grand Hermon qui domine le paysage de sa masse imposante : plus près, le lac de Yamounèh s'encadre gracieusement au milieu de beaux rochers. Du côté de la Méditerranée s'étend la *Kadischah* ou Vallée des Saints, ainsi appelée de ses nombreux couvents. Au fond d'une gorge étroite resserrée entre deux immenses murailles à pic, le Narh el-Kadischah, (aussi appelé Narh abou Aly), roule ses eaux avec fracas sur un lit obstrué de pierres énormes. Enfin, à nos pieds, les Cèdres nous apparaissent comme un maigre bouquet de verdure tout entourés de hauts sommets neigeux s'arrondissant en forme de cirque.

Nous descendons vers l'ouest par un sentier de plus en plus mauvais, bordé de pervenches, de cyclamens et de violettes, et nous arrivons aux Cèdres dont il est fait si souvent mention dans les Écritures. Au milieu d'une région sauvage et stérile, au-dessous du Djébel Mackmel, ils s'élèvent sur un plateau accidenté, formant à six mille pieds d'altitude une forêt en miniature, fraîche, ombreuse et odorante. Les Arabes appellent cet endroit Djébel el-Arz (montagne des Cèdres). Le nombre des vieux arbres diminue dans une progression désolante; au temps de Quaresmius, on en comptait vingt-trois; aujourd'hui, il y en a tout au plus une dizaine : les plus gros ont jusqu'à onze, douze et quinze mètres de circonférence. Beaucoup, à deux mètres du sol, se divisent en branches énormes qui projettent au loin leurs rameaux touffus. Environ trois cents arbres plus jeunes entourent ces troncs séculaires, atteignant la même hauteur qu'eux, sous un diamètre qui ne dépasse pas celui de nos plus grands sapins d'Europe. Les Cèdres appartiennent au patriarche maronite; une chapelle bâtie sous leur ombrage est un lieu de pélerinage célèbre dans les environs. En songeant que le temple de Salomon et celui de Zorobabel furent construits avec des cèdres du Liban, et en contemplant les rares survivants des immenses forêts qui, à cette époque, devaient couvrir tout le pays, les paroles d'Isaïe nous paraissent accomplies à la lettre : « Le fer détruira cette forêt épaisse; le Liban tombera avec ses cèdres élevés [1] ».

[1] Isaïe, X, 34.

CHAPITRE TROISIÈME

Vallée de la Kadischah. — Hasroun. — Akoura. — Vallée du Narh Ibrahim (rivière d'Adonis). — Les mystères du culte de Vénus et d'Adonis. — Faïtroun. — Reïfoun. — Le Narh el-Kelb (fleuve du chien) et ses stèles. — Retour à Beyrout.

En quittant les Cèdres, Milhem, peu sûr de la route, prend un guide indigène qui nous affirme connaître les moins mauvais chemins du pays. Il n'y paraît guère cependant. Tantôt nous allons à travers champs, tantôt nous nous engageons dans des descentes périlleuses, sur des pentes extraordinairement rapides, où nous n'avançons qu'avec les plus grandes précautions pour ne pas rouler avec nos montures au fond de précipices que d'énormes rochers hérissent de toutes parts. Ici, nous suivons le lit d'un torrent dans lequel nos chevaux ne savent où poser les pieds; là, nous remontons à pic des côtes inimaginables ; plus loin, il nous faut sauter des murs en pierres sèches ; ailleurs, l'une de nos bêtes de somme, entraînée par un terrain glissant, franchit un talus presque vertical de plusieurs mètres de hauteur, et retombe sur ses pieds comme un véritable chamois. C'est inouï, et nos sentiers d'Europe, quelque mauvais qu'ils soient, sont encore des grandes routes auprès des chemins du Liban. Un de nos compagnons qui, matin, était déjà tombé avec son cheval dans les neiges du Djébel Mackmel, a changé sa monture et pris un mulet de charge pour faire cette étape épouvantable. La déveine semble le poursuivre, car nous le voyons tout à coup tourner avec sa selle et rouler au beau milieu d'un bourbier. Il se relève si crotté qu'on ne peut plus distinguer la couleur de ses vêtements. Nous renonçons du reste à diriger nos chevaux ; leur instinct est merveilleux et pas un ne fait de faux pas. Baroud lui-même, qui a perdu un œil à Baalbeck dans une lutte homérique avec un personnage grincheux de son espèce, cherche où poser ses pattes et nous regarde comme pour nous demander si nous ne sommes pas fous de le mener dans un pareil pays.

Nous respirons enfin en atteignant le bord de la profonde vallée au fond de laquelle coule le Narh Kadischah. On ne peut se faire une idée de la beauté merveilleuse des sites que nous avons sous les yeux ; les rochers revêtent des tons rougeâtres indéfinissables et, de tous côtés, des cascades aux flots argentés tombent d'une grande hauteur jusqu'au fond du gouffre où gronde le torrent. Sur les crêtes les plus inaccessibles sont perchés, comme de véritables nids d'aigles, des couvents ou des villages maronites animant le paysage d'une façon charmante. Plus loin, un pont naturel relie les deux rives d'un ruisseau encaissé. Parfois deux villages, à peine éloignés de trois cents mètres, se font vis-à-vis de chaque côté de la vallée ; il faut cependant plusieurs heures pour que les habitants puissent communiquer entre eux. Autour de nous, l'horizon, relativement peu étendu, est borné par une série de pics neigeux qui scintillent sous les rayons du soleil, avec des oppositions d'ombre et de lumière absolument inimitables.

A la fin de la journée, l'aspect de la Kadischah change peu à peu : les rochers, baignés dans une atmosphère de vapeurs violacées, prennent les tons les plus étonnants ; puis tout s'éteint graduellement dans les brouillards du soir, lorsque nous arrivons à Hasroun.

Des bandes de jolis enfants à la figure intelligente et mutine envahissent notre campement. Nous ne parvenons à nous en débarrasser qu'en chargeant Baroud de les tenir à distance. Rien de drôle comme la tactique de notre chien : accroupi, la tête entre ses pattes, il dévisage ses ennemis et grogne sourdement lorsque l'un d'eux fait mine d'avancer. Si un audacieux brave la consigne, il s'élance sur lui et le culbute sans d'ailleurs lui faire aucun mal ; le gamin, à moitié mort de peur, hurle de toute la force de ses poumons, et il n'en faut pas davantage pour mettre en pleine déroute la marmaille glapissante, qui s'enfuit pour revenir bientôt après.

Au sortir de Hasroun nous marchons pendant quelque temps au milieu de belles plantations de mûriers ; puis nous quittons définitivement la vallée de la Kadischah, qu'un froid brouillard dérobe à nos regards, pour gravir la montagne au sud-ouest par de véritables escaliers taillés dans le roc. Nous longeons alors, à petite distance, les cimes du Liban dont les neiges descendent parfois jusque sur les plateaux que nous traversons. A l'ouest s'ouvrent, les unes à côté des autres, un nombre incalculable de vallées ou de gorges sauvages se rendant directement à la Méditerranée dont nous voyons briller au loin les vagues écumantes. A chaque instant, le paysage change, mais la nature reste toujours grandiose. Après avoir franchi le Ouadi Tannourîn, nous nous trouvons sur un point culminant d'où l'on domine au loin les environs : vers le nord-ouest nous apercevons Tripoli de Syrie[1] et son phare, tandis que l'extrême horizon sur la mer nous est caché par un immense rideau de brume, semblable à un mur gigantesque. Par place, des roches rougeâtres viennent affleurer la terre et semblent révéler la présence du fer : le Liban possède d'ailleurs des richesses minières de premier ordre, jusqu'à présent inexploitées.

Nous découvrons tout le Ouadi Ibrahim (vallée de l'ancien fleuve d'Adonis) avant d'atteindre Akoura, dont les habitants nous accueillent de la façon la plus hospitalière. Ce village maronite est bâti au pied d'une immense falaise à pic. Une jeune fille nous offre des roses avec une grâce parfaite ; en ces mêmes lieux, jadis, ces fleurs étaient consacrées à Vénus, qui les avait teintes du sang d'Adonis.

Au sortir d'Akoura le chemin devient meilleur. Un torrent que nous franchissons sur un pont naturel se précipite jusqu'au fond d'un ouadi ; la vue sur la vallée du Narh Ibrahim, encaissée entre de hauts sommets boisés, est vraiment ravissante. L'atmosphère vaporeuse du soir se teinte en violet sous les rayons du soleil, estompant mollement les grandes lignes du tableau et lui donnant un charme indescriptible. Il est tard quand nous atteignons notre campement établi en face d'Afka, dont les maisons s'élèvent de l'autre côté de la vallée. A l'orient, le sommet d'une colline est couvert d'antiques substructions, restes d'un temple païen.

Nous lisons dans Zozime : « Il y a entre Héliopolis et Byblos, un lieu nommé Afaca, où s'élève un temple

---

[1] « En Phénicie est une ville considérable dont le nom de Tripoli est approprié à sa nature, car trois villes la composent : l'une est appelée la ville des Arcadiens ; la seconde la ville des Sidoniens ; la troisième la ville des Tyriens. » (*Diodore de Sicile*, l. XVI, ch. xli.)

dédié à Vénus Afaticide. Proche de ce temple est un lac en forme de citerne. Toutes les fois qu'on s'assemble dans ce temple, on voit aux environs dans l'air des globes de feu, et ce prodige a encore été observé de nos jours. Ceux qui y vont portent à la déesse des présents en or et en argent, en étoffes de lin, de soie et d'autres matières précieuses et les mettent sur le lac; quand ils sont agréables à Vénus, ils vont au fond, et cela arrive aux étoffes les plus légères; au lieu que lorsqu'ils lui déplaisent, ils nagent sur l'eau malgré la pe-

CAMPEMENT PRÈS DU NARH-IBRAHIM A AFKA

santeur naturelle des métaux[1]. » Nous n'avons pu découvrir les globes de feu mystérieux dont parle Zozime, non plus que le lac enchanté, dont nous n'aurions pas été fâchés d'expérimenter les propriétés merveilleuses.

Le soir, après le dîner, nos moukres, en dépit des fatigues excessives de la journée, sont d'une gaieté folle; ils sentent qu'ils seront chez eux dans deux jours; aussi passent-ils leur temps à chanter et à danser. Le brave Bacri attise gravement dans un coin son inépuisable narghilèh; Milhem préside

[1] Zozime. Liv. I, p. 612., trad. Cousin.

pompeusement à la fête, coiffé d'une petite calotte blanche qui lui entre à peine sur la tête ; l'enragé Abdallah s'époumone à souffler dans son flageolet pour en faire sortir la millième édition d'un air arabe qu'il nous corne aux oreilles depuis deux mois. Francis, notre estimable cuisinier, compose sans doute dans ses rêves une nouvelle formule gastronomique, car il ronfle à poings fermés, tandis que notre médecin Abou Salim cherche la panacée universelle, et que Tannouss, notre domestique, n'a que le temps de remplir nos tasses de café, nos verres de limonade, notre papier à cigarettes de tabac. A chaque danse nouvelle, ce sont des bravos frénétiques qui encouragent les coryphées ; à chaque couplet nouveau, des acclamations bruyantes que répètent les échos d'alentour. Enfin, pour clore la séance, Milhem nous fait tous sauter en l'air en tirant, sans nous prévenir, cinq ou six coups de revolver dans le toit d'une des tentes de cuisine. Peu à peu cependant le calme se fait, et nous nous endormons en songeant à l'attrait indicible de cette bonne vie nomade.

Dès le matin, nous levons le camp et nous arrivons en quelques minutes à la grotte d'Adonis, large ouverture s'enfonçant dans la paroi du rocher ; cette caverne naturelle livre passage à un torrent qui tombe en écumant de cascade en cascade pour aller se perdre, au milieu de la verdure, dans une gorge sombre et sauvage. Nous grimpons sur les roches glissantes sans cesse humectées par l'eau, et nous atteignons une grotte, dont le fond se perd dans l'intérieur de la montagne : à soixante mètres de l'entrée, le torrent s'élance d'un seul bond d'une hauteur de dix mètres, formant une large nappe d'eau, claire comme du cristal, du plus splendide effet. Le bruit est assourdissant, et l'on ne peut s'entendre parler, même à l'oreille.

CHAPITRE TROISIÈME

Près de cette magnifique source, se trouvent les ruines informes d'un temple ancien où gisent pêle-mêle des moulures, des pierres sculptées et des blocs de gros appareil. Robinson y veut reconnaître l'emplacement du fameux temple de Vénus, bâti par Cynire, roi de Chypre[1], temple que Constantin fit détruire de fond en comble à cause des cérémonies licencieuses qu'on y célébrait[2]. Ce sanctuaire était placé dans une position merveilleuse, dominant entièrement la vallée du Narh Ibrahim.

Lorsque le printemps allait finir, et que les ardeurs de l'été commençaient à dessécher les campagnes, on célébrait en ce lieu une fête lugubre : partout retentissaient des cris déchirants que la flûte pleureuse accompagnait de ses lamentations. Des femmes, les cheveux épars ou coupés, quelques-unes avec des couteaux enfoncés dans la poitrine, toutes avec leurs robes déchirées et conduites par des prêtres, couraient comme des folles à travers les chemins et venaient s'entasser autour d'un sarcophage élevé dans le temple de Vénus. Là se trouvait l'image en bois d'un mort, couchée sur des tapis « plus moelleux que le sommeil »; la blessure qui lui avait ravi l'existence était visible et béante ; tout autour la myrrhe et des herbes aromatiques d'une senteur enivrante répandaient dans l'air leur âcre parfum. A côté se tenait, la hure sanglante, son terrible ennemi, le sanglier qui l'avait éventré. Le deuil durait plusieurs jours, après quoi l'idole était solennellement enterrée. C'était, disait-on, un jeune dieu chéri par une déesse et qu'un autre dieu, poussé

---

[1] Lucien. T. II, p. 576. — La mythologie regarde Cynire, roi de Chypre, et Myrrha comme les parents d'Adonis dont les Grecs faisaient dériver le nom du mot : ἡδονή, plaisir, volupté. La même étymologie est donnée au mot Éden.

[2] Eusèbe. *Vie de Constantin*, liv. III, chap. LV.

par la jalousie et prenant la forme d'un sanglier, avait tué cruellement tandis qu'il chassait sur les montagnes du Liban. Les Grecs qui l'entendirent nommer Adon en firent Adonis, et identifièrent son meurtrier avec Mars, dieu de la guerre, jaloux de son rival inoffensif. En réalité, tout porte à croire que cet Adon était un ancien dieu chananéen.

Après l'enterrement, on préparait dévotement des « jardins d'Adonis », c'est-à-dire des vases remplis de terre où l'on faisait pousser des plantes à croissance rapide et qu'on exposait aux rayons du soleil d'été pour qu'il les fit périr. En automne, on pensait que le dieu mort fertilisait de son sang les terres desséchées. L'argile rouge détachée des hauteurs par les torrents et délayée dans l'eau courante favorisait cette illusion. De nouveau, le deuil d'Adonis était célébré pendant sept jours ; les femmes pleuraient, se coupaient les cheveux ; mais, au huitième jour, éclatait une joie publique, aussi intense que la douleur avait pu l'être auparavant. Le dieu, disait-on, était ressuscité et monté au ciel ; sa tête, enfermée dans un vase de terre ou dans une corbeille de papyrus, avait été retrouvée au bord de la mer. Les femmes d'Alexandrie annonçaient par un message qu'Aschera (Aphrodite ou Vénus), fille de l'onde amère,

« Qui fécondait le monde en tordant ses cheveux »,

avait enfin retrouvé Adonis.

Alors, la bacchanale se déchaînait partout, l'orgie trônait en souveraine, et ces alternatives de deuil et de fêtes paraissent avoir été fort goûtées par les vieilles populations orientales. C'était d'ailleurs très sérieusement, et avec une profonde conviction qu'on observait ces rites religieux[1].

---

[1] Dollinger. *Paganisme et Judaïsme*, t. II, p. 246. — A. Reville. *La Religion des Phéniciens*.

Nous dépassons Afka pour nous élever rapidement sur un contre-fort du Liban. Une source, où nos chevaux se désaltèrent, porte le nom d'Aïn el-Acel (fontaine de miel). A gauche, nous ne perdons pas de vue les neiges éblouissantes du Djébel Sunnim, tandis que, devant nous, sur des hauts plateaux cultivés, se dressent nombre de villages maronites ou de monastères aux clochetons pointus; la mer et son immensité forme le fond de ce superbe pano-

ROCHERS PRÈS DE FAÏTROUN

rama. La végétation reparaît par endroits : nous traversons un vallon couvert de rhododendrons en fleurs, et, un peu plus loin, un bois de pins parasols.

Tout à coup nous entrons en plein séjour de la désolation : c'est un désert de rochers énormes, le plus saisissant qu'on puisse voir, entremêlé de gouffres et d'arêtes. Aucun signe de floraison, aucune trace de dépérissement ne signalent ici la marche des années : on dirait que le temps s'est arrêté sur ce chaos et que les roches en fusion se sont pétrifiées subitement au milieu d'une tempête. De violentes secousses y ont ouvert ces grottes, ces défilés, ces piliers à demi rongés sous l'action de l'air et de l'eau, ces tables de pierre qui se tiennent dans un équilibre effrayant, ces bastions, ces tours, cette superbe horreur en un mot qui fait de cette étrange contrée un objet de profond étonnement.

A peine sortis de cette région, nous atteignons Faïtroun par des sentiers tout encombrés des pierres qu'y jettent les propriétaires des champs voisins. De belles plantations de vignes et de mûriers s'étendent aux alentours : cette localité est renommée pour la finesse de ses soies brutes. Nous sommes frappés, ici plus que partout ailleurs, de la physionomie particulière que les habitants ont donnée aux croupes des collines. Ils ont rendu cultivables toutes les pentes et y ont établi des irrigations nombreuses. « Par de laborieux terrassements, ils ont arraché des pierres mêlées au sol et en ont fait de petits murs destinés à retenir l'humus fécond que les pluies de l'hiver pourraient entraîner en déracinant les plantes, de sorte que la partie moyenne du Liban ressemble à un immense escalier, dont chaque gradin supporte un rang de vignes, de figuiers ou de mûriers[1] ».

A peu de distance de Faïtroun, nous retombons au milieu d'aiguilles et de quartiers de roches informes, véritables acropoles de géants ébréchées par la main de Dieu. Nous croyons un instant longer une immense colonnade, tant les blocs, entre lesquels nous passons, sont égaux et régulièrement espacés.

Nous commençons à descendre vers la vallée du Narh el-Kelb (rivière du chien) et nous trouvons notre campement

---

[1] L'abbé de Saint-Aignan. *Syrie*, p. 30.

dressé sous un beau bouquet de pins parasols dont la verdure foncée fait ressortir vivement la blancheur de nos tentes. A deux portées de fusil au-dessous de nous, s'élèvent les maisons du village maronite de Reïfoun, construites sur une avancée d'où l'on jouit d'une vue merveilleuse.

A notre gauche, les montagnes s'étagent les unes au-dessus des autres, commençant au Narh el-Kelb, que nous ne pouvons apercevoir, et venant se perdre dans les nues au

VUE PRISE A REÏFOUN

Djébel Sunnim. Devant nous, s'étend la plaine de Beyrout, fuyant avec ses dunes de sable du côté de Sidon, tandis que la ville semble sortir des eaux sur les bords de la magnifique baie de Saint-Georges, où plusieurs navires se balancent sur leurs ancres. A notre droite, le soleil disparaît dans la haute mer, étalant toutes les magnificences de sa royauté, comme disent les Grecs[1], et noyant dans des flots de lumière

---

[1] Les Grecs, pour dire que le soleil se couche, disent communément : ὁ ἥλιος βασιλεύει, le soleil règne, se montre en roi.

les roches calcaires qui nous dominent vers le nord.

> Sur les eaux et les bois descend la paix du soir,
> Et des horizons d'or, comme d'un encensoir,
> Monte un souffle attiédi qui vibre dans la nue.
> Derrière les rochers, la lune va frangeant
> Les nuages massifs d'un long frisson d'argent
> Pour en faire un balcon sous son épaule nue [1] !

Au moment où cette douce clarté pénètre la belle nature qui nous environne, nous entendons de tous côtés s'élever dans les airs le tintement des cloches des églises et des couvents, rappelant aux fidèles l'heure de l'Angelus [2]. Cet appel solennel à la prière, « cette voix commune dont le langage est uniforme dans toute la chrétienté, cette parole sonore comprise de tous, et qui, partout, exprime les mêmes pensées, les mêmes vœux, ne peut retentir loin de l'Europe sans faire éprouver au voyageur chrétien un frémissement involontaire et plein de charmes. Tout est exprimé par ces sons : croyance, souvenirs, patrie, espérance, enfin tout ce qui remplit le cœur de l'homme, tout ce qui l'élève au-dessus de lui-même et le sépare momentanément de ces besoins vulgaires auxquels il est soumis [3] ».

La nuit s'est faite. La lune brille d'un éclat incomparable dans un ciel resplendissant d'étoiles. Tout semble se réunir pour augmenter nos regrets profonds d'abandonner sitôt cette existence errante : aussi, répétons-nous avec tristesse :

---

[1] A. Silvestre.

[2] Il y a au Liban 67 couvents d'hommes avec 1,400 religieux et 15 couvents de femmes avec 300 religieuses. Le clergé maronite se compose du patriarche, de 13 archevêques et évêques et de 1,200 prêtres séculiers desservant 356 églises.

[3] *Voyage du maréchal duc de Raguse*, t. II.

> « O pays enchanté, tu m'as versé l'ivresse !
> Mais la réalité me poursuit et me presse.
> Je vais renaître au jour, reprendre mes soucis,
> Alimenter en moi des espoirs indécis.... »

Milhem, dont la verve est excitée par la pensée qu'il retrouvera demain sa femme et sa fille, la douce Falakié, ne cesse de conter toutes les histoires qu'il n'a pas encore pu placer. Il termine la séance par une légende orientale que nos moukres trouvent ravissante, si l'on en juge par les applaudissements qui éclatent lorsqu'il cesse de parler. En voici à peu près la traduction :

« Faridi pleure : Faridi pleure, ainsi que la tourterelle; Faridi se lamente comme la perdrix. Ismaïl lui dit : « Fille blanche comme la neige, douce comme la pastèque, dis-moi ta peine ? — Je cherche, Ismaïl, et je ne trouve pas la plante qui rend immortel ! » Ismaïl va à la montagne. Au retour : « Faridi, dit-il, je te baise les yeux, voici la plante que tu souhaites. » Faridi porte la plante à ses lèvres; mais Faridi pleure ainsi que la tourterelle, Faridi se lamente comme la perdrix. « Ce n'est pas la plante qui rend immortel, Ismaïl, que tu m'as donnée ! » — « Pourquoi pleurer, Faridi ? La plante d'amour n'est-elle pas celle qui rend immortel ? » Faridi a compris; Faridi sèche ses larmes. Qu'Allah daigne bénir l'union d'Ismaïl et de Faridi. »

Les heures s'écoulent tandis que nous causons toujours; à nous entendre, on nous croirait à notre première étape, tant nous avons encore de choses à nous dire. Il est plus de minuit quand nous nous séparons.

Dès six heures du matin, nous quittons Reïfoun et nous nous engageons dans des descentes tellement raides qu'elles méritent à peine le nom d'escaliers. La matinée est splendide : le soleil éclaire en plein la ville de Beyrout, les montagnes qui ferment au sud le paysage et la pleine mer, calme comme un lac endormi. Nous sommes forcés d'aller à pied au milieu de cailloux pointus et de roches glissantes, où nos chevaux nous suivent avec peine. A mesure que nous descendons, le paysage se rétrécit peu à peu. Au delà des belles plantations de mûriers qui abritent le petit village d'Adjeltoun, nous apercevons sur notre droite, au fond d'une gorge sévère, le couvent d'Antourah, jadis fondé par les Jésuites, et aujourd'hui occupé par les Lazaristes. El-Ghazir, autre établissement important des Jésuites, nous est caché par une colline, tandis qu'à notre gauche le Narh el-Kelb court en bouillonnant au fond d'une étroite vallée où la route s'engouffre. Des lacets raides et étroits dégringolent jusqu'au bas de cette espèce d'entonnoir; nous nous rallions près d'une pauvre maison, et nous admirons le ouadi pittoresque où la rivière s'est frayée un lit. Des arbres verts, des arbustes touffus, des lianes sauvages bordent le sentier que nous suivons; plus loin, un vieux pont traverse la rivière, complétant gracieusement ce joli tableau de genre. Tout au bord de l'eau, à cent mètres de la mer, s'élève un café, sorte de caravansérail, où les habitants de Beyrout ont coutume de venir fréquemment en parties de plaisir.

Nous traversons à gué le Narh el-Kelb (rivière du chien, *ancien Lycus*). L'eau monte au-dessus du poitrail de nos chevaux et, au milieu de la joie générale, plusieurs de nos compagnons prennent un bain bien involontaire. Comme aux échelles de Tyr, le chemin passe ici en corniche sur des rochers qui, battus directement par les flots, dominent la Méditerranée d'une quarantaine de mètres. Cette route, taillée dans le roc dès les temps les plus reculés, fut agrandie par Marc-Aurèle, ainsi que le prouve une inscription. Une colonne milliaire romaine est couchée sur le sol auprès du piédestal grossier où était placée autrefois la statue d'un loup, adoré en ce lieu, ce qui avait fait donner le nom de Lycus à la rivière. Les Arabes ont jeté cette idole à la mer.

Enfin nous arrivons aux fameuses stèles antiques, cause de tant de discussions archéologiques. Les uns les tiennent

LE NARH EL-KELB (ANCIEN LYCUS)

pour assyriennes, et c'est l'opinion de M. Layard; les autres, comme Lepsius, pensent qu'elles sont égyptiennes et ont été gravées par les Pharaons lors de leurs aventureuses expéditions au pays d'Assur[1]. En contemplant ces figures à la taille

---

[1] Sans avoir pu lire sur certaines de ces stèles le nom de Rhamsès II et la date de son règne, comme le dit Lepsius, M. Lorteten a rapporté des photographies où l'on distingue nettement des hiéroglyphes.

longue et raide, à la tête couverte du haut bonnet persan, à la barbe et à la chevelure soigneusement tressées,à la robe étriquée, on est bien tenté d'y voir avec M. de Saulcy des portraits de rois assyriens. Mais toutes ces stèles sontelles l'œuvre de Sennachérib, comme l'assure M. Layard? C'est peu probable, car, avant ce monarque, d'autres princes, ses prédécesseurs envahirent la Phénicie à quatre reprises différentes, et il est bien à présumer que chacun d'eux voulut laisser à la postérité des gages de son passage victorieux. Quoi qu'il en soit, ces monuments nous reportent à huit siècles au moins avant Jésus-Christ. Plusieurs des cadres, ornés de moulures et de corniches, sont assez bien conservés; d'autres sont presque effacés, et quelquesunes des figures sont tout à fait frustes. Un peu plus loin, d'anciennes sépultures s'ouvrent dans la montagne en nombre considérable.

Arrivés sur la plage qui se poursuit jusqu'à Beyrout, nos chevaux semblent tout heureux de marcher sur le beau sable fin du bord de la mer. A gauche, les montagnes s'étagent jusqu'aux plus hauts sommets du Liban et, sur un contre-fort, le grand couvent de Deïr el-Kalaat domine au loin le pays.

Après avoir passé le Narh Antélias, nous tombons sur une grande route, auprès d'une mosquée en briques où la tradition place le combat de saint Georges et du Dragon [1]. Nous franchissons sur un vieux pont attribué à Fakr ed-din l'ancien fleuve Magoras, (aujourd'hui Narh Beyrout) et nous atteignons l'entrée de la ville à travers une riante campagne, entrecoupée de haies de nopals et de lauriers-

---

[1] Nouveau Persée, saint Georges, monté sur son coursier, aurait sauvé en ce lieu la fille d'un roi de Béryte en tuant un dragon furieux qui s'apprêtait à la dévorer.

roses, au milieu desquels on remarque nombre de dattiers, de caroubiers et de pins d'Italie.

Nos bagages, accompagnés de nos moukres revêtus de leurs plus beaux habits nous rejoignent. Notre caravane fait sensation à Beyrout dont elle obstrue complètement les rues étroites, obligeant les passants à se garer comme ils peuvent. « La ilah ill'Allah, ou Mohammed roçoul Allah! » (Il n'y a de Dieu que Dieu, et Mahomet est le prophète de Dieu!) disent les pieux musulmans en nous voyant revenir tous en bonne santé. « Dieu soit loué! » s'écrient nos amis maronites, au milieu de bruyantes démonstrations de joie et de l'embrassade générale. Braves gens qui nous regardaient déjà comme faisant partie de leur famille pour nous avoir vus à peine, et que nous allions sans doute quitter pour toujours !

CHAPITRE QUATRIÈME

*Beyrout. — Deïr el-Kamar et Beït-ed-dîn. — Influences françaises
et anglaises en Syrie.*

Nous avions passé si peu de temps à Beyrout, lors de notre arrivée en Syrie, que nous n'avions pu explorer ni la ville, ni ses environs. Soumise au moyen âge par Baudouin Ier, reprise par Saladin et reconquise par les chrétiens dix ans après, Beyrout rentra sous la domination musulmane après la prise de Saint-Jean-d'Acre en 1291. Fakr ed-din, au XVIIe siècle, en fit sa capitale. Bombardée en 1840 par les Anglais, les Autrichiens et les Turcs réunis, elle s'est vite relevée de ses ruines. Ses vieilles murailles n'existent plus, et la ville a débordé en dehors, étageant ses maisons sur les pentes de riantes collines parsemées de figuiers, de mélias, de sycomores et surtout de mûriers. Aussi les faubourgs sont-ils très étendus et très habités. On y rencontre à chaque pas de jolies villas bâties au milieu de jardins ombragés.

Les rues sont étroites, tortueuses, couvertes çà et là par des nattes ou des voûtes, comme dans la plupart des cités orientales. Tout le mouvement se concentre dans les bazars et sur le port. « Une population variée par la couleur, le costume, le langage, se presse sur les quais. Partout des Arabes assis à l'ombre sous des portiques, sous des échoppes, sous des toiles tendues d'un côté de la rue à l'autre, fument leur narghiléh à deux branches et demeurent en extase au roucoulement de sa fumée enivrante. Le moukre du Liban avec son turban étriqué, sa veste éclatante de Damas toute chamarrée d'ornements pareils à des hiéroglyphes et à manches pendantes et ouvertes, chasse lentement ses mules par ses cris stridents et répétés, tandis que le bédouin du désert, au costume sévère, mène une longue file de chameaux en se balançant sur le plus grand de ces animaux...... [1] »

En général, l'habillement des Orientaux est ample et de couleurs vives. Il se compose de pantalons bouffants, de vestes, de manteaux, de ceintures, de turbans, etc., posés les uns sur les autres [2]. « Les femmes se couvrent pour sortir, du costume le plus bizarre qu'il soit possible d'imaginer. Non contentes de se voiler la moitié de la figure comme les femmes de Constantinople, elles se couvrent entièrement le visage par un morceau d'étoffe le plus souvent de couleur noire ou sombre qui s'ajuste sur le haut de la tête. Elles jettent par dessus une pièce d'étoffe blanche dans laquelle elles s'enveloppent de la tête aux pieds, de sorte qu'elles ressemblent à des spectres.... Cet attirail est nécessaire, selon l'expression du Coran, « afin qu'elles soient reconnues pour être des matrones de bonne renommée »... Mais sous leur accoutrement informe et grotesque, les femmes de Beyrout portent un costume riche et fort élégant. Un gracieux turban ou une calotte d'or ciselé, des tresses de cheveux nombreuses ornées de longues

---

[1] Mgr Mislin. *Les Saints Lieux*, t. I, ch. viii.

[2] Un encrier, placé à l'extrémité d'une gaîne en laiton ou en argent, est passé dans la ceinture comme un pistolet. Dans la gaîne sont les roseaux (calami) qui servent à écrire.

chaînes de sequins, une veste brodée ouverte sur la poitrine, de larges pantalons de soie, une ceinture de couleurs vives et variées, des brodequins rouges ou jaunes, tel est le costume que les femmes des classes aisées portent chez elles. Du reste, ici comme à Constantinople, comme dans le Liban, comme à Damas, comme en Palestine, tantôt elles se teignent les ongles en jaune, les cils et les sourcils en noir, les joues en rouge et en blanc, les lèvres en bleu ; tantôt elles dessinent des figures bizarres sur le front et autour de la bouche [1] »....

Dans cette antique cité, les établissements qui dominent et effacent tous les autres sont ceux de la France, et il convient de signaler principalement celui des sœurs de Charité, celui des dames de Nazareth et le magnifique collège des Jésuites, l'une des merveilles du Liban par sa position, sa vue incomparable, ses vastes proportions et la belle harmonie de son ensemble.

Beyrout fait presque toutes ses transactions commerciales avec la France. Les affaires les plus considérables portent sur les cocons de soie : elles montent chaque année au chiffre élevé de deux millions. La vigne est aussi une des richesses du Liban où elle pousse à merveille et *le vin d'or* mérite vraiment sa réputation ; sa belle couleur, son goût légèrement sucré le font rechercher des amateurs qui achèvent de le rendre exquis en le laissant vieillir. Dans certaines localités on a essayé des plants français qui donnent des crus assez semblables à ceux du Bordelais. Que d'endroits incultes, de collines pierreuses, de coteaux admirablement exposés ne demandent qu'à être mis en rapport ! La plupart du temps les fonds manquent ; la terre reste

[1] Mgr Mislin. Ouvr. cit.

alors couverte de broussailles et de maigres arbrisseaux. « Et pourtant, dans les transactions les plus régulières, les plus courantes, l'intérêt de l'argent s'élève souvent en Syrie à 30, 40, 48 p. 100, même pour les emprunts de l'agriculture. Les capitaux engagés dans le petit com-

KHAN DU NARH EL-KELB PRÈS DE BEYROUT

merce de détail y servent en moyenne à cinq ou six opérations par an, rapportant à chacune jusqu'à 20 p. 100. Dans la principale industrie libanaise, celle du tissage à la main des étoffes pures ou mélangées de soie, de laine ou de coton, les bénéfices de l'ouvrier, du fabricant et du marchand, dont le total n'est pas inférieur à 50 ou 60 p. 100, se réunissent dans la même main et se renouvellent au moins tous les six mois. .Le papier enfin s'escompte en général à 30 ou 40 p. 100 de perte. »

Deïr el-Kamar (le couvent de la lune), ainsi nommé d'un ancien couvent dédié à la Vierge, presque toujours représentée en Orient avec un croissant sous ses pieds, est une des localités les plus tristement célèbres des environs de Beyrout depuis les massacres de 1860; c'est la capitale du pays des Druses. Bâti sur un revers de montagne, dominé par d'immenses rochers, le village étale ses maisons dans une position très pittoresque, tandis que ses jardins descendent jusqu'au fond de la vallée. La population de huit mille habitants environ est presque entièrement chrétienne.

« Maîtres de Deïr el-Kamar, les Druses, après avoir désarmé les chrétiens, commencèrent le pillage qui dura toute la nuit du 19 au 20 juin 1860. Bientôt le massacre succéda au pillage; personne ne fut épargné; des enfants furent égorgés sur les genoux de leurs mères, des femmes et des filles tuées sous les yeux de leurs maris ou de leurs pères. On dépeçait les hommes dans la rue à coups de hache; des femmes furent brûlées, après avoir été baignées dans le sang de leurs enfants; les religieuses elles-mêmes ne furent pas épargnées. La ville était jonchée de cadavres et les rues ruisselaient de sang. Cependant, cinq cents chrétiens environ avaient trouvé un refuge avec leurs familles dans le palais du gouverneur turc. Excités par le carnage, les Druses réclamèrent ces malheureuses victimes qui leur furent aussitôt livrées. Ceux qui avaient trouvé dans le sérail un asile momentané en étaient chassés par les soldats eux-mêmes à coups de baïonnettes. Deux chrétiens qui s'étaient blottis sur les terrasses de la caserne furent découverts par les Turcs et précipités dans la rue.... Plus de deux mille personnes périrent sous les coups de ces forcenés[1] ».

De l'autre côté de la vallée s'élèvent, sur un escarpement abrupt, les ruines imposantes du palais de Beït-ed-dîn, jadis résidence du célèbre émir Beschir. Les cours intérieures sont immenses : on y remarque de beaux bassins, des cyprès et des chênes séculaires. Les longues galeries désertes, les salles magnifiquement décorées, les riches sculptures des portes et des façades, tout rappelle l'architecture mauresque et ses splendeurs. Les pavés forment de curieuses arabesques, et, sur les murs peints de vives couleurs, on voit écrit en caractères arabes des sentences religieuses : « La crainte de Dieu est le commencement de la sagesse, crains-le en contemplant ses bienfaits et, si tu regardes les deux paradis, choisis celui qui durera. » — « Courez à l'envi les uns des autres vers les bonnes actions; vous retournerez tous à Dieu ; il vous éclaircira la matière de vos disputes. »

Une seule pièce a été respectée par le temps et les Turcs : c'est la salle où reposent plusieurs des femmes de l'émir Beschir, sous un mausolée en marbre qui ressemble à toutes les tombes musulmanes. Rien ne devait être « plus charmant et plus poétique que ces demeures princières, entourées de parterres fleuris et d'arbres suspendus sur les précipices d'une vallée profonde toute plantée de vignes et d'oliviers, et dominées par des montagnes escarpées qui s'inclinent jusqu'au bord de la mer de Syrie, à la limite de l'horizon[2]. »

Les Syriens apprennent notre langue et s'assimilent les sciences élémentaires avec une facilité merveilleuse; mais, si

---

[1] *Moniteur*, 1860.
[2] L'abbé de Saint-Aignan. *Syrie*, p. 34.

l'intelligence est commune en Syrie, la moralité laisse bien à désirer. Aussi est-il nécessaire de s'occuper autant de l'éducation que de l'instruction de la jeunesse. L'idée du devoir ou le sentiment de la vérité manque aux Syriens qui ne travaillent le plus souvent qu'en vue de profits certains : leur insouciance, leur paresse instinctives tendent toujours à reprendre le dessus, et c'est là ce que les écoles doivent combattre avant tout. Il est juste d'ajouter que celles qui existent, quelque insuffisantes qu'elles soient, le font avec un plein succès.

Ces établissements scolaires moralisateurs, que réclament les besoins du pays, seraient le meilleur moyen d'affermir notre crédit, car les enfants que nous ne pouvons élever sont recueillis par nos voisins. Les protestants, soutenus par la Prusse et l'Angleterre, gagnent chaque jour du terrain, et, bien que leurs froides doctrines répugnent au caractère indigène, ils prennent une extension forcément fatale à notre ascendant. Leurs progrès sont lents, il est vrai, et leurs prédications n'aboutissent en général qu'à leur créer quelques pensionnés infidèles et révolutionnaires; dès que le pasteur rejette quelques-unes de leurs demandes, ils lui tournent le dos, en lui disant : « Nous vous écouterons, mais aussi longtemps que vous nous paierez [1] ! »

Jusqu'à présent, en Syrie, aucune puissance, pas même l'Angleterre, n'a pu acquérir une influence aussi solide et aussi durable que la nôtre. Dans ces temps derniers, il est vrai, l'occupation de Chypre, le développement des missions protestantes, les projets de grands travaux publics, ont fait naître dans ces contrées, jusqu'ici françaises, des intérêts anglais « substantiels », comme disait lord Beaconsfield;

---

[1] Walpole. *Sixty third report*, p. 66.

mais ceux-ci sont encore trop peu importants pour nous donner de sérieuses inquiétudes, et il dépend de nous de ne pas perdre l'avance que nous ont fait prendre des siècles de politique suivie et intelligente. Il est nécessaire pour cela d'étudier sur place les changements que réclame l'état actuel des esprits, non seulement pour sauvegarder, mais encore pour accroître l'œuvre du passé; nous ne devons surtout jamais oublier qu'en Terre Sainte nos intérêts sont les

VUE DE BEYROUT. D'après une sépia de A. Dauzats.

mêmes que les intérêts catholiques. C'est donc de la politique religieuse, aussi ferme qu'habile, qu'il faut que nous fassions, si nous ne voulons pas voir disparaître notre suprématie, et cette politique consisterait à reprendre, en les élargissant et en les développant, les traditions de notre protectorat des Lieux-Saints que nous reconnaissent formellement les différents textes de nos traités avec la Porte et les puissances européennes.

« Le jour où nous renoncerions au protectorat catholique en Orient, sous prétexte que c'est une institution de la vieille France incompatible avec les principes de 89, il se trouverait assez de puissances pour recueillir notre héritage. Déjà l'Italie, déjà l'Autriche font à Rome les démarches les plus actives en vue d'obtenir du pape qu'il leur confie les droits dont jusqu'ici nous avons eu le monopole. Elles font valoir d'excellents motifs : elles rappellent la manière dont nous traitons chez nous les moines et les couvents; elles montrent notre acharnement à poursuivre contre le cléricalisme une lutte qui n'a ni excuses, ni prétexte; elles insinuent d'ailleurs que nous sommes désormais sans force, sans prestige en Orient; que ne sachant pas y défendre la vie de nos nationaux, à plus forte raison ne saurions-nous y défendre des congrégations; qu'après ce qui vient de se passer en Égypte et l'humiliation de notre drapeau en présence des massacres d'Alexandrie, notre protectorat n'est plus qu'un vain mot[1]. »

Nous ne pouvons quitter la Palestine sans parler du chemin de fer de l'Euphrate, dont les ingénieurs anglais ont étudié le tracé et dont la tête de ligne serait dans un des ports de la côte de Syrie. La nouvelle voie ferrée aurait une importance commerciale et économique considérable, car elle ne servirait pas seulement à raccourcir le trajet entre l'Inde et l'Occident, mais elle provoquerait en outre la mise en culture de pays très fertiles aujourd'hui improductifs. La Babylonie, par exemple, est une des provinces les plus peuplées de la Turquie, mais les neuf dixièmes de son sol restent en friche ou abandonnés aux troupeaux des tribus nomades, faute de moyens de transport. Enfin, les produits

---

[1] *La politique française en Orient*, par G. Charmes. Revue des Deux-Mondes, 15 septembre 1882.

européens trouveraient dans cette partie de l'Asie des débouchés nouveaux et un écoulement assuré.

Évidemment, l'Angleterre est la puissance la plus intéressée à la construction de ce chemin de fer. La mise en communication directe avec l'Inde, l'ouverture de pays inexploités, donneraient à son commerce une impulsion nouvelle et s'opposeraient à l'envahissement de ces contrées par la Russie, qui s'avance à pas de géant vers le golfe Persique et les rives du Gange. Si l'Angleterre avait à redouter une agression directe, la voie projetée lui permettrait de transporter des troupes et du matériel de guerre jusqu'au cœur des provinces menacées ; ce serait pour elle, comme pour la Turquie, une puissante garantie de l'intégrité de ses possessions.

On a dit que cette entreprise nuirait beaucoup au canal de Suez. C'est peu probable ; car l'une et l'autre répondent à des besoins différents, et ont chacun leur raison d'être. Le chemin de fer desservirait la Perse et l'Asie Mineure, raccourcirait la route de l'Hindoustan pour les voyageurs et les marchandises précieuses pouvant supporter plusieurs transbordements, mais il laisserait forcément au canal tout le commerce maritime de l'Arabie, de l'Inde et de l'Extrême Orient [1].

[1] Consulter sur ces questions les articles de MM. G. Charmes (mai et juin 1881) et J. Clavé (1869) dans la *Revue des Deux-Mondes*.

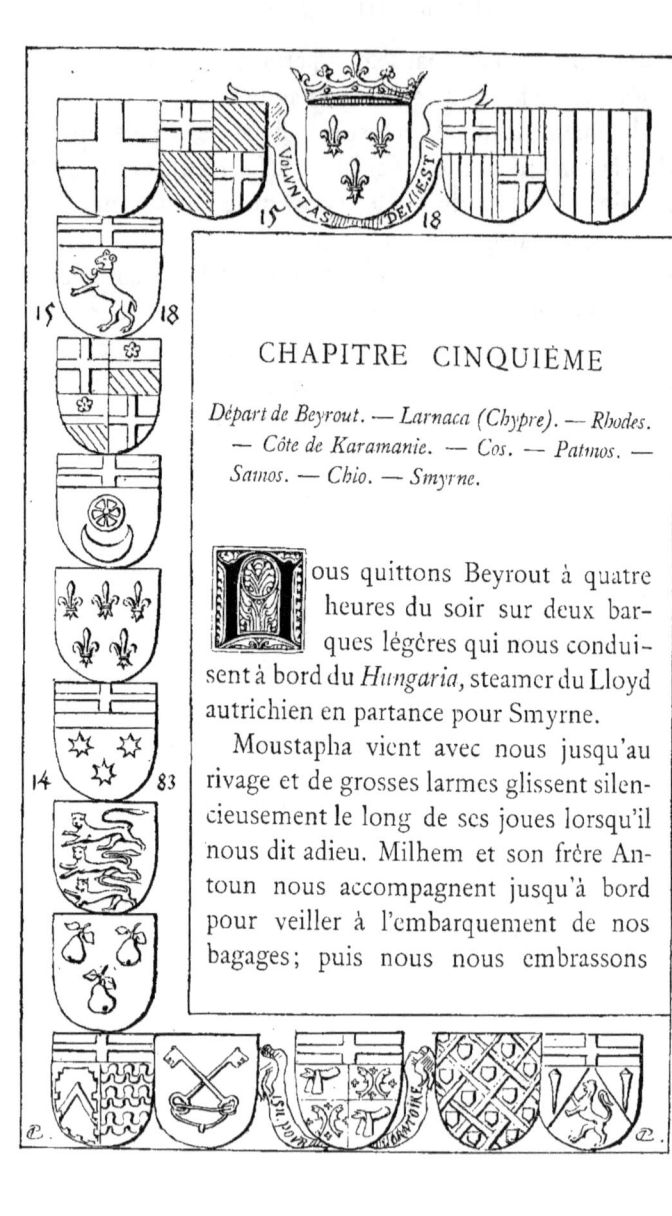

CHAPITRE CINQUIÈME

Départ de Beyrout. — Larnaca (Chypre). — Rhodes. — Côte de Karamanie. — Cos. — Patmos. — Samos. — Chio. — Smyrne.

Nous quittons Beyrout à quatre heures du soir sur deux barques légères qui nous conduisent à bord du *Hungaria*, steamer du Lloyd autrichien en partance pour Smyrne.

Moustapha vient avec nous jusqu'au rivage et de grosses larmes glissent silencieusement le long de ses joues lorsqu'il nous dit adieu. Milhem et son frère Antoun nous accompagnent jusqu'à bord pour veiller à l'embarquement de nos bagages; puis nous nous embrassons une dernière fois et notre brave drogman, tout en pleurs, s'éloigne dans son canot, en agitant son mouchoir jusqu'à ce qu'il nous ait perdus de vue.

Peu à peu le soleil descend à l'horizon, éclairant merveilleusement le beau panorama que nous avons sous les yeux. On ne peut se faire une idée de « ces sites magnifiques, de cette rade aux ondes argentées... Les blanches terrasses des maisons, surmontées çà et là par les flèches légères des minarets et les cimes des palmiers, se détachent sur les bosquets des orangers, des figuiers, des grenadiers. Une large forêt entoure la ville jusqu'aux dernières pentes du Liban, dont les sommets majestueux encadrent ce tableau enchanteur, en confondant leurs teintes violacées avec l'azur de la voûte céleste [1]. »

A la nuit, nous levons l'ancre et mettons le cap sur Chypre. Nous voyons les lumières de Beyrout s'éteindre une à une dans les flots; puis le phare ne tarde pas à disparaître à son tour; nous sommes en pleine mer, heureux de savourer cette rêveuse impression de la nuit, du calme, de l'étendue. Le lendemain nous nous réveillons de grand matin au bruit de nos ancres qui vont chercher le fond de la rade de Larnaca, l'un des principaux ports de Chypre. Les bateliers indigènes se disputent bruyamment les passagers qui débarquent. Lorsque le calme se fait, nous profitons des quelques heures que le bateau reste au mouillage pour descendre à terre. Nous n'y trouvons rien de remarquable, à l'exception de deux églises grecques assez anciennes qui renferment de curieuses mosaïques.

« Jadis, l'opulente Chypre, la rivale de l'Égypte pour la fertilité et la richesse de ses productions, était divisée en

---

[1] L'abbé de Saint-Aignan. *Syrie*, p. 28.

neuf petits États, occupés par une population mêlée où dominaient les Phéniciens. Mais ils ne purent conserver leur individualité et se trouvèrent bientôt absorbés par les colonies grecques qui s'y étaient établies de bonne heure. Les villes fondées par les Phéniciens, entr'autres Sicyone, Salamine, Amathonte, étaient devenues toutes grecques. L'ancienne Paphos était renommée par tout l'univers pour son culte d'Aphrodite, et la nouvelle Paphos, distante de l'autre de trois lieues, était un port où s'élevaient des temples magnifiques[1]. »

L'aspect général du pays du côté de Larnaca est peu attrayant : le rivage est bas, et les maisons de cette ville s'alignent sur le bord de la mer sans port, sans jetée, sans phare. Au fond du tableau, des collines grises et dénudées bornent l'horizon, dominées elles-mêmes par de hauts sommets, se reliant à un point culminant qui n'est autre que le mont Olympe (de Chypre). Nulle part on ne voit trace de culture, et pourtant il se fait ici un commerce assez considérable de céréales, de vins et de liqueurs.

L'occupation anglaise défraie toutes les conversations. Il semble évident que les Grecs Cypriotes auraient voulu se déclarer indépendants, et qu'ils se soumettront à la domination de la Grande Bretagne plus difficilement que les musulmans. Ils ne tarissent pas en imprécations contre leurs nouveaux maîtres. Si nous l'avions laissé faire, nous serions encore à écouter les doléances et les récits fantastiques d'un gros négociant qui avait entrepris de nous conter tous les griefs de ses compatriotes contre les représentants de la reine Victoria. Les uns à la suite des autres nous nous esquivons doucement, et laissons notre homme seul

---

[1] Dollinger. *Paganisme et Judaïsme*, t. I, p. 28.

avec son imagination. Il avait de quoi se distraire à coup sûr.

Le gouverneur anglais s'était d'abord installé à Famagouste. Puis, les fièvres terribles qui y règnent à certaines époques l'ont forcé à fuir avec les troupes et les fonctionnaires jusqu'à Nicosie. Cette dernière ville s'élève au milieu d'une grande et belle plaine excessivement fertile : les eaux du Pidias qui la traversent en entier sont censées la féconder lorsqu'elles ne sont pas complétement taries, comme cette année.

RHODES

Autrefois, les montagnes de Paphos et de Limasolles étaient couvertes de forêts que l'incurie et la rapacité de l'administration turque ont laissé peu à peu détruire : elles n'existeront bientôt plus qu'en souvenir. La vigne réussit parfaitement sur les coteaux et les pentes rocheuses de l'intérieur. Cette culture, si elle était encouragée, augmenterait dans des proportions considérables les richesses productives de l'île.

Le soleil se couche radieux derrière le mont Olympe lorsque nous reprenons notre marche vers Rhodes. La nuit se fait douce et splendide avec son cortège d'étoiles étincelantes, parmi lesquelles Vénus brille d'un éclat incomparable.

Penchés sur le bord du bateau, nous nous laissons aller à ces douces rêveries qu'on ne peut définir, et qui semblent inhérentes à la vie du marin, « rêveries aussi brillantes et aussi éphémères que les gouttes d'eau que les rayons de la lune changent pour une minute en diamants, mais qui rentrent aussitôt dans l'obscurité; aussi fragiles que l'écume légère que le vent du soir amasse un moment, secoue et disperse ». Le surlendemain, à l'aube, nous mouillons devant le port de Rhodes et les fortifications considérables de la ville, œuvres des hospitaliers de Saint-Jean devenus chevaliers de Rhodes.

Dès la plus haute antiquité, cette île célèbre fut habitée par une colonie phénicienne. Elle doit son nom à Rhodes, fille de Neptune et d'Halia. Toutefois certains auteurs croient que ce mot vient du grec Ροδον, rose, ou de Ροα, grenade, fleurs que l'on trouve représentées sur les anciennes monnaies du pays. Indépendante, riche et florissante sous Danaüs, Cadmus, les Pélasges, les Crétois et les Argiens, Rhodes atteignit bientôt à un haut degré de prospérité par son commerce et ses colonies. Soumise par les Perses, pillée par les Grecs, sous Alcibiade, elle redevint libre en 351 avant Jésus-Christ, fut rattachée ensuite par Vespasien à l'empire romain, puis annexée à l'empire d'Orient. Prise successivement par les Grecs, les Latins, les Arabes, les Génois et les Turcs, elle fut conquise, en 1309, par Foulques de Villaret, grand maître de l'ordre de Saint-Jean de Jérusalem. En 1480, Pierre d'Aubusson repoussa victorieusement Mahomet II le Conquérant, qui voulait s'en emparer. Enfin en 1522, sous Villiers-de-l'Isle-Adam, Soliman le Magnifique réduisit la ville en son pouvoir après six mois de siège. La capitulation fut des plus honorables : les assiégés sortirent avec armes et bagages, et obtinrent que les églises ne fussent pas profanées. Depuis cette époque, Rhodes fait partie de l'empire ottoman et son histoire n'offre plus aucun intérêt.

Remarquable par les lignes sévères de ses montagnes, dominées par le Taïros (1,500 m.), l'île compte dix lieues de long sur cinq de large. A neuf milles de distance vers l'orient, la côte d'Asie Mineure fuit à perte de vue dans la direction de Pompeïopolis, l'antique Soli. Du mouillage, la ville se présente sous un aspect très pittoresque. Une partie de ses maisons se trouve cachée par l'immense développement des fortifications. Au milieu des palmiers et des orangers surgissent par place de gracieux minarets qui lancent

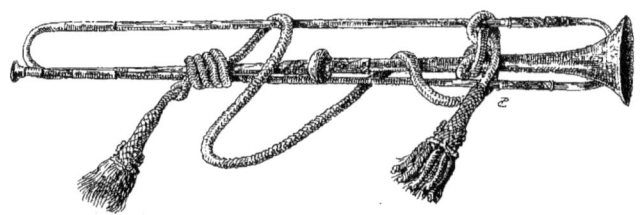

TROMPETTE AYANT SERVI AUX CHEVALIERS A SONNER LA RETRAITE APRÈS LA PRISE DE RHODES EN 1522. (Conservée au musée de Malte.)

vers le ciel leurs pointes déliées. Des jardins verdoyants encadrent ce charmant tableau.

La tour Saint-Michel qui défendait la gauche du port (en entrant) est tombée lors du tremblement de terre de 1856; il n'en reste plus que les soubassements. En face, une autre tour plus moderne s'élève lourdement. Un petit bassin s'étend entre les murailles crénelées qui relient ces deux ouvrages avancés; nous y remarquons de distance en distance de grands écussons armoriés. Dans cette enceinte s'ouvre une porte surmontée de créneaux et de machicoulis.

Au-dessus du cintre, un triptyque avec personnages en marbre (deux tiers grandeur naturelle) est si mutilé qu'on a peine à reconnaître les saints qui y figurent : au centre sainte Catherine, à droite le patron de l'ordre saint Jean avec son agneau, à gauche saint Pierre, en l'honneur de Pierre d'Aubusson. Deux écussons accolés complètent l'ornementation de cette entrée d'un beau style d'architecture militaire, et l'inscription très effacée doit se lire ainsi :

> *Reverendus, D. F. d'Aubussonius Rhodi*
> *magnus magister hanc portam et turres*
> *condidit magisterii anno primo. 1477.*

Au delà de cette porte, sur la droite, nous arrivons à une grande place ombragée d'arbres où s'élève l'ancien hôpital, vaste bâtiment de style gothique. C'est en cet endroit que vient aboutir la fameuse rue connue sous le nom de *rue des Chevaliers*, toute pavée d'un fin cailloutis et bordée d'un double trottoir avec dalles de marbre revêtues par place d'anciennes inscriptions. De chaque côté, de curieuses et vieilles maisons aux portes ogivales ou en plein cintre, aux fenêtres finement sculptées, sont ornées d'écussons de diverses nationalités. L'un d'eux est revêtu des armes d'un chevalier du nom de Chéron, avec cette inscription :

> V : D : F : IOANNES.
> CHERON. OPUS.
> EVEXIT. ATQUE.
> COMPLEVIT — 1519.

Plus loin, un escalier grimpe contre un pan de mur et se termine par une niche gothique d'un charmant caractère. A chaque pas nous relevons des fleurs de lis.

La façade du prieuré de France porte l'inscription :

De. France. le. gñt. prior.
F. Emery-de-Amboyse.
— *1492* —

Puis, entre deux bandeaux de pierre, on lit toujours en lettres gothiques :

de-Amboyse-èm-gñt-prior.
— *1511* —

A côté sont les armes de Villiers-de-l'Isle-Adam et les inscriptions :

POVR. LORATOIRE.
POVR. LA MAISON.
POVR. PHILERME.

Au premier étage est sculpté l'écu royal de France avec l'exergue : « Montjoie saint Denis », et la date 1495 ; au bas la légende : « *Voluntas Dei est* » et de chaque côté : « *Sainct Luis* ». Au-dessus :

« *Dieu — (ayde)? — le-Pèlerin* »

Enfin, l'écu écartelé de d'Aubusson et de l'ordre, se voit à côté des armoiries accolées de l'ordre et du Grand Maître d'Amboise (1503). L'étage inférieur était composé d'arcades et de portiques voûtés ; la porte, à voussures et à sculptures ogivales, est du xve siècle. Entre le rez-de-chaussée et le premier étage régnent deux bandeaux saillants au-dessus desquels s'ouvrent cinq fenêtres du xve siècle. Le toit est plat, en forme de terrasse.

Un peu plus haut, dans la rue, est la chapelle de France avec cette inscription :

CAPELLE — FRANCIE

Presqu'en face se trouvait le prieuré d'Espagne et de Portugal, et plus loin celui de Toulouse, qu'indique encore cette inscription gravée sur la façade.

P. S. DNS. F. FRANCISCUS.
FLOTA. PRIOR. THOLOSE.
CONSTRUXIT.
ANNO. 1518.

A l'extrémité de cette rue si pleine de souvenirs, nous passons sous un arceau pour atteindre des amas considérables de décombres, seuls vestiges de l'ancienne église Saint-Jean. Elle a été si entièrement détruite en 1856 par l'explosion d'une poudrière qu'il n'en reste plus aujourd'hui que des marbres brisés et des pierres tombales affreusement mutilées. D'après les relations contemporaines, André d'Amaral, grand prieur de Castille sous Villiers-de-l'Isle-Adam, entretint, lors du siège de 1522, des relations avec les musulmans, et fit enfouir des quantités considérables de poudre. M. V. Guérin rapporte la conversation suivante qu'il eut avec le pacha de Rhodes à l'époque où il explora cette île : « Ce dépôt de poudre n'est-il pas un danger permanent pour la ville et a-t-on songé à le rechercher ». — « Dieu seul peut savoir où il est. Il est grand et miséricordieux; il y pourvoira![1] » Ne seraient-ce pas ces matières explosibles, cachées par André d'Amaral, qui se sont enflammées on ne sait comment en 1856 et ont produit l'affreuse explosion dont nous voyons aujourd'hui les tristes résultats ? Du haut de ces ruines, la vue s'étend sur la portion nord de la ville et la campagne environnante. Deux enceintes crénelées, dont la première est armée de vieux canons turcs, bordent de beaux jardins qui se prolongent à perte de vue vers l'intérieur.

V. Guérin. Ouvr. cit. *Galilée*, t. I, p. 13.

LA RUE DES CHEVALIERS A RHODES

A l'ouest de l'église Saint-Jean, la tombe en marbre blanc du grand maître de Juliac, ornée de ses armes sculptées en bosse, sert de bassin à une fontaine publique. Plus loin, les chambranles torses et le linteau de la porte d'une ancienne église convertie en mosquée sont remarquables par la finesse de leur exécution : leur auteur, artiste original qui vivait sans nul doute à l'époque de la Renaissance, a su varier ses dessins à l'infini : des enlacements gracieux, des armes, des instruments de musique, des tambours, des trompettes concourent à cette ornementation, qui mérite une visite toute spéciale.

Les bazars nous paraissent peu animés. Nous traversons le quartier juif, étonnant de propreté, et nous arrivons devant les bâtiments de la *Châtellenie* et de l'*Amirauté*, qui servent aujourd'hui de magasins. Extérieurement un bel escalier conduit au premier étage : sur le devant nous relevons des écussons fleurdelisés, et à droite une fenêtre avec meneaux et croisillons revêtus en entier de plaques de marbre blanc couvertes de fleurs de lis. Cette partie de la ville a un cachet très ancien : les ruelles sont étroites; de loin en loin des jambes de force les traversent d'un côté à l'autre; partout des moulures renaissance ou gothiques, et des écussons armoriés; à chaque pas des vieilles portes en bois finement sculptées.

Nous terminons notre trop courte exploration de Rhodes en visitant les ruines de l'église Saint-Marc, et les neuf arceaux en ogive, seuls restes de la célèbre basilique de Sainte-Marie-de-la-Victoire, élevée par d'Aubusson, après le siège de 1480.

Au sud-est de la ville, des moulins à vent se dressent sur une longue digue à l'extrémité de laquelle se trouve le fort moderne bâti sur l'emplacement de l'ancien fort Saint-

Nicolas. De l'autre côté de cette digue, s'étendait le port des Galères, aujourd'hui ensablé, près duquel s'élevait, dit-on, le fameux colosse, statue d'airain d'Apollon Rhodien haute de 78 mètres. Œuvre de Charès de Lindos[1], elle fut renversée en 224 par un tremblement de terre cinquante-six ans après son érection, et resta ainsi jusqu'en 672 ap. J.-C. Le khalife Moawiah Ier vendit alors ses débris à un juif d'Émèse qui en chargea 900 chameaux, à ce que rapporte la tradition. Les murailles de l'enceinte longent le port des Galères, puis gagnent vers l'ouest l'ancienne citadelle. Resserrant la ville de toutes parts, elles l'ont forcée à se développer extérieurement par des faubourgs (*varousiah*), où l'on remarque à chaque pas des villas magnifiques, assises au milieu de frais jardins plantés de palmiers, d'orangers, de citronniers et de grenadiers.

L'île de Rhodes compte de 25 à 35,000 habitants et produit de l'orge, du blé, un peu de seigle et d'avoine, des oliviers, de la vigne, des pruniers, des cerisiers, des pêchers, des mûriers et des vers à soie.

En quittant Rhodes, le paquebot se rapproche bientôt de la côte d'Asie. Nous contournons les rivages de Karamanie, au milieu des innombrables îles qui forment l'archipel des Sporades. Rien de plus accidenté que les paysages qui se déroulent sous nos yeux : belles montagnes aux cimes chauves et calcinées, mais garnies à mi-côte d'une ceinture de bois; gorges pleines de fraîcheur et d'ombre; villages enfouis au milieu des arbres ou semblant sortir des flots : visions charmantes qui passent devant nous, pour s'évanouir aussitôt. Jamais un pays ne sut se faire deviner avec plus de coquetterie, promettant tout et ne donnant rien. Est-il bien à

---

[1] Charès de Lindos était né à Rhodes au IIe siècle av. J.-C.; il y avait fondé une école d'éloquence et une école spéciale des arts indigènes.

même de tenir? C'est douteux, et la Karamanie emprunte sans nul doute la plus grande partie de son charme à l'idéalisme de son apparition passagère [1].

A chaque instant la décoration change; à chaque instant on aperçoit une nouvelle échappée, une nouvelle côte, et les localités les plus fameuses de l'antiquité. C'est d'abord Cnide, puis Halicarnasse où la reine Artémise II, veuve de Mausole, éleva à son mari le célèbre monument destiné à rappeler aux générations futures sa douleur conjugale. Cos nous apparaît ensuite avec ses montagnes et ses plages boisées : la ville, qui a donné son nom à cette île célèbre dans l'histoire ancienne, baigne jusque dans la mer ses maisons encadrées dans d'épais massifs de sombre verdure. Autrefois appelée Astypalœa, Cos jouissait d'une grande réputation pour ses vins et ses tissus légers; elle est la patrie d'Hippocrate et du peintre Apelles.

Bientôt se dressent au fond du tableau les hauts sommets de Patmos où Domitien exila saint Jean. C'est là que le disciple aimé du Christ écrivit son Évangile et son Apocalypse, avant de se retirer à Éphèse où il mourut. A notre droite, la fertile et pittoresque Samos étale les lignes sévères de ses belles montagnes. « Ici, le mont Kerki, dont les horribles pentes et les immenses précipices semblent faire croire que l'île n'est qu'un prodigieux chaos de rochers entassés; là des ravins profonds dont les uns, privés de verdure, ressemblent à des canaux taillés à pic entre deux murs de rochers, et les autres, bordés d'arbres qui s'entrelacent, et semés de lauriers roses et d'agnus castus sont comme autant de fraîches oasis qui invitent le voyageur à s'arrêter [2]. »

[1] Voir R. de Scitivaux. *Voyage en Orient*, p. 113.
[2] V. Guérin. *Rapports*.

Cependant la nuit vient à grands pas. Un coucher de soleil splendide nous permet de saluer une dernière fois le pic élevé du Kerki, autour duquel des nuages de feu s'amoncellent en désordre, lui donnant un faux air de volcan en éruption. Des franges d'or bordent les nuées sombres qui surplombent l'île Nickaria, tandis que des rayons éclatants percent çà et là et viennent frapper les flots endormis. Tout devient rose; puis les horizons bleuissent; les grandes lignes se perdent dans la brume du soir, et le *Hungaria* glisse comme un immense fantôme sur une mer que pas un souffle ne ride, dépassant des masses informes que l'on distingue à peine, montagnes élevées et sauvages que la nuit jalouse nous dérobe, et au pied desquelles habitaient jadis les peuples les plus actifs et les plus industrieux de l'antiquité. Vers minuit nous manquons de couler un brick grec qui navigue sans ses feux; autrefois du moins les lourdes galères ne devaient pas redouter pareils accidents.

Notre dernière étape avant Smyrne est Chio, dont les habitants étaient les plus riches des Grecs, au dire de Thucydide, et menaient une vie dont la mollesse et la magnificence étaient proverbiales [1]. Pendant la guerre de l'indépendance, les Turcs ont saccagé cette île après l'avoir inondée de sang.

> « Les Turcs ont passé là, tout est ruine et deuil.
> Chio, l'île des vins, n'est plus qu'un sombre écueil;
> Chio qu'ombrageaient les charmilles!
> Chio, qui dans les flots réflétait ses grands bois,
> Ses coteaux, ses palais et le soir, quelquefois,
> Un chœur dansant de jeunes filles![2] »

L'île est sévère d'aspect; c'est cependant une des reines de l'archipel par ses beautés naturelles, son climat et ses

---

[1] Thucydide, 8, 4, 5.
[2] Victor Hugo.

productions. La ville, bâtie en amphithéâtre, rappelle Gênes et son admirable position : les femmes y sont renommées pour leur beauté et leur grâce enjouée.

Après avoir doublé Kara Bournou (le cap Noir), ainsi

SMYRNE. — LE MONT PAGUS. VUE PRISE DANS LE QUARTIER TURC

nommé de ses roches immenses et abruptes, nous ne tardons pas à entrer dans la baie de Smyrne qui ne compte pas moins de cinquante-trois kilomètres de longueur, sur une largeur variant de huit à vingt-quatre kilomètres. A droite, s'élevait l'opulente Phocée, célèbre par l'activité de son commerce et ses lointaines colonies; à gauche, est l'embouchure de l'Hermus. De tous côtés l'horizon est borné par des montagnes aux formes arrondies que le beau ciel de la riante Ionie teint des couleurs les plus harmonieuses.

Smyrne se présente de loin sous un aspect saisissant; ses blanches maisons paraissent sortir de l'eau; ses minarets élancés se détachent nettement sur le mont Pagus que couronnent les ruines imposantes du château fort construit par les Génois. Autour de la ville s'étend une belle vallée; les hautes collines environnantes ont des lignes d'une douceur infinie et cette coloration bleue, pure et transparente que les peintres recherchent avec tant d'ardeur en Orient; au sud, les sommets sont boisés et d'aspect plus sévère. Un fort turc, *Sandjack Kalé*, défend l'entrée du port; à droite de la ville se dressent d'immenses casernes, le lazaret, une batterie rasante, le *konack* ou palais du pacha, enfin des restes de fortifications anciennes.

Smyrne fut, dit-on, fondée par une amazone de ce nom. Hérodote lui donne une origine éolienne. Entièrement détruite par Alyatte en 627 avant Jésus-Christ, elle fut rebâtie par Antigone et Lysimaque, puis restaurée par Marc-Aurèle, après les affreux tremblements de terre de 178 et de 180. Prise ensuite par les Turcs, ruinée aux trois quarts par Jean Ducas en 1097, rebâtie par Jean Ange Comnène, saccagée de nouveau par Tamerlan, elle retomba en 1424 sous le joug de l'Islam, qu'elle n'a pas secoué depuis lors. En 1841, un violent incendie la brûla en partie. Si l'on en croit la légende ancienne, c'est à Smyrne que naquit Homère; on l'y honorait d'un culte particulier, dans un temple élevé à sa mémoire.

Comme presque toutes les villes d'Orient, Smyrne ne

tient pas de près ce qu'elle promet de loin. Le port est peu animé, le commerce relativement restreint, et le temps n'est plus où cette cité méritait les appellations trop flatteuses peut-être de : « Smyrne l'aimable, la couronne de l'Ionie, l'œil d'Anatolie ».

UNE RUE PRÈS DU BAZAR A SMYRNE

Au bord de la mer un long quai en pierres de taille, règne devant des maisons modernes, des cafés sans nombre, et les divers consulats des puissances étrangères. La partie nord-ouest de la ville n'est qu'un dédale inextricable de petites rues tortueuses, sans pavés, encombrées d'immondices de toutes sortes, et traversant de véritables marécages où coassent avec ensemble de superbes grenouilles. Vers l'est, au milieu d'un quartier propre et salubre, s'ouvre une belle rue décorée du joli nom de « rue des Roses ». A droite et à gauche l'intérieur des maisons, est orné de gracieuses fontaines entourées de fleurs, où murmure une eau limpide et fraîche. C'est là le quartier franc.

Le bazar de Smyrne paraît peu curieux après ceux du Caire et de Damas. Nous y remarquons de belles armes, des bibelots assez anciens, des tapis splendides mais hors de prix, et des broderies d'or sur velours admirablement exécutées, quoique d'un goût douteux.

Des rues raides et pittoresques montent à travers le quartier turc sur les flancs du mont Pagus[1]. Les ruines qui en recouvrent le sommet sont considérables, et l'on y voit encore quelques tours bien conservées, ainsi que des citernes et des portions de voûtes. Les substructions paraissent antérieures aux murs qu'elles supportent : peut-être remontent-elles aux anciens Grecs. Mais ce qui est unique, c'est la vue que nous avons du haut de cet observatoire. Smyrne, bâtie en demi-cercle sur un développement de plus de trois kilomètres, étage ses maisons jusqu'à nos pieds sur les pentes de la montagne. Nous l'embrassons en entier avec ses cimetières, ses coupoles, ses minarets, son port et ses divers quartiers. Les églises grecque et arménienne dressent au-dessus des toits leurs clochers modernes. Puis, « au loin vers l'ouest, s'étend à perte de vue l'immense golfe qu'envahissent peu à peu les atterrissements formés par l'Hermus. A une faible distance au nord, serpente le Mélès, humble ruisseau qui se vante d'avoir vu naître Ho-

[1] Les mosquées que l'on rencontre de ce côté de la ville n'offrent aucun intérêt.

mère sur ses bords. A l'est, l'horizon est fermé par les montagnes de la Lydie dont Sardes était la capitale. Le long de la côte, au nord et au sud, s'étendent les riches campagnes et les montagnes aux formes variées de cette molle Ionie, où dorment près du rivage tant de villes autrefois célèbres et maintenant détruites : Clazomène, Téos, Lébédos, Claros, Notion, Colophon, Phygela et Éphèse qui les éclipsait toutes par la magnificence de son temple de Diane[1] ». Les souvenirs que l'histoire ou la poésie ont attachés à ces lieux célèbres nous assiègent en foule, « et c'est bien à travers un pareil prisme qu'il faut les contempler, sans quoi on serait bien souvent attristé par des désenchantements cruels, en voyant ce que sont devenues ces cités, autrefois si florissantes[2] ».

Nous traversons le quartier arménien et juif pour nous rendre au pont des Caravanes. C'est jour de sabbat ; aussi les juives, vêtues de leurs plus beaux atours, sont-elles sur leurs portes ou dans les rues. Leurs traits sont généralement communs et leurs toilettes excentriques.

Le pont des Caravanes, ainsi nommé de ces caravanes fameuses qui partaient de là pour rapporter ensuite à Smyrne toutes les richesses de l'Asie, est l'un des endroits les plus pittoresques de l'Orient. Jadis, on y voyait constamment arriver ces longues files de chameaux suivant docilement leur conducteur monté sur un petit âne. « Ils s'avançaient processionnellement avec ce pas d'amble si singulier qu'ont aussi l'éléphant et la girafe, arrondissant leur dos et faisant onduler leur long col d'autruche[3] ». Aujourd'hui, le pont est

---

[1] V. Guérin. *Rapport sur une mission en Palestine*, p. 2.
[2] V. Guérin, loc. cit.
[3] Th. Gautier.

désert, car les transactions commerciales se font presque toutes par chemin de fer ou par bateaux. Une arche d'une seule jetée, aux gros blocs de pierre dorés par le temps, franchit le Mélès, large de dix mètres au plus. Sur les deux rives, des cyprès gigantesques ombragent un vaste cimetière, lieu de rendez-vous très fréquenté des Turcs le vendredi.

Ici, la mort n'a pas ce cortège lugubre dont on se plaît à l'entourer ailleurs; « la mort n'est que la manifestation de la lumière », comme dit le rituel funéraire des anciens Égyptiens. Sous les grands arbres qui répandent aux alentours leur ombre épaisse, les musulmans viennent aux jours de fête se promener en causant gaîment. A vrai dire, l'aspect de ces lieux n'est pas fait pour engendrer la tristesse et, quand les rayons du soleil, perçant l'épais feuillage, viennent tomber sur les poteaux de marbre tout couverts de versets du Coran, la vie semble jaillir du domaine de la mort.

Notre voyage est terminé. Accoudés tristement sur le bord du paquebot qui nous ramène dans la patrie, nous regardons une dernière fois Smyrne éclairée par les rayons du soleil couchant. Les longs cyprès de ses cimetières, les restes de ses fortifications, son port dominé par les coupoles et les minarets des mosquées forment comme un cercle de bronze d'où s'élancent des aiguilles d'or. Puis, peu à peu les ombres baissent et l'horizon s'estompe de teintes plus douces. A la distance où nous sommes la ville enchantée semble s'abîmer dans les flots. Enfin, le jour fuit; la mer s'argente aux pâles rayons de la lune et la vision merveilleuse s'éteint dans la nuit....

Chacun de nous regrette ces mois si rapidement écoulés, en pensant qu'il faudra rompre bientôt cette intimité du voyage, d'autant plus charmante qu'elle a été plus longue, plus dévouée et plus libre de toute contrainte. A la joie de

CHAPITRE CINQUIÈME

retrouver le foyer domestique se mêle le regret de n'avoir pas eu près de nous tous ceux que nous aimons pour leur faire partager notre admiration. Avant nous, une inconnue avait éprouvé ce même sentiment et en gravait l'expression sur les mausolées de l'Égypte : « O mon frère, j'ai vu les Pyramides sans toi, et, triste, je t'ai donné ce que j'avais, des larmes[1] ! »

[1] On pouvait encore lire cette inscription au xive siècle.

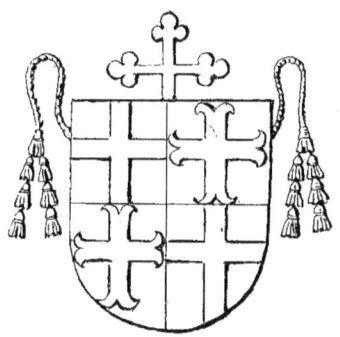

APPENDICE

NOTE I

ANCIENNES ENCEINTES DE JÉRUSALEM

Josèphe est celui de tous les auteurs anciens qui nous fournit le plus de renseignements sur les enceintes de Jérusalem. « La ville, dit-il, était munie de trois murailles, excepté aux côtés où elle était entourée de vallées inaccessibles ; là elle n'avait qu'une enceinte [1] ». C'est donc au nord, vis-à-vis du Scopus et de la plaine qui s'étend vers le tombeau des Juges, que s'élevait la triple enceinte.

Première enceinte. — « Le plus ancien des trois murs, continue l'historien juif, était imprenable, tant à cause des vallées et de l'escarpement de la colline au-dessus de celles-ci que par les ouvrages dont David, Salomon et leurs successeurs l'avaient fortifié sans y rien épargner. Il commençait au nord à la tour Hippicus, s'étendait jusqu'à l'édifice appelé Xysthos, touchait au palais du Conseil, et aboutissait au portique occidental du temple. De l'autre côté, vers l'ouest, et commençant à la même tour, le mur s'étendait à travers le lieu appelé Bethso (mot dont l'étymologie semble signifier : *immondices*) jusqu'à la porte des Esséniens, et retournait ensuite vers le sud jusqu'au dessus de la fontaine de Siloé et de la piscine de Salomon ; de là, il se courbait de nouveau vers l'orient, continuait jusqu'à un endroit nommé Ophel, et rejoignait le portique oriental du temple. » Comme on le voit, cette enceinte entourait tout Sion. Entre la tour Hippicus et le Xysthos,

[1] Fl. Josèphe. *Guerre des Juifs*, V, 4, 1, 2.

elle devait suivre les hauteurs au-dessus du Tyropœon; là s'élevaient sans doute les magnifiques tours Phasaël et Mariamne [1], ainsi nommées par Hérode en l'honneur de son frère et de sa femme [2], de cette Mariamne, nous dit Josèphe, « qu'il avait aimée si passionnément qu'il se l'était ravie à lui-même par l'excès de l'amour qu'il lui portait ».

On a retrouvé des traces de cette antique muraille sur les pentes qui dominent la vallée d'Hinnom, à l'ouest du Cénacle, et près de la fontaine de Siloé. Malheureusement, on ne connaît pas exactement la position de Bethso, ni de la porte des Esséniens qui devait, selon toute probabilité, s'ouvrir dans la vallée du Tyropœon.

C'est cette portion de muraille, venant rejoindre le portique oriental du temple, qui arrêta Titus et ses soldats, déjà maîtres du mont Moriah, et les empêcha de s'emparer de Sion sans coup férir [3]. « La première enceinte de Josèphe comprend donc les constructions de David, de Salomon, d'Osias, de Jotham, une partie de celles d'Ézéchias, celles de Manassé et d'autres rois peut-être [4]. Elle était munie de soixante tours, et c'est elle que Tacite désigne par ces mots : « *Alia intùs mænia, regiæ circumjecta* [5] ».

Deuxième enceinte. — « Le second mur, lisons-nous toujours dans Josèphe [6], commençait à la porte appelée Gennath (ou des Jardins), qui appartenait au premier mur; il n'entourait que la partie septentrionale (de la ville) et s'étendait jusqu'à Antonia [7]. » La porte Gennath devait être située à peu près au milieu de la ville, non loin de la tour Hippicus,

---

[1] Josèphe. *Guerre des Juifs*, V, 4, 3.

[2] Hérode ne construisit pas, mais remania et suréleva les tours Phasaël, Hippicus, et Mariamne. Ce qui prouve l'existence de la branche du Tyropœon qui séparait Sion et Acra, c'est qu'on a retrouvé dans le couvent grec de Saint-Jean-Baptiste une chapelle, enfouie sous les décombres, dont le sol est à peu près de 10 mètres au-dessous de la rue; les fenêtres dont elle est percée sur les côtés montrent que ce n'était pas une chapelle souterraine. L'existence d'une vallée à cet endroit est d'ailleurs attestée par Brocardus (1283), Adrichomius et Villalpandus (fin xvie siècle).

[3] Josèphe. *Guerre des Juifs*, VI, 7, 6, 3, 2.

[4] *II Chron.* II, 6, 9. — *II Chron.* XXXII, 5.

[5] A. Coquerel. *Topogr. de Jérusalem*. Thèse. Strasbourg, 1843.

[6] Josèphe. *Guerre des Juifs*, V, 4, 2.

[7] L'aspect général d'Antonia était celui d'une tour avec quatre autres tours à ses quatre angles, dont trois avaient cinquante coudées de haut et la quatrième à l'angle S.-E. soixante-dix coudées. « A la forteresse étaient joints des appartements de toute nature, des cours à portiques, des bains et de grands espaces ouverts pour camper, de sorte que, par tout ce qu'on y trouvait, elle semblait une ville, tandis que, par sa magnificence, elle ressemblait à un palais... » — Josèphe. *Guerre des Juifs*, V, 5, 8.

APPENDICE

et peut-être y attenante; l'enceinte allait vers le nord, laissant le Calvaire en dehors des murs à l'ouest, puis elle passait près de la porte actuelle de Damas, comme semble l'indiquer d'anciennes substructions et des piliers dont les assises inférieures sont formées de gros blocs à bossage[1].

De la même époque doit également dater une porte à plein cintre, à peu près enterrée actuellement, et qui sert de soubassement à l'un des pieds-droits de la porte de Damas. De là, le mur devait contourner Bézétha, peut-être même en gravir certaines pentes, comme le croit Robinson, pour rejoindre au sud l'angle du temple. Les substructions de l'arc de l'Ecce Homo pourraient bien appartenir à cette enceinte qui comptait quatorze tours, et avait été construite par Ézéchias, à l'approche de Sennachérib[2]. On ne la trouve mentionnée dans les Écritures que postérieurement à ce roi[3].

Troisième enceinte. — Bâtie par Hérode Agrippa, la troisième enceinte commençait, d'après Josèphe, à la tour Hippicus, et se dirigeait au nord vers la tour Pséphinus qui formait l'angle nord-ouest de cette muraille. C'est devant la tour Pséphinus, œuvre d'Hérode le Grand, que Titus assit son premier camp : sa hauteur était de soixante-dix coudées[4], « en sorte que de son sommet on pouvait apercevoir l'Arabie à l'orient et les dernières limites des Hébreux jusqu'à la mer[5] ».

La position de Pséphinus a été retrouvée entre le couvent russe et la porte de Damas. « A partir de cette tour, la muraille s'étendait en face du monument d'Hélène ; elle passait *au travers* des Cavernes Royales, faisait un coude à la tour angulaire, près du tombeau du Foulon, et, en rejoignant l'ancien mur, elle finissait à la vallée du Cédron[6]. » Cette troisième enceinte, bâtie par le roi Agrippa, était flanquée de quatre-vingt-dix tours. Il est malheureux que les points de repère de Josèphe soient ou inconnus, ou fort contestés. Ce qui est certain, c'est que l'historien juif donnant 33 stades[7] (environ 6,100 mètres) au circuit

---

[1] Ces ruines, reconnues par Robinson et étudiées par Wilson, se trouvent au N. du couvent latin, vers l'angle N.-O. de l'enceinte actuelle, à l'endroit appelé par les Arabes Kalâat Djâbout (Château de Goliath). — Robinson. *Lat. Res.*, p. 213, 217.

[2] *II Chron.* XXXII. 5. XXXIII, 14.

[3] *II Chron.* XXXIV, 22.

[4] Josèphe. *Guerre des Juifs*, V, 4, 5.

[5] Josèphe. *Guerre des Juifs*, V, 4, 3.

[6] Josèphe. *Guerre des Juifs*, V, 4, 2.

[7] Le stade de Josèphe est sans doute le stade judaïque de cent quarante mètres. Le stade olympique était de cent quatre-vingt-cinq mètres.

APPENDICE

total de Jérusalem, on ne peut, avec Schultz, pousser cette troisième enceinte jusqu'aux tombeaux des Rois, regardés par cet auteur comme les Cavernes Royales. Il faut la restreindre, et la confondre peut-être pour une portion avec les murailles actuelles, en plaçant les Cavernes Royales aux carrières de Mogaret ech-Chékif qui s'étendent sous Bézétha, et dont la grotte de Jérémie devait jadis faire partie. La troisième enceinte franchie, on arrivait sans aucun obstacle sous les murs nord-est de l'Antonia, murs précédés d'un large fossé, creusé à dessein pour augmenter la force de la position.

Néhémie nous a laissé une nomenclature des différentes portes qui s'ouvraient dans les remparts de Jérusalem[1]. Il paraît probable que la porte de la Fontaine était celle de Siloé (Bab el-Mogharibèh), et la porte d'Éphraïm celle de Damas (Bab el-Amoud). La porte de la vallée s'ouvrait en face de la fontaine des Serpents de Gihon, près de la porte de Jaffa. La porte des Ordures devait être la même que la Bethso de Josèphe, sur le mont Sion, mais il ne faut pas la confondre avec celle des Maugrebins actuelle. La porte des Chevaux de l'histoire d'Athalie, située entre le temple et le palais, devait être du côté de Bab el-Mogharibèh, cette dernière ayant porté longtemps la dénomination de *Porte Sterquiline*. Enfin, la porte des Brebis s'identifie avec la porte actuelle de la vallée de Josaphat (Bab Sitti Miriam) et celle de l'angle avec Bab ez-Zahhérèh.

[1] Néhémie, ch. II, 13, 15 ; ch. III, 1, 20; ch. XII, 31, 40.

NOTE II

RELATIVE A LA PISCINE DE BÉTHESDA ET A L'ÉGLISE SAINTE-ANNE A JÉRUSALEM

La piscine de Béthesda est mentionnée pour la première fois dans l'évangile de saint Jean, chapitre v, verset 2. Ce verset a été interprété de différentes manières par les auteurs qui ont traduit les évangiles [1].

Mais ce qui ressort, sans contestation possible, du texte de saint Jean, c'est l'existence au temps de Jésus-Christ :

1° D'une piscine dont l'eau était agitée par un ange une fois par an ;

2° De cinq galeries ou portiques, contigus à la piscine, et sous lesquels les malades se mettaient à l'abri.

Les découvertes qui, depuis 1865, ont été faites par M. Mauss dans la

---

[1] Voici le texte et différentes interprétations de ce verset :

1. Grec ancien. — Ἔστιν δὲ ἐν τοῖς Ἱεροσολύμοις ἐπὶ τῇ προβατικῇ κολυμβήθρα ἡ ἐπιλεγομένη Ἑβραϊστὶ Βηθεσδά, πέντε στοὰς ἔχουσα.

2. Grec moderne. — Ειναι δε εν τοις Ιεροσολύμοις πλησιον της προβατικης (πύλης) κολυμβηθρα, η επονομαζομένη Εβραϊςτι Βηθεσδα, εχουσα πέντε στοας.

3. Eusèbe (Onomasticon). — Βηζαθα, κολυμβηθρα εν Ιεροσαλήμ ἥ τις εστιν η προβατική...

4. Version latine de Sébastien Castellion (1550). — Est autem Hierosolymis, apud oviaricam piscinam, ea quæ hebraïce Bethesda nuncupatur, quinque porticus habens...

(« Or, il y a, près de la piscine probatique, celle qu'on appelle en hébreu Béthesda, ayant cinq portiques... »)

5. Reland (1714). — Piscinæ plures fuêre Hierosolymis quæ κολυμβηθραι dicuntur. Talis erat Bethesda...

6. Version protestante d'Osterwald. — Or, il y a à Jérusalem, près de la

propriété française de Sainte-Anne permettent de supposer que la piscine et les portiques de Béthesda se trouvaient à une distance de quelques mètres de l'angle nord-ouest de l'édifice actuel.

A partir de saint Jean jusqu'au IVe siècle, il n'est plus question de la piscine de Béthesda, et Fl. Josèphe lui-même ne la cite pas. Le docteur Strauss s'étonne qu'un établissement de bienfaisance aussi considérable ne soit pas mentionné par l'historien juif, d'autant plus que l'opinion populaire rattachait à cette piscine une vertu curative miraculeuse. Mais n'est-il pas tout aussi singulier, si les fragments découverts près de Sainte-Anne appartiennent à un édifice chrétien jadis fort important, que les voyageurs ne l'aient pas décrit souvent et surtout exactement?

En 333, le Pélerin de Bordeaux indique « à l'intérieur de la ville une piscine double, ou deux piscines jumelles, ornées de cinq portiques et appelées Bethsaïda [1] ».

L'évangéliste, qui a soin d'indiquer les cinq portiques de Béthesda, n'aurait pas manqué de signaler que cette piscine se composait de deux bassins jumeaux, si cette particularité avait existé au temps de Notre-Seigneur. Il est donc probable que, dans le passage précité, on a voulu parler de la grande piscine double qui s'étend sous le couvent des Dames de Sion, piscine dont le mur de séparation est percé de *six arcades*. Bien qu'on ne puisse pas admettre qu'il ait jamais été possible de placer des malades sous ces arcades, destinées uniquement à faire communiquer les deux réservoirs, le Pélerin de Bordeaux y aura vu les portiques de la Béthesda, et n'aura pas hésité à appliquer à la piscine en question la tradition miraculeuse. Si donc il est réellement impossible d'identifier ces deux galeries avec la Béthesda de l'évangile de saint Jean, du moins peut-on parfaitement admettre que ce sont les « *piscinæ*

(porte) des brebis, un réservoir appelé en hébreu Béthesda, qui avait cinq portiques.

7. Lemaistre de Sacy (d'après la Vulgate). — Or, il y avait à Jérusalem, la *piscine des brebis*, qui s'appelle en hébreu *Bethsaïda*, qui avait cinq portiques.

8. M. de Saulcy adopte la version de Sébastien Castellion. Dans son commentaire, il regarde la *Probatique* et la *Béthesda* comme étant deux piscines distinctes.

Une des plus récentes interprétations du verset en question est ainsi conçue : « Mais il y a à Jérusalem *près de* (quelques-uns traduisent *au dessus de*) la piscine probatique, *la nommée* en hébreu : *Béthesda*, qui a cinq portiques... »
Consulter : Meyer : *Kritisch exegetisches Handbuch über das Evangelium des Johannes* — in loco.

[1] « Interiùs verò civitatis sunt piscinæ gemellares, quinque porticus habentes, quæ appellantur Bethsaïda. Ili ægri multorum annorum sanabantur... »
Pélerin de Bordeaux (IVe siècle).

gemellares ». En tous cas, ces piscines jumelles ne peuvent désigner les deux tunnels qui aboutissent au Birket Israïl en traversant le mur occidental de cet immense réservoir, car on comprendrait alors difficilement ces mots : « *Interiùs verò civitatis....* »

Dans sa traduction de l'*Onomasticon* d'Eusèbe, saint Jérôme applique

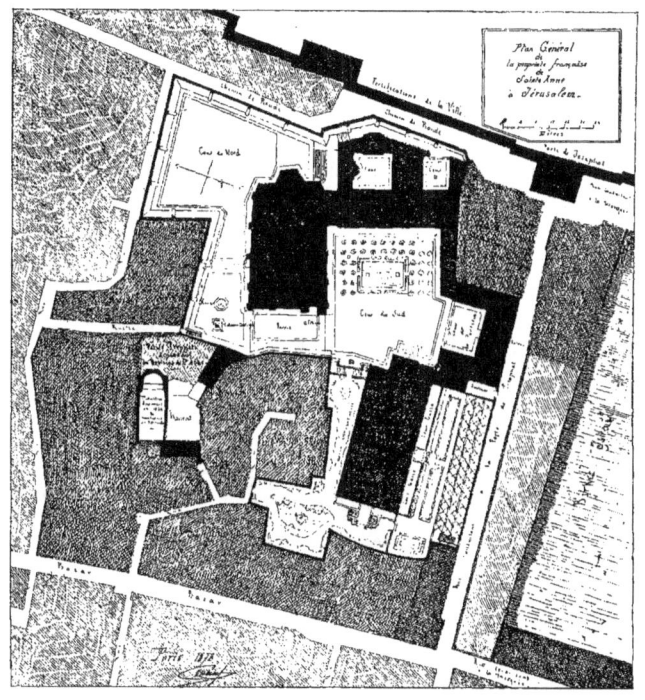

à Béthesda le nom de Probatique et explique l'étymologie de ce mot. Il ajoute « qu'*autrefois* elle avait cinq portiques... », d'où l'on pourrait conclure que de son temps les portiques n'existaient plus ou n'étaient plus visibles. Il mentionne en outre deux réservoirs jumeaux [1].

---

[1] « Bethesda, piscina in Jerusalem quæ vocabatur Προβατική et a nobis interpretari potest « *pecualis* ». Hæc quinque *quondam* porticus habuit; ostenditurque gemini lacus quorum unus hibernis adimpleri solet, alter mirum in modum

APPENDICE

Viennent ensuite les relations de Procope (vi[e] siècle), d'Antonin (vi[e] siècle), de saint Arculphe (viiie siècle), et de plusieurs autres pèlerins dont les récits sont précieux à plus d'un titre, car ils parlent d'une église ou basilique de Sainte-Marie, comme nous le verrons plus loin.

Nous arrivons aux textes de l'époque des Croisades. Le « *Gesta Dei per Francos* » indique *devant l'église Sainte-Anne*, qui n'existait pas encore au temps du Pélerin de Bordeaux et de saint Jérôme, « une *piscine ayant cinq portiques*, découverte par les Francs, où l'on remarque des vestiges d'une piscine antique, dont l'eau était saumâtre, et dans laquelle on n'arrivait plus à cette époque que par un seul portique [1] ». Si ce texte ne donne pas de nom précis à la piscine qu'il mentionne, il la désigne du moins clairement lorsqu'il relate le miracle qui s'y produisait chaque année au temps du Christ. Il prouve également qu'elle existait avant l'arrivée des Francs à Jérusalem, puisque ces derniers la découvrirent; enfin, il la distingue d'une autre piscine qu'il appelle « *lacus* », et non plus « *piscina* » : ce lacus pourrait très bien s'identifier avec le Birket Israïl actuel.

Guillaume de Tyr, dont le récit est contemporain du précédent, est moins explicite. Il parle seulement dans « le bas de la ville, près du Temple, d'une piscine regardée comme étant la Probatique », mais il ne la désigne pas davantage [2].

Le plan de Bruxelles, trouvé dans un manuscrit du xiie siècle, indique d'une façon très-précise une grande piscine au nord-ouest de Sainte-Anne.

---

rubens, quasi cruentis aquis antiqui in se operis signa testatur. Nam hostias in eo lavari a sacerdotibus solitas ferunt, undè et nomen Προβατικη accepit. »

Saint Jérôme, traduction de l'*Onomasticon* d'Eusèbe (ive siècle).

[1] « Ab aquilone templi hujus, lacu quodam interposito, ecclesia Sanctæ Annæ matris beatæ Mariæ Virginis est, in quo loco, Dei matrem peperisse fertur. *Antè cujus ecclesiam, piscina aquæ a Francis inventa est*, veteris piscinæ adhuc vestigia retinens, quinque porticus habens, in quâ, tempore Christi, angelus descendisse legitur tactuque aquæ languidos sanâsse. Et ibidem Christo sanatus est œgrotus triginta et octo annos habens in infirmitate suâ. Ad quam *nunc* per porticum unam accenditur et reperitur aqua ibi gustu amara quæ plerumque œgrotantibus confert medelam. » (*Gesta Dei per Francos*, xiie siècle).

[2] « Qui autem intùs erant præter aquarum pluvialium... fontes etiam a partibus deductos exterioribus et *aquæductis invectos* in piscinas duas maximæ quantitatis quæ, circà Templi ambitum exterius tamen, sed *infrà* urbem continentur recipiebant Quarum altera usque hodiè Probatica piscina reputatur, in quâ olim immolatitiæ lavabantur ostiæ, quæ in Evangelio *quinque porticus dicitur habere* et in quam angelus *dicebatur* descendere et aquas movere... »

(Guillaume de Tyr. Siège de Jérusalem, xiie siècle.)

APPENDICE

Au XIIIe siècle, le dominicain Brocardus voit la piscine probatique dans le Birket Israïl actuel, mais il appelle « *piscine intérieure* » une autre grande piscine « à droite de celle-là et de l'autre côté de la rue ».

La « Citez de Jhérusalem » place bien devant Sainte-Anne la piscine aux cinq portiques, mais sans lui donner de nom particulier. Elle dit seulement qu'il y avait au-dessus un « *moustier* », dont les restes ont été retrouvés par M. Mauss en 1875-1876 [1]. Un autre texte du XIIIe siècle donne le nom de Probatique à la piscine de l'enceinte nord du Temple, mais il ajoute aussitôt : « Après de là est Seinte Anne et sun monument. E ilekes dient akuns ke là est Probatica Piscina [2] ».

Marino Sanuto ou Sanudo mentionne la piscine de Sainte-Anne et celle de l'enceinte nord du Temple qu'il regarde comme la Probatique. Il ajoute qu'elle passait de son temps pour avoir eu cinq portiques et il termine en disant : « Quelques-uns affirment que c'est la piscine située près de Sainte-Anne qu'il faut considérer comme la piscine probatique : mais je ne le crois pas [3] ». Dans l'édition du « Gesta Dei per Francos » que possède M. Mauss se trouve un plan, fort ancien, joint aux histoires de Marino Sanuto. Ce plan indique au nord de Sainte-Anne *une piscine divisée en trois travées et terminée par une abside demi-circulaire*. Cette dernière indication est précieuse, car elle est conforme à la disposition du « *moustier* » qui surmontait la citerne antique comme le dit la « Citez

---

[1] « Priès de le *porte de Iosafas*, à main seniestre, avoit une abeïe de nonnains, si avoit à non *Sainte Anne*. Devant celle abeïe a une fontaine c'on apele *le Pecine*. Deseure le fontaine avoit un moustier. Et celle fontaine ne quert point, ains est en une fosse deseure le moustier. A cele fontaine, au tans que Jhesu Cris fu en tiere, avenoit que li angeles venoit par foys movoir cele eve..... Devant celle fontaine, avoit V portes et devant ches V portes avoit mont de malades, et d'enfers, et de languereus pour attendre le movement de l'eve. » (Citez de Jhérusalem (v. 1231), § XXIII.)

[2] Voir les *Pelerinaiges por aler en Jhérusalem* (v. 1231) § VIII. Consulter également : le continuateur anonyme de Guillaume de Tyr : *Des Sainz Lieuz de la Terre Sainte*, ch. VIII, § XXIII (v. 1261).
Autre texte du XIIIe siècle relatif à la piscine probatique : « La porte dou *Temple Domini*, qui est vers le couchant, est la porte qui est apelée *Porte Espécieuse*, et cele qui est vers le vent de boire qui est apelé vent de bise, cele est la *Porte de Paradis*. Et là est la fontaine c'on dit *Fontaine de Paradis*. Et vers cele issue lès le mur dou cloistre est la *Probatique piscine* où li angeles de Dieu descendi et movoit l'aigue et sanoit tous les malades sor qui l'aigue chaoit; *et cele part poès aler à Sainte Anne, et là troverés autre piscine*. (Les sains pelerinages que l'on doit requerre en la Terre Sainte, § XXIII (v. 1231).

[3] « Hæc adhuc quinque porticus *habuisse* ostenditur, in quibus jacebant infirmi, expectantes aquæ motum..... Quidam autem primam piscinam, quæ juxtà Sanctam Annam est, dicunt *probaticam piscinam*; quod non credo. » (Marino Sanuto, vénitien, XIVe siècle.)

de Jhérusalem ». Ne pouvant peut-être pas se rendre compte de la forme exacte de la piscine qui s'étendait sous le moustier, le pélerin, pour la désigner, aura dessiné ce dernier : l'état actuel des fouilles n'a pas permis de vérifier si la division en trois travées est exacte.

Si au XIVe siècle l'incertitude sur le véritable emplacement de Béthesda continue à subsister, du moins la piscine devant Sainte-Anne est-elle toujours visible. Mais au XVe siècle cette dernière semble avoir disparu. L'historien arabe Medjr ed-Dîn (Moudjir ed-Dîn el-Hanbaly, mort en l'année 927 de l'hégire, 1521 ap. J.-C.) mentionne la piscine de l'enceinte nord du Temple sous le nom de Birket Israïl (bassin des enfants d'Israël). Il parle de deux réservoirs qu'il appelle : « Bassins de Salomon et d'Yad », mais il ajoute qu'il ne les connaît pas et n'a pu en découvrir les traces. Deux autres birkets signalés par le même écrivain alimentaient le bain d'*Alâ ed-Dîn el-Basir* et le bain du Patriarche; il suppose que ce sont là les réservoirs de Salomon et d'Yad qu'il cite plus haut. Enfin, dans le passage où il décrit la *Salâhièh* (église actuelle de Sainte-Anne), il n'indique pas de *piscine* dans son *voisinage immédiat*[1].

En résumé, du IVe au XIVe siècle, les voyageurs qui se sont succédé à Jérusalem ont signalé l'existence d'une piscine considérable non loin de celle qui s'étendait au pied de l'enceinte nord du Temple, et, si leur opinion s'est égarée sur le véritable emplacement de la Béthesda et de ses cinq portiques, dont le souvenir est toujours resté vivace à Jérusalem, du moins en ont-ils invariablement indiqué la position dans une zone de terrain fort restreinte.

Dans ces derniers temps, on continuait d'identifier le Birket Israïl avec la Béthesda, sans pour cela avoir mis au jour des fragments pouvant se rapporter aux cinq portiques qui accompagnaient l'antique piscine. Lors de la restauration de Sainte-Anne, en faisant déblayer les monceaux de décombres qui l'entouraient, M. Mauss trouva au nord et au nord-ouest de l'église, dans un espace de quinze mètres carrés :

1° 3 chapiteaux de colonnes d'ordre corinthien, (0^m 70 de haut);

2° 1 fût de colonne en pierre dure, auquel a pu appartenir un des chapiteaux mentionnés ci-dessus;

3° 1 autre chapiteau de colonne en marbre blanc, différant un peu des premiers, et ayant seulement 0^m 65 de haut ;

---

[1] Voir Medjr ed-Dîn, (traduction de M. Henry Sauvaire) p. 164, 178, 189, 190.

4° 1 chapiteau d'ante, d'ordre corinthien, de même style et de même hauteur à peu près que les trois premiers chapiteaux (n° 1) ; ce chapiteau d'ante porte des traces de peinture rouge [1] ;

5° 1 piédestal avec la base de la colonne prise dans un seul morceau de pierre, (trouvé près du n° 4), laquelle pierre est de même nature que celle de la colonne portée au n° 2. Cette dernière s'adapte parfaitement sur cette base qui peut provenir d'un ancien portique, et dont les quatre faces portent chacune une croix, sculptée sans doute après coup, car la saillie ne dépasse pas le nu du piédestal.

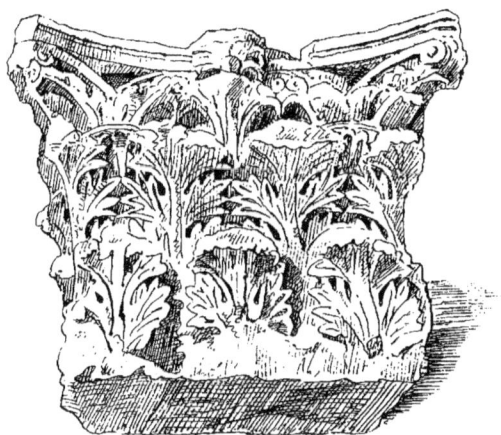

CHAPITEAU D'ANTE RETROUVÉ A SAINTE-ANNE. (D'après un dessin de M. Mauss.)

C'est en réunissant, à l'endroit même où ils ont été découverts, les débris mentionnés ci-dessus que M. Mauss a pu reconstituer la colonne qui se dresse aujourd'hui à quelques mètres de l'angle nord-ouest de l'église actuelle de Sainte-Anne. Elle se présente aux regards du voyageur comme un point d'interrogation qui l'invite à chercher la solution définitive de cet intéressant problème d'archéologie [2]. Il n'est

---

[1] Hauteur totale : 0 m. 75 c. Hauteur sous le tailloir : 0 m. 68 c.
[2] En voici les dimensions exactes :
Piédestal auquel adhère la base de la colonne.	1 m. 308
Fût de la colonne.	4 50
Chapiteau.	0 70
Hauteur totale :	6 m. 508

pas admissible que ces fragments aient été apportés là postérieurement : on a dû les retrouver à la place où ils étaient dès l'origine, car c'est toujours au pied des édifices ruinés que sont les restes qui permettent d'en reconstituer les parties disparues.

Il ne faut pas oublier, en effet, qu'au vi[e] siècle, il existait à Sainte-Anne une basilique qui s'appelait la *Basilique de Sainte-Marie*. Au viie siècle, Sophronius mentionne encore « *le temple et le forum* » où la Vierge est née « dans la maison de ses ancêtres, là où est monté le paralytique emportant son grabat ». Le piédestal à croix sculptées et une chaire d'évêque en pierre, trouvée également en cet endroit, ont probablement appartenu à cet antique sanctuaire, qui peut parfaitement *avoir été installé dans les anciens portiques de Béthesda, appropriés au culte nouveau*. Les basiliques romaines justifient cette hypothèse[1] que confirme le passage suivant d'Antonin : « En rentrant en ville, nous vînmes à la piscine natatoire qui a cinq portiques, dans l'un desquels est la basilique Sainte-Marie... [2] » D'après ce texte formel, on peut croire

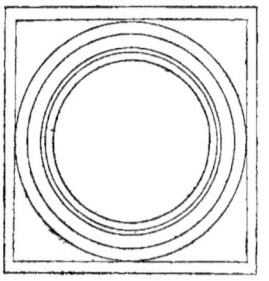

PIÉDESTAL A CROIX SCULPTÉES TROUVÉ DANS LES DÉBLAIS DE L'ÉGLISE SAINTE-ANNE.
(Dessin de M. Mauss.)

[1] Originairement les basiliques étaient de vastes bâtiments quadrangulaires où l'on rendait la justice.
[2] « Revertentes ad civitatem, venimus ad piscinam natatoriam quæ quinque porticus habet, et in unâ earum est Basilica Sanctæ Mariæ, ubi multi fiunt virtutes... » (Antonin, vi[e] siècle).

APPENDICE

que les portiques, comme la basilique édifiée dans l'un d'eux, subsistèrent jusqu'à la fin du vi^e siècle. Détruits par Chosroès et les Perses vers 614, en même temps que les autres monuments chrétiens de Jérusalem, il est probable que l'ancien sanctuaire fut réédifié par le patriarche Modeste, car, au ixe siècle, nous trouvons encore l'église Sainte-Marie mentionnée sous ce nom.

De nouveaux bouleversements amenèrent de nouvelles ruines, et l'opinion qui place au ixe ou au xe siècle la construction de l'église

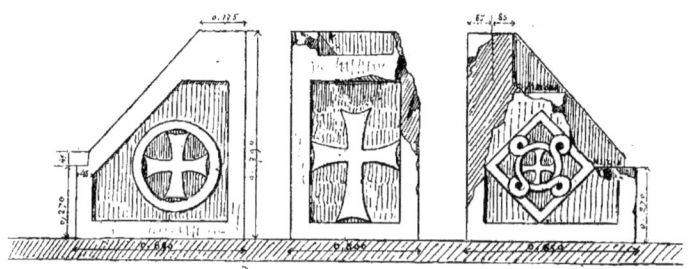

FACE LATÉRALE   FACE POSTÉRIEURE   FACE LATÉRALE

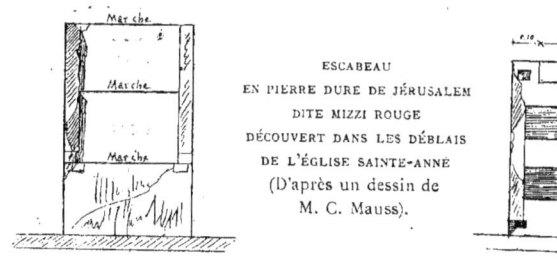

FACE ANTÉRIEURE

ESCABEAU
EN PIERRE DURE DE JÉRUSALEM
DITE MIZZI ROUGE
DÉCOUVERT DANS LES DÉBLAIS
DE L'ÉGLISE SAINTE-ANNE
(D'après un dessin de
M. C. Mauss).

PLAN EN DESSUS

actuelle de Sainte-Anne ne mérite pas qu'on la rejette sans examen. Il semble difficile, en effet, comme le veulent des auteurs pourtant fort compétents, d'attribuer aux Croisés l'édification de l'église Sainte-Anne, et il convient de ne pas oublier qu'il y avait des chrétiens à Jérusalem avant l'année 1099.

Sainte-Anne a été bâtie à deux époques différentes : la façade occidentale, élevée pour réparer les dégradations infligées à l'édifice primitif, n'est pas de la même main que les absides, le chœur et les deux grandes travées. La troisième travée, celle qui adhère à la façade occidentale et qui est la plus petite, paraît être aussi la plus récente : si l'on examine avec soin la construction du *mur latéral nord*, on y reconnaît deux modes d'appareil bien distincts, et l'on remarque à leur point de jonction que la partie occidentale du mur s'appuie sur la partie orientale par des *décrochements successifs*, ce qui semble démontrer que la première est postérieure à la seconde.

L'ornementation de la fenêtre supérieure de la façade de Sainte-Anne rappelle le portail de l'église du Saint-Sépulcre[1]. La restauration de cette façade, sans doute détruite par Hackem, a probablement coïncidé avec celle des monuments du Saint-Sépulcre, et elle a dû avoir lieu vers 1048, ou même quelques années plus tôt. Les sculpteurs qui ont taillé les détails de la fenêtre en question ne peuvent être les mêmes que ceux qui ont exécuté les chapiteaux barbares de l'intérieur de l'église, et il doit y avoir plus d'un siècle d'intervalle entre l'œuvre des premiers et celle des seconds.

Si l'on rapproche les chapiteaux intérieurs de Sainte-Anne de ceux qui ornent les édifices construits plus de cinquante ans avant l'arrivée des Croisés ou pendant leur occupation, on constate qu'ils ne peuvent se comparer en aucune façon. Quant au portail de l'église du Saint-Sépulcre, nous pensons que sa construction est antérieure aux travaux d'agrandissement qui furent exécutés par les Francs. Il serait d'ailleurs facile d'indiquer sur place la part qui revient à ces derniers, en observant la brutalité avec laquelle ils ont mutilé la façade méridionale pour y encadrer le lourd clocher qui semble encore aujourd'hui tout honteux de l'acte de violence qu'on lui a fait commettre. Cependant, si de la place du Parvis on se transporte sur les terrasses qui recouvrent la partie supérieure du transept sud, on reconnaîtra que les Croisés, après avoir élevé leur clocher pour obéir à un usage importé d'Occident, ont respecté ce qu'ils ont pu de la façade méridionale construite par leurs devanciers. L'entablement de cette façade dépasse le niveau de la terrasse de plus d'un mètre, et n'a aucune liaison avec les murs construits à cette hauteur pour clore la partie du transept qu'on peut attribuer aux Francs.

[1] Voir le dessin du portail de Sainte-Anne, p. 153.

On peut donc regarder la façade occidentale de Sainte-Anne comme contemporaine de celle de l'église du Saint-Sépulcre. Sa date de construction serait ainsi ramenée aux premières années du xiᵉ siècle, et, comme conséquence forcée, celle de la partie postérieure de l'église au xᵉ siècle. Les récits anciens confirment d'ailleurs cette opinion, car il

COLONNE ANTIQUE RECONSTITUÉE PAR M. MAUSS PRÈS DU PORTAIL DE L'ÉGLISE SAINTE-ANNE. (D'après un dessin de M. Mauss.)

est certain que les Latins trouvèrent à leur arrivée à Jérusalem une église Sainte-Anne debout, et un petit monastère y attenant. En effet, les Croisés entrèrent dans la Ville Sainte le 15 juillet 1099 : en 1102, Sœwulf écrit : « Du Temple du Seigneur, on va en *se dirigeant vers le nord à l'église Sainte-Anne*, mère de la Bienheureuse Marie. Sainte Anne y habita... etc. » Or, il semble difficile que les Francs, qui, dans les premiers temps de leur occupation, devaient pourvoir aux soins de leur défense, aient eu le loisir d'édifier l'église Sainte-Anne dans l'espace de moins de deux ans. Ils auraient pu en reconstruire tout au plus la façade, mais nous croyons avoir démontré qu'elle n'est pas leur œuvre. Il est donc probable, sinon certain, que l'église Sainte-Anne, mentionnée par Sœwulf, est bien celle qui a traversé les siècles pour venir jusqu'à nous [1]. La forme essentiellement byzantine de sa coupole qui s'élève directement au-dessus des pendentifs, et la disposition particulière des claveaux des arcs doubleaux qui la supportent, ne semblent pas permettre d'en attribuer non plus la construction aux Croisés, bien qu'on trouve des dispositions analogues dans certaines églises de France, notamment à Périgueux (fin du xe siècle).

Les Latins, dans leurs travaux d'agrandissement, ont élevé une coupole au-dessus du chœur de l'église du Saint-Sépulcre et, si les pendentifs y existent comme à Sainte-Anne, du moins la coupole en est-elle séparée par un tambour orné d'une élégante arcature qui lui donne une physionomie toute différente. Les pèlerins, qui relatent les travaux des Francs à la basilique du Saint-Sépulcre et ailleurs, ne disent mot d'une reconstruction du sanctuaire si vénéré de Sainte-Anne. L'œuvre des Croisés à Sainte-Anne semble s'être bornée à des travaux d'aménagements intérieurs ; elle se reconnaissait autrefois à *deux petits corbeaux* qui supportaient la partie supérieure de deux piliers, situés à l'entrée du chœur, et dont la partie inférieure avait été mutilée. Avant le déblaiement de l'église, il était facile de constater cette mutilation, et, après l'enlèvement des terres qui recouvraient l'ancien chœur, M. Mauss retrouva intactes les bases de ces deux piliers tranchés par les Latins. C'est sans doute aussi à la même époque qu'il faut placer l'exécution d'une tête de bœuf grossièrement sculptée qu'on remarque au-dessous d'un des arcs doubleaux qui soutiennent la coupole. Ce corbeau et celui qui lui est symétrique de l'autre côté de la grande abside semblent avoir été faits après coup et, placés trop en saillie, ils ne servent même pas à supporter les arcs doubleaux qui les surmontent.

A défaut de textes, les pierres parlent, et il est bien probable que ni

---

[1] Il y aurait évidemment exagération à vouloir faire remonter la fondation de l'église actuelle de Sainte-Anne au viie siècle, puisqu'à cette époque on mentionne encore la basilique de Sainte-Marie qui a précédé Sainte-Anne.

l'intérieur de l'église Sainte-Anne, ni sa façade occidentale ne sont l'œuvre des Croisés. D'où l'on arrive forcément à conclure que cette église est bien celle qui a succédé immédiatement à la basilique de Sainte-Marie, établie dans l'un des portiques de Béthesda, et qu'elle est le seul intermédiaire entre l'antique piscine et nous.

Le 1er août 1865, après avoir enlevé les déblais jusqu'au niveau du sol intérieur de l'église, M. Mauss découvrit, dans l'angle nord de la propriété de Sainte-Anne, les restes fort curieux d'une mosaïque ancienne qu'il ne put arriver à conserver, quelque soin qu'il en prît, tant elle était détériorée. Cette mosaïque servait de dallage à une salle dont on a pu suivre facilement les arasements des murs. On trouva également à quelques mètres de la mosaïque une base antique de pilastre d'angle[1]. Mais les ouvriers de Sainte-Anne l'employèrent sans doute par mégarde dans leurs constructions pendant une absence de M. Mauss qui, à son retour, ne parvint pas à savoir ce qu'elle était devenue.

PIED VOTIF TROUVÉ DANS LES DÉBLAIS DE L'ÉGLISE SAINTE-ANNE. (Dessin de M. Mauss.)

Sous le pavage actuel du parvis de l'église se trouvent cinq tombeaux sans dates, ni inscriptions; l'un d'eux mesure plus de deux mètres de long. Dans un autre était un petit vase en terre cuite recouvert d'une calotte de plâtre et absolument vide.

En 1866, dans les blocages qui garnissaient les reins des anciennes voûtes de l'édifice, on tira des décombres un pied votif, ex-voto d'une espèce particulière, qui consistait en un pied de marbre blanc, provenant de quelque statue antique, et coupé au-dessus de la cheville;

---

[1] Cette base peut avoir été celle d'un angle de portique et se rapporter au chapiteau d'ante (n° 4) qui a été retrouvé et qui existe actuellement à Sainte-Anne.

sur la section on lit en grec : « Pompeïa Lucilia a dédié[1]. ». On peut croire qu'une malade de ce nom fut guérie en cet endroit par l'efficacité des eaux de la piscine, et déposa près de là ce témoignage de sa reconnaissance ; l'Évangile nous montre en effet des aveugles, des *boiteux* et des paralytiques, attendant sous les portiques de Béthesda le mouvement de l'eau. Si cette piscine se fut trouvée au Birket Israïl, contre l'enceinte nord du Temple, saint Jean, qui a eu soin de nous dire qu'elle avait cinq portiques, n'aurait pas manqué de signaler cette position exceptionnelle. D'ailleurs, le « *Gesta Dei per Francos* » dit positivement qu'une piscine antique, ayant cinq portiques, « fut retrouvée par les Francs devant Sainte-Anne ».

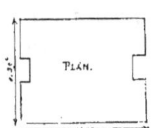

MONTANT DE BARRIÈRE ANTIQUE EN PIERRE TROUVÉ A SAINTE-ANNE

Mais bien des hypothèses peuvent être faites sur les *cinq portiques* de saint Jean. Dans l'antiquité on appelait *Stoa* une galerie couverte dont le toit était supporté par des colonnes. On donnait aussi ce nom aux galeries situées au sommet des gradins d'un amphithéâtre. Faut-il ici, par πεντε στοαις, se représenter cinq galeries parallèles et par conséquent un édifice très important qu'on devrait trouver souvent mentionné, ce qui n'est pas ? Ou bien faut-il comprendre une seule galerie ayant cinq ouvertures, cinq entre-colonnements ? Il est pour le moment impossible de rien affirmer à cet égard ; dans la dernière hypothèse, les entre-colonnements devaient s'ouvrir sur le devant de Béthesda, et un montant (en pierre) de barrière antique, retrouvé près de là, pourrait bien être un débris des anciennes fermetures des galeries de la piscine[2].

Sous une grande partie du mur occidental de l'enceinte de la pro-

---

[1] C'était un usage commun, à l'époque romaine, que ces sortes d'*ex-voto* ; des modeleurs vendaient pour cette destination des pieds, des mains, des yeux ou des jambes en terre cuite préparés d'avance. Le pied votif dont il s'agit ici a été déposé au Louvre, dans le petit musée des antiquités hébraïques, par les soins de M. de Saulcy. Il est catalogué sous le n° 9 dans la brochure de M. H. de Villefosse.

[2]
Hauteur du montant.	0 m. 84
Hauteur du couronnement.	0 17.
Largeur totale.	0 34.
Épaisseur.	0 29.

priété de Sainte-Anne, il existe un petit canal couvert, d'environ 0 m. 70 de largeur sur 0 m. 50 de hauteur, dont la pente se dirige vers le nord. Ce conduit indique évidemment l'existence d'une piscine ou d'une citerne dans le voisinage. La ligne de cet aqueduc prolongée passe à

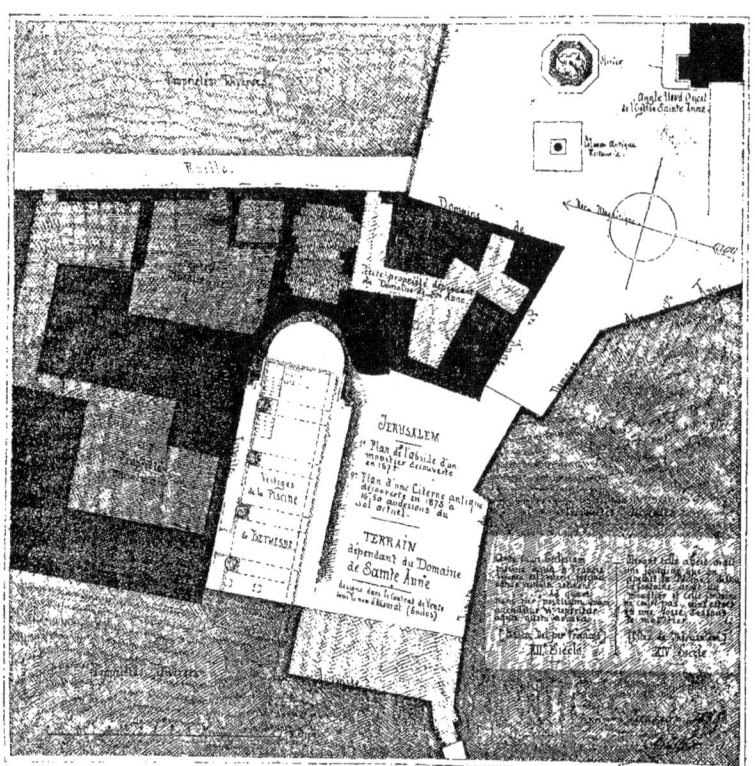

12 ou 14 mètres en avant de la façade occidentale de l'église Sainte-Anne.

En juin 1873, eut lieu la dernière et la plus concluante des découvertes de M. Mauss. Il trouva à cette date l'entrée d'une grande excavation qui s'étend à plus de 16 mètres de profondeur sous le sol de l'*Akourat*, petit enclos situé au nord-ouest de l'église. Sans nul doute, c'est la piscine mentionnée par le « *Gesta Dei per Francos* », et désignée dans le texte avec la plus scrupuleuse exactitude comme ayant cinq portiques, et offrant les traces d'une piscine antique.

Au-dessus de cette citerne, on a mis à jour les restes du « *moustier* » dont parle la « Citez de Jhérusalem [1] ». Immédiatement au-dessous (du moustier) s'étend une chambre ancienne qui, par un escalier encore existant, communique avec la piscine découverte en juin 1873. Dans la paroi nord de cette piscine, et intérieurement, sont encastrés des tambours de colonne ayant appartenu à un édifice considérable. Ces colonnes avaient 0 m. 90 de diamètre, ce qui leur donnerait une hauteur d'environ 9 mètres. Les trois piles que M. Mauss a pu examiner reposent sur trois tambours semblables à ceux encastrés dans le mur, et il serait désirable qu'on déblayât cette citerne pour savoir si les tambours en question sont encore à leur place d'origine, *ce qui est fort possible*. Si cette hypothèse se vérifiait, il faudrait admettre qu'autrefois il *existait à cette profondeur un portique composé de cinq ouvertures ou travées*, et dont le fond (paroi sud de la citerne actuelle) était taillé dans le roc. Les rares suintements qu'on observe par place n'ont jamais pu fournir assez d'eau pour remplir cette grande excavation, et la vase qui en recouvre le sol semble indiquer que les eaux y étaient amenées de l'extérieur par des conduits souterrains, ainsi que le dit Guillaume de Tyr.

En examinant de près la paroi nord de la citerne et l'état actuel des choses, il semble qu'on ait pris une tranche de l'antique piscine pour faciliter la construction du moustier qui s'élevait au-dessus. Les côtés sud, est et ouest de la citerne en question sont taillés dans le rocher jusqu'à une certaine hauteur; seul, le mur nord est construit de fond avec d'anciens matériaux et, comme il est situé un peu en dedans du mur latéral nord du moustier, on peut supposer que les architectes qui édifièrent ce dernier, ayant rencontré de ce côté des voûtes suffisamment résistantes, ont assis dessus le mur supérieur. Il est probable d'ailleurs que les Francs découvrirent en même temps la piscine et le moustier qui la surmontait.

Dans le cas où l'extension de la piscine antique se confirmerait dans

---

[1] La forme byzantine de l'abside de ce moustier rappelle celle de l'abside principale de Sainte-Anne. Quoiqu'aucun texte ne le dise, ne se pourrait-il pas que la construction du moustier ait précédé l'arrivée des Croisés à Jérusalem ?

la direction du nord, on pourrait supposer que la piscine de Béthesda fut une piscine couverte, dont les voûtes étaient supportées par une série de colonnes ou de piliers, ainsi qu'on le voit dans les grands réservoirs de Constantinople. Si ces voûtes ont existé, les troncs des colonnes qui servent de bases aux piliers de la citerne indiqueraient l'emplacement de l'une des rangées de piles qui supportaient les voûtes de la piscine.

Une pareille supposition n'est pas dépourvue de vraisemblance, car les troncs de colonne de la citerne ont 0 m. 90 de diamètre et ne peuvent avoir aucun rapport avec les colonnes que nous attribuons aux cinq portiques de l'Évangile. Ces dernières, dont un spécimen a été dressé

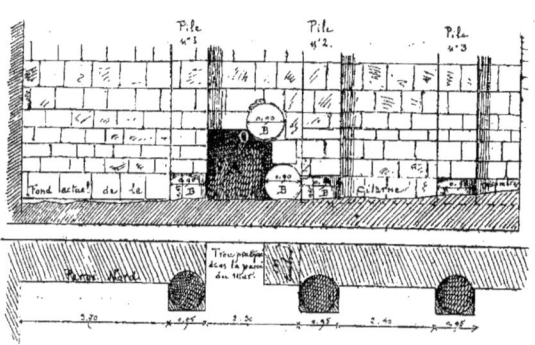

COUPE LONGITUDINALE DE LA GRANDE CITERNE SOUS L'AKOURAT.
(D'après un plan de M. C. Mauss.)

dans la cour de Sainte-Anne, n'ont que 0 m. 55 de diamètre. Resterait toujours à découvrir l'emplacement exact des cinq portiques sous lesquels les malades gisaient, et qui ne devaient pas être situés au même niveau que la piscine, puisque par quatre fois l'Évangile nous dit *qu'on descendait* pour y arriver. Si l'on en juge par la profondeur de la citerne découverte en juin 1873 par M. Mauss, la descente ne devait pas être facile, ce qui explique la plainte du paralytique guéri par Jésus. (Saint Jean, ch. v, vers. 7.)

Il est vrai que le terrain de la propriété de Sainte-Anne a dû subir bien des changements jusqu'à l'époque de la construction de l'église actuelle. La topographie de cette partie de la ville indique un petit vallon partant de la porte d'Hérode, au nord, et dont le thalweg passe exactement par la citerne de l'Akourat, en s'étendant devant Sainte-Anne et en se prolongeant jusqu'à la vallée de Josaphat, après avoir traversé le Birket Israïl. Il est donc probable qu'au temps de Jésus le sol était beaucoup plus bas qu'il ne l'est aujourd'hui; le rocher sous-jacent s'en va en dévalant rapidement, et sans doute par ressauts successifs, depuis le niveau du chœur de l'église Sainte-Anne jusqu'à la citerne de l'Akourat.

En résumé, on a donné jusqu'à nos jours le nom de *Béthesda* à la piscine dont l'ange venait agiter les eaux : l'interprétation qui fait de Béthesda un établissement de bienfaisance est, croyons-nous, assez récente et découle de la signification même du mot hébreu « Beth-Hachesed, » qui veut dire « Maison de la Miséricorde » (en syriaque « beth chesdo »). Le docteur Strauss parle « des galeries de l'étang de Béthesda à Jérusalem », aussi bien que Sébastien Castellion, lequel dit positivement que la piscine de Béthesda avait cinq portiques. La coupe du terrain de Sainte-Anne ne semble pas, il est vrai, indiquer la présence de deux piscines; mais Eusèbe et saint Jérôme, qui, les premiers après la destruction de Jérusalem, parlent de *Béthesda*, ont bien pu prendre un autre étang pour celui que mentionne le passage de saint Jean. Quelle que soit d'ailleurs la traduction que l'on adopte pour ce verset de l'Évangile, il demeure avéré qu'il existait à l'endroit où Jésus guérit le Paralytique un étang ou une piscine ayant cinq portiques ou galeries. Que la piscine s'appelle *Probatique* ou *Béthesda*; qu'il y ait eu *deux* piscines ou *une* seule; pour l'identification que nous proposons ici, il nous suffit de justifier de l'existence :

1° D'un étang ou d'une piscine antique;

2° De fragments d'architecture pouvant se rapporter à des portiques;

3° D'arasements de murs ayant appartenu à un édifice antique.

Or, comme nous l'avons vu plus haut, M. Mauss a retrouvé à Sainte-Anne :

1° Une portion de la piscine antique avec « un moustier au-dessus [1] »;

2° De nombreux fragments d'architecture : colonnes, bases, chapi-

---

[1] Cette piscine est la seule à Jérusalem dans les environs immédiats de laquelle on ait retrouvé des fragments d'architecture aussi nombreux et aussi importants.

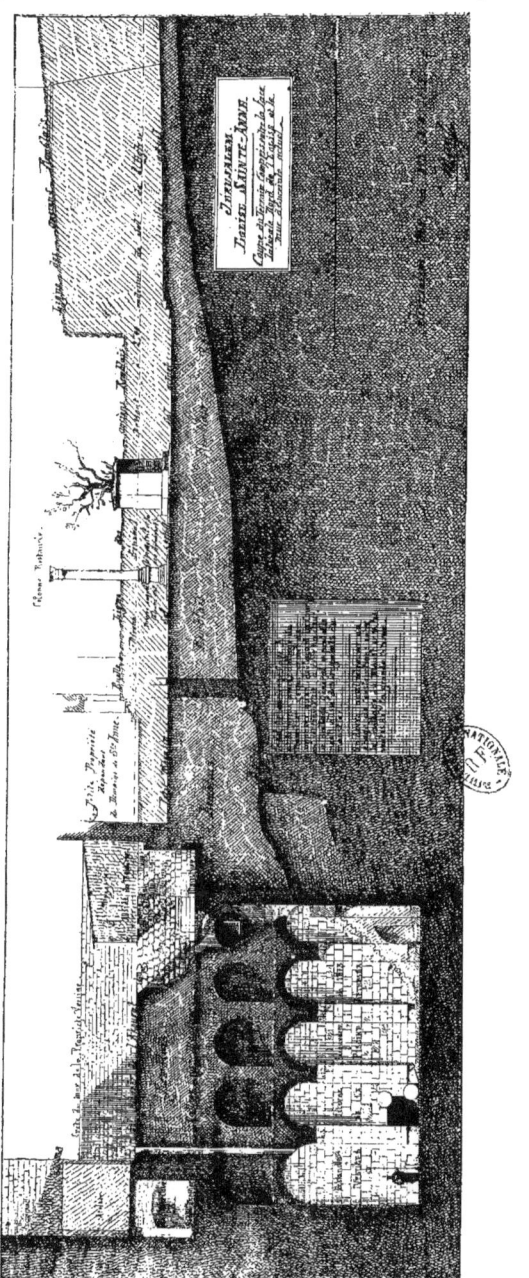

teaux, piédestal... etc... pouvant provenir d'un édifice analogue à celui que fait supposer le récit de saint Jean ;

3° Des arasements de murs anciens, constatés et relevés en 1865, lors de la découverte de la mosaïque, dans l'angle nord de la propriété de Sainte-Anne.

En 1850, M. le marquis de Vogüé avait déjà rappelé la *piscine de Sainte-Anne*, mais sans trop s'y arrêter. En 1858, le docteur Barclay, dans son livre intitulé « The city of the Great King » (Philadelphie 1858), s'était aussi préoccupé de *Béthesda*, ou, pour se mettre plus exactement à son point de vue, de la piscine « a Francis inventa » du Gesta Dei per Francos, et de la « piscina grandis valdè » du dominicain Brocardus. Sa conclusion (p. 326) s'appuie sur le texte du Pélerin de Bordeaux, et il faut, selon le judicieux Américain, chercher l'ancien emplacement de *Béthesda* à peu près dans l'endroit où M. Mauss a fait sa découverte. Le plan de Jérusalem intitulé : « Jerusalem under the Crusaders by Barclay », indique en avant de la façade occidentale de Sainte-Anne une piscine qu'il nomme : « Piscina a Francis inventa, or piscina grandis valdè ». On doit reconnaître que le docteur Barclay, qui n'avait pu étudier les lieux et sonder le terrain comme l'a fait depuis M. Mauss pendant l'exécution de ses travaux, a montré dans cette recherche une grande sagacité.

De tout ce qui précède, on peut donc *conclure* que, si le problème n'est pas encore complètement résolu, il est bien près de l'être. La topographie et les découvertes qui ont été faites depuis 1863 confirment les traditions recueillies par les anciens voyageurs, et nous autorisent à dire :

1° *Que la piscine de l'Akourat est une portion de la piscine antique mentionnée par l'Évangile ;*

2° *Que la colonne, dressée par les soins de M. Mauss à côté de l'église Sainte-Anne, est un fragment des cinq portiques sous lesquels gisaient les malades au temps de Jésus.*

Qu'il nous soit permis, en terminant cette longue note, de remercier M. Mauss, l'habile architecte auquel nous sommes redevables de la restauration de Sainte-Anne, qui a bien voulu nous donner, avec la plus extrême obligeance, les renseignements qui précèdent.

Si l'on s'intéressait en France à cette attachante question de la *Béthesda*, il suffirait peut-être de 4 à 5,000 francs employés au déblaiement de la citerne de l'Akourat, pour éclaircir ce point important de l'histoire évangélique. N'est-il pas digne de remarque que cette ancienne « *fontaine* », comme l'appelle la « Citez de Jhérusalem », retrouvée déjà par les Francs à l'époque des Croisades, ait encore été découverte de nos jours par un Français et dans une propriété française ?

NOTE III

§ 1. — *Pierre tombale enclavée dans le dallage du parvis de la basilique du Saint-Sépulcre à Jérusalem devant la porte d'entrée.*

Cette pierre tombale, en forme de trapèze, fut découverte en 1867 et paraît appartenir au XIIIᵉ siècle; elle porte un *écu triangulaire chargé de quatre fusées mises en fasce,* surmonté de l'inscription suivante, écrite tantôt en lettres romaines, tantôt en lettres gothiques :

† HIC. IACET : PHILIPPVS ⋮ DE
AVBINGNI : CVIVS ⋮ ANIMA. RE
QVIESCAT ⋮ IN. PACE ⋮ AMEN ⋮ †[1]

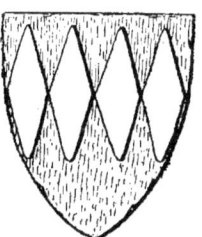

Il est probable que le Philippe d'Aubigné dont le corps repose en ce lieu est le même que le chevalier *Philippus de Albineto* dont le chroniqueur anglais Mathieu Paris rapporte la mort et l'enterrement en

[1] Ci gît Philippe d'Aubigné. Que son âme repose en paix. Ainsi-soit-il.

Terre Sainte en 1236[1]. Parti pour Jérusalem en 1222[2], il écrivit au comte de Chester, dès son arrivée dans l'antique cité de David, une lettre dont le texte nous est parvenu *in extenso*[3]. Sa famille était originaire de Bretagne. Nous lisons en effet dans les Preuves de l'Histoire de Bretagne par Dom Morice[4] que Guillaume d'Aubigné, chevalier de Dol en Bretagne, figura honorablement à la bataille de Tinchebray en Normandie sous les ordres du duc Alain Fergent (1106). On relève parmi ses descendants Guillaume d'Aubigné, frère d'Etienne d'Aubigné, père de Raoul Ier et de Guillaume d'Aubigné dont il est fait mention dans un acte de 1137. Raoul Ier, contemporain de Richard Cœur de Lion, épousa Mahaud de Montsorel et se croisa en même temps qu'un certain nombre de chevaliers du pays de Dol. Au bas d'une donation faite à cette époque à l'abbaye de la Vieuville on trouve la signature de Philippe d'Aubigné et celle d'Ollivier son frère. On suit leurs descendants jusqu'en 1374, époque où la famille d'Aubigné se fond dans celle de Montauban[5].

Il paraît donc certain que la branche anglaise à laquelle appartenait Philippe d'Aubigné, et dont sans doute il fut le point de départ, avait une origine bretonne. Dugdale[6], qui écrit le nom de ce personnage *Albini*, publie la liste de ses ancêtres depuis la fin du XIe siècle et

---

[1] « Philippus de Albineto, postquàm militauerat Deo in Terra sancta peregrinando pluries, tandem in eadem diem claudens extremum et finem faciens laudabilem, sanctam meruit in terra Sancta, quod uiuus diu desiderat, sepulturam... » (Historia maior — édit. de 1606, p. 417 — Mathieu Paris)

[2] « Philippus de Albineto, miles strenuus ac morum honestate commendabilis, regisque auglorum magister, et cruditor fidelissimus, iter Hierosolymitanum arripiens, illuc cum prosperitate et sine rerum diminutione pervenit... » (Mathieu Paris. loc. cit.)

[3] Historia maior — édit de 1606, p. 301. Le même passage se retrouve à peu près identique dans l'*Historia minor* (édit. Madden) et dans les *Rerum britannicarum medii œvi scriptores* (tome II, p. 149).

[4] Preuves de l'Histoire de Bretagne par Dom Morice, tome II, p. 87.

[5] L'Armorial de Bretagne par Pol de Courcy (Nantes-Forest et Aubry, 1862) mentionne *Montsorel* (ramage de Soligné), seigneurs dudit lieu en Avranchin, de Landal, paroisse de Boussac, évêché de Dol : *de gueules à 4 fusées accolées d'argent en fasce*—(*Ollivier*, un des défenseurs de Dol assiégée par le roi d'Angleterre (1173)— Fondu vers 1200 dans *Aubigné*, d'où la seigneurie de Landal a été possédée successivement par les maisons de Montauban, Rohan, Maure, de France, de Breil. Les *Soligné* ou *Subligny*, seigneurs dudit lieu et de Montsorel en Avranchin, de Dol, de Combourg, portaient dans leurs sceaux : 1° *un oiseau chargé au cou d'un écu écartelé d'argent et de gueules qui est Dol;* 2° *de gueules fuselé d'hermines qui est Dinan* (sceau de 1173); 3° *écartelé de Dol à la bordure semée de merlettes* (sceau de 1183 à 1210). Il est à remarquer que notre Philippe d'Aubigné rappelle dans ses armes celles de Dinan et conserve les couleurs et métaux de Dol : *gueules et argent*.

[6] The baronage of England by Dugdale.—London 1675—in-folio t. I, p. 115 et 116.

rapporte que l'un d'eux porta le surnom de *Brito* (breton). Il semble dès lors que le berceau de la famille doive être placé à *Aubigné* (Ille-et-Villaine), seule localité de Bretagne portant ce nom[1].

Par sa grande position, Philippe d'Aubigné eut une influence considérable à la cour d'Angleterre ; il fut un des principaux serviteurs de Jean Sans Terre et de son fils Henri III dont il est appelé le « maître et le serviteur fidèle » par les chroniqueurs du temps[2]. Dans le préambule de la *Grande Charte* de Jean Sans Terre, il figure parmi les « nobles hommes » dont le roi déclare avoir pris conseil et, sous deux règnes successifs, il fut préposé à la garde ou baillage (*custos-balliuus*) des îles de Jersey, Guernesey, Aurigny et Serk, seule partie du duché de Normandie demeurée en la possession de Jean Sans Terre, après ses démêlés avec Philippe Auguste (1203).

La première nomination de Philippe d'Aubigné comme gardien ou gouverneur de Guernesey et des îles avoisinantes remonte au 10 août 1207. En novembre 1212, Jean Sans Terre ajouta à ses attributions le baillage de Jersey. Henri III le maintint dans ces diverses fonctions et la dernière lettre qui lui soit adressée est du 23 novembre 1220. Son sceau figure au bas des deux actes des assises tenues par lui à Jersey et à Guernesey vers 1219 ; de forme ronde, il porte pour légende :

† S' PHILIPPI DE· ALBIGNEI

Dans le champ sont les armes de la maison d'Aubigné : *quatre fusées en fasce*[3].

« Il peut paraître étrange qu'un Croisé ait été solennellement inhumé à Jérusalem en 1236, c'est-à-dire environ cinquante ans après que la Ville Sainte avait été reprise par Saladin, mais il ne faut pas oublier que Frédéric l'avait récupérée par traité en 1229 et que les Croisés la gardèrent pendant près de onze ans[4]. »

---

[1] Il n'y a pas en Bretagne de localité s'appelant Aubigny.

[2] Mathieu Paris.

[3] Collection des sceaux des Archives Nationales nº 16748. — Il ne faut pas confondre ce Philippe d'Aubigné avec son fils, du même nom, qui lui succéda probablement dans la garde des îles aussitôt après le départ de son père pour la Terre Sainte en 1222. Philippe d'Aubigné le *jeune* ou *junior* fut une première fois gouverneur des îles de 1222 à octobre 1224 ; puis une seconde fois du 26 octobre 1232 jusque vers 1235, époque à laquelle nous trouvons à sa place un autre gardien du nom de *Dreux de Barentin*.

Ch. Cl. Ganneau. Rev. crit. d'hist. et de litt. (juillet-déc. 1876, p. 206.)

APPENDICE

D'après les planches de Dom Morice, faites, dit-on, sur des sceaux remontant jusqu'à 1200, les armes de la famille d'Aubigné sont : *de gueules à quatre fusées d'or en fasce.*

Dans la Chesnaye des Bois nous lisons : *Aubigny en Bretagne, de gueules à la fasce fuselée d'argent*[1].

L'*Armorial Général* de Rietstap mentionne : *Aubigné (Bretagne), de gueules à quatre fusées d'argent rangées en fasce.*

L'*Armorial de France, Angleterre, Écosse, Allemagne, Italie, etc.*, composé vers 1450 par Gilles le Bouvier, dit Berry, premier roy d'armes de Charles VII et publié par M. Vallet de Viriville (Paris, *Bachelin-Deflorenne*, 1866), cite à la page 163 : n° 1260. — Le sire d'Aubigny, *de gueules, à une tire de fusées en fasce, d'argent.*

Il y a donc identité entre les armes mentionnées ci-dessus et celles gravées sur la tombe qui fait l'objet de la présente note.

De tout ce qui précède l'on peut conclure que la pierre tombale enclavée dans le dallage du parvis de la basilique du Saint-Sépulcre à Jérusalem doit recouvrir les restes de Philippe d'Aubigné, gardien, pour le roi d'Angleterre, de Jersey, Guernesey, Serk et Aurigny, lequel, parti pour la Palestine en 1222, y mourut et y fut enterré en 1236, ainsi que le rapporte Mathieu Paris[2].

(Consulter : *Revue Critique d'Histoire et de Littérature*. Juillet et décembre, 1876. Articles de M. Julien Havet, p. 173 et 398; et article de M. Ch. Cl. Ganneau, p. 206.

Bibliothèque de l'École des Chartes. Article de M. Julien Havet. Année 1876, p. 190).

§ 2. — *Blasons (présumés du XVᵉ siècle) relevés dans la basilique de Bethléem.*

1° Un écu incliné de *sable à la bande d'argent, sommé d'un heaume fermé, taré de profil et couronné*. Le cimier figure deux oreilles d'âne,

---

[1] Dictionnaire de la Noblesse par la Chesnaye des Bois, t. I, p. 954.

[2] Dans le Musée Archéologique (tome I, p. 241) M. Clermont Ganneau écrit en note « qu'un moulage de la pierre tombale de Philippe d'Aubigné a été envoyé en France par les soins de notre Consul général et peut se voir dans la salle des Croisades au Musée de Versailles ». Il aura sans doute été enlevé depuis, car nous n'avons pu le trouver.

reliées par une bande aux armes de l'écu (cet écu est au commencement du chap. 1 du Livre IV). Ces armoiries doivent être celles de la famille *de la Rivière*.

Dans les mémoires de la Société des Antiquaires de France (t. 37 — 47ᵉ série, t. VII), M. Germain Demay publie un article intitulé *le Blason d'après les sceaux du Moyen Age,* dans lequel nous lisons : *Bureau de la Rivière,* chambellan du Roi, 1367, *cimait de deux oreilles d'âne reliées par une bande aux armes de l'écu.*

Dans le Martyrologe des chevaliers de Saint-Jean de Jérusalem, dits chevaliers de Malte, par Mathieu de Goussancourt (1654), nous trouvons mentionné, le frère *Adrien de la Rivière (de Normandie),* qui portait : *de sable à la bande d'argent.*

2° Deux blasons accolés :

1° Le premier est *chargé d'un chevron et d'une quarte feuille en pointe. Il est sommé d'un heaume portant un bonnet rebrassé d'hermines dont le cimier représente deux proboscides ou trompes d'éléphant (sous le bonnet flotte un volet à deux pointes).*

2° Le second porte un emblème qui pourrait être *une montagne à cinq coupeaux ou une couronne à cinq fleurons de sable. Le heaume, qui surmonte l'écu, est taré de profil et couronné. Le cimier est un cygne.*

Ce dernier blason pourrait bien appartenir à *Efinger de Wildeck* (en Souabe), qui portait : *d'argent à une montagne à cinq coupeaux de sable* (Insignium theoria, seu operis heraldici, etc, Philippus, Jacobus Spenerus, D — Francofurti ad Mœnum, sumptibus Joannis Davidis Zunneri. Anno MDCXC.)

Nous n'avons pu trouver à qui appartenait le premier blason *chargé d'un chevron et d'une quarte feuille en pointe.* Dans « la Vraye et parfaite science des Armoiries de Pierre Palliot » (Paris 1664), on lit à l'article *Chevron : Preisschuch, à Augsbourg, porte d'azur au chevron alaisé d'argent accompagné en pointe d'une étoile à 6 raies d'or*. Mais dans le blason relevé ici le chevron n'est pas alaisé et, au lieu d'une étoile, il y a une quarte feuille ou une croix patée. Le blason que nous avons relevé ne doit donc pas être celui de la famille Preisschuch, d'Augsbourg.

(Ces deux blasons forment le cul-de-lampe de cette note.)

3°   Un écu *chargé d'une force ou ciseaux.*
Armes des Langen en Westphalie et au duché de Brunswigi : *d'argent à une force de tondeur, de gueules, les pointes en haut.* (Armorial général de Rietstap — Insignium theria, seu operis heraldici, etc. Plilippus, Jacobus, Spenerus. D. — Francofurti ad Mœnum, sumptibus Joannis Davidis Zunneri — Anno MDCXC.)

4° 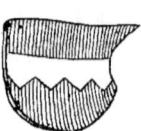 Un écu de tournoi échancré : *de gueules à la fasce danchée ou à la feuille de scie d'argent…* (?)
Près de ce blason on lit en lettres gothiques le nom de : BAYARD.

§ 3. — *Blasons relevés à Rhodes dans la rue des Chevaliers et formant encadrement de page au commencement du chap. V du Livre VIII.*

NOTA. — Nous commençons cette description par le premier blason à droite de la ligne d'en haut ; puis, continuant en allant de droite à gauche, nous descendons ensuite de haut en bas, et nous terminons par la ligne du bas en la suivant de gauche à droite[1].

1° Armes pleines d'Amboise : *pâlé d'or et de gueules de six pièces.*
2° Armes d'Emery d'Amboise (grand maître 1503-1512) : *pâlé d'or et de gueules*, écartelé des armes de l'ordre : *de gueules à la croix d'or.*
3° Armes royales de France : *d'azur à trois fleurs de lys d'or,* avec la devise : « *Volontas Dei est* ». *1518.*
4° Armes de Fabrice del Caretto (grand maître 1513-1521) : *de gueules à cinq cotices d'or, écartelé des armes de l'ordre.*
5° Armes de l'Ordre de Saint-Jean de Jérusalem et de Rhodes : *de gueules à la croix d'or.*

---

[1] Les blasons marqués d'une M proviennent du Martyrologe des chevaliers de Saint-Jean de Jérusalem, dits chevaliers de Malte, par Mathieu de Goussancourt, 1654.
Les blasons marqués d'un P proviennent de la « Vraye et parfaite science des Armoiries » de Pierre Palliot. — Paris, 1664.

Si ces armes n'étaient pas celles de l'Ordre, il faudrait les attribuer à frère Claude d'Aspremont, commandeur de Lagny, tué dans un combat en l'an 1549. Il portait : *de gueules à la croix d'argent.* (M.)

6° Blason *à un bélier rampant, coleté et clariné, au chef de l'ordre; date* 1518.

Armes présumées des *Beccarie* (Italie), qui portaient : *d'argent à un bélier rampant de sable, à l'orle de huit fleurs de lys de sinople.* Les fleurs de lys, invisibles aujourd'hui, ont sans doute été martelées ou supprimées, comme dans le blason de Jean Bovs, grand prieur d'Angleterre, que nous citons plus loin. (M.)

7° Armes de Jean-Baptiste Orsini (grand maître 1467-1476) : *bandé de gueules et d'argent, au chef du second, chargé d'une rose de gueules et soutenu d'une trangle d'or chargée d'une anguille ondoyante d'azur. Ecartelé des armes de l'ordre.*

8° *Blason à un croissant montant, surmonté d'une roue à six raies, au chef de l'ordre.*

Nous lisons dans Palliot, à l'article *Roue* : « *Cahorsi,* chancelier de Malte qui a fait des commentaires sur le siège de Rhodes, portait: *d'argent à une roue de sainte Catherine de gueules.* » — *Il n'est pas question du croissant figurant sur notre blason.* (P.)

9° Blason à *cinq fleurs de lys posées 3 et 2.*

Armes présumées d'Antoine Maldouat d'Italie, qui portait : *de gueules à cinq fleurs de lys d'or posées en sautoir.* (M.)

10° Blason *à trois étoiles posées 2 et 1 : au chef de l'ordre. — date 1483. —* Armes ayant appartenu :

1° Soit à frère Jean Bersé, qui portait : *de gueules à trois étoiles d'or écartelé de Roche Baron : de gueules échiqueté d'argent et d'azur de deux traits* (le blason relevé ici ne porte que 3 étoiles). (M.)

2° Soit à Pierre Vigier, provençal, qui portait: *d'or à trois étoiles d'azur.* (M.) (Les couleurs ou métaux n'étant pas indiquées sur le blason sculpté à Rhodes, ce dernier peut avoir appartenu à l'un des deux personnages précités.)

11° Blason *à trois léopards superposés.*

Armes présumées de Jean Bovs, grand prieur d'Angleterre, un des quatre capitaines généraux du siège de Rhodes où il fut tué (1522). Il portait: *de gueules à trois léopards d'or, qui est Angleterre,* à une bordure d'azur chargée de huit fleurs de lys d'or en orle. (Dans le blason relevé par nous, on ne voit que trois léopards.) (M.)

12° Armes présumées du chevalier Raymond Perrelos : *d'or à trois poires de sable rangées 2 et 1.*

(Frère Louis de Perusiis, provençal, portait : *d'azur à trois poires d'or feuillées de sinople.*) (M.)

13° Armes présumées de Pierre Zacosta, de Catalogne : *de gueules à trois fasces ondées d'or.* (M).

Dans les armoiries dont il s'agit ici, ce blason est parti d'un autre : *chargé d'un chevron et d'une bordure bretessée ou componnée.*

La famille française des Rochechouart, ducs de Mortemart, en Poitou, porte : *fascé nébulé d'argent et de gueules,* ou suivant Palliot : *de gueules à trois fasces entées d'argent,* armes qui ont beaucoup de rapport avec celles ci-dessus décrites ; il est probable néanmoins que ce blason appartient aux Zacosta.

14° Armes du chevalier de Clermont-Tonnerre : *de gueules, à deux clefs d'argent passées en sautoir et liées de même.*

Les *Claramont,* d'Aragon, famille passée du Dauphiné en Espagne en 1271 portaient : *de gueules à deux clefs d'argent passées en sautoir, surmontées d'une tiare papale d'or en chef.* (La tiare ne figure pas sur le blason que nous avons relevé.) (M.)

Palliot, à l'article *clef,* rapporte que ce sont les aînés des Clermont-Tonnerre qui, par concession du pape Calixte II, en 1520, ont chargé leur écu : *d'une tiare comme cimier* et non *sur le champ de l'écu,* comme dit le *Martyrologe* de Mathieu de Goussancourt. Le même Palliot donne pour armes à *Clavet* en *Dauphiné* : *d'or à deux clefs d'azur posées en sautoir.*

Le *Martyrologe* donne pour armes aux Clavet : *d'or à deux clefs d'azur passées en sautoir, et une croix de gueules en chef* (Elle ne figure pas sur notre dessin).

15° Armes de Philippe Villiers-de-l'Isle-Adam (grand maître, 1521-1534) : *d'or, au chef d'azur chargé d'un dextrochère habillé d'argent, mouvant du flanc dextre, revêtu d'une manipule d'hermine pendant sur le champ d'or, au chef de l'ordre; date 1511.* Devise : POUR L'ORATOIRE.

Ecartelé de Clermont-Nesles (du Beauvoisis) : *de gueules, semé de trèfles d'or, à deux bars adossés de même brochant sur le tout.*

16° Armes des Villeneuve (Provence) : *de gueules, frété de lances d'or, semé d'écus d'argent entre les lances.* Sur le tout : *d'azur à la fleur de lys d'or pour le marquisat de Trans.* (M). (*A un écusson en cœur d'azur, chargé d'une fleur de lys d'or,* dit Palliot.)

L'écusson copié par nous à Rhodes *ne porte pas l'écu en abîme.*

17° *De?... chapé de?... à un lion rampant, accosté de deux clous de la Passion; au chef de l'ordre.*

18° Armes de Pierre d'Aubusson (grand maître de l'ordre 1476-1503) : *d'or à la croix ancrée de gueules, écartelé des armes de l'ordre : de gueules à la croix d'or. L'écu entouré d'une cordelière et surmonté d'une croix pommetée ou tréflée.*

(Cet écusson se trouve en cul-de-lampe du chap. v du Livre VIII.)

TABLE DES MATIÈRES

Avertissement. 1

LIVRE PREMIER

CHAPITRE PREMIER

Alexandrie. — Le Caire. — Derviches tourneurs et hurleurs. — Fête du Dossèh. — Les Bazars. 1

CHAPITRE DEUXIÈME

La Phénicie et les Phéniciens. — Beyrout. — Les Maronites. — Les Druses. — Les Métoualis. 22

CHAPITRE TROISIÈME

Départ de Beyrout. — Saïda (Sidon). — Sourafed (Sarepta). — Sour (Tyr). — Raz el-Aïn (Palœtyr). — Tell em-Mâachouk. 37

CHAPITRE QUATRIÈME

Raz el-Abiadh (Cap Blanc). — Raz en-Nakoura (Échelles de Tyr). — Ez-Zib. — Acca (Saint-Jean-d'Acre). — Siège de Saint-Jean-d'Acre par les Croisés (1189-1191) 54

LIVRE DEUXIÈME

CHAPITRE PREMIER

Caïffa. — Le Carmel. — El-Mourahka. — Athlit. — Tantourah. — Césarée de Palestine. 67

CHAPITRE DEUXIÈME

Alerte à Moukhalid. — Le Saron. — Champ de bataille d'Arsouf. — Jaffa. — Yebna. — Esdûd. 80

CHAPITRE TROISIÈME

Ascalon. — Gaza. — Origine et histoire des Philistins 95

CHAPITRE QUATRIÈME

Beït-Djibrim (Eleutheropolis). — Maresça. — Hébron. — Vasques de Salomon. — Arrivée à Jérusalem. 109

TABLE DES MATIÈRES

LIVRE TROISIÈME

CHAPITRE PREMIER

Jérusalem. — Site. — Histoire. — Tour de David. — Quartier arménien.— Cénacle et tombeau de David (Mont Sion). 130

CHAPITRE DEUXIÈME

Jérusalem. — Quartier Juif. — Sainte-Anne. — Piscine de Béthesda. — Ancien Prétoire. — Arc dit de « l'Ecce Homo ». — Voie douloureuse. — Fondations latines des Croisades. — Église de Sainte-Marie-Magdeleine. — Population, commerce et aspect de la ville. . . 144

CHAPITRE TROISIÈME

Jérusalem. — Le Saint-Sépulcre. — Son histoire. — Le parvis. — La rotonde. — Chœur des Grecs. — Chapelle de Sainte-Hélène. — Le Golgotha. — Chapelle d'Adam. 166

CHAPITRE QUATRIÈME

Jérusalem. — Cérémonies de la Semaine Sainte au Saint-Sépulcre. — Feu nouveau des Grecs. — Le clergé grec. — Les offices latins. . 180

CHAPITRE CINQUIÈME

Jérusalem. — Le Temple (Haram ech-Chérif). — Son histoire. — Rapports entre le culte juif et la religion égyptienne. — Description intérieure et extérieure de la mosquée d'Omar (Koubbet es-Sakhrah). 188

CHAPITRE SIXIÈME

Jérusalem. — Mesdjed el-Aksa. — Souterrains sous el-Aksa. — Les écuries de Salomon. — La porte Dorée. — Le Temple à l'époque des Croisades. — Constructions Salomoniennes du Temple. — Le mur des Juifs 202

LIVRE QUATRIÈME

CHAPITRE PREMIER

Vallée de Hinnom. — Hakeldama. — Puits de Job. — Piscine de Siloé. — Fontaine de la Vierge. — Vallée de Josaphat et ses tombeaux. — Gethsémani. — Grotte de l'Agonie. — Tombeau de la Vierge. . . 216

CHAPITRE DEUXIÈME

Tombeaux des Prophètes. — Le Credo. — Le Pater. — Mont de l'Ascension. — Porte de la Vierge ou de Josaphat. — Enterrement arabe. — Porte de Damas. — Cavernes royales. — Grotte de Jérémie. — Lieu du martyre de saint Étienne. — Le couvent russe. — Question des Lieux Saints. 227

CHAPITRE TROISIÈME

Vallée du Térébinthe. — El-Koubeïbèh (Emmaüs?) — Nébi Samouïl. — Le Scopus. — Tombeaux des Rois. — Tombeaux des Juges. — Emplacement de la tour Pséphinus. 243

TABLE DES MATIÈRES

LIVRE CINQUIÈME

CHAPITRE PREMIER

Départ de la caravane de Nébi-Mouça. — El-Azarièh (Béthanie). — Fontaine des Apôtres. — Narh el-Kelt. — Fontaine d'Élisée. — Jéricho. — Danses et mœurs des bédouins 256

CHAPITRE DEUXIÈME

Le Jourdain. — La mer Morte. — Machéronte. — Nébi-Mouça. — Mar Saba. 267

CHAPITRE TROISIÈME

Deïr er-Raouat. — Seïar er-Rhanem. — Bethléem. — Tombeau de Rachel. — Aïn Karim (Saint-Jean-du-Désert). — Couvent grec de Sainte-Croix. 285

LIVRE SIXIÈME

CHAPITRE PREMIER

Départ de Jérusalem. — Ramah. — Djéba. — Deïr Diwan (Aï?). — Beïtin (Béthel). — Silo. — Puits de Jacob. — Naplouse (Sichem) et les Samaritains. — Mont Garizim. 302

CHAPITRE DEUXIÈME

Sébastièh (Sébaste). — Sanour (Béthulie). — Djennim. — Plaine d'Esdrelon. — Zéraïm (Jezréel). — Sunam. — Endor. — Djébel ed-Dahy (petit Hermon). — Naïm. 321

CHAPITRE TROISIÈME

Nazareth. — Plaine de Zabulon. — Le Thabor. — Mont des Béatitudes. 335

CHAPITRE QUATRIÈME

Tibériade. — Le Sanhédrin. — Lac de Tibériade. — Tell Houm (Chorozaïm) — Et-Tabigah (Bethsaïda). — Aïn et-Tîn et Khan Minièh (Capharnaüm). — Medjdel. — Grottes d'Arbel. — Plaine de Génézareth 351

LIVRE SEPTIÈME

CHAPITRE PREMIER

Safed. — Lac de Houlèh. — Kédès. — Meïs ed-Djébel. — Hounîn (Castellum Novum). — Tell el-Khadi. — Es-Soubeïbèh. — Banias. 369

CHAPITRE DEUXIÈME

Racheyet el-Fouckar. — Hasbeya. — Rascheya. — Le Grand Hermon. Racklèh. — Deïr el-Achayr. — Khan Meitheloun. — Ouadi Barada. — Arrivée à Damas. 385

CHAPITRE TROISIÈME

Histoire et description de Damas. — Ses habitants et ses bazars. — Arc de triomphe romain. — Tekkièh des Pélerins. — El-Meïdan.

— Les remparts. — La grande mosquée. — La voie droite (Via Recta) 400

CHAPITRE QUATRIÈME
Faubourg de Salayièh à Damas. — Le Kief des musulmans. — Un bain arabe. — Une soirée de chanteuses. — Premières années d'Abd-el-Khader. — Massacre de 1860 à Damas. — Une entrevue avec Abd-el-Khader. 417

LIVRE HUITIÈME

CHAPITRE PREMIER
Départ de Damas. — Aïn Fidjèh. — Souk Ouadi Barada. — Sourghaya. Yafoufèh. — Baalbeck et ses ruines 434

CHAPITRE DEUXIÈME
Une noce indigène à Baalbeck. — Un dîner arabe. — Aïn Ata. — Passage du Liban. — Les Cèdres 453

CHAPITRE TROISIÈME
Vallée de la Kadischah. — Hasroun. — Akoura. — Vallée du Narh Ibrahim (rivière d'Adonis). — Les mystères du culte de Vénus et d'Adonis. — Faïtroun. — Reïfoun. — Stèles antiques du Narh el-Kelb (Lycus). 467

CHAPITRE QUATRIÈME
Séjour à Beyrout. — Deïr el-Kamar et Beït-ed-dîn. — Influences françaises et anglaises en Syrie. 484

CHAPITRE CINQUIÈME
Départ de Beyrout. — Larnaca (Chypre). — Rhodes. — Côtes de Karamanie. — Cos. — Patmos. — Samos. — Chio. — Smyrne . . 494

APPENDICE

NOTE I
Anciennes enceintes de Jérusalem. I

NOTE II
Note relative à la piscine de Béthesda et à l'église Sainte-Anne à Jérusalem. V

NOTE III
§ 1. Pierre tombale enclavée dans le dallage du parvis de la basilique du Saint-Sépulcre à Jérusalem XXVII
§ 2. Blasons (présumés du XVe siècle) relevés dans la basilique de Bethléem XXX
§ 3. Blasons relevés à Rhodes dans la rue des Chevaliers. XXXII

TABLE DES GRAVURES

	Carte itinéraire du voyage en Palestine.	
1	Claustra (claire-voie) dans la mosquée de Salih Thalâïa (xiie siècle) au Caire. (D'après un croquis de M. Mauss, fait pour M. A. Rhôné)	i
2	La caravane passant le col du Liban.	iii
3	Inscription arabe (enseigne de boutique) au Caire. (Collection de M. Ambroise Baudry, architecte au Caire).	1
4	Saïs (Caire).	1
5	Aniers (Caire).	4
6	Danses d'almées au Caire	6
7	Derviches tourneurs au Caire	9
8	Derviches hurleurs au Caire.	11
9	La fête du Dosséh au Caire.	13
10	Rue près du bazar au Caire.	17
11	Fellahine (Caire)	20
12	Inscription arabe (enseigne de boutique) au Caire. (Collection de M. Ambroise Baudry).	22
13	Habitant de Beyrout.	22
14	A bord de l'*Apollo*	24
15	Beyrout.	26
16	Habitant du Liban.	33
17	Hanou et Miriam (types de musulmanes).	36
18	Groupe d'arabes, habitants de Sidon	42
19	Halte près d'Adloun.	45
20	Ruines de la cathédrale de Tyr.	50
21	Cheik Hassan (Saint-Jean-d'Acre).	54
22	Vue prise à Scandérouna.	56
23	Halte de déjeuner à Es-Sémiriyèh.	59
24	Campement arabe dans la plaine de Saint-Jean-d'Acre.	62
25	Pièce de monnaie frappée à Saint-Jean-d'Acre après la reprise de cette ville par les Croisés en 1191.	66
26	Bacri.	67
27	Vue prise près de Mourahka	70

TABLE DES GRAVURES

28	Cheik bédouin.	72
29	Ruines phéniciennes à Tantourah.	74
30	Château fort de Césarée de Palestine.	77
31	Milhem Elias Ouardy (notre drogman)	82
32	Jaffa. Vue prise du cimetière arabe en arrivant par la route d'Arsouf.	86
33	Fontaine en marbre blanc près de la porte de Jérusalem à Jaffa.	88
34	Porte de Jérusalem à Jaffa.	90
35	La halte de midi à Yebna.	93
36	Jeune fille arabe	95
37	Cheik bédouin dans les ruines d'Ascalon.	99
38	Fantasia dans la plaine des Philistins.	101
39	La sieste.	105
40	Tête de mulet avec son harnachement	108
41	Groupe d'arabes à Beït Djibrim	111
42	Vue prise dans l'Ouadi el-Frandj.	113
43	Hébron.	119
44	Moustapha abou Derwich.	123
45	Jérusalem, vue de la route d'Hébron.	127
46	Tête de Juif	129
47	Lions sculptés en dehors de la porte de Josaphat à Jérusalem.	130
48	Femme de Jérusalem.	130
49	Remparts de Jérusalem près de la porte de Damas.	133
50	Vue prise à l'intérieur du Cénacle (Mont Sion).	138
51	Monnaie obsidionale frappée à Jérusalem en 1187.	143
52	Montant de barrière antique en pierre trouvé dans les fouilles de Sainte-Anne.	144
53	Façade occidentale de l'église Sainte-Anne à Jérusalem (État ancien). Dessin de M. C. Mauss, architecte du ministère des Affaires Étrangères.	145
54	Façade postérieure de l'église Sainte-Anne à Jérusalem (État ancien). Dessin de M. C. Mauss.	149
55	Façade occidentale de l'église Sainte-Anne à Jérusalem (État actuel). Dessin de M. C. Mauss.	153
56	Portion nord de l'arc dit de « l'Ecce Homo » actuellement dans l'église des Dames de Sion à Jérusalem. D'après un dessin de M. C. Mauss.	159
57	La rue de Damas à Jérusalem.	163
58	Chapiteau de l'église Sainte-Anne à Jérusalem.	165
59	Armes des d'Aubigné.	166
60	Ancienne porte de l'église du Saint-Sépulcre à Jérusalem donnant sur Haret en-Nasara.	171
61	Escalier conduisant au parvis de l'église du Saint-Sépulcre à Jérusalem.	175
62	Le mont de l'Ascension. — Vue prise des terrasses du Saint-Sépulcre.	185
63	Inscription arabe relevée dans le Haram ech-Chérif (Jérusalem). D'après un dessin de M. C. Mauss.	188

TABLE DES GRAVURES

64	Vue prise près de la mosquée des Maugrebins (Haram ech-Chérif).	193
65	Fragment de faïence provenant du Haram. ech-Chérif.	203
66	Vue prise près de la porte des Maugrebins à Jérusalem	211
67	Armes relevées à Bethléem dans la basilique (présumées des de la Rivière)	216
68	Tombeau d'Absalon et vallée de Josaphat.	221
69	Jérusalem, vue du mont des Oliviers.	229
70	Arbre de Godefroy de Bouillon, en dehors des remparts, près de la porte de Damas.	233
71	Remparts de Jérusalem près de la porte de Josaphat.	235
72	Remparts de Jérusalem près de la grotte de Jérémie	239
73	Chapiteau de l'église Sainte-Anne à Jérusalem.	242
74	Jérusalem, vue de la route de Jaffa	245
75	Remparts de Jérusalem près de la vallée de Josaphat (angle nord-est).	251
76	Cheik abou Ayché.	256
77	Montagnes de la Quarantaine.	259
78	Campement à Jéricho. (au fond, la mer Morte)	263
79	Au bord du Jourdain.	269
80	La mer Morte.	273
81	Sceau de Renaud de Châtillon, seigneur de Kérack.	277
82	Vallée du Cédron, près de Mar Saba	279
83	Vue prise à l'intérieur du couvent de Mar Saba.	283
84	Armes relevées à Bethléem dans la basilique.	284
85	Arrivée à Bethléem	287
86	Le cheik d'El-Riha (Jéricho) et Milhem Elias Ouardy.	291
87	Tombeau musulman dans le cimetière Mamillah à Jérusalem. Dessin de M. C. Mauss	297
88	Levée de campement devant Jérusalem.	303
89	Cimetière arabe à Sendjil.	307
90	Ruines à Silo.	309
91	Rue à Naplouse près de la mosquée des Samaritains.	313
92	Médaille d'Antonin le Pieux frappée à Naplouse	318
93	Ruines de l'église Saint-Jean-Baptiste à Sébaste	323
94	Femme de Beït-Imrîn	329
95	Tête de mulet harnachée.	334
96	Nazareth	337
97	Fontaine à Nazareth.	341
98	Le mont Thabor	345
99	Bacri.	350
100	Tibériade.	353
101	Forteresse de Tibériade (vue du lac, en bateau)	357
102	Bethsaïda (et-Tabigah) sur les bords du lac de Tibériade.	359
103	Aïn et-Tîn (Carpharnaüm) sur les bords du lac de Tibériade.	367
104	Tête de Juif	368
105	Vue prise à Safed.	373
106	Le jugement du Khadi. — Vue prise à Meïs ed-Djébel	376
107	Arrivée à Banias	381

TABLE DES GRAVURES

108	Rascheya	387
109	Fontaine à Rascheya	389
110	Le Grand Hermon, vu de Rascheya	391
111	Ruines d'un temple à Racklèh	393
112	Deïr el-Achayr	395
113	Campement à Khan Meitheloun (grande route de Beyrout à Damas)	397
114	Tête de Baal (?) relevée dans les ruines de Racklèh	399
115	Un cawa du consulat de France à Damas	400
116	Femmes de Damas	403
117	Cour intérieure d'une ancienne maison à Damas. D'après une sépia de A. Dauzats	405
118	Rue à Damas près de la grande mosquée	411
119	Damas vue des hauteurs de Salaiyèh. D'après une sépia de A. Dauzats	419
120	Djémilèh, chanteuse de Damas	421
121	Femmes dans les jardins de Damas	427
122	Intérieur de café près du Narh Barada à Damas	431
123	Abou Antiqua	433
124	Vue prise à Yafoufèh	441
125	Baalbeck. — Grande colonnade du temple de Baal-Soleil	447
126	Baalbeck. — Campement près du temple de Jupiter	451
127	Halte à Aïn Ata, au pied du Liban	460
128	Les cèdres	463
129	Campement près du Narh Ibrahim à Afka	471
130	Rochers près de Faïtroun	475
131	Vue prise à Reïfoun	477
132	Le Narh el-Kelb (ancien Lycus)	481
133	Khan du Narh el-Kelb près de Beyrout	487
134	Vue de Beyrout. D'après une sépia de A. Dauzats	491
135	Écussons relevés à Rhodes dans la rue des Chevaliers	494
136	Rhodes	497
137	Trompette ayant servi aux chevaliers de Rhodes à sonner la retraite après le siège de 1522	499
138	La rue des Chevaliers à Rhodes	503
139	Smyrne. — Le mont Pagus. — Vue prise dans le quartier turc	509
140	Une rue près du bazar à Smyrne	511
141	Armes de Pierre d'Aubusson, grand maître des chevaliers de Rhodes	515
142	Main bénissant, relevée par M. C. Mauss contre les parois de la grande abside de l'église Sainte-Anne	v
143	Plan général de la propriété française de Sainte-Anne, dressé par M. C. Mauss	vii
144	Chapiteau d'ante retrouvé à Sainte-Anne. (D'après un dessin de M. C. Mauss)	xi
145	Piédestal à croix sculptées trouvé dans les déblais de l'église Sainte-Anne. (Dessin de M. Mauss)	xii
146	Escabeau en pierre dure de Jérusalem découvert dans les déblais	

TABLE DES GRAVURES

	de l'église Sainte-Anne. (Dessin de M. Mauss)	xiii
147	Colonne antique reconstituée par M. Mauss près du portail de l'église Sainte-Anne. (D'après un dessin de M. Mauss). . .	xv
148	Pied votif trouvé dans les déblais de l'église Sainte-Anne. . .	xvii
149	Montant de barrière antique en pierre trouvé à Sainte-Anne. .	xviii
150	Plan d'un moustier et d'une citerne antique (Akourat), sis à Sainte-Anne. (Dressé par M. Mauss)	xix
151	Plan de la citerne sous l'Akourat. (D'après un plan de M. Mauss).	xxi
152	Coupe de terrain d'une portion de la propriété de Sainte-Anne. (Dressée par M. Mauss).	xxiii
153	Armes des Langen et un écu de tournoi	xxxii
154	Armes relevées à Bethléem dans la Basilique	xxxv

ERRATA

	AU LIEU DE	LIRE
Page 28, ligne 24.	par Beaudoin II	par Baudouin Ier
— 64, — 16.	tell el-Fokhar	tell el-Fouckar
— 162, — 10.	A droite, s'ouvrent	A droite, dans le bas côté sud, s'ouvrent
— 174, note 1.	posu	posui
— 178, ligne 15.	se voient les trous	se voient les trois trous
— 204, — 9.	Saint-Jean aujourd'hui	Saint-Jean; aujourd'hui
— 249, — 9.	tour autour	tout autour
— 300, — 1.	tryptique	triptyque
— 468, — 1.	qui, matin	qui, le matin

RECUEIL
DE VOYAGES ET DE DOCUMENTS
POUR SERVIR
à l'histoire de la Géographie depuis le XIIIe jusqu'à la fin du XVIe siècle.

Publié sous la direction de MM. Ch. Schefer, de l'Institut, et H. Cordier
Tiré à 250 exemplaires dont 25 sur papier de Hollande

VOLUMES PUBLIÉS

I
JEAN ET SÉBASTIEN CABOT

Leur origine et leurs voyages. Étude d'histoire critique, suivie d'une cartographie, d'une bibliographie et d'une chronologie des Voyages au Nord-Ouest de 1497 à 1550, d'après des documents inédits. Par Henry Harrisse. 1882, un beau volume gr. in-8, avec un portulan reproduit en *fac-similé* par Pilinski. 25 fr.
Le même, sur papier vergé de Hollande. . . . . 40 fr.

II
LE VOYAGE DE LA SAINCTE CYTÉ DE HIÉRUSALEM

Fait l'an mil quatre cens quatre vingtz estant le siège du Grand-Turc à Rhodes et régnant en France Loys unziesme de ce nom. Publié par Ch. Schefer, de l'Institut. 1882, beau volume gr. in-8. . . . . 16 fr.
Le même, sur papier vergé de Hollande. . . . . 25 fr.

III
LES CORTE-REAL ET LEURS VOYAGES
AU NOUVEAU-MONDE

D'après des documents nouveaux ou peu connus, tirés des archives de Portugal et d'Italie, suivi du texte inédit d'un récit de la troisième expédition de Gaspard Corte-Real, et d'une carte portugaise de l'année 1502 reproduite ici pour la première fois. Par Henry Harrisse. 1883, un beau volume gr. in-8, avec une photogravure et une grande carte chromolithographiée, en un étui . . 40 fr.
Le même, sur papier vergé de Hollande. . . . . 50 fr.

IV
LES NAVIGATIONS DE JEAN PARMENTIER

Le Discours de la Navigation de Jean et Raoul Parmentier de Dieppe. Publié par M. Ch. Schefer, de l'Institut. 1883, un beau volume gr. in-8, avec une carte fac-similé. . . . . 16 fr.
Le même, sur papier vergé de Hollande. . . . . 25 fr.
Voyage à Sumatra, en 1529. — Description de l'isle de Sainct Dominigo.

V. VI *(Sous presse)*

CHRISTOPHE COLOMB, son origine, sa vie, ses voyages, sa famille. D'après des documents inédits tirés des archives de Gênes, de Savone, de Séville et de Madrid, par Henry Harrisse. 2 forts volumes gr. in-8, avec cinq tableaux généalogiques et un *Corpus*. (*Sous presse.*)

VII *(Sous presse)*

LE VOYAGE ET ITINÉRAIRE DE OULTREMER, faict par frère Jehan Thenaud, maistre es ars, docteur en théologie et gardien des Frères Mineurs d'Angoulesmes. Et premièrement dudict lieu d'Angoulesmes jusques au Caire (1512). Publié par M. Ch. Schefer, de l'Institut. (*Sous presse.*)

EVREUX, IMPRIMERIE DE CHARLES HÉRISSEY

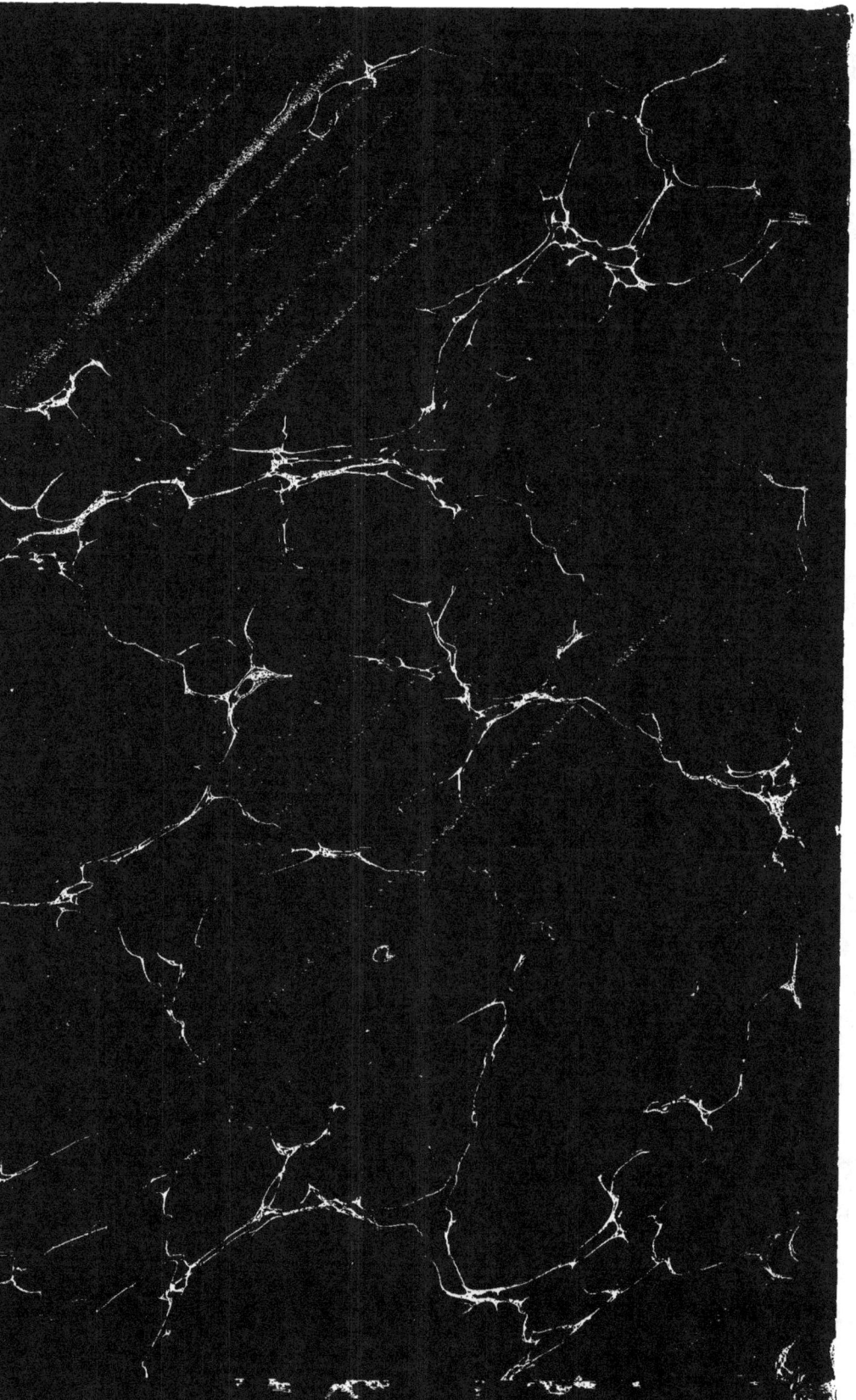